国家出版基金项目
NATIONAL PUBLICATION FOUNDATION

海洋强国·海洋装备关键技术与理论丛书

无人潜航器运动控制系统

〔俄〕菲拉列托夫 V. F. (Filaretov V. F.)
〔俄〕尤希梅茨 D. A. (Yukhimets D. A.) 著
侯恕萍　弓海霞　译
严浙平　主审

哈尔滨工程大学出版社
Harbin Engineering University Press

黑版贸审字 08-2020-113 号

УДК 629.58

Филаретов В. Ф., Юхимец Д. А. 无人潜航器运动控制系统——海参崴:远东科学,2016-400 页。

本书研究了不同类型的潜航器在任意空间轨迹上的高精度高速运动的控制系统设计,以及在水下多节机械手工作时系统的综合稳定性。书中提出的很多系统综合方法都是基于跟踪模式控制物体运动的新原则,在这一原则下,主要对多耦合动态物体的运动信号进行了有效的控制,这大大简化了控制系统的实现,同时实现了所需的高动态精度,以最快的速度对指定对象进行控制,并论述了所提出控制系统的实现特点。

本书专为从事研究开发复杂多耦合非线性动态物体控制系统的研究人员和工程师,以及相关专业的研究生、本科生编写。

本书由俄罗斯科学基金会提供资助(基金项目 14-19-00081)。

审阅者

Д. Т. Н　А. В. Инзарцев

图书在版编目(CIP)数据

无人潜航器运动控制系统 / 侯恕萍, 弓海霞译 ;
(俄罗斯) 菲拉列托夫 V. F. (Filaretov V. F.),
(俄罗斯) 尤希梅茨 D. A. (Yukhimets D. A.) 著.
哈尔滨 : 哈尔滨工程大学出版社, 2024. 7. -- ISBN
978-7-5661-4484-3

Ⅰ. U674.941

中国国家版本馆 CIP 数据核字第 2024N7C929 号

无人潜航器运动控制系统
WUREN QIANHANGQI YUNDONG KONGZHI XITONG

选题策划　史大伟
责任编辑　章　蕾　宗盼盼
封面设计　李海波

出版发行　哈尔滨工程大学出版社
社　　址　哈尔滨市南岗区南通大街 145 号
邮政编码　150001
发行电话　0451-82519328
传　　真　0451-82519699
经　　销　新华书店
印　　刷　哈尔滨午阳印刷有限公司
开　　本　787 mm×1 092 mm　1/16
印　　张　16.5
字　　数　441 千字
版　　次　2024 年 7 月第 1 版
印　　次　2024 年 7 月第 1 次印刷
书　　号　ISBN 978-7-5661-4484-3
定　　价　150.00 元
http://www.hrbeupress.com
E-mail:heupress@hrbeu.edu.cn

缩略语清单

АНПА	自主无人潜航器
АПЛ	核潜艇
АПР	自主水下机器人
АСК	绝对坐标系
АФ	自适应离散滤波器
БПА	拖曳潜航器
ВП	高频切换
ГАНС	水声导航系统
ГАНС ДБ	长基线水声导航系统
ГАНС УКБ	超短基线水声导航系统
ГБО	侧扫声呐
ГНО	前视声呐
ГСО	机械扫描声呐
ДПР	遥控水下机器人
ДУС	角速度传感器
ИО	希尔绍夫海洋研究所
ИПМТ	海洋技术研究所
ЛФК	线性卡尔曼滤波器
ННС	混合模糊神经网络
НПА	无人潜航器
НПТС	无人水下设备
НС	神经网络
ОЗД	逆动力学问题
ОПА	载人潜航器
ОУ	控制对象
ПА	潜航器
ПЛ	潜艇
ПМ	水下机械手
ПТПА	遥控有缆悬浮无人潜航器
ПТС	水下设备
РМВ	实际时间尺度

РО	执行器
РТПА	遥控无人潜航器
СК	坐标系
СН	运载船
СПС	可变结构系统
ССК	随体坐标系
СТФК	点迹卡尔曼滤波器
СУ	控制系统
ЦОЗП	转换区中心轴

前　言

当前,海洋的研究与开发是许多国家发展重点之一。这是因为在全球海洋中有大量的矿产资源,成功的开采将给开采国的经济发展带来更多的机遇。另外,在最近的几十年中,沿着海底铺设的大量重要的通信设施(通信和电力管线、海底管道等),需要进行持续的检查与维护。水下机器人的使用对于海上石油平台的成功使用也是必不可少的。实践证明[7,143,158,330,367],这些工作大多是在极端条件下进行的,会危及工作人员的生命和健康。此外,大多数水下工作都涉及大量的物质成本,在某些情况下,原则上根本不可能。比如说,只有使用无人潜航器(НПА),才能解决深水海域的一些极端工作。

结合以上内容,仅当在使用无人潜航器执行各种类型的水下操作的过程中,海洋的成功开发才有可能。同时,在无人潜航器的帮助下解决的任务应尽可能以自主(自动)模式执行,而无须操作人员直接参与。

如果在无人潜航器的艇体上安装能够执行复杂行为作业的多关节水下机械手(ПМ),则无人潜航器的效率将大大提高,从而可以在极端深水环境中成功替换潜水员[19,44,45,47,158,192,202,212,296,336,338,368等]。

应当指出,世界上许多科学家和工程组织正在开展新型无人潜航器的研制工作,但是,这项技术的开发人员设想的许多任务距离有效的解决方案还很遥远。目前已经确定了需要无人潜航器执行的基本任务清单[2,367]。这些任务包括如下内容。

(1)科学研究:海底地形图绘制、水文测量、环境研究、生物资源储量估算、水下考古[267]、大陆架淡水区研究[205]。

(2)监测水下环境:长期监测辐射和化学条件、污染水平,监测船舶水下部分[217]、水下管道、电缆线路、钻机和其他水力结构的技术条件与安全。尤其在冰下进行这些活动时,使用无人潜航器更加重要。

(3)军事任务:搜索和应急救援工作, 在广阔的海洋战场进行侦察和观察,在预定的路线巡逻,保护沿海设施,搜索、探测和追踪潜艇(ПЛ),作战警戒,作为反潜武器摧毁目标和对象,应用在布雷、排雷行动和清除雷场上[46]。参加电子战和声呐干扰活动。

(4)矿产开采:勘探和采矿[328],建造和维护水下建筑与采矿设施。

(5)其他领域:用于渔业和娱乐用途。

通常,无人潜航器执行的大多数水下操作可分为两大类。

第一类主要包括需要在工作对象附近准确运动的操作。这类操作通常是由具有高度机动性,但由于其推进器的位置及附加执行装置(操作器、采样器等)而具有复杂形状的无人潜航器完成。

第二类主要包括水下作业,是需要沿着平滑弯曲且相当长的空间轨迹进行高速(大于

1 m/s)的精确运动。这类操作包括测绘海图,检查水下管道、电缆线路等。这类操作通常是由无人潜航器设备执行的,该设备具有流线型的外形,以最大限度地减小流体动力阻力和液体的附着质量,并延长电池寿命。当执行这些操作时,无人潜航器的自由度有限,这限制了它们的机动性。

无人潜航器的水下操作精度在很大程度上取决于其控制系统(CУ)的质量。在这种情况下,形成无人潜航器的高精度控制系统的最大困难是缺少或完全缺乏有关其当前参数的实际值,以及它们与黏滞环境相互作用的信息[243]。在设计过程中,可能仅使用这些参数的近似信息,这些信息在无人潜航器沿着复杂的空间轨迹运动的过程中也会发生很大变化。因此,为了使无人潜航器在空间中精确运动,有必要使用鲁棒的(不变的)控制系统。该系统具有复杂的实现方式,因此有可能使控制过程对无人潜航器的参数变化及其自由度之间的相互影响不敏感。

除了运动的准确性外,沿着给定轨迹的运动速度对无人潜航器来说也非常重要。该速度越高,执行各种水下操作的时间就越少,这在搜索和检查操作中尤其重要。然而,速度的增加必然导致无人潜航器与黏滞环境相互作用的所有不利影响成倍增加。同时,对于无人潜航器使用复杂的高精度鲁棒控制系统,只有在这些无人潜航器的所有运动都能够算出所产生的控制信号的情况下,才能沿给定轨迹进行精确的运动,并且其控制信号的强度会随着速度的提高而增加。因此,无人潜航器运动速度的增加会导致无人潜航器运动的失调,从而导致其偏离预定轨迹。所以在合成控制系统以使无人潜航器沿空间轨迹高速运动的过程中,不仅需要考虑无人潜航器的动力学特性,而且还需要形成可以由这些控制系统以给定的精度进行处理的程序信号。

在设计无人潜航器控制系统的过程中,出现的重要问题是需要基于从这些无人潜航器搭载的传感器接收的数据来生成反馈信号,并根据传感器的类型以不同的频率进行更新。同时,来自某些传感器的更新数据的频率可能比生成无人潜航器控制系统的控制信号所需的频率低。因此,为确保控制系统的准确运行,无人潜航器需要创建算法,对来自无人潜航器的相应传感器的数据进行复杂处理,确保生成反馈信号所需的频率而不会降低所用控制系统的准确性。

除了开发控制和信息处理算法外,无人潜航器控制系统的测试和调整也非常重要。测试这些控制系统的主要方法是进行现场实验,这需要昂贵的设备和专用设施,从而大大延迟了测试的初始时间。为了简化并降低测试和调试成本,建议无人潜航器的控制系统使用半实物建模方法,即实际控制系统控制无人潜航器的模型。建议使用通用建模环境,该环境便于创建无人潜航器的数学模型并分析接收到的信息。

本书提出了上述问题的全面解决方案。在这种情况下,主要目标是创建新的控制原理并在理论上证明其合理性,在此基础上,可以为无人潜航器的控制系统研究出新的形成方法。这些控制系统由于调节器和程序信号参数的自动调整,可以在无人潜航器的所有自由度(控制通道)及其放大器和制动器的功率限制之间存在明显干扰的情况下,在与周围黏滞环境相互作用时参数具有显著不确定性和显著变化的条件下,各种类型和功能的无人潜航器以极高的速度沿着任意空间轨迹高精度地运动。

为了实现这个主要目标,本书解决了以下问题。

(1)研究出了形成控制系统的新方法。这些方法可为无人潜航器提供高精度运动控制,即使在其自由度和控制通道之间存在相互影响的情况下,在其参数具有很大可变性和不确定性的条件下。

(2)对于改变推进系统推力轴相对于无人潜航器艇体轴线方向的设计装置,已经研究出一种控制系统形成方法,用于带有一个矢量推进器的无人潜航器沿平滑轨迹的高精度空间运动。

(3)基于新原理,已经研究出了用于控制无人潜航器沿平滑空间轨迹运动的方法和系统,其在保持给定的动态控制精度的同时提供了这些设备的超高速运动。

(4)基于相同的原理,已经研究出一种用于生成程序信号的方法,该方法使用最简单的控制器在后续模式下对无人潜航器的运动进行高精度曲线控制,同时考虑到所用推进装置的功率限制。

(5)为了确保无人潜航器控制系统的高质量运行,已经研究出对其导航使用传感器的最小集合中所获得不同(通常很低)频率的信息进行综合处理的方法。

(6)已经研究出有效的方法来构建用于单个算法的半实物模拟和无人潜航器控制系统的软件包,而无须进行昂贵的现场实验。

针对两种类型的设备解决了以下任务。

(1)对于具有六自由度的无人潜航器,旨在工作物体附近执行准确且有效的操作(运动)。这些设备通常具有大量的结构解决方案,从而使它们能够在深水环境中执行复杂(任意)的操作。

(2)对于自由度有限的无人潜航器,用于沿工作对象进行高速和精确的空间运动。这些设备具有流线型的外形,在沿着平滑的空间轨迹运动时可提供最小的流体动力阻力。

对于第一类无人潜航器,已经研究出使用分散式自适应系统形成高精度控制系统的方法。该方法在各自由度之间强烈干扰的条件下,在其参数发生任何变化的情况下,为无人潜航器提供所需的动态特性。同时,为了确保运动的高动态精度,考虑到推进器推力可能进入饱和状态,已经研究出无人潜航器沿任意空间轨迹形成其运动模式的有效方法。

对于第二类无人潜航器,为了提高沿着平滑弯曲的空间轨迹运动的动态精度,使用一种新原理来控制跟踪系统。该跟踪系统使用了构建程序控制信号的新方法。根据该原理,与传统方法相反,当生成程序控制信号时,定义无人潜航器在空间中当前(期望的)位置的设定点不会沿无人潜航器规定的(期望的)轨迹运动,而是沿着远离规定轨迹的连续生成的虚拟轨迹运动。所以通过连续形成设定点的虚拟轨迹,即使在最简单的控制下,也可以使无人潜航器沿着规定的弯曲空间轨迹快速且准确地运动。这些最简单的调节器应仅提供任意无人潜航器跟踪模式的稳定运动。在这种情况下,无人潜航器将与生成的虚拟轨迹有较大的偏差(误差),但考虑到某些推进器在运动过程中可能会饱和,它们将沿着预定(规定)轨迹以极高的速度精确地运动。

在形成过程中,无人潜航器控制系统使用提出的方法对设备参数进行操作识别,并采用一种实际操控这些控制系统的方法,即使用这些无人潜航器搭载的传感器不同频率的数据形成反馈信号。

如果无人潜航器配备了多关节水下机械手,则除了其运动控制系统外,它们还必须包含用于稳定其空间位置的控制系统和用于水下机械手的控制系统。在许多情况下,由于悬停在水下的时间通常很短并且成本很高,因此潜航器(ПА)悬停在工作对象上方或附近时,水下作业应快速进行。在悬停之前,潜航器可以以任何空间方向接近操作或研究对象,采用最便于操作的位置,且不会引起海流扰动,同时无须使用额外的设备和机械装置来固定潜航器。

但是,水下机械手在水下环境中高速移动时,不仅在惯性和重力的作用下,而且在由水下机械手的运动部件与周围黏滞环境相互作用时所确定的力的作用下,在潜航器上开始出现明显的力和力矩效应。此外,潜航器还受到电流、海浪、电缆侧面的力和力矩等影响。所有这些都会导致悬停在水中的潜航器相对于其初始位置发生计划外的位移,并影响许多操作任务的高质量执行。国内外资料[143,281,295,296]指出,研究人员对于解决操作时悬停在水中的潜航器创建高精度稳定系统这一问题非常感兴趣。但是现有的方法和系统不能完全解决这一重要任务以供实际使用。

用于将潜航器保持在空间中给定点[143,281,295,296]的已知系统使用递归算法来解决水下机械手逆动力学问题(ОЗД),其构建了一个开放系统,以补偿潜航器在水下机械手操作过程中出现的附加力和力矩影响,并使用此算法按照实际时间尺度(PMB)连续进行实时计算。但是,为了计算水下机械手对潜航器的影响,这些工作使用循环算法来求解仅用于较小雷诺数的水下机械手逆动力学问题,对于低速的多连杆运动,将这些效应从黏滞环境一侧叠加到其连杆上的原理仍然适用。但是随着动作的快速移动,水下机械手运动超出了叠加原理,所使用的算法将不能再正确地估算所需的力和力矩影响。

此外,由于大概确定的水下机械手与周围黏滞环境相互作用的参数,以及水下机械手设计本身的机械参数,所以通常不可能从移动的水下机械手的侧面准确计算出此潜航器的力和力矩效应。当使用开放控制系统时,这将导致潜航器的稳定精度大大降低。

由于导航仪器不可避免的误差,即使是有效地将潜航器导航至规定空间位置中的系统,因潜航器的惯性及其推进器操作的动态延迟,也无法准确地将潜航器固定在空间位置中,因此即使潜航器从其初始空间位置发生微小位移也不可避免机械手执行器(PO)与规定空间轨迹的偏差。这使得水下处理操作的实施高度复杂化。

结果产生了一项重要的任务,即在水下机械手操作时,将潜航器悬停在工作物体附近的模式下,准确地稳定潜航器,以及自动控制这些水下机械手执行器的工作模式,使潜航器即使在不可避免的(但微不足道的)位移条件下,也能从初始空间位置出发沿给定的空间轨迹更准确、更快速地运动。

为了解决这一重要问题,本书研究了以下内容。

(1)稳定潜航器在空间给定点的组合自动系统的设计方法。该方法包括一个开环,它向潜航器推进系统提供信号,该信号与从工作中的水下机械手计算出的力和力矩作用成比例,并提供一个跟踪系统,用于补偿这些计算中的误差。

(2)解决水下机械手逆动力学问题的递归算法,考虑了黏滞环境对这些水下机械手影响的特殊性,可以在空间中以任意速度进行任意运动。

(3)合成用于设定运动轨迹的自动校正系统方法。该方法对安装在潜航器上的水下机械手执行器进行调整,允许潜航器在工作地点附近精确地执行悬停操作,并通过额外的运动来补偿水下机械手执行器,但是潜航器在空间中的位置会发生微小变化。

(4)水下机械手执行器运动模式自动控制系统的设计方法。水下机械手自动形成最大可能的设定速度,以使这些执行器沿复杂的空间轨迹运动。在这些复杂的空间轨迹上,它们偏离轨迹的偏差不超过允许范围。

(5)测定可变黏滞摩擦系数的方法。

第1章,叙述了世界上潜航器的发展历史和现状,给出了现有的潜航器的一般分类。本章还对安装有水下机械手的现代潜航器进行的水下技术操作进行了分析。基于对这些操作的分析,发现对于任何操作工作而言,最有效的是将潜航器稳定地悬停在工作物体附近给定点处的模式。

第2章,基于对公开资料的分析,提出了针对各种类型和目的的无人潜航器高质量控制系统的设计过程中出现的问题,找出了解决类似问题的已知方法及方法的不足之处,找到了解决上述问题的可能方法。研究表明,许多研究人员提出的自适应鲁棒控制系统常常不能完全考虑到无人潜航器的动力学特性和特征,以及它们在沿复杂空间轨迹运动期间与周围黏滞环境相互作用的参数的显著可变性;同时,常常不能保证无人潜航器的设计控制系统能够以给定的精度满足所生成的控制信号,并且在实现许多控制系统的过程中,并未考虑其搭载的传感器输出信号的不同更新频率,这些更新频率涉及相应反馈的形成。结果,即使是那些在仿真时显示出高控制质量的系统,实际上也通常不起作用。本章最后,根据分析结果,确定并阐明了需要具体解决方案才能实现目标的特定任务。

第3章,介绍了无人潜航器分散控制系统的综合方法。该系统由三个嵌套回路组成:无人潜航器的推进器控制回路、速度控制回路和位置控制回路。本章顺序地考虑了设计这些电路的局部控制系统的方法,从而使每个电路都具有所需的动态特性。在这种情况下,当在操作过程中改变其参数时,重点是提高整个无人潜航器控制系统的运行速度。

第4章,介绍了矢量推进器无人潜航器的控制系统设计方法,描述了这种无人潜航器的控制系统结构,以及其执行设备的控制算法。此外,本章还讨论了针对这种无人潜航器的各种运动方式形成其运动轨迹的方法。

第5章,讨论了提出的控制动态跟踪系统的新原理,并研究出了设计系统的方法,这些系统可自动从基于该原理建立的无人潜航器空间轨迹生成程序运动信号。结果表明,基于该新原理易于实现和设计系统,可以确保无人潜航器沿着规定的(复杂的)空间轨迹以最大可能的速度精确运动。第一种方法用于形成无人潜航器根据轨迹参数的当前值自动设定运动速度;第二种方法用于连续构建设定点的虚拟轨迹,该设定点近似位于无人潜航器的规定运动轨迹附近。此外本章还显示了每种方法的应用领域及其实现的功能、建模和现场实验的结果,以及所提出的原理对于构造无人潜航器高速运动的高精度(但易于实现)控制系统的有效性。

第6章,讨论了基于点迹卡尔曼滤波器(CTΦK)综合处理来自无人潜航器的器载传感器信息的方法。在无人潜航器的控制过程中,此方法可为其运动参数提供所需的数据更新周期,而无须考虑其器载传感器中数据的更新周期。此外,它还允许还原无人潜航器的状态向量的未测量分量。基于这种综合数据处理方法,已经研究出一种用于识别无人潜航器未知参数的方法,该方法具有较低的计算复杂度并且可以在其器载计算机上实现。

第7章,介绍了一种为无人潜航器控制系统创建的半实物模型操作程序实现的方法。该方法的一个特点是使用外部建模环境来实现无人潜航器的数学模型,这大大简化了这些无人潜航器控制系统的全面建模。

第8章,介绍了用于稳定潜航器在水下空间中给定点的位置和方向的现有方法的特征与功能的分析结果。结果表明,水下机械手的每个基本部分在静止状态下其大小和方向相对于静止液体的横向速度都可以不同,并且从黏滞环境方面作用到该基本部分上的力可以线性或二次依赖于每个部分的线速度。因此,本章提出了将水下机械手的所有连杆分成相同长度有限数量的基本部分,并考虑雷诺数的值来计算作用在这些部分上的黏滞摩擦力的方法,同时提出了确定黏滞摩擦系数的实验方法。

为了提高在悬停模式下潜航器的稳定精度,第8章提出了一种用于组合自动系统的设计方法,该方法包括一个开环,它向潜航器推进系统提供信号,该信号与从工作中的水下机械手计算出的力和力矩作用成比例,并在所有直线和曲线上附加闭合使用导航传感器的潜航器系统。为了保持高运动动态精度,无人潜航器在稳定的从其初始空间位置开始的小位移条件下,提出了一种用于合成设定运动轨迹的自动校正系统方法。结果,由于设定运动轨迹的校正,水下机械手补偿了执行器与给定位置的微小偏差,因此可以维持水下机械手执行器围绕预定轨迹运动的所需精度。水下机械手这些附加运动的形成与潜航器的组合自动系统在其悬停模式下的操作结合使用。

第8章还提出了一种用于自动控制水下机械手执行器特征点运动模式系统的方法,该系统自动生成执行器沿复杂空间轨迹最大可能的可变设定运动速度。在该复杂空间轨迹上,执行器偏离这些轨迹偏差不超过允许的范围,即指定的系统同时提供水下机械手执行器沿给定轨迹的最大可能运动速度,以及该运动的给定精度,同时考虑到各个多关节电驱动器推力可能进入饱和状态。

总的来说,本书的研究结果基于统一的理论方法,可以形成两组用于无人潜航器的控制系统，这些控制系统可以使这些无人潜航器在空间轨迹上以给定的动态精度高速运动，或在悬停模式下将这些无人潜航器精确地稳定在空间中的指定位置。

本书中介绍的无人潜航器控制方法和程序相对容易实施且效率很高，因此可以将它们用作典型的潜航器控制系统的一部分，从而显著扩展了这些无人潜航器的功能，并提高了各种水下技术操作和工作的性能与质量。

本书由以下作者合作完成：Ю. К. Алексеев 撰写了第 1 章；А. Ю. Конолдин 参与撰写了第 8 章；В. Ф. Филаретов 参与撰写了第 3~8 章；Д. А. Юхимеп 撰写了第 2 章，并参与撰写了第 3~7 章。

目　　录

第1章　当今世界潜航器发展历史、现状及其分类

海洋对人类的重要作用和对其开发程度不平衡，主要是因为水下设备（ПТС）开发不足。深海下潜的经验表明其效率低、成本高，更重要的是，使用常压或高压设备让人直接下沉会极端危险。

无人水下设备（НПТС）与载人水下设备相比有很多明显优势[14]，如下。

——无须人直接在水下停留，这完全消除了船员的风险；

——通过提供特定制造的小型排水量的水面与水下运载工具而使无人水下设备下潜的可能性增大（除了用于大深度的双联拖曳有缆装置）；

——通过组合使用无线电、卫星、有线、光纤和水声通信系统，可以在水面、水下以及空中的运载装置、海底或沿海固定基地来远距离操作无人水下设备；

——减少水下工作与研究对天气状况的依赖；

——增加有效载荷；

——与载人水下设备相比，无人水下设备的制造和维护成本降低了几十分之一或更多；

——增加了多功能性、机动性，并提高了在狭窄空间与冰层下工作的能力；

——连续运行时间显著增加。

由于无人水下设备的仪器和计算机冗余度不断提高，自动控制系统（САУ）的发展，信息系统的接收、发送与存储，以及信息的处理与可视化手段的发展，海上的所有研究与水下技术都达到了新的高质量水平。为了促进全球海洋监测理念的实现，无人潜航器成为最通用的水下机器人（ПР）。

应该指出的是，无人潜航器技术的发展像航空技术一样，从根本上极大地促进了相关技术领域的发展，如水声、水力学、海洋仪器与自动控制系统等。

本章主要讨论水下设备的分类，无人水下设备的应用领域，无人潜航器技术发展的背景、里程碑、主要阶段和发展趋势等。

1.1　水下设备的分类

只有通过综合与系统的方法，才能有效解决现代海洋资源的研究、开发和监测等问题。迄今为止，用于水下研究和工作的综合技术设备极为多样化，现有的水下设备可以分为两大类：有人的和无人的。

1.1.1 载人水下设备

载人水下设备分为高压设备和常压设备。

高压设备意味着人直接在水下，它是人类与研究和工作对象直接接触的场所。但是，在这种情况下，潜水员会受到环境压力与温度升高的严重影响。高压设备包括轻潜水装备、潜水钟、潜水员拖轮、潜水舱运输工作间、“湿式”或“干式”水下焊接室、部件修复系统、潜水员可进入水中的“湿”潜航器、水下基地实验室等。

高压设备可保证轻装潜水员的潜水作业平均工作深度为 150~200 m，在特殊情况下可进行深潜水。1977 年，法国 COMEX 公司的潜水员在“Ianus-IV”实验中潜水，深度超过了 500 m。在海岸实验室模拟器中，研究人员进行了 50 h 的压力试验，其深度相当于超过了 610 m。1992 年，在“Gidra-10”实验期间，在实验室条件下创造了 701 m 的世界潜水记录。在美国的“SeaLab”实验中潜水达到了 703 m 的深度。

实验结果显示，人体潜入水中的深度极限可达到 1 000 m 左右[10]。

常压是指人潜入水中时，以接近正常大气压条件的参数维持其周围的空气环境。在这种情况下，人可以通过耐压密封外壳与水环境隔离，同时承受外部静水压力。常压设备包括“干式”的载人潜航器（ОПА）、带有推进装置（图 1.1）以及不带推进装置的人形潜水服。

(a)

(b)

图 1.1 带有推进装置的人形潜水服“Hard Suit”

迄今为止，人类已经为全海深建造了各种载人潜航器。早在 1960 年，瑞士的奥古斯特·皮卡德（Огюстом Пикаром）和雅克·皮卡德（Жаком Пикаром）于 1952 年建造的深海潜航器“Trieste”（图 1.2）就创下了潜水纪录，到达了马里亚纳海沟的底部。尽管如此，超过 6 000 m 极限深度的设备仍然是凤毛麟角。现在，世界上只有 4 种这样的设备：法国制造的“Nautile”、日本制造的“Shinkai-6500”，以及俄罗斯制造的“Мир-1”与“Мир-2”（图 1.3）。俄罗斯制造的设备是在 И. Е. Михальцева 教授指导下，由莫斯科希尔绍夫海洋研究所（ИО）工作人员设计，与芬兰联合建造的[126]。先进设备再加上俄罗斯科学院希尔绍夫海洋研究所的 А. М. Сагалевича 教授及其团队的丰富经验，使得它们非常成功地得到了广泛应用。

近年来，圣彼得堡海事设计局“Малахит”又设计了两艘能下潜 6 000 m 的深海潜航器：载人潜航器“Русь”（图 1.4）和多功能船“Консул”，它们是在海军造船厂建造的。

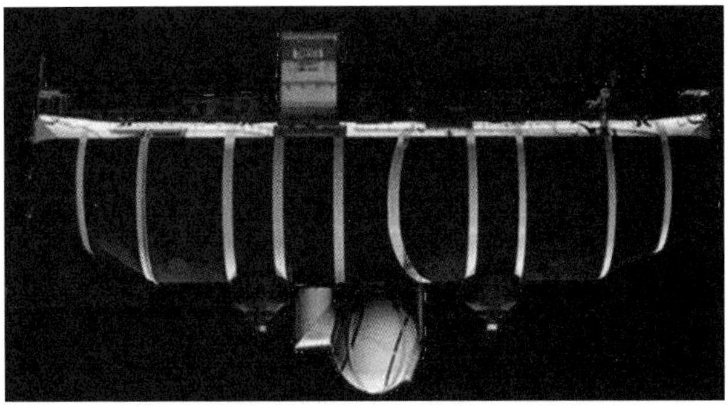

图 1.2　深海潜航器“Trieste”

图 1.3　在“Академик Келдыш”船上的深海潜航器“Мир-1”和“Мир-2”

图 1.4　载人潜航器“Русь”在试验中

这些设备的耐压壳是用钛合金制成的，其余采用轻型玻璃钢制造。当在载人潜航器上安装由水下考察员控制的小型无人潜航器时，载人潜航器的效率会大幅提高。这些载人潜航器可以从具有起重能力为 35~40 t 的吊臂或起重机的船只上吊放入水。之后，船员能利用舷窗、科研设备和两只机械手进行大量的海洋研究工作与探索任务[12]。

1.1.2　无人水下设备

在对无人水下设备进行分类时，建议采用机械结构、能源供给和信息获取等原则，这样可以更严格地界定水下机器人自主和遥控的概念。

根据主要功能和结构特点,水下设备通常根据表 1.1 所示的特征进行分类[186]。

表 1.1　水下设备的特征分类

符号	定义	符号	定义
M	载人的(manned)	U	无人的(unmanned)
F	自主的(free)	T	有缆的(tethered)
S	悬浮的(suspended)	B	坐底的(bottomed)
P	自航式的(propelled)	I	非自航式的(inert)

表 1.2 列出了现有无人水下设备的主要类别。潜航器的具体类型及简称也在表中标记了。其在 1 000 m 深度使用时具有简单性和高效率。历史上第一个使用最广泛的水下设备是被动式拖曳水下设备(UTSI 组合)。它们主要用于大面积的磁力测量和水声勘测,以及水体水文物理测量和水体化学分析[43]。

表 1.2　现有无人水下设备的主要类别

类别	类别特征	最常见
UTSP	自航悬浮缆控设备	+
UTSI	电缆拖曳和下放缆控设备	+
UFSP	自主水下机器人(АПР)	+
UTBP	海底自航式缆控设备	+
UFSI	漂浮式自主浮标	-
UFBP	自主式海底自航装置	-
UFBI	自主式海底仪器及工作站	-
UTBI	海底电缆浮标系统	-

另外,现在还经常使用功能组合的无人潜航器,包括已经建成的坐底与悬浮设备,它们既能够在水中航行又能够在海底航行。

1.1.3　拖曳式水下系统

世界上许多国家曾多次尝试制造深度为 2 000~8 000 m 的深海拖曳潜航器(БПА),尤其是使用海军研究实验室(NRL)的集成式拖曳水下系统(该系统是在美国建造的,具有声呐水下导航功能),在搜寻和调查沉入深海的潜艇“Трешер”(2 880 m)、“Эридис”(1 100 m)、“Скорпион”(3 047 m)以及其他物体取得成功之后。

表 1.3 列出了最主要、最著名的国内外拖曳潜航器的特性。

表 1.3　最主要、最著名的国内外拖曳潜航器的特性

名称	国家	年份	深度/m	质量/t	任务或功能
NRL	美国	1963	6 000	0.45	侦测
SS-100	法国	1965	200	0.10	拍摄
MPL	美国	1965	7 300	1.80	测绘
Teleprob	美国	1968	6 100	1.80	侦测
GLORIA Ⅰ-Ⅲ	英国	1969—1981	8 000	2.04	测绘
ARGO	美国	1985	6 000	1.10	测绘、侦测
L-1	苏联	1980	6 000	1.20	侦测、勘探
Bober-1	苏联	1982	500	0.10	测绘、侦测
Bober-2	苏联	1984	2 000	0.15	测绘、侦测
Abyssal(GASL)	苏联	1988	6 000	1.20/1.70	地质勘探
LT-1	苏联	1989	6 000	0.20	勘查
LT-2	苏联	1989	1 000	1.20	测绘、侦测
Geolog	俄罗斯	1994	6 000	2.00	地质勘探

然而，海上实践表明，这些系统的运行非常困难，而且机动性很差。在对深海沉没物体进行详细勘查时，后者尤其重要。除此之外，还需要对辅助运载船(CH)进行改装，包括安装强大的起重设备、专用的电缆绞车及数英里长的重型电缆。

另外，拖曳潜航器对船舶的动力装置提出了特殊要求，以确保在低速拖曳状态下稳定匀速航行。同时，拖曳电缆的过大振动(不使用中继器)对导航与搜索的声呐设备产生了严重干扰。事实证明，如果拖曳潜航器没有精确恒定的角度和稳定的高度，以及对底部地形的精确跟踪和避障功能，就不可能对海底表面进行详细的水声和磁场侦测、拍摄照片与成像，特别是获得高质量的电视图像。

研究结果表明，对海底进行高质量的电视拍摄需要将设备与海底之间的距离稳定在 1~30 m，精确到 10 cm。但是，由于拖曳重型电缆，导致拖曳潜航器目前的机动性和运动精度无法满足这一要求。这就需要在拖曳系统中引入特殊的中继器或接插件，使得拖曳电缆的最终连接更容易且控制更灵活。拖曳潜航器所具有的控制平面(在足够高的牵引速度下)或推进装置(在低速下)功能，使它能够在水平和垂直平面上进行跨度为数百米的操作。

在双缓冲遥控拖曳方案中，部分导航测量和勘测水声设备被放在中继器上，可以提前获取运动过程中的控制信息，以实现机动跟踪“浅”海底地形并避免某些障碍。如有必要，通常需要进行较大的调整，才能改变绞车电缆的长度以及拖曳船的运动速度。在这种情况下，为了进行控制，必须提前得知从中继器与保障船上获得的有关拖曳装置的位置信息以及有关运载拖曳船前方水下状况的预知信息[15]。

1.1.4 遥控有缆悬浮无人潜航器

在海洋实践中,遥控有缆悬浮无人潜航器(ПТПА)(表1.2中的UTSP组合)使用最广泛。该组合的设备固定缩写是ROV(Remotely Operated Vehicle)。遥控有缆悬浮无人潜航器配备了监控设备(摄像机、声呐等)、潜航器(推进器)以及用于执行水下技术工作的远程控制水下机械手。世界各国制造了许多类型的遥控有缆悬浮无人潜航器,其中最著名的如下。

——美国:“Solaris”、“Mermut-Ⅰ-Ⅳ”、CURV-Ⅰ-Ⅳ、“Mobot-Ⅴ”、“Phantom-500”、“Mini-Rover”、“IRIS”、“Sprint-101”、RCV-150-225、EX-116、“Sea Rover Mk. 2”、“SeaBotix”、“Scorpio Sentry”、“VideoRay Pro Ⅲ XE GT”、“Recon-Ⅱ-Ⅴ”、“Triton-XL”等;

——英国:“Sea Pub”、“Victor”、UFO、“Rig Worker”、“Pioneer”、“Duplus”、“ARMS”、“Minnow”、“Midas”、“Rogue”、“Observer Plus”、“CONSUB-Ⅰ”、RCV-150、“Tiger”、“Falcon”等;

——加拿大:“Dart”“Trov”“Hy-Sub”“Trec”“Trail Blazer”“Mini Trail”“Dolphin”;

——法国:“SAFIR”“Telenuvt Ⅰ-Ⅱ”“Parc-Eric”“PAP-104”;

——瑞典:“Sea Owl”“Sea Eagle”“Double Eagle”;

——挪威:“Bluster”;

——意大利:MIN-77、“Pluto”;

——德国:“Pinguin-A1”“SOLS”;

——日本:“Marcas-2500”、RTV-100、DLT-300、HI-ROV-15、“Delta-100”。

20世纪90年代,全球有50多家公司参与了遥控有缆悬浮无人潜航器的制造:AMETEK(美国)、Straza Division(美国)、深海海洋有限公司(美国)、国基深海系统(美国)、Hydro Products(美国)、Perry Offshore公司(美国)、VideoRay公司(美国)、OSEL(英国)、JAMSTEC(日本)及Мицуи Дзосэн(日本)等,每个公司都制造了20多个遥控有缆悬浮无人潜航器。

由于这种类型的设备通常具有接近零的浮力,因此它们的质量与尺寸成正比,而尺寸通常由主要技术指标决定。由于使用更多的搭载设备,通常同类遥控有缆悬浮无人潜航器功能的增加也会导致其质量增加。遥控有缆悬浮无人潜航器的质量随着潜入深度的增加而增加,即质量是这种设备的重要分类特征之一。按质量标准,遥控有缆悬浮无人潜航器可分为以下几类:小于1 kg的微小型、1~30 kg的微型、30~100 kg的小型、100~1 000 kg的中型和大于1 000 kg的大型。

到目前为止,微小型只出现过一个实例,它可以潜到钻孔中或用于检查与维护核电站设备。最小的是荷兰的遥控有缆悬浮无人潜航器“Trigla”,直径为43 mm,长度为825 mm。

微型是数量最多的类别(图1.5)。该类别的遥控有缆悬浮无人潜航器由一个人控制。通常,它们用于水下视频检查,比如对港口设施、水下管线、船舶水下部分的检查,观察水下世界等。

(a)　(b)

图 1.5　微型遥控有缆悬浮无人潜航器

微型遥控有缆悬浮无人潜航器的使用深度不超过 150 m,搭载设备很少,价格相对便宜,为 5 000~10 000 美元,因此通常被称为低价遥控有缆悬浮无人潜航器。该类遥控有缆悬浮无人潜航器的低成本对个人而言负担得起。目前,成功的商品有“Delta-100”、“Гном”、“Scallop”、“SeaBotix LBV-150S”、RCV-150、“VideoRay Pro Ⅲ XE GT”等。

小型遥控有缆悬浮无人潜航器(图 1.6)的工作深度更大(300~600 m),由于配备了附加专业设备,其质量也随之增加。这些专业设备,除了电视摄像机和典型照明设备外,通常还配备特殊的照明设备、便携式水下机械手、水声导航系统(ГАНС)、高频机械扫描声呐(ГСО)、照相机、传感器、探测器和其他专业设备。在两级系统中,甚至可以在 6 000 m 的深度使用这些设备,如与深海载人设备结合使用(项目“Русь”-“Лорнет”)。

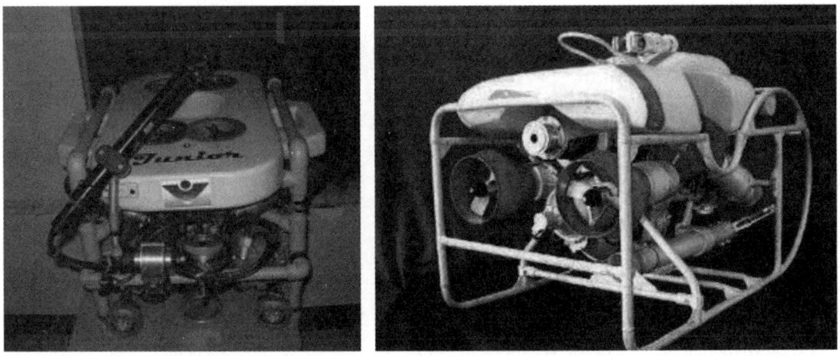

(a)　(b)

图 1.6　小型遥控有缆悬浮无人潜航器

中型遥控有缆悬浮无人潜航器重达 1 000 kg(图 1.7),通常工作深度可达 1 000 m。除了配备上述安装在小型遥控有缆悬浮无人潜航器上的设备外,它们还可以配备两个水下机械手,用于不太繁重的工作。

大型遥控有缆悬浮无人潜航器质量超过 1 000 kg(图 1.8),旨在执行繁重而复杂的工作(包括在深海环境下)。其是价值数百万美元的复杂的双缓冲水下设备。

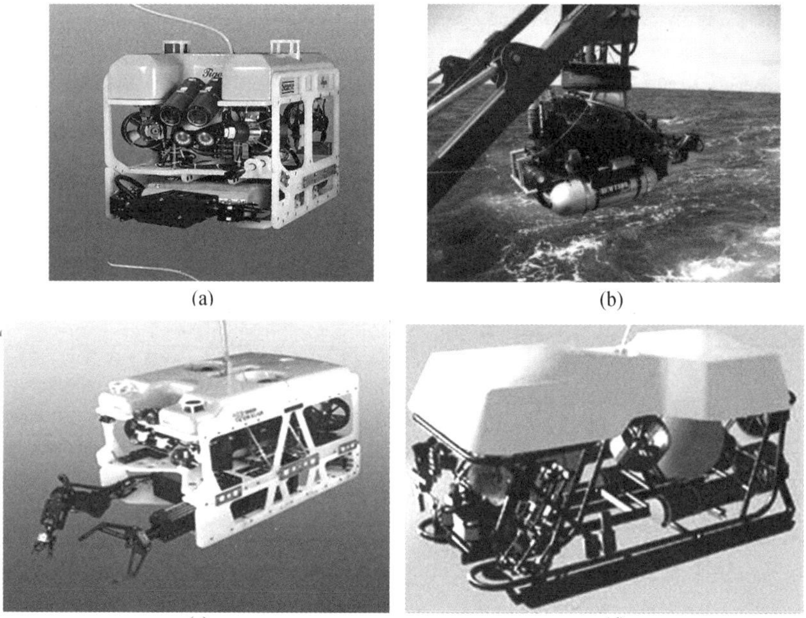

(a) (b) (c) (d)

图 1.7 中型遥控有缆悬浮无人潜航器

(a) (b)

图 1.8 大型遥控有缆悬浮无人潜航器

根据潜入深度,遥控有缆悬浮无人潜航器通常还可以分为以下几类。

——浅型设备,工作深度为 150 m;

——大陆架工程设备,工作深度为 300~600 m;

——中深度设备,工作深度高达 2 000 m;

——极限深度设备,工作深度为 6 000 m 或更深。

根据遥控有缆悬浮无人潜航器的功能与任务,还可对仅用于视频检查,以及港口设施水下检查、船舶水下部件检查等的水下设备进行分类(图 1.5),这些设备的成本较低。

一组较复杂完善的遥控有缆悬浮无人潜航器的成本高达 5 万美元,由一组专业设备(廉价的 ROV)构成。它们配备了导航设备和航行仪器、用于探测海洋环境物理-化学参数的特殊传感器以及水下物体探测器。其中一些设备在控制回路中装有小型水下机械手和用于控制与处理传入信息的计算机。这些设备由专业人员用于研究和检查,通常由一个人使用并维护。

遥控有缆悬浮无人潜航器的作业性质(图 1.6、图 1.7、图 1.8)通常细分为轻型、中型以及重型工作。通常,它们配备有两个机械手或其他工具。大型遥控有缆悬浮无人潜航器的质量可以达到几吨,成本超过 100 万美元。此外,我们建议根据整个系统的动力装备或特殊的工作机构对遥控有缆悬浮无人潜航器进行分类。

遥控有缆悬浮无人潜航器的功能设计旨在提供和支持潜水与水利工程、勘测和维护水下结构、检查水下管道和电缆线路、支持钻井与海上油田作业及确保浮动平台的运行等。遥控有缆悬浮无人潜航器在海域排雷工作中极为有效[6]。遥控有缆悬浮无人潜航器执行的任务范围在不断扩大。

1.1.5　遥控有缆坐底无人潜航器

遥控有缆无人潜航器的最大缺点是,它们不适合在海底进行大量的必要工作。

在勘探海床上的矿藏、铺设电缆线路和管道、运输原材料和进行钻井作业时,以及在施工和其他水下作业工作期间,沿海床爬行的无人水下设备具有很大的优势。这些水下设备组成了 UTBP 组合(海底自航式缆控设备),包括 RUM Ⅰ-Ⅱ、“Tramp”、“Seabug”、“Gator”等设备。它们是履带式的重型装置,配备了强大的水下机械手、挖沟机、钻探设备或其他执行工具[123]。

株式会社日立制作所和松下电器产业株式会社在日本制造了第一批用于在水下 60 m 深度处建造水下建筑的推土机[186]。

最近,有国家已尝试研发海洋底部爬行的仿蟹形无人潜航器。

1.1.6　两级综合有缆无人潜航器

以上遥控有缆无人潜航器不能完成深达 6 000 m 的深海作业的需求,如进入海底沉船内部作业,因为该设备无法移动其后面的长电缆。因此,在 20 世纪 70 年代中期的苏联、稍晚些的美国与法国以及 20 世纪 80 年代末期的日本,开始创造一种由两级缓冲装置组成的新型水下设备。后续研究和实验表明下面的组合具有良好的前景。

——底部的中继站通过电缆连接到支撑船,在中继站中会释放通过一条细的浮动绳与其连接的无人潜航器(如 CURV-Ⅲ、CURV-Ⅳ、“Hydra-AT 1850 CRS”、“Triton”等);

——在拖曳平台上可以连接无人潜航器,而且第一个平台还具有底部“中继站”的功能(如“Лортодромия-РВО”“Kaiko”);

——海底自航式遥控有缆无人潜航器,既是中继站又是载运工具(如“Flex jet”);

——载人潜航器或潜艇,可以搭载轻型遥控有缆无人潜航器(如“Alvin-Jason-junior”“Мир-Rover”);

——大型自主无人潜航器(АНПА)、小型自主无人潜航器;

——大型自主无人潜航器可以与小型遥控潜航器联合作业。

1.1.7　无缆遥控和自主水下机器人

UFSP 组合由自航式无缆悬浮无人潜航器组成,旨在进行水下搜索、科学研究,以及各种勘测与检查。

现在,这类自主无人潜航器组合有一个缩写词 AUV(autonomous underwater vehicle),中文名称为自主水下机器人。它们必须满足独立的三个基本条件:机械自主、能源自主和信息自主[14]。机械自主意味着没有任何以电缆、绳子或软管形式的机械将潜航器与运载船及底部或岸上的基座连接起来。能源自主意味着在潜航器上存在着以电池、燃料电池、核反应堆、闭环内燃机等形式的自主电源。由俄罗斯科学院远东分校海洋技术问题研究所研发的所谓"太阳能"潜航器能够利用太阳能为电池充电,自动漂浮在海面上,因此不再被认为是完全能源自主的。信息自主意味着在无人潜航器与支持母船、海底或沿海基地之间必须能够进行信息交换。当然,自主设备还必须具有自主惯性导航系统。

在第一台无缆无人潜航器中,自动无电缆意味着满足了上述三个自主条件。但是在俄罗斯的无缆设备中,只有"Скат"以及部分"Скат-Гео"设备才算是真正的自主设备。

随着水声、计算机技术和遥测技术领域的快速发展,人们已经能将大量的信息传递给地面,以供操作人员在监督模式下独立控制无人潜航器。无缆潜航器 Л-2、MT-88、CR-01、OKPO-6000 的仪表台和水声导航系统使操作人员能够获取其有关位置的信息,并将单独的控制命令传输给自动驾驶仪,以更改这些更先进设备的工作程序。这些设备不再被认为是完全自主的。

因此,尽管研发了具有人工智能要素的自主控制系统,但人们仍认为人类参与纠正无缆潜航器的行为正在变得非常有用,甚至是必要的。显然,在不久的将来,人们将建造和改进带有交互式监督远程控制的无人潜航器。

1.1.8 按信息特征分类的潜航器

现代无人潜航器变成了复杂的控制系统,分为遥控水下机器人(ДПР)和自主水下机器人两大类,因此其分类的主要原则之一是信息原则,并且根据其控制系统的完善程度,将自主水下机器人分解成几代,如图 1.9 所示。

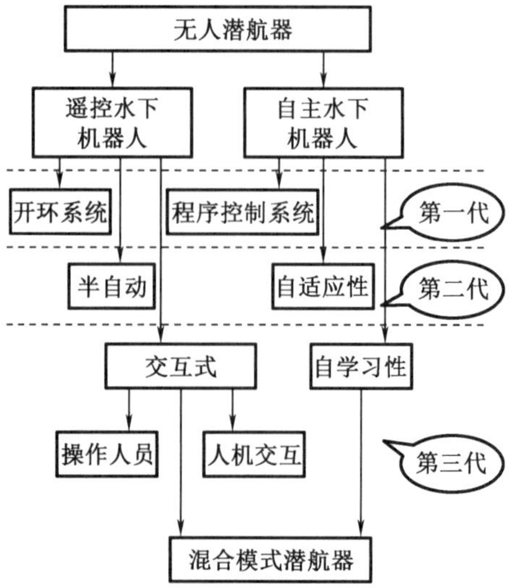

图 1.9　控制系统的完善程度与水下机器人的分类

自主水下机器人没有与操作人员进行通信的信息渠道。第一代自主水下机器人根据预先设定的固定程序工作。第二代自主水下机器人具有传感器系统，它们可以使自己的行为自动适应不断变化的外部环境和内部状态。第三代自主水下机器人应该具有人工智能元素，在给定任务中具有独立做出简单决策的能力，即能够自动识别简单图像的人工（技术）视觉元素，具有基本的自我学习能力，并能够补充自己的知识库。

第一代遥控水下机器人是开环控制的。在这些最简单的设备中，操作人员无须使用自动反馈设备就可以将控制命令直接发送到推进系统。第二代遥控水下机器人具有潜航器状态坐标的自动反馈设备，如反馈航行高度、航行深度、运动速度、摇摆角度等信息。这些坐标在自动驾驶仪中与操作人员设置的目标坐标进行比较。最终，考虑到遥控水下机器人工作的实际误差，形成了必要的远程控制。这些潜航器可以称为半自动远程控制。第三代遥控水下机器人由操作人员以交互模式进行控制。

交互式监控管理系统具有一个层次结构，该层次结构包含两部分：在船上计算机中实现的上层结构和在潜航器上实现的下层结构。在较高级别，操作人员首先分析有关水下情况的视频信息，以及潜航器导航和航行参数的状态向量。它利用这些信息做出决策，然后以一些通用指令的形式执行，每一个指令都有一个特定的水下运动控制算法，以确保在可实现的工作状态下完成任务。通用标准指令集取决于潜航器的特定用途，在系统研发过程中可以修改和补充其组成。这些指令可确保潜航器进入给定的海底或水下空间位置；潜航器动力定位；在工作目标附近软着陆；水下声学制导；磁异常制导；使潜航器自动进入并成为操作人员在电视屏幕上能观察到的目标；实现程序性搜索航迹；设备进入极端海洋地球物理和水文化学领域；自动跟踪海底地形和绕过障碍；潜艇与运载工具或工作基站的接近和对接等。

船载计算机接受通用的典型指令——目标，选择实现潜航器运动的方式，并形成其推进装置的必要推力指令。它们通过遥控通道将指令发送给下级控制系统（执行级），控制潜航器进行必要的运动。

遥控水下机器人交互式对话控制系统提供了对操作人员输入指令的响应，包括对所接受指令的更新。潜航器可以自主执行的命令构成了操作人员与之交流定向问题的语言的语义基础。语音通信通道的使用有望用于遥控水下机器人及其水下机械手控制。同时，控制动作以词汇量相对较小的高级自然问题导向语言来制定。另加一个专门的语音处理器，在声学、语音和词汇层面对语音信号进行预处理。单词和句子的最终识别与将遥控水下机器人的定向问题控制语言翻译成实现此控制的计算机系统机器语言的过程结合在一起。

值得注意的是，在无人潜航器技术方面，下一代并没有完全放弃上一代。许多较小程度的任务仍然可以通过低成本的小型设备来完成，如 Eye-Ball、Low-Cost ROV、Personal & Recreational ROV，它们没有反馈，而是使用智能操作。但是在解决大量的勘察和调查任务时，应该使用第三代无人潜航器，而操作人员在必要的情况下参与其工作。

1.2 无人潜航器的历史阶段和发展趋势

无人水下设备制造的开始应被视为研发与使用水下摄影和成像设备,水下电视系统和声呐定位也尝试应用。第一次,法国(1938 年)和美国(1940 年)的专家拍摄了潜水员无法拍摄到的海底照片[20]。1946—1947 年,美国科学家将第一批水下电视系统安装在太平洋海底,然后使用水下电视来控制和监视美国在比基尼环礁地区进行的水下核爆炸的物理过程。

可以认为声呐系统源自 К. В. Шиловский 与 П. Ланжевен 于 1916 年一起进行的海底回波定位试验,该试验记录了装甲钢板反射的信号,最大距离为 200 m。其所使用的设备具有构成现代声呐系统的所有基本元素[135]。这些研究的推动力显然是搜寻沉没的“泰坦尼克”号。

为了和平,声呐系统在 20 世纪 50 年代后期开始使用。到 20 世纪 60 年代末,它们的使用已得到全世界的认可[186]。第一批价格适中的双通道声呐系统于 1967 年制造出来,该系统帮助搜寻定位了 2000 年前沉没在土耳其沿海的一艘船的残骸[135]。

1.2.1 无人深潜拖曳系统

20 世纪 50 年代初期,英国开始制造水下电视系统,进行低速拖曳并在水面舰艇上布放。当时用于检查和勘测的水下深度达 100 m 的电视系统已广受欢迎。1951 年,“Риклейм”船在英吉利海峡搜寻沉没的英国潜水艇“Эффрей”时使用了该系统。1954 年,在水下电视系统的帮助下,人们还发现了坠落在西西里岛上并沉入 180~200 m 深处的英国“Комета”飞机的碎片。这两次都使用了水下相机拍摄了潜艇和飞机残骸[186]。

1963 年 4 月 10 日,美国核潜艇(АПЛ)“长尾鲨”在距波士顿 220 mile① 的大西洋里进行的深海测试中沉没,这场灾难推动了拖曳水下搜索工具的发展。灾难发生在大约 2 800 m 的深度,对于当时的美国海军来说,还没有有效的手段在海底寻找潜艇。军舰和轮船(多达 16 个单位参与)进行了紧急的搜索,但是没有带来积极的结果。后来由特殊的舰船搜索,它配备了当时仍然不够先进的水下导航系统与搜索工具。

使用深潜拖曳装置进行的大规模探索性工作持续到 1963 年的夏天,声呐系统、回声测深仪、磁力计和埃杰顿摄像机的原型无法检测到沉没的潜水艇的主体,仅偶然发现了一些落入这些设备有效探测范围内的物体:高压气缸、橡胶手套、聚乙烯反应堆保护件、塞子等。水声搜索仍无法提供可靠的结果,因为被调查区域的底面凹凸不平。

不过,人们通过对水声、磁力测量、电视和摄影设备提供的数据进行比较,使搜索区域缩小到 4 $mile^2$②,并使用“的里雅斯特”号深海潜航器对搜索范围进行目视观察。深海潜航

① 1 mile = 1 609.344 m。

② 1 $mile^2$ = 2.589 988 km^2。

器进行了 10 次潜水,尽管机动性和仪器性能不佳,但仍发现并拍摄了“长尾鲨”核潜艇的部分残骸。在水下机械手的帮助下,一条长约 1.5 m 的铜管道被抬出水面,并有被寻找潜艇的标记。1963 年 9 月,美国海军宣布搜寻在 1963 年沉没的核潜艇的工作已经结束,尽管花费超过 150 万美元,但仍未找到核潜艇船体[16]。

搜寻失败的主要原因是缺乏高效可靠的集成搜索工具以及高精度的水面和水下导航系统,同时对海底地质的调查基本上也是随机进行的。当时,美国海军只有侧扫声呐(ГБО)、地质磁力计和潜水的埃杰顿摄像机,以检查“长尾鲨”核潜艇的沉没区域,对收到信息的处理、储存、分析以及可视化手段有限,对接收到的水声和磁信息处理后,所探索到的物体位置非常近似,使得搜索工具很难再次精确找到它们。

因此,对沉没的“长尾鲨”核潜艇的搜索表明,当时世界上存在的搜索工具是低效无用的,需要加强研究才能为深海搜索制造更加先进的技术设备。

1963—1964 年冬季,在许多研究机构和工业公司的参与下,美国海军研发和制造了几种新型的水下搜索技术设备。新建立的设施主要是美国海军研究实验室的深海综合拖曳系统,其与当时相当精确的水下导航系统(UTE)一起安装在“Мизар”海洋考察船上。该系统可以在±30 m 的误差内来确定深度为 6 000 m 范围内的位置。此外,经改进的“Триест-Ⅱ”深海潜航器还在搜索设施中配备有新的搜索设备和与水下导航系统底部信标转发器配合使用的导航辅助设备。

1964 年夏天,新成立的搜寻小组继续调查“长尾鲨”核潜艇沉没地区的海床。搜索 8 h 后开始有所发现,在连续工作 94 h 后就找到了“长尾鲨”核潜艇尾部的残骸并对其进行了拍照,且“Триест-Ⅱ”深海潜航器降落在核潜艇坚固的轮机舱部分残骸上。

美国海军研究实验室的拖曳潜航器的使用表明,集成式拖曳水下系统正成为水下搜索和检查的有效设备。与现有设备相比,它们的主要优势在于,具有可同时进行多物理场中全面搜索沉没物体的功能。

美国海军研究实验室的深海综合拖曳系统位于单体拖曳平台上,该平台上装有回声测深仪、侧扫声呐、质子磁力计、3 台摄像机的复合体、照明器及通过同轴电缆将收集到的信息传输到支撑船的遥测设备。使用侧扫声呐和质子磁力计的系统能够以高达 4 kn 的速度在距海面 50~100 m、距海底 6 000 m 的测量深度拖曳在船尾,在操作摄像机时以约 1 kn 的速度从海底以 6~9 m 的高度拖曳。美国海军研究实验室的拖曳潜航器可以使用 240 m 波段的侧扫声呐和 120 m 波段的质子磁力计进行搜索。拖曳潜航器离海底约 9 m 时,3 台摄像机的拍摄范围约为 30 m。美国海军研究实验室的拖曳潜航器的费用为 9 万美元[12]。

美国海军研究实验室的拖曳潜航器的成功应用是搜索沉没在大西洋中的美国核潜艇“Скорпион”号;在其他作业中,对“Бриггс”运输船的勘测尤其重要。该运输船在大西洋中的沉没深度为 4 880 m,曾被用来掩埋报废的神经毒气火箭。美国海军研究实验室的拖曳潜航器在寻找该运输船时,安装了专用的神经气体传感器,这要求拖曳潜航器近距离靠近沉没的运输船。

具有决定性意义的是,美国海军研究实验室的拖曳潜航器成功参与了为期 3 个月的搜寻和打捞载人潜航器 Alvin 的行动。该潜航器于 1968 年 10 月 16 日沉没在水下约 1 500 m 处[321]。

除了搜索和检查沉没的物体外,带有侧扫声呐的深海拖曳装置还广泛用于重要经济区的海床地质研究中。20 世纪 60 年代后期，由 Marconi Underwater Systems 公司于 20 世纪根据英国国家海洋学研究所的委托研发的地质远程潜艇探索器 GLORIA（Geological Long Range Asdic）侧扫声呐，在其运行的最初 10 年，对世界大洋 1%以上面积进行了探索[93]。

在 GLORIA-Ⅰ型试验系统的运行过程中所积累的丰富材料显示，该系统在探测海底地形和深海海底突然隆起造成的航行危害等方面具有很高的效率，但存在重大不足。考虑到这些不足之处，已研制出一个经过改进的 GLORIA-Ⅱ型水下拖曳设备，然后又研制了 GLORIA-Ⅲ型水下拖曳设备，其中已经使用数字信息处理代替了模拟信息处理。

使用 GLORIA 侧扫声呐的典型示例是对美国经济区的海洋区域调查。1984 年 4 月 26 日—8 月 15 日，美国对从墨西哥到加拿大边界的西海岸地区进行了持续 112 天的扫描，并绘制了面积为 57 万 km^2 的海洋区域。到 1987 年底，美国已经使用 GLORIA 侧扫声呐对其西部和东部沿海、墨西哥湾、阿拉斯加、白令海、波多黎各、维尔京群岛和部分夏威夷群岛进行了深海调查。

在 GLORIA-Ⅰ型试验系统中，人们以不同角度、不同距离描绘了深海底部探测到的对象。结果，近区被发现严重变形，并且在处理过程中，有必要进行校正或舍弃接收到的部分信息。回声图的处理，由于受到机舱随船体俯仰、表面混响信号和定向特性的横向信号的影响而使接收到的信号变得复杂。系统在更新期间，重点放在优化换能器的声学参数、信息处理方法和机舱改进设计上，主要改进了数字注册的方法，并开发了一种特殊程序，用于根据单个回声图汇编马赛克图像；部分地消除了倾斜距离的失真，并从左侧和右侧将图像组合在一起，从而确保了图像的连续性。

数字信息记录的发展已促进图像质量的进一步提高，这使凸出的艺术线条图像、立体图像和接收信号的精确处理成为可能。提高拍摄质量的另一个方法是 GLORIA 侧扫声呐与其他测深信息源的集成，这抵消了侧扫声呐回声图对土壤反射特性的依赖性。结果表明，GLORIA 侧扫声呐和多波束回声测深仪的结合很有希望，可以同时提供深度和深海底部地形的准确信息，以及有关深海底部沉积物的结构和被探测物体的信息。

1.2.2 遥控有缆悬浮无人潜航器

对检查与打捞沉没的海军武器的需求是制造遥控有缆悬浮无人潜航器的主要动机之一。

1950 年以后，在美国海军武器的测试地点损失的高价值鱼雷样品越来越多。由于鱼雷的沉没深度远远超过了潜水员的工作深度，因此这就需要创造一种新型的、可以有效操作的水下无人设备。该类设备不仅能够提供搜索和探测，而且还可以直接打捞出这些物体。

1961 年，美国为了从 200 m 深处打捞达 1 400 kg 的沉没鱼雷与其他货物，制造了第一台 Solaris 遥控有缆悬浮无人潜航器。该无人潜航器配备了 2 个发动机（每个发动机的功率为 7.3 kW）、1 台带灯的电视摄像机、1 个回声测深仪、1 个深度计和 1 个简单的抓取装置。它的干重为 2 300 kg，整体尺寸为 2.50 m×1.52 m×2.00 m，成本为 30 万美元。但是其由于导航和航行仪器设备不足，推进与转向系统发展不理想，开放控制系统尚不完善，所以没能被有效利用[186]。

1961—1963 年，美国制造了 Mermut Ⅰ-Ⅳ系列遥控有缆悬浮无人潜航器，用于从 150~

560 m 的深度打捞达 100 kg 的货物。它们有 3 个推进器和 1 个陀螺罗盘。Mobot 系列(美国,1962—1964 年)专为紧急救援及海底油田的开发而设计,配备了噪声警示系统、专用声呐及附加的摄像头。尽管这些设备在运行中并未证明有效,但遥控有缆悬浮无人潜航器 Mermut-Ⅳ是 CURV-Ⅰ设备的原型。而 CURV-Ⅰ是第一代遥控有缆悬浮无人潜航器等无人设备中最有名的。

1965 年 2 月,美国为海军武器测试中心制造了新型遥控有缆悬浮无人潜航器 CURV-Ⅰ。从 1965 年 2 月—1967 年秋天,在 CURV-Ⅰ的帮助下,人们从水下平均深度 420 m 处捞起了 50 个试验鱼雷,每个鱼雷在水下的平均停留时间为 2.5 h。两次打捞鱼雷的深度超过了遥控有缆悬浮无人潜航器的工作深度(600 m):一次鱼雷的沉没深度为 855 m,另一次鱼雷的沉没深度为 740 m[246,321]。但是最著名的应用是在 CURV-Ⅰ的帮助下,人们捞起了容量为 20 t 的氢弹。这枚氢弹是 1966 年 1 月 17 日在西班牙地中海沿岸的帕洛马雷斯地区,一架 B-52 战略轰炸机与一架加油飞机在空中相撞丢失的。

这枚氢弹是直径为 609 mm、长度为 3 657 mm、质量为 2 200 kg 的圆柱体。事故发生后,人们立即给 CURV-Ⅰ配备了专用抓取装置。载人潜航器 Alvin 发现了氢弹在水下 765 m 的深度。人们 3 次尝试将氢弹绑在降落伞后面的钢索上将其拖起来,但结果是它顺着斜坡滑落到 855 m 的深度。经两次检测发现,氢弹被降落伞覆盖了。一架运输机将 CURV-Ⅰ运到工作地点。人们用专用的猫形锚代替抓取装置,以便在降落伞吊索上挂起氢弹。从氢弹丢失那一刻起的第 8 天,CURV-Ⅰ从运载船“Petrel”的侧面降下,并指向潜航器 Alvin 在氢弹附近安装的声学信标。在第三次潜水和多次尝试捞起氢弹的过程中,最后 CURV-Ⅰ将氢弹绑定在降落伞的绳索上并被一起吊起。

CURV-Ⅰ的使用表明,在风速超过 5 m/s 的情况下,不能进行起吊操作,因为很难将运载船保持在工作点附近。电缆和电缆连接的低可靠性使得遥控有缆悬浮无人潜航器必须使用特殊电缆。CURV-Ⅰ在操作过程中,经常发生将吊索缠绕在其螺旋桨和将设备缠绕在电缆中的情况,但这并未造成严重的后果。遥控有缆悬浮无人潜航器和小排量运输船的组合使整个系统非常灵活。在一天的 15 h 内,CURV-Ⅰ可以保障打捞 4 个鱼雷,包括母船移至工作区并返回的时间。

CURV 系列设备的进一步发展是 CURV-Ⅱ(制作了 2 个备用)和 CURV-Ⅲ(制作了 3 个备用,其中 2 个在海上丢失了(图 1.10))。CURV-Ⅲ在制造过程中,使用了 CURV-Ⅰ的部分元件,并且对设备本身进行了重新设计,工作能达到水下 2 400 m 的深度。它具有空间“框架”设计,尺寸为 2.00 m×2.00 m×4.55 m,质量为 2 490 kg。新的 CURV-Ⅲ配备了水下机械手、两种类型的电视摄像机、4 个铊碘灯、2 个用于照亮水下物体的水银泛光灯、1 个用于 500 帧的 35 mm 摄像机和 1 个闪光灯。新设备位于 2 个独立的可旋转平台上,每个平台均可水平旋转 360°、垂直旋转 180°,以提供必要的全方位视野。水下机械手配备了用于抓起鱼雷的抓紧装置、用于切割电缆的装置、小锚与其他工具。

图 1.10 1973 年,美国海军的 CURV-Ⅲ在营救载人潜航器“Pisces Ⅲ”船员的行动中

CURV-Ⅲ的主要设计特征达到了其目的——进行侦察并从海底捞起物体,而不会危及执行吊装的操作人员。随后的改进显著改善了设备的使用与导航功能。出于导航目的,它配备了指南针,范围为 730 m、120°开角的机械扫描声呐,范围为 730 m 的脉冲收发器,可与安装在船上的导航系统配合工作的噪声探测器与换能器,可用脉冲测高仪测量到海底的距离,并用压力转换器测量深度。

CURV-Ⅲ用于许多作业。1976 年,其将一台核发电机从水下 716 m 的深度打捞出,转移至位于圣地亚哥(加利福尼亚州)以西 350 km 的圣若昂岛。但是它最有力的工作是在 1973 年 9 月对“Pisces Ⅲ”设备进行的救助,该设备被 2 名操作人员误操下沉。CURV-Ⅲ从爱尔兰西南海岸之外的 488 m 深处打捞了该设备。1987 年,根据美国海军的命令,EIC 公司与 DTRC 研究中心一起对 CURV-Ⅲ进行了功能性改造,下潜深度可达 6 000 m[321]。1990 年 4—5 月,在海军“Apache”号航母上重新装备后,它进行了 3 次深海潜水。此外,鱼雷从水下 1 000 m 的深度发射,然后从 3 120 m 深处浮起。最新改装的 CURV-Ⅲ具有高速(80 Mbit/s)单模光纤遥测系统、局域网(NCP/IP LAN)和监控系统。

第一批 CURV 型设备的主要设计方案和装备已用于研制遥控有缆悬浮无人潜航器 CФ-1(德国),Теленавт-1(法国),CONSUB-1、CONSUB-2(英国)和许多其他先进遥控有缆悬浮无人潜航器中。

CONSUB 系列是由 British aircraft incorporation 公司根据地质研究所的要求制造的,用于海底采样。该设备可以携带大量有用的水下监视和摄影设备:电视摄像机、光电系统和旋转平台上的钻头。1975 年,除了进行地质勘探外,CONSUB-1 还用于水下检查。在这些操作中获得的经验使 British aircraft incorporation 公司开发了多种用途的 CONSUB 系列[88]。

CONSUB-2 可容纳更大的有效载荷,其尺寸比其前身更大:宽 2.1 m、高 1.7 m、长 3.7 m,自重 2 950 kg。它能以水下监测和监视设备的形式携带多达 450 kg 的有效载荷。该潜航器安装了 Perry 公司的水下机械手 SDWP 51。该设备是具有 4 个推进器的多用途、功能强大的自航式遥控无人潜航器。在流速高达 1 m/s(2 kn)的情况下,它可以在水下 600 m 的深处工作。为了确定其坐标,可以选择具有超短或超长基线的水下水声导航系统。CONSUB-2 的操作机构使其可以沿摄像机指示的方向移动。

CONSUB-2 的广泛用途是可以在其上搭载各种设备。如对于管道的例行检查,它可以配备高分辨率测深仪、高精度深度传感器和水下声学探头,可以搭载用于测量海底地形的仪器，用于监测管道的质子磁力仪、阴极保护检测仪，用以评估管道以及其他结构腐蚀的探测器。CONSUB-2 的一个突出优点是拥有综合计算机系统，可以用于水下导航，自动控制，长时潜水，数据收集、显示、存储、记录和处理，海图绘制和生成各种文件（如管道敷设图）等。

CONSUB-2 的控制系统是基于计算机 PDP 11 构建的。计算机 PDP 11 包含视频终端、绘图终端、558 mm 绘图仪、读取器和外部存储磁盘。所有遥控有缆悬浮无人潜航器的传感器都与此系统匹配。自从遥控有缆悬浮无人潜航器运载船上安装了强大的数据处理系统以来，该系统具有显著优势，因为它允许绘制声呐和摄像系统显示的海底勘探区域初步地图。返回岸后，人们详细处理初步结果，对视频进行复制、标注，并提交最终报告[88]。

1977—1978 年，在英国制造的另一系列遥控有缆悬浮无人潜航器开始用于海上作业。该系列包括 USL Marine 公司的计算机辅助水下测量员（CETUS）。这是一台配有计算机的水下观测设备。该潜航器的设计工作深度高达 460 m。它比遥控有缆悬浮无人潜航器 CONSUB-2 小，宽度和高度均为 1.5 m，长度为 2.0 m，质量约为 890 kg。为了提高机动性，它配备了 4 个转向装置，期望速度为 0.8 m/s。它具有 2 个四自由度水下机械手，这可以使潜航器牢固地定位在空间中，用一个机械手固定目标，用另一个机械手工作。

CETUS 具有一整套导航仪，包括磁罗盘、陀螺航向指示器、回声测深仪和角度指示器；潜航器上还安装了声学导航设备，使用位于海底的长基线收发器或短基线距离-方位系统；具有两个摄像头，一个用于导航，另一个用于搜索；配有 250 帧的 35 mm 相机，用于记录水下设施检查结果。该遥控有缆悬浮无人潜航器的所有设备都可以使用计算机 PDP 11 进行自动控制，这使得其能够通过磁力仪接收到的信号自动精确地沿着封闭管道移动。

1977 年，Сонармарин 公司（英国）开始使用遥控有缆悬浮无人潜航器 SMT-1 来监控水下管线的铺设与水下平台的安装，还可用于收集视觉信息（视频和照片），并在不影响基岩的情况下对基岩地质进行声学分析。使用 SMT-1 所取得的经验被用于研发 SMT-2。SMT-2 是第一款专为海上平台研发的全功能设备，用于海洋石油生产平台的全面检查与测试。

为了清洁水下结构的泥泞与污垢，SMT-2 配备了吸污漏斗和装有泵的水枪。此外，该遥控有缆悬浮无人潜航器上还安装了一些水下控制工具，如用于裂缝检测的“ММЧ”探头、超声波壁厚仪、放射性监测设备等。

现在，许多机构已经研发出不同功能的遥控无人潜航器（РТПА）。与潜水员相比，它们已被证明是一种非常有效和安全的工具，可以进行潜水和研究。目前正在进行最有效的工业生产阶段。特别是遥控有缆悬浮无人潜航器的领先制造商之一——英国 Seaeye Marine 公司开始批量生产服役的遥控有缆悬浮无人潜航器 Cougar XT（图 1.11）。与以前的相比，由于安装了新一代推进系统并使用了更高效的控制系统，该装置的功率和动力装备增加了 50%。Cougar XT 的功率因数——推力/质量为 0.5，远高于其他制造商的同类水下工具的功率因数。

2006 年，2 台 Cougar XT 在 Subsea 7 公司进行了测试，该公司专门从事石油与天然气领域的复杂水下作业。与相同类型的遥控有缆悬浮无人潜航器进行对比的测试中，Cougar XT 显示出最佳的操作性、高可靠性和可控制性。根据测试结果，Subsea 7 公司决定在 2007 年再购买2台或2台以上Cougar XT。2007年1月,Seaeye Marine公司收到了一份订单——生产7套Cougar XT。这是生产新型潜航器的订单量全球最佳的业绩指标。

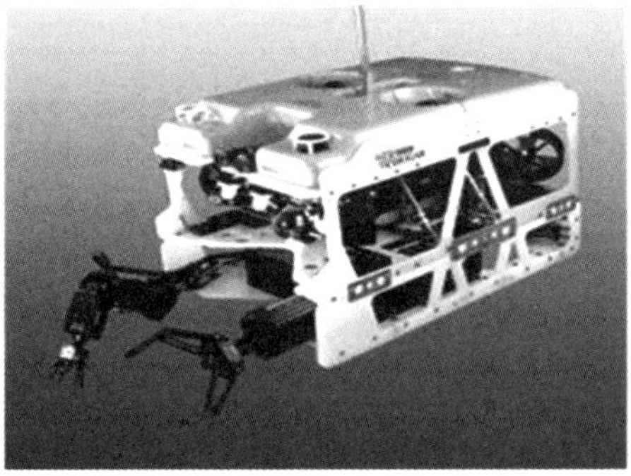

图1.11 现代模块式遥控有缆悬浮无人潜航器Cougar XT

事实证明,Cougar XT无论是独立进行还是与潜水员和(或)其他潜航器(下潜深度达6 000 m)一起进行水下工作都很方便。

Cougar XT的主要应用领域如下。

——石油和天然气领域的水下工程;

——紧急救援行动;

——海洋学和勘测工作;

——深海科学研究。

Cougar XT与以前的潜航器一样,是模块化设计,可用于搜索、勘测遥控潜航器和工作中的遥控潜航器。

在搜索和勘测设备(不带悬架模块)的配置中使用强力推进器时,遥控有缆悬浮无人潜航器具有很强的适航性,并且减小了总重和尺寸。此模式可使潜航器在强流干扰下与运输船相距较远的地方进行工作。

Cougar XT上设有悬挂模块,在其中装有专用的水下设备(传感器、记录设备等)。它具有强大的智能性,并且在水下操作期间可以提供以下内容。

——借助多波束声呐和侧扫声呐在300 m的距离内探测水下物体;

——检测深度不超过10 m的海底中的物体;

——用彩色、黑白高光敏感摄像机探测和检查水下物体;

——数据从水声设备、导航设备、摄像机、化学和辐射传感器输出到信息监控器,并在磁性和数字媒体上进行记录;

——参照全球定位系统(GPS)以及安装在海底的声呐即应答信标确定水下物体的坐标;

——水下物体运送和安装传感器;

——使用水下机械手和附带的工具清洗水下物体上的异物;

——利用探测器寻找水声信标;

——抓取重达80 kg的货物运送到地面。

在 2016 年过去的 10 年中,随着大型且昂贵的自航式遥控无人潜航器的使用,要求一艘带有强大布放装置的运载船,这在世界范围内出现了一种趋势,即廉价的水下微型设备的广泛使用。这些设备操作简单且设计用于在最深处达 300 m 的地方进行搜索和检查工作。

总体而言,目前水下设备制造商趋向于从载人潜航器生产转向无人、有缆、遥控、悬浮和坐底设备。特别是美国 Perry Offshore Inc 公司,它以前专门生产载人潜航器,现在研发了一系列经过充分实验的悬浮的(Scout、Voyager、Viper、Scorpion、Recon-Ⅱ-Ⅴ、Triton、Triton-XL、Marlin)、坐底的(CAtor)、底部悬浮的(Flex jet)和拖曳的(TUMS)遥控有缆无人潜航器。自 20 世纪 80 年代初以来,Perry Offshore Inc 公司几乎完全停止了载人潜航器的研发,将精力集中在无人水下设备的制造和实施上。这是高度发达国家中许多公司的特征。其他不适应无人水下设备发展的知名公司被迫停止生产,包括加拿大 HYCO 公司,该公司生产了 16 艘潜航器,其中 11 艘是 Pisces 类型,可潜入 700~2 000 m 的深度[89]。

日本是拥有先进设备和强大技术的海洋大国之一,长期以来其无人潜航器技术一直落后于世界发展水平,这在很大程度上取决于海军的决定以及海底油田的勘探与维护任务。在日本,没有沉没武器(炸弹、地雷、导弹、鱼雷等)的侦察以及沉没潜艇的搜索和检查的问题。日本不产石油,因此在国内市场上,对探查海底油田的设备没有需求。但是,巨大的技术潜力使日本能够在短时间内消除落后差距,并创造一系列独特的水下技术系统。其中,值得注意的是由日本海军科学与技术中心 JAMSTEC 研发的两级深海系统“Kaiko”,它由拖曳潜航器和有缆潜航器组成(图 1.12 和图 1.13)。1995 年,在马里亚纳海沟的极深海域,人们借助该系统进行了独特的研究,坐标为 11°22.394′N,142°35.541′E,下潜深度为 10 911 m[305]。

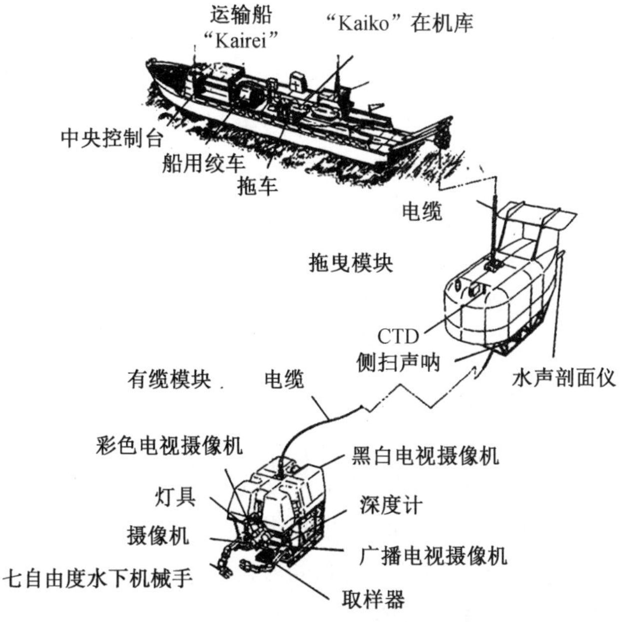

图 1.12　“Kaiko”系统的拖曳有缆构建方案

“Kaiko”系统由专门为其配备的运输船“Kairei”以及拖曳(launcher)模块和有缆(vchicle)模块组成。布置在运载船上的装置有:全系统中央操作台;带有用于升降操作的遥控柱的 U 形脱扣装置;用于放置带有水下模块的导轨拖车的中继站;直径 4.544 m、宽 4.5 m,带有 12 000 m 电缆-钢索的电缆绞车和卷扬机。在中央控制室直接控制“Kaiko”系统水下操作的人员有 4~5 人:任务负责人(海洋学家)、拖曳模块的操作员、有缆模块的操作员和水下机械手的操作员。

(a)拖曳模块　　(b)有缆模块

图 1.13 “Kaiko”系统的拖曳模块和有缆模块的外观

水下模块的坐标是使用具有超短和长基线的水声导航系统确定的。“Kaiko”系统拖曳模块搜索和检查海床的主要设备(图 1.13(a))是 2 台侧扫声呐,每台侧扫距离为 100 m。此外,该模块载有一个海底沉积物水声剖面仪(水声地理定位仪),探测沉积物深度约为 30 m。多波束声呐用于避免障碍物。该模块还有一套标准的海洋环境水文传感器:电导率、温度和压力,用于测量潜水深度和模块到底部的距离。

从有缆模块观察水下情况的主要手段(图 1.13(b))是电视系统。在潜航器的首部,有 3 台彩色电视摄像机与 1 台广播电视摄像机。黑白电视摄像机位于有缆模块的艇尾。2 个七自由度水下机械手(图 1.12)可以进行中等夹持力的水下操作工作。一个特殊的篮子旨在收集样品。在水中,重达 5 t 以上的缆绳模块具有约 10 kg 的正浮力,没有动力定位系统,因此,当收集样品和进行其他工作时,模块被 3 个垂直推进器压在底部。

7 个推进器的成功布置确保了“Kaiko”系统载体与模块的高机动性。3 个垂直推进器控制模块的 3 个坐标,同步进行可实现模块的直线运动。模块上的垂直推进器可提供侧倾稳定性,并与后部的垂直推进器一起控制模块的纵倾。与“Kaiko”系统模块的纵轴成一定角度的 4 个水平推进器确保了其在水平面上的高机动性。这一布局类似于美国 Perry Offshore lnc 公司的微型遥控潜航器(MTΠA)“Sprint-101”号的布局,它在搜寻和检查于 1986 年 1 月 28 日坠入卡纳维拉尔角(美国)附近海域的“挑战者”号航天飞机的残骸中证明了自己的价值。这 4 个水平推进器中的每一个都参与模块航向、前后直线运动与左右运动的控制。

2003 年 5 月,由于台风接近海岸,一个定制的潜航器系统“Kaiko”(价值 1 500 万美元)在日本海岸附近的海洋中因电缆断裂而丢失。

1.2.3 海底遥控无人潜航器

遥控有缆悬浮无人潜航器的潜航状态取决于深水环境的反作用力。它们往往没有完成大部分海底工作所需的较强能力。随着对海底矿藏的大规模勘探、电缆线路和管道的铺设、原材料的运输、建筑和其他水下技术工程的发展，海底遥控无人潜航器显示了很大的优势。该潜航器是配备了强大的水下机械手、挖沟机或其他工作机构的重型履带无人设备。

20 世纪 60 年代初，美国研制了首批之一的海底遥控无人潜航器 RUM－Ⅰ（"Remote Underwater Manipulator"）（图 1.14）。这种重型履带式装备有强大的水下机械手装置，是在海军坦克的基础上研发的，由沿海哨所的电缆控制。测试表明，其由于沿底部移动时搅动土壤而可见性差，因此效率较低；又由于依靠沿海哨所，因此工作范围有限[186]。

图 1.14　海底遥控无人潜航器 RUM－Ⅰ

1967 年，RUM－Ⅱ开始建造。不像其前身，它的履带有扩大的支撑表面，当沿底部移动时，可以部分消除土壤的搅动。该设备不是由岸上而是由浮动设备通过电缆控制的。为了降低水下作业的成本，提供工具的作业是通过专门设计的简单且低成本的非自航式 ORB 矩形平台来完成的，平台尺寸为 13.7 m×21 m。当 RUM－Ⅱ沿底部移动时，其以高达 0.5 m/s 的速度拖动水面平台。在平台的中心有一个带有起重装置的基座，起重能力为 12 t，用于升、降设备。

1969 年，日本株式会社日立制作所和松下电器产业株式会社制造了第一批水下推土机。该推土机设计用于在水下深度达 60 m 时平整和转移底部土壤。它们是通过电缆由辅助船只或穿着自动装备的潜水员远程控制的。后来美国和德国也开始研发水下推土机。

1974—1976 年，在油气田开发计划期间，Vinn Technology 公司制造了电缆控制的六轮设备 Tramp，可以在海底执行各种操作。该设备的机械手带有可更换的工具。为了进行视觉控制，在操作器上安装了一个摄像头[82]。

重型四轮潜航器 Seabug 是在 1977 年由英国制造出来的。它具有刚性的底盘，带有可旋转的前轴和四轮驱动，所有载体滚轮之间差速限制，即使在柔软的地面上也能提供很大的牵引力。Seabug 的工作深度高达 300 m，移动速度高达 1 m/s。可以在供应船、采油平台、钻机、铺管驳船等上面安装用于设备和机械手运动的远程控制系统。Seabug 设备也可以由水下潜水员控制。

Seabug 的主要设备包括前视声呐（ГНО）和侧扫声呐、陀螺罗盘、3 个摄像头（1 个固定、

2个旋转)、方向盘位置指示器、轮速传感器和液压驱动压力表。此外,该设备还配有船上的剖面仪、机械扫描声呐、水声导航系统、六自由度动力定位、2个带2.1 m延伸摄像头的铰接臂、液压钻井电缆敷设设备、阀门解锁/锁定系统和更换系统软管等。Seabug设备可以使用多种仪器进行海底研究、电视监控、铺设和深化海底电缆、采集海底土壤样本、检查管道状况、调查电缆网络和管道的铺设、清洁工作区域等。

Seabug的首批商业应用之一是在墨西哥湾测试气体收集系统[88]。

最初的两级系统Flex jet由Perry Tritech公司研发。它由海底遥控潜航器组成,既是"中继库"又是浮动遥控潜航器的运载工具。该系统设计用于铺设海底电缆。

各种类型的水下设备的使用表明,在低深度(浅水区最深为12 m),尤其是在海浪中进行潜水工作十分困难。在不断变化的海洋环境情况下,对深度为2~5 m的沿海地区进行勘探和声呐扫描尤其困难。这种水深的海域,一个特征是强烈的海浪与湍流。

在深度小于1 m的沿海浅水区,没有大浪冲击,进行勘探工作时的主要障碍是茂密的水下植被。为了解决这些问题,20世纪90年代末,JRobot公司(波士顿)研发了爬行的"蟹形"无人潜航器,被称为自主爬行水下机器人(ALUV)。其中最著名的是Ariel-Ⅱ潜航器。该潜航器旨在浅水中搜寻水雷,并通过了在里维尔海滩(马萨诸塞州)、沿海基站的垃圾填埋场(佛罗里达州)和蒙特利湾等各种环境下的大量测试。测试已经证实了这种潜航器在沿海斜坡上拥有良好的稳定性,但是据开发商称,要改善这种潜航器的控制质量还需要做更多的研究工作。

1.2.4 无缆遥控和自主无人潜航器

第一台自主无人潜航器出现在20世纪60年代初,当时是随水流漂移的水文测量浮标,且由于浮力的变化而自适应调节深度。它们被用来测量海洋环境的水文参数。其中最著名的是美国建造的Аида(1961年)、Дип-Дип(1962年)、Порпойз(1964年)。Аида潜入了1 500 m的深度,并配备了用于测量声场、磁场、重力场和辐射场的设备,以及用于测量海洋环境水流、水文参数的仪器和用于采集土壤样本的设备。

现代自主无人潜航器的其他用处是仿真战斗潜艇物理特性的设备:21B21(美国,1965年)和Mobile Tagged(英国,1969年)。它们有推进系统和运动控制系统,并安装了用于模拟潜艇的磁场、噪声及声反射率的设备。

美国的自航式水下研究船(SPURV)建造于1967年,被认为是现代自主无人潜航器的原型,其潜水深度达到4 600 m,质量为480 kg,航行速度为6 kn,电池供给5 h。研究设备由用于测量水温、声速、压力和深度的仪器组成。该设备在航行和下潜深度上均具有控制程序与稳定系统。

1972年,华盛顿大学物理实验室制造了一台专为在北极地区作业的自主无人潜航器UARS。它配备了用于测量温度、盐度、深度和海水透明度的传感器,避障声呐,以及分析冰底部的侧扫声呐。UARS通过声呐通道进行遥控。

1983年,美国海军研究中心海军海洋监视中心(NOSC)基于CURV系列有缆遥控设备的改进,研发了实验型自主无人潜航器——实验型自主车辆(EAVE Ⅲ)。1990年,美国以该设备作为原型机,制造了用于调查和搜索的自主无人潜航器——高级无人搜索系统

(AUSS)。AUSS 主要作用是对沉没的物体进行声呐测量、搜索、成像和视频拍摄。该设备配有侧扫声呐和前视声呐、照相机和摄像机、用于处理和记录信息的设备,以及陀螺罗盘和多普勒测速仪的集成导航系统、长基线水声导航系统(ГАНС ДБ)和水声通信系统。机器尺寸为长 5.2 m、直径 0.8 m,工作深度为 3 000 m,最大速度为 2.5 m/s,续航力为 10 h。船用设备包括一个带有控制设备的容器和一个带有导槽的起重架。

为了控制设备的移动,人们最初主要使用通过水声信道传输遥控信息的监控模式,而自主模式主要用于在较大距离内移动时。在后期的修改中,监控模式主要对侧扫声呐和前视声呐、照相机和摄像机进行控制;自主模式被用来获取导航数据和执行程序操作,特别是沿着简单路径航行,即在物体上方的小范围内移动和在给定的深度内悬停。由于水声信道的能力有限,当设备在较小的区域和较浅的深度下操作时,自主控制模式和远程控制模式的组合更有效。

有效使用自主无人潜航器 AUSS 的一个例子是搜索和检查一架沉没在加利福尼亚州附近水下约 1 300 m 深度的飞机。

实验型自主无人潜航器 Phoenix 是在 20 世纪 90 年代初期由美国高级军官学校(海军研究生院)研发的。该自主无人潜航器具有低速声学交换通道。它的控制系统包含三个层次的控制:战略、战术和执行。在战略级别,使用 Prolog 语言以及相应的谓词规则来编译任务程序。战术级别用 C 语言编写,与战略级别的交互是通过执行命令的标志来进行的,并且命令列表被传送到执行级别。控制系统的体系结构是经典分层体系结构(NASREM)和分层管理的混合体。控制系统使用 PD(ПД)控制器和滑动控制模式。战术级别提供了上层异步命令和协调下层同步操作。软件执行级别以 C 语言实现。带有 M68030 处理器的 GESPAC 格式用作硬件平台。战术和战略级别在 SUN Sparc 4 便携式计算机上实现,并通过 Internet 通道连接到 GESPAC 平台。

如今,以 Neuron 微控制器为基础并以商业名称 LONWorks 或 LONTalk 著称的网络正变得越来越流行。该网络上的所有控制器都连接到一对双绞线上,与以太网网络一样,使用载波侦听多路访问(CSMA)算法,主要区别在于不允许在任意时间访问网络,而是允许在严格定义的时间间隔内访问网络。这样可以快速传输小数据包,这对于实时运行的网络非常重要。美国的 Ocean voyager Ⅱ和 Ocean explorer 设备使用一台主计算机 VME MC68030 与一个 LONTalk 控制器网络。设备的每个节点都由其自己的 LONTalk 控制器提供服务。如有必要,任何节点都可以从主机接收必要的数据,并在一个公用表中对其进行汇总。在创建的体系结构中,LONWorks 网络是控制系统的执行层,与主机的信息交互在高层命令交换层进行,系统的战略和协调级别在主机上实现。

Autosub-1(南安普敦海洋学中心制造的)设备使用了类似的机载网络和相同的原理来构建控制系统。它的每个机载单元(发动机、襟翼等)均由单独的 LONTalk 控制器控制。为了组织执行任务并与操作人员进行通信,其使用了台式 PC,并使用 DDE 数据访问机制在操作人员的控制台上监控网络变量。

加拿大的国际潜艇工程有限公司(ISE)多年来的工作主要集中于北极盆地的研究。该公司的自主无人潜航器 ARCS 于 1981 年开始研发,是一种冰下设备,在 400 m 深的地方进行冰层测量和水文工程。该设备制造于 20 世纪 80 年代后期,水下深度可达 365 m,可沿着给定的路线行驶并避开障碍物,可以一次潜水测量 3 mile^2 以上的海底区域。程序结束时,自主无人潜航器返回原始基准点。它和冰基地(或船)在小距离之间建立了双向声呐通信。自主无人潜航器控制系统的核心是 MC68030 处理器。为了与设备进行通信,其使用了 Data Sonic 扬声器系统,并在冰上航行时使用了惯性导航系统(ИНС) Honeywell 726 MAPS 和 EDO 3050 多普勒测速仪。最终的自主无人潜航器于 1986 年制造完成,但竟无人认领。1988—1992 年,加拿大国防部在 ARCS 的帮助下进行了流体动力学研究,并为自主无人潜航器 Theseus 的设计做了准备。1994 年和 1996 年,ARCS 对氧气-铝燃料电池的能源进行了测试,这使自主无人潜航器的连续运行时间达到 36 h。

为了在冰下顺利工作,自主无人潜航器 Theseus 拥有一个自主的导航系统。该系统可以高精度地计算其位置或地理坐标。控制系统将其用于形成和校正运动程序。为了确保准确的导航,除了标准设备外,其还安装了一个低频导航系统——Sonatech ACU-206 和一个规避障碍的系统——Sonatech STA-013-1。该设备由一台具有实时内核 Proteus ACE 3.0 的计算机 MC68030 控制,并采用了分层控制原理。

由于自主无人潜航器 Theseus 具有较大的尺寸:长度为 11 m、直径为 1.3 m,质量约为 9 000 kg,因此其惯性大且可控性差,可通过使用鼻翼和尾翼的流体动力翼来保证稳定性。该自主无人潜航器的工作深度为 1 000 m,最大速度为 2 m/s。

在检查长形物体(水下电缆、管道)这一非常重要的任务时,人们使用自主无人潜航器面临着巨大的技术难题。这些难题首先是在 XP-21(美国)和 AE-1000(日本)设备的运行过程中被发现的[274,275]。

美国 ART 公司研发的多功能自主设备 XP-21,最初用于水深测量和地球物理测量。在后期,其主要作用是检查管道和海底测量。在后一种情况下,该设备在底部声学应答器附近的水平面上满足曲线跟踪。该设备的监控通过补给船侧面的超短基线水声导航系统(ГАНС УКБ)实现,也可以在没有补给船的情况下自主操作。

小型机动性自主无人潜航器 AE-1000(Aqua Explorer 1000)于 1992 年在东京大学研发,旨在检查深达 1 000 m 深的海底电缆。电缆检查使用三重磁强计进行,以确定设备相对于电缆的方向和偏移[275]。

当以搜索和检查扩展对象为目的来制造自主无人潜航器时,它们的自主性和使用范围的要求被大大提高。这需要优化其能源以及水动力学与运行特性。这些仪器必须有一个控制系统,以确保它们在探测水下物体时具有很强的适应性。为了对这些设备的坐标进行定时校正,使用了 GPS 或 GLONASS 卫星信息。为了检测物体并生成控制自主无人潜航器的运动与行为所必须的数据,人们使用了视觉系统,包含勘测声呐、具有视频图像处理和识别功能的电视系统及远程搜索系统等。

在设计具有人工智能的无人潜航器时,研究人员有必要解决许多与建立其控制体系结构相关的问题。在执行搜索和调查任务时,使用此类潜航器的原因是需要在未知环境中进行工作,并需要建立控制系统,以确保设备在被检查物体附近或沿着空间轨迹精确移动。海底测量测绘和地球物理测量仍是最重要、最耗时的工作。最初,这些任务与搜索任务相似,使用严格的控制结构和有限的运动程序集。为了实现这种典型的支持程序,以使设备在深水和海底附近移动,人们使用了具有线性控制规律的自动驾驶仪。在法国 EFREMER

公司的 Epaulard 设备中使用了特定的控制结构。事实证明，无人潜航器对于海底测深和地球物理测量制图不仅仅要拥有一套简单的控制程序，还要求具有高质量的导航支持，并允许将工作区域对应到地理坐标，进行数据测量，在必要时还要进行重复实验。

水物理设备的改进使得智能化技术的发展成为可能，这些技术是基于无人潜航器在任意轨迹上运动时的连续测量。

1992 年，美国麻省理工学院研发了一种小型的 Odyssey Ⅱ潜航器（图 1.15），设计用于水下深度达 6 000 m（包括冰下）的海洋学测量和水深测量。

(a)Hugin-3000潜航器

(b)REMUS-600潜航器

(c)Odyssey Ⅱ潜航器

(d)Oracle潜航器

图 1.15　现代自主无人潜航器

Odyssey Ⅱ潜航器在大西洋和南极洲的沿海水域进行了测试。从船上接收到的数据经过累加，然后通过声学通道传输到护航船。如果有异常，操作人员会命令停止观察，开始局部检查，改变机器的运行。检查后，自主无人潜航器可恢复工作。该仪器被用来研究海底源（水温）的活动、勘探油田及其开发，以及研究大型海洋结构与监测水声环境。

这些工作只能在控制系统的高度协调下，使用高精度可靠的运动控制方法实现自主无人潜航器的运行。在研发设备的控制系统时，使用了多级多任务结构和自适应控制算法（包括基于模糊逻辑和滑模的构建——fuzzy 和 sliding 模式）[2]。

自主无人潜航器的机载计算机是 GESPAC MPU－20（带有 MC68882 协处理器的 MC68020），主要传感器和开关由 8 bit MC68HC11 微控制器控制。控制器与机载计算机通过串行 ASCII 循环交换（SAIL）。微控制器使计算机负荷减轻，并自主调试控制系统，以及通过减少导线数量和引入特殊的自我控制手段来提高设备的可靠性。信息交互建立在共享内存的原则上。控制系统包含三个层次：运动控制、战术管理和任务组织。这三个级别均在 OS-9 环境中实现。自主无人潜航器管理架构有助于任务规划和行为预测。

自主无人潜航器 Marius 也采用了类似的控制原则，其研发是根据欧洲国际财团于1994—1995 年的计划进行的。该设备用于近海海洋研究（调查海底并测量海洋环境的各种参数）。它引入了一个综合的导航控制系统，在这个系统中，不同来源的信息有不同的更新频率（多速率导航），并使用程序增益设置方法来控制运动（Gain-scheduled 控制）。人们在设备动力学参考模型的基础上对其进行了控制优化，并使用理论和实验研究的结果确定了其参数。但是，在控制系统的总体结构得到充分发展的情况下，控制该自主无人潜航器运动的任务仅限于跟踪相对简单的设定轨迹。

用于海底测绘的研究仪器包括挪威的自主无人潜航器 NDRE（Norwegian Defense Research Establishment）。该设备是在新能源技术的基础上设计的。新能源技术基于水活化电化学发生器的使用，是一种通用的远程自主无人潜航器，用于水下物体的搜索与侦察、海床测绘、管道检查。为了解决这些问题，该设备配备了多波束测距仪声呐，可以测量视野内各个方向到海底的距离。

日本自主无人潜航器项目 Robot-R1 是由东京大学和三井产业集团共同研发的，用于研究地质与海洋结构。该项目的第一阶段（1992—1995 年）涉及研发水下深度达 400 m 的设备，第二阶段（1995—1998 年）涉及研发水下深度达 3 000 m 的设备。该项目的显著特征是使用功率为 5 kW 且能量容量为 60 kW · h 的闭路柴油机。

自主无人潜航器 Hugin-3000（图 1. 15（a））是由 Kongsberg Simead 公司为挪威海军研发的，是 Kongsberg Simead 公司与挪威国家石油公司、挪威国防部研究中心和挪威水下研究所共同运营的第三代设备。Hugin 项目从 1995 年开始实施，设备的长度为 5. 3 m，最大直径为 0. 735 m，质量为 1 000 kg，速度为 2 m/s，航程为 259 km，潜深为 600 m（最大深度为 3 000 m）。迄今为止，此类设备已执行了 100 多次军事和商业任务，如石油勘探、为钻井平台提供服务、为海底底部绘制地图、使用多通道勘测声呐检查管道等。

Hugin-3000 和船使用三个声学通信通道。第一个带有频率调制的命令通道以 55 bit/s 的速度提供稳定的通信，用于接收有关设备系统状态的数据并发送命令；第二个具有多通道频率调制（速度为 2 000 m/s）的高速单向通道，用于将测量数据实时传输到船舶；第三个通道与水声导航系统相结合，是紧急通道，可将命令传输到设备。它的接收单元与其余电子设备分开，放置在单独的容器中，并具有自己的电源。

自主无人潜航器 Hugin-3000 的控制系统具有分层结构，可以通过命令通信通道调整在下降之前引入的任务程序。Hugin 的器载导航系统包含一个惯性导航系统、一个三分量磁力计、一个石英压力传感器和一个多普勒测速仪。其超短基线水声导航系统与多普勒测速仪、惯性导航系统以及 GPS 设备集成在一起，在水面上进行修正和维护工作。Hugin 使用的是用氧化铝建造的燃料电池，提供 48 h 的自主水下航行。

Hugin 系列的自主无人潜航器可以说是最成功的多用途系统。2005 年，挪威海军部署了一个完整的反地雷自主无人潜航器 Hugin 模型，计划将其用于海洋航道的勘测、水雷勘测和测绘以及快速评估该地区的水雷状况等。

由海洋学系统实验室和伍兹霍尔海洋研究所联合研发的便携式小型自主无人潜航器 REMUS（远程环境监测小组）（图 1. 15（b）），用于环境监测、水下环境照明，以及在浅海中进行地雷侦察和水下检查工作。设备的长度为 1. 3 m，主体的直径为 0. 191 m，质量为 0. 8 kg，速度为 2 m/s，潜深为 150~600 m，续航力为 22 h，至底面的最小工作距离取决于多普勒测速仪的能力——1.5 m，深海型的高达 3 000 m。

REMUS 的搭载设备包括侧扫声呐、CTD 传感器、用于测量水声环境光学特性的传感器以及声学剖面仪。为了解决导航问题，其使用了长基线水声导航系统或超短基线水声导航系统、多普勒测速仪和角速度传感器（ДУС）。其水上部分包括具有超短基线水声导航系统设备和一台便携式计算机，用于将程序任务输入器载控制系统中，以及从测量设备中收集、处理和显示信息。

REMUS 被美国海军领导认为是新一代小型军用海防设备的基本发展之一。该设备于 2001 年投入使用，目前是美国海军陆战队侦察部队、海豹特战海上部队 SEAL 以及海军扫雷部队分队的技术设备的一部分。2003—2004 年，美国在伊拉克的军事行动中，在进行水雷侦察和水下搜索有毒物质的藏匿地点时首次使用了 REMUS 设备。

近年来，全世界已经非常关注超小型自主无人潜航器的研发（图 1.16）。

(a)

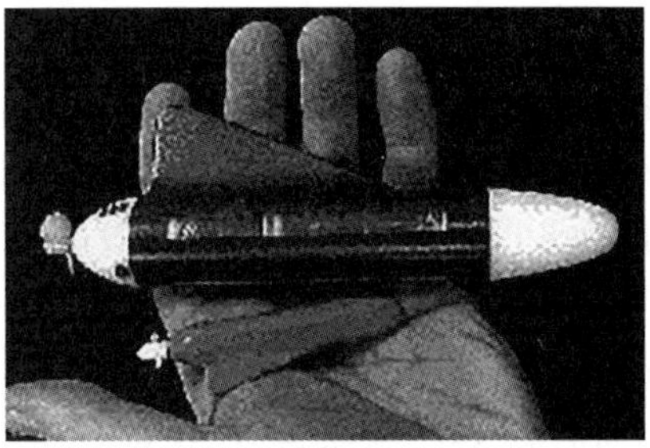

(b)

图 1.16　超小型自主无人潜航器

1.2.5　俄罗斯无人潜航器技术的发展

显然，俄罗斯发展潜航器的初期阶段应该认为是从建立自主推进模型来模拟战斗潜艇的物理特性并研究其水动力特性开始的。这些模型是在 20 世纪 50 年代后期创建的，并以中央研究院（ЦНИИ）院士 А. Н. Крылова（列宁格勒市）名字命名的。潜航器的其他前身，有些人认为是战斗鱼雷。但是根据其作用，一次性使用和重复使用不同，它们是一类特殊的水下物体，至少在远东地区，它们对无人潜航器的发展仅具有间接影响。

在 В. С. Ястребова 的指导下，苏联科学院希尔绍夫海洋研究所技术设备部门制造了国内第一辆遥控有缆无人潜航器[192-196]。建于 20 世纪 70 年代初期的螃蟹“Краб”装置，实际上是一种具有开环控制功能的浅水区域水下电视系统。1972 年，使用这种仪器，在俄罗斯境内首次对地中海的火山山脉进行了远程检查的实践。同年，人们试图寻找一架坠毁在苏呼米地区黑海中的飞机。首次调查的经验表明，有必要改进水下设备：电视系统、照明系统、导航系统以及无人潜航器的运动控制过程自动化。

在随后的几年中，苏联科学院希尔绍夫海洋研究所技术设备部门与莫斯科鲍曼高等技术学校（МВТУ）、莫斯科航空学院和其他组织合作共同建造了 Manta-500 与 Manta-1.5 有缆式遥控设备，最大下潜深度分别为 500 m 和 1 500 m；深海拖曳系统 Звук；自主信息潜航器 Скат 和其他无人潜航器。他们还提出了基于拖曳式和缆控式遥控装置的海洋学研究方法，并以牵引式遥控装置为基础，进行了水物理参数仪器测量、海底测绘和取样等。

1976年,苏联国防部导航与海洋学管理局和列宁格勒造船学院、远东理工学院、远东科学中心自动化与控制过程研究所及苏联科学院希尔绍夫海洋研究所同时签订了《Лортодромия》和《Локсодромия》协议,内容涉及发展工作深度达6 000 m的深海系统。这为研究的发展和后来的海洋实验设计工作提供了强大的动力。自主的、有缆的、拖曳的无人潜航器及其系统的研发在以下地点进行。

——列宁格勒造船学院:自主无人潜航器Спутник、Арктика等项目;

——尼古拉耶夫造船学院:自主无人潜航器Скарус-1,遥控有缆无人潜航器Акватор、Тезиус、Дельта等;

——莫斯科鲍曼高等技术学校:Мант、Акватора的机械手等;

——莫斯科航空学院:Мант、Акватора、Спасателя的控制系统等;

——南方格连吉克:拖曳潜航器Мир、两级潜航器Абиссаль;

——喀山航空学院:两级潜航器Абиссаль的控制系统。

1986年,设计组织"孔雀石"(Малахит)(列宁格勒市)研发并制造了两个自主无人潜航器"琥珀"(Янтарь)。该设备旨在对海床进行详细研究,并确定各个复杂地形的地质条件,以便将来在世界大洋的深海地区开发矿藏并解决许多特殊任务。自主无人潜航器"琥珀"下潜深度为6 000 m,质量为7 t,有效载荷为180 kg,续航时间达11 h,海底工作时间为5~6 h,水下航行速度为2 m/s。

该装置配备了带有"友谊潜航器"(Дружба ПА)控制系统的自动导航系统、多普勒测速仪、双频回声测深仪、蓝宝石(Сапфир)压力传感器、观察宽度为400 m的侧扫声呐、立体声摄像头、声学轮廓仪和水文综合体"АЦИТ-У-02"。它进行几次潜水后,被确立为海洋地质学的有效工具。但是低竞争力使该自主无人潜航器无法得到实际应用。

从1990年初开始,Интершельф-СТМ股份公司(圣彼得堡)制造的小型遥控有缆无人潜航器Fish-105M投入商业使用。它的质量为20 kg,尺寸为0.44 m×0.49 m×0.87 m,最大下潜深度为100 m。它的移动(带开环控制)是通过三个推进器进行的:两个水平推进器和一个垂直推进器,航行速度为1 m/s。遥控有缆无人潜航器装有彩色旋转照相机。其监视器屏幕上显示电视摄像机的当前时间、日期、潜深、航向和倾斜角度。使用超短基线水声导航系统,确定设备相对于支持船的位置。水声灯塔位于遥控有缆无人潜航器上,三个接收器位于供应船上。确定设备坐标的精度为±1 m实际范围的2%。深度传感器的分辨率为1 m,精度为最大浸入深度的1%,电磁罗盘的分辨率为2°,但是该遥控有缆无人潜航器的航行时间很短。

俄罗斯科学院海洋研究所的专家Л. М. Утякова设计了低能耗无人水中设备,该设备保持了与传统无人水下设备相同的运动速度。这些Гном系列设备(图1.17)能够穿入沉没物体内部,这是以前从未做过的。这些设备配备了细的单芯同轴电缆和光纤电缆、高效超长寿命的超亮LED(КПД)以及带有机载微型计算机的微型开放式摄像机。

现代计算机和通信技术的发展,不仅可以减小无人水下设备的尺寸,还可以减小其能耗,从而提供了自治的电源并易于控制。设备Гном在水下深度达150 m时的各种搜索和检查操作非常有效,它们易于操作和运输,并且部署迅速。小尺寸(体积为1~3 dm^3)、高机动性和直径为1~2 mm的细电缆使该设备的检查工作不仅可在外部进行,也可在内部进行。

图 1.17　一系列遥控水下潜航器 Гном

现代综合设备 Гном 由潜航器、电缆、水面单元和手动控制面板组成,可以在小型船只、游艇和普通船上进行水下检查。其水下模块以密封的铝制圆柱体的形式制成,带有用于摄像机的舷窗。四个微型电动机和一个泡沫浮子连接到圆柱体,以使设备具有悬浮力。在圆柱体内有一个彩色摄像机、LED 照明器、一个电子单元、一个电子罗盘和一个深度传感器。水面单元包括电源、控制面板,以及用于传输命令、数据和视频信息的电子设备。带有控制面板的整个系统位于两个便携式防震手提箱中,其中一个手提箱装有电缆线圈;另一个手提箱装有遥控器、12 V/12 Ah 微型电池和充电器。

Гном 的彩色摄像机具有高分辨率(450 线)和旋转伺服器。通信电缆使用直径为 2~3 mm、长度最大为 250 m 的单芯同轴电缆,通过该电缆将电源和控制命令传输到 Гном,并传输来自彩色摄像机的视频信号和设备传感器的数据。

电动机是由遥控无人潜航器系列的直流电动机驱动的。为了将转速从具有坚固外壳的电动机中传递到螺旋桨的轴线上,使用了盘式磁联轴器,与填料密封相比,它可以显著降低功率损耗。

Гном 由器载微型计算机控制,该微型计算机通过通信电缆接收命令。它还处理从深度传感器和罗盘接收到的数据,并提供与控制单元的通信(以调制数字代码形式)。处理后,从 Гном 传感器接收到的信息以“图文电视”模式(视频图像上的字母、数字数据覆盖)显示在操作人员的监视器屏幕上。在 Гном 中使用双向数字数据传输通道,以及模数转换器和数字接口,使 Гном 可以配备其他传感器和设备:高度计、用于声音导航的应答器等。

迄今为止,已经发布了数十种 Гном 设备,使用最广泛的是 Гном-4-150,其工作深度可达 120 m,电缆长度可达 200 m。其中还包括 Гном-300(图 1.17)和 Супер-Гном(图 1.18),下潜深度可达 250 m。Супер-Гном 配备了 Tritech 公司的一台 Micron 声呐和一台小型纵向旋转捕获器。该套件包括一个带绞车的水下“储运库”,用缆绳从运输船上投放并固定在底部。

为了广泛使用 Гном,人们已经制造出最小的模型 Гном-3-50,它是一个质量不到 2 kg 的三动力单元,带有两个水平推进器和一个垂直推进器。

Гном 在海洋研究所的莫斯科海豚馆被用来研究哺乳动物的行为。海豚平和地向 Гном 打招呼,并很快对它失去了兴趣,但它们对电缆非常小心,游动时没有撞到电缆。

图 1.18 微型遥控潜航器 Супер-Гном

2000 年,紧急情况部在考察波罗的海沉船时,对 Гном 进行了测试。2002 年,Гном 参加了紧急情况部在贝加尔湖的考察,以搜寻和检查在冬季通往奥尔洪岛的过境处掉入冰下的沉没船,并显示了其与船和汽艇协作工作时效率很高。这是操作人员第一次能够将 Гном 带进 38 m 深的沉船舱内,通过打开的侧面玻璃进行检查。操作人员在锚定距物体 60 m 的船上操控该设备。

Гном 越来越多地用于海洋和环境研究。在俄罗斯能源原子中心,它们用于检查核电站的冷却塔。国外研究人员和潜水员也准备购买它们。

对 Гном 的进一步研发,研究人员已经制造了具有两个摄像机的设备。该摄像机灯光更亮,动力更强。它们配备了低成本的导航卫星系统探测器,但设备的尺寸不会显著增加。同时,研究人员开始为专业的水下研究人员和个人用户制造尺寸更小、电缆更细的低成本 Гном。

目前研究人员正在使用 Гном 建立综合工作系统。其中之一是双体搜索和检查系统,包括基本的微型遥控潜航器试验母船和 Гном。作为微型遥控潜航器载体,使用 Fisher 公司的升级版潜航器 Sealion。Гном 放在载体上,用于检查只有它才能到达的地方。

1.2.6 俄罗斯远东地区无人潜航器技术的发展

由于苏联科学院和俄罗斯科学院的科学部门的建立以及大学(前期的古比雪夫远东工业大学,现在是远东国立科技大学、远东联邦大学)的出现,俄罗斯远东地区的科学和技术潜力得到了发展,从而为开展多元化的科学研究和实验创造了条件,旨在为开发海洋与海洋技术制造技术设备——无人潜航器。

古比雪夫远东工业大学无线电电子与仪器系的“陀螺仪仪器与设备”教研室主任 М. Д. Агеевым 博士于 1971 年在苏联研发了第一套自主无人潜航器“溜冰鞋”(Скат)(图 1.19),它是在苏联科学院远东科学中心自动化与控制过程研究所的导航和控制系统实验室中建成的,它的第一次测试是在 1973 年 9 月的俄罗斯新吉吉特湾进行的[8,12,14]。

自 1975 年以来,在古比雪夫远东工业大学,水下技术领域的工作一直在进行,主要是在制造拖曳式潜航器和遥控有缆潜航器及其组合方面。制造的某些遥控有缆无人潜航器可以在不超过 6 000 m 的深度工作。该大学创建了大约 30 个不同的项目。在水下系统中,有 22 个是用“金属”(в металле)制成的,并在太平洋和大西洋的水域中进行了测试。这些系统的某些特性见表 1.4,其外观如图 1.20 所示。

(a)

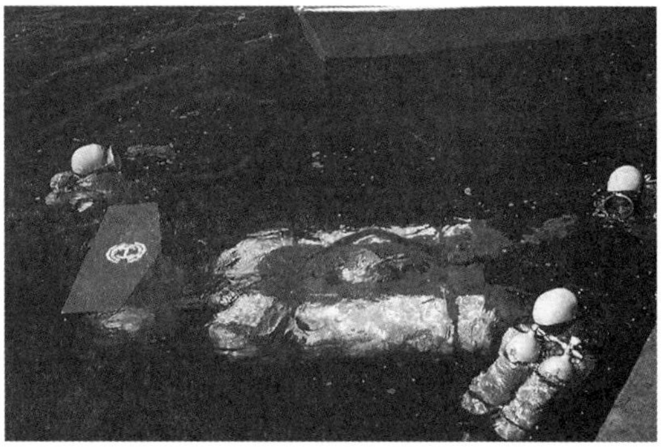

(b)

图 1.19　1973 年 9 月，准备首次潜水的自主无人潜航器 Скат

表 1.4　古比雪夫远东工业大学和远东设计局制造的主要潜水技术系统

年份	型号	质量/t	类型/模式	深度/m	任务/功能
1977	DVP-1	0.20	ПТПА	300	控制系统工作载体
1980	L-1(2 艘)	1.20	БТПА	6 000	寻找沉船、水文物理研究
1980	L-2(2 艘)	1.50	ПТПА	6 000	沉船调查、取样
1982	Bober-1	0.10	БПА	200	水文和水文物理研究
1983	Bober-2	0.15	БПА	2 000	水声搜索、水下摄像
1987	LT-1(2 艘)	0.20	БПА	6 000	水文研究
1989	LT-2(2 艘)	0.30	БТПА	1 000	水声搜索、水下摄像
1989	LT-3(2 艘)	1.20	ПТПА	6 000	沉船调查、取样
1992	Roby	0.25	ПТПА	500	沉船调查、取样
1993	Antes(5 艘)	0.04	ПТПА	150	电视调查
1994	Geulog	0.80	БПА	6 000	搜索和调查海底矿藏
1995	FW-1	0.04	БПА	200	航行危险水声调查
1995	FW-2	0.07	ПТПА	200	电视调查、航行危险和水下设施探索

(a) 遥控有缆潜航器“ЛТ-3”

(b)拖曳式遥控潜航器“ЛТ-2”

图 1.20　古比雪夫远东工业大学研发的潜航器

新研发设备的测试结合了海军对沉没物体的搜索和探测任务。在日本海的不同地区，从波塞特湾到苏维埃湾，寻找沉没的步兵战车（1982 年）、一艘应急潜水艇（1983 年）、在莫涅龙岛的一架韩国波音 747 飞机（1983 年）、在塔塔尔海峡的一架 ТУ-22М 飞机（1989 年）。

1986 年，古比雪夫远东工业大学在一艘水文测量船的协助下，在塞内加尔-几内亚地区对一个大型项目“Лортодромия”进行了交付试验。1988 年，古比雪夫远东工业大学在北海和黑海舰队测试了一些牵引系统。1990 年，一艘研究船“西伯利亚人”借助牵引设备“ЛТ-1”在北大西洋进行了水文研究。同年，在牵引设备“ЛТ-1”的协助下，古比雪夫远东工业大学和生产单位“ Дальморгеология”一起，在“Геолог Пётр Антропов”号研究船的航行中，在太平洋最深达 4 000 m 的克拉里昂-克利珀顿断裂带进行了铁锰结核的调查工作。

1992 年，在开普敦地区，人们对高度机动的无人潜航器 Antes 巡逻车进行了演示测试。古比雪夫远东工业大学与“Дальприбор”工厂一起制造了 5 台这种类型的设备。

在苏联科学院远东科学中心自动化与控制过程研究所进行了自主无人潜航器的设计和创建，并在 М. Д. Агеева 博士的指导下，在俄罗斯科学院远东分院海洋技术研究所继续进行。20 世纪 80 年代下半叶，其创建了一系列具有广泛应用的多处理器自主无人潜航器。该设备开始是以 МТ-88 设备为基础的。其获得了年度最佳工作的国际证书，并为世界无人潜航器的发展做出了贡献。尽管在 20 世纪 80 年代后期资金急剧减少，该研究所还是制造了自主性更高的自主无人潜航器 Tiflonus（它有一个旋转行进推进力）和一系列设备：TSL、CR-1、CR-2、ОКРО-6000、САНПА-1 等（图 1.21）。

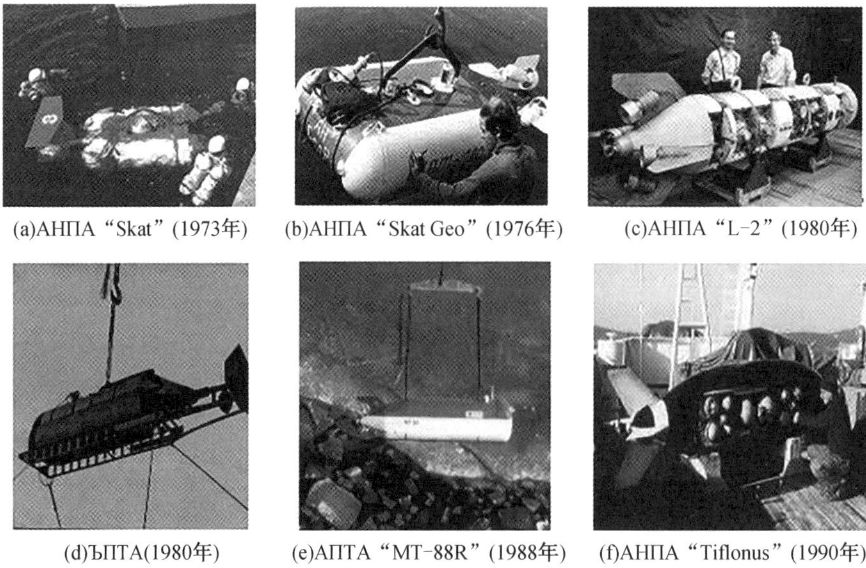

(a)АНПА “Skat” (1973年) (b)АНПА “Skat Geo” (1976年) (c)АНПА “L-2” (1980年)

(d)ЪПТА(1980年) (e)АПТА “МТ-88R” (1988年) (f)АНПА “Tiflonus” (1990年)

图 1.21　海洋技术研究所研制的无人潜航器

(g)АНПА “CR-1”（1998年） (h)АНПА “MMT-3000”（2005—2007年） (i)АНПА “TSL”

(j)АНПА “SAUV-1”（1998年） (k)АНПА “MT-98”（1998—2004年）

图 1.21(续)

海洋技术研究所研发了一种最初的模块化技术,用于制造无人潜航器。它的应用是克服潜航器特殊专业化与它们急迫解决的各种任务之间矛盾的一种方法[2,9,10]。根据这项技术,从封装在独立的耐压容器中的一组专用模块中,设计了各种无人水下设备(自主、有缆和拖曳)。这样可以大大减少所研制设备的数量。

1.3　无人潜航器系统的有效应用领域

现代无人潜航器系统越来越多地应用于任何水域中以进行水下技术工作及其研究。本节介绍了水下技术设备的应用特点以及它们在各个领域的水下活动中解决的问题。

1.3.1　无人潜航器的军事应用

实践表明,无人潜航器的主要应用领域仍然是军事领域[18, 45, 92, 138]。现在各主要工业化国家的海军都拥有水下作战潜航器设备与装备,因为它们是海洋和海军战区中高效的作战武器及秘密组成部分。与其他现代武器系统相比,无人潜航器的成本相对较低,因此在不久的将来它会大规模生产,并且会大规模使用。

无人潜航器的军事用途最明显的是搜救行动;在广阔的海洋和海上战场进行侦察与监视;在给定的路线上巡逻;搜索、探测和跟踪潜艇;战斗安防;与潜艇一起用作武器系统的组成部分;用作反潜武器;破坏目标和对象;地雷作业的应用;执行扫雷和排雷行动;参加电子战和声呐干扰等活动。

美国在制造军用无人潜航器方面取得了一定成就。仅在 1989 年,美国就拨出了约 3 亿美元,用于建立自主无人潜航器军事基地。美国海关工作的总费用就达 1 亿~2 亿美元。

到 2007 年,美国海军计划购买 379 艘定制无人潜航器,旨在提高海军舰艇的战斗力。这种定制的自主无人潜航器将被安装在多用途舰艇和导弹核潜艇上,计划每一艘水面舰艇的战术编队都包括 2 艘这样的定制自主无人潜航器。

潜艇携带的自主无人潜航器部署在鱼雷发射器、导弹发射筒或在坚固的船体外部为其专门准备的场所。此前,美国海军计划使用以下内容的自主无人潜航器[95]。

——78 艘定制自主无人潜航器,用于支持核潜艇"Trident"系统的导弹战斗能力;

——204 艘定制自主无人潜航器,以支持多用途核潜艇的作战能力;

——97 艘定制自主无人潜航器,以确保水面舰艇的作战能力。

事实证明,在对抗水雷的危险中使用无人潜航器是非常有效的[17]。它们的应用产生了"狩猎水雷"的新概念,其中包括水雷的探测、分类、识别、引爆及销毁。从船上远程控制的无人潜航器可以更有效地执行排雷行动,从而提高人员安全性。这使得排雷行动的区域增加了,用于识别和销毁水雷的时间减少了,在不利条件下侦察水雷的可靠性提高了。

法国研发了第一批遥控有缆无人潜航器,并在"Skubermor"系统中使用;建成了由 5 艘"Circe"型探雷船组成的系列。水雷的识别和销毁是通过遥控有缆无人潜航器 PAP-104 进行的。使用这些遥控有缆无人潜航器,2 艘探雷船于 1 个月内在诺曼底海岸发现并摧毁了自第一次世界大战以来遗留下来的 72 个地雷,尽管该地区经过了非接触式拖网的多次检查。后来,法国 ECA 公司生产了超过 5 种遥控有缆无人潜航器 PAP-104 的改型,并不断改进。这些遥控有缆无人潜航器配备在 11 个国家的 75 艘海军扫雷舰上。这些设备在马尔维纳斯群岛冲突和波斯湾排雷期间得以成功使用。欧洲国家的许多船只参加了这一排雷行动,共有 22 架 PAP-104 型排雷机,销毁了 80 多个地雷。

考虑到法国海军的经验,英国、德国、美国、意大利、西班牙、瑞典和其他国家的军事部门开始研发防雷潜航器。

美国海军 AN/WLD-1 型防雷综合体远程猎-排雷系统(remote mine hunter system, RMS)(图 1.22)配备于水面舰艇上。它是由 Lockheed Martin 公司的海军电子和监视系统(NESS LM)部门研发的。该系统安装有一个用于进行水下工作的柴油动力单元和一台缆控装置 AN/A QS-20。

(a) (b) (c)

图 1.22 美国海军 AN/WLD-1 型防雷综合体 RMS

20 世纪 80 年代后期,美国的 Deer Ocean Enginering 公司针对 Phantom 系列的各种用途,研发了一系列小型遥控有缆无人潜航器。美国海军采用了舰载的 Phantom HVS4 防雷设备和直升机版本的 Phantom HVS2。在 Phantom HVS2 的帮助下,地质勘探行动中发现的第一次世界大战期间安装在北海北部的水雷被迅速摧毁。

目前,各国正在开展研究工作,以制造一种由直升机发射并由直升机控制的无人潜航器。这些设备极大地扩展了防雷部队的能力,并使其具有更高的机动性。

1.3.2　搜寻与应急救援

核潜艇的事故、核武器的使用、携带有毒物质的船只会有导致环境污染的危险。目前,海底有十几艘核潜艇和核动力船,环境保护主义者认为这是潜在的水下切尔诺贝利事件以及数百种其他危险的坟墓。

海上经常发生的灾难极大地促进了水下搜索(调查)技术设备的发展,并促使建立了现代综合信息拖曳和自主搜索系统,以及有缆探测无人潜航器和水下机械手的研制。

使用海军研究实验室的拖曳潜航器成功进行的最大搜索行动是对 1968 年 5 月 21 日沉没在大西洋中的"蝎子"号核潜艇的搜索[91,185]。"蝎子"号核潜艇沉没的情况和确切时间尚不清楚,仅知道它返回诺福克基地时预定的船深为 260 m,根据航向,海洋深度为 900~5 500 m,因此不可能缩小潜艇可能所在位置的范围。搜索是在它返回基地的预定日期两天后开始的。在多日搜寻中,驱逐舰、潜艇、飞机对"蝎子"号核潜艇可能航行的 2 100 mile 路线的水面,以及诺福克、亚速尔群岛和巴哈马之间的广大地区进行了搜索,但没有取得积极的结果。

在对水声防护罩记录的分析中,人们发现了一个信号,表明这艘船的船体受到了水静力的破坏。确定信号源的位置后,搜索区域仅限于亚速尔群岛西南 12 mile×12 mile 的区域。

"Мизар"号船只被派往搜索区域。1968 年 10 月 30 日,在该船与海军研究实验室的拖曳潜航器一起进行的调查中,发现并拍摄了"蝎子"号核潜艇船体在 3 047 m 深处的照片。海军研究实验室的磁力计实际上是最有效的搜索工具(由于故障,侧扫声呐实际上不起作用)。使用拖曳水下装置的磁力计信号总共拍摄了 10 万张照片。"Мизар"船只的坐标是由卫星导航系统"过境"确定的,而水下导航则由长基线水声导航系统 UTE 提供。

至关重要的是,海军研究实验室的拖曳潜航器参与了为期 3 个月的成功搜寻和打捞潜航器 Элвин 的任务,该潜航器于 1968 年 10 月 16 日沉没,深度约 1 500 m。

1970 年 3 月 4 日,法国柴电潜艇"Эридис"号在地中海沉没。为了寻找它,法国海军派出了反潜防御飞机和直升机、3 艘潜艇、6 艘扫雷舰和 1 艘特殊用途的船只"Робер Жиро"。此外,4 艘意大利扫雷艇和 1 艘美国救援船"Скайларк"也参与了搜索[185]。这些船只对"Эридис"号进行了为期 4 天的搜索,但没有获得任何结果,其船上人员被宣布死亡。这艘法国船是第二次世界大战后土伦地区失踪的第 4 艘船,法国政府求助于美国进行搜救。

1970 年 4 月 9 日,装有海军研究实验室的拖曳潜航器的"Мизар"号船开始在搜索区域工作。这项搜查活动受到强而多变的暗流、陡峭的岩壁和充满淤泥的峡谷的阻碍。后者使声呐搜索变得复杂。因此,在 4 月 26 日才记录到有显著磁性接触的区域。工作人员对该区域进行了为期 6 天的检查,使用磁力计对散布到 1 100 m 深的毁坏的潜艇主体碎片进行了拍照。此外,使用磁力计和声呐剖面仪在土壤层的底部发现了该潜艇的碎片,这是首次在拖曳潜航器上使用的设备。

2005 年 8 月,在彼得罗巴甫洛夫斯克-堪察加斯基以南 85 km 处的别廖佐瓦亚湾,人们进行了计划考察,以检查和提升沿海噪声感应水声系统能力,以便对"Агам"潜艇进行远程探测[13]。参加此次考察的还有为潜水艇的搜索和救援支持而设计的 AC-28 型深海自主救援设备(1855 年项目,带有钛壳的微型潜艇"Прнз")。该设备由中央设计局 Лазурит 研发,并于 20 世纪 70 年代后期在 Красное Сормово 工厂建造。

AC-28 型深海自主救援设备具有以下性能特征:长度 13.5 m;宽度 3.8 m;高度 4.6 m;排量 55 t;潜水深度 1 000 m;最大速度 1.5 m/s;额定速度 1.1 m/s;垂直速度 0.5 m/s;巡航距离 21 mile(速度为 1.1 m/s 时)。该设备配备于救援船上。它的布放和回收可以在高达 5 级的海况中进行,机组人员 4 人。在救援行动中,该设备上可容纳 20 人,但同时设备生存自主能力从 120 h 减少至 10 h。2000 年 8 月,其在巴伦支海营救"库尔斯克"号核潜艇的行动失败。

除了 AC-28 型深海自主救援设备外,护航救援船"Георгий Козьмин"号还包含俄罗斯海军从英国购买的 2 艘无人潜航器:微型遥控潜航器 Tiger 和遥控无人潜航器 Venom。AC-28 型深海自主救援设备于 2002 年投入使用,并于 2005 年 8 月 4 日,从"Георгий Козьмин"号降到 190 m 的深处用于检查水下声呐系统,机上有 7 个人。下降 90 min 后,操作人员收到紧急消息:因渔网缠绕在设备上,设备无法移动。它被网、拖网索和天线软管紧紧地拉向一个固定在 60 t 锚的天线系统上。

释放 AC-28 型深海自主救援设备的最可靠方法是使用具有机械操作装置的潜航器进行布放,这可以切断或拆除被困的应急通信设备。从船的侧面布放,配备有强大的电缆剪的水下设备开始切断束缚。当咬住其中一根液压索时,遥控无人潜航器液压系统产生故障。进行打捞和维修后,它进行了第二次潜水,结果潜水时间也很短:带有光纤通信线路的电源电缆受损。Venom 在紧急状态下升起,并发现无法快速修复。

8 月 5 日,微型遥控潜航器 Tiger 对事故现场进行了彻底的视查,并确定了 AC-28 型深海自主救援设备处于天线系统的方向。另有 9 艘太平洋舰队救援船进入灾区。8 月 6 日,它们中的 2 艘,即"КИЛ-168"号和"Бирюса"号,在底部拖网,希望锚定水下绳索并释放潜航器或钩住设备本身,然后将其从 200 m 水深处移动到较浅水域,潜水员可以在那里工作。到了晚上,救援人员设法将 AC-28 型深海自主救援设备挂上钩,但是它们只能将其与天线系统一起移动到距离海岸 80 m 的地方。在没有足够的救援设备来提供更多电力的情况下,拯救 AC-28 型深海自主救援设备的唯一可行的方法是布放潜航器,它能够切断其与天线系统的连接。

俄罗斯海军司令部向美国海军、英国海军和日本海军自卫队司令部寻求帮助。日本立即将一艘特殊船只"千代田"号派遣到了事故现场。8 月 6 日,英国空军(C-15)和美国空军(C-5 和 C-17)飞机,以及特殊设备和救援人员降落在彼得罗巴甫洛夫斯克-堪察加斯基附近的叶利佐沃机场。带有救援人员的英国自主无人潜航器 Scorpio 随俄罗斯的"КИЛ-27"号船来到现场。Scorpio 由微型遥控潜航器 Tiger 引导驶向 AC-28 型深海自主救援设备的所在地。在 6 h 内，Scorpio 剪断绳索、软管和电缆，AC-28 型深海自主救援设备在 3 min 后浮出水面。这次避免了悲剧，船上人员得以幸存。现在 AC-28 型深海自主救援设备已进行了现代化改造，并被纳入太平洋舰队。

以上所描述的情节清楚地表明了使用载人的水下设备在深海执行复杂的技术操作时十分危险。

目前，全世界在使用无人水下设备进行沉没物体的搜索和紧急救援操作方面积累了丰富的经验。但不可避免的海上事故迫使人们积极从事新方法和水下设备（尤其是无人设备）的研究工作，以改善应急服务的基础设施。

1.3.3　无人潜航器在海军和海洋研究中的应用

低成本（1.5 万~5 万美元）的微型遥控潜航器被海军广泛用于水下建筑和结构物的电视检查。预计将来，每艘可容纳微型遥控潜航器的船只都会配备它。这能够快速检查船体的水下部分、动力转向组、各种舷外配件、船体的涂层和污垢、天线的保护整流罩、声呐发射器、声呐等。这些检查可以由有关专家进行，因为潜水员并不总是对他们所研究的技术有足够的了解。通常，潜水员所进行的水下检查得出的结论占错误结论的 47%[91]。

借助微型遥控潜航器，可以方便地在不熟悉的水域中选择锚固地点，并确定水底部是否存在通信电缆、管道等。微型遥控潜航器还适合检查沉没的船只和油轮。无人潜航器的出现可以清洁和涂漆浮船的水下船体部分。

上述工作无论在任何环境下都可以使用微型遥控潜航器进行。但对于潜水员来说，在一些恶劣的环境下工作效率极低或根本无法工作，如强流、恶劣天气、严寒、浑水、放射性污染等。

现在经济发达的国家拥有大量的无人潜航器，用于海洋学和水文学研究。拖曳式、有缆式和自主式无人潜航器已经被研制出来，能够在世界海洋的所有区域（包括北极地区）的任何深度有效地运行。安装在这些无人潜航器上的海洋科学设备可以高精度地记录海洋物理、化学场的大量信息参数。

1.3.4　水生生物研究与渔业管理

现在全世界已经在使用遥控和自主潜航器进行水生生物学研究方面积累了大量经验。为了评估在藻类实验室中使用水下技术的效率，太平洋渔业管理和海洋科学研究所与海洋技术研究所合作，于 1991—1992 年对大量的信息材料进行了比较分析。这些信息是使用传统拍摄方法——通过潜水员、使用空中侦察以及使用遥控自主潜航器获得的[62]。

潜水员仅在该部分的小样本中检查了植被和底部形态的特征。而且，他们经常主观上做出错误的评估，因此无法将获得的数据融入观察部分的整体情况中。同时，伴随着危险的增加，他们工作非常费力，并且随着潜入深度的增加，大量的时间成本也随之增加。

使用无人潜航器进行调查分析可得出以下结论[81]。

——使用无人潜航器收集视频信息的主要优势是为专家们随后进行重复的比较分析提供文件材料；

——无人潜航器拍摄提供了有关藻类的空间和物种结构、土壤性质和底部地形的完整

客观信息,这对于详细评估植被状态及其长期动态是必要的;

——无人潜航器可以大大减少工作时间,提高信息含量和所收集材料的可靠性,并确保调查的安全性。

同样有前景的是在渔业和海水养殖中使用无人潜航器。它们可以在经济效益高的情况下对工业生物进行定量统计,并评估水生生物的储存情况而不破坏生物定价;研究与环境条件有关的水生生物的时空分布特点;绘制商业生物的生物群落图谱并监测其状况;进行捕鱼区的景观测绘;研究自然环境和化学领域中水生生物的行为;服务于海水养殖企业;评估渔具的有效性;确保搜寻和追回丢失的渔具。

1.3.5 矿产勘探与开发

水下技术设备在海洋地质勘探中的使用有所增加,并且在利用潜航器开发海底矿藏中,已经探索了世界海洋许多深海地区的大量铁锰结核矿床。这些结核平均含有 29%的锰、5.3%的铁、1.28%的镍、1.08%的铜和 0.25%的钴。据估计,仅太平洋的锰和铁储量就是所有陆地的 5 倍。铜和镍的海底储量是陆地上探明储量的许多倍。

在海底已探明了铁矿石、煤炭、钡、钼、锌和铜的丰富矿床。海洋硫化物矿石不受风化和造山过程的影响,这些过程会使硫化物矿石损失有用的成分。因此海底沉积物中的金属含量高于陆地上沉积物中的金属含量[17]。

目前,许多大型勘探和采矿公司已经开始收购欠发达国家沿海地区的海洋矿床。

Placer Dome 公司发起了一个研究海底火山岩沉积物的项目。2002—2004 年,Nautilus Minerals 公司在 Placer Dome 公司的支持下,已开始在太平洋西南部寻找海底铜矿床,在巴布亚新几内亚附近开发 Salwara 的近海段。矿石样品显示金含量高达 15.5 g/t、银含量高达 418 g/t、铜含量高达 16%、锌含量高达 23.2%。在陆地上,金属含量为 2%或更高的铜矿床已经被认为很丰富了。在某些情况下,即使矿石中的金属含量只达 0.5%,也要进行开采。

在海洋的各个区域,人们发现了重金属和磷矿的沉积物。在远离海岸的许多地方,特别是在暗流地区,人们发现了散布有重金属的沙沉积物。在印度的西南端,人们发现了一块含有钍和钛的喀拉拉邦的黑色单晶砂;在马来西亚的沿海地区,人们发现了含有锡的砾石。

在海洋底部有丰富的石油、天然气、硫和碳酸钾沉积物,人们可以通过钻探开采。石油和天然气已经从加利福尼亚州圣塔巴巴拉海峡、墨西哥湾、波斯湾、里海、红海、南海、西非海岸与印度尼西亚群岛的远洋油井中提取。在中国、巴西、阿根廷和印度的海岸,在萨哈林岛大陆架以及许多其他地方正在进行钻探。

自 20 世纪 60 年代以来,潜水员主要在水下约 50 m 的深度进行油气开采工作。到了 20 世纪 70 年代中期,潜水员开始进行水下 200 m 深度的工作。很明显,将人作为进行水下作业的手段已接近生理和经济极限。自 20 世纪 80 年代中期以来,使用拖曳无人潜航器代替潜水员工作已成为经济上可行的方法。

1.3.6 水下油田的维护

海底石油生产已成为拖曳无人潜航器不可或缺的应用领域。自 20 世纪 80 年代中期以来，其已在商业上得到广泛应用，并且已经成为检查钻井区域、安装和拆除声呐信标、清洁水域底部的石头和沉积物、监控钻井设备的运行、钻头重新进入井的控制、油气采样、液压通信连接、钢结构的水射流清洗以防止结垢、非破坏性测试平台状态和钻井设备、切割电线与电缆等作业的必须设备。

海洋石油和天然气开发的不同阶段为无人潜航器潜水技术提出了不同的要求。

在监视现有海上油气田设备的水下部分状况的阶段，可以预见的是，在可能的事故发生之前，确定设备的可能损坏。这种损坏可能包括违反电化学腐蚀保护系统，由于腐蚀而使金属变薄、焊缝母材中产生微裂纹等。

探测对象的方法包括视觉检查、电磁和超声波探测、伽马射线探测和电化学势的测量。在对水下物体进行状态检查和评估之前，要做好水下物体检查准备，如清除海洋生物、防止腐蚀的准备等。在解决所有这些问题时，使用无人潜航器非常有效。

除了墨西哥湾和北海的著名石油勘探区外，微型遥控潜航器 RCV 系列还用于澳大利亚、巴西和新西兰的海上作业。Hydro Product 公司的设备已有效地用于许多土壤剖面的水文调查，以及在钻井平台和井的水下部分进行检查。在微型遥控潜航器的帮助下，Oceaneering 公司仅用了 5 天的时间，而不是计划的 40 天，就检查了北海 Ninian 矿床的重型混凝土结构。这证实了这种设备的高效率。Shell 石油公司估计，在调查钻井区域、管道铺设路线和收集海洋学数据时，通过使用自主无人潜航器可以节省超过 1 亿美元。根据 Kongsberg Simrad 公司的估计，这样的节省可以达到 7.72 亿美元[10]。

无人潜航器在这一领域的一个重要而有前景的方向是在桩基和管道的修复与恢复操作中实施焊接工作。水下焊接的总体工作略小，但在安装工作中占很大比例。

1.3.7　海洋环境研究与监测

对海洋和内陆水域的环境状况的评估每年都变得越来越紧迫。随着现代无人水下设备的使用，其解决方案达到了新的水平。

传统上，对大陆架区域的生态状况进行评估是基于对通过装备特殊的研究船获得的水样、底土、浮游生物、软体动物、棘皮动物等样本的分析。当前，在实践中被广泛使用的采样工具（深水测量器、土壤管、底部抓斗、挖泥机等）具有明显的缺点，如下。

——确定污染源和取样位置，不论是深度还是地理坐标，精度都相对较低；

——缺乏对水底部现场进行初步目视检查与对观测对象有针对性选择的可能性；

——无法对环境危害源进行详细的检查、照相和录像拍摄；

——破坏环境危害源的风险、对水底层生态系统生物状态造成不必要干扰的风险、破坏水下通信（管道、通信电缆和其他水下工程结构）的风险。

使用现代无人水下设备消除了这些缺点。一方面，它们有效应用的紧迫性是由对海洋环境保护（特别是处理化学和放射性废物的问题）的日益重视决定的，另一方面取决于使用无人潜航器进行各种水下技术工作积累的经验。

1.3.8　历史考古研究

直到最近，研究人员仍无法接触到深海考古学。当然，考古秘诀和隐藏在海洋中的文物比在陆地上更难获得。随着深海设备的出现,水下考古的可能性得到了极大的提高。大部分工作是在地中海的沉船地点进行的,沉船为过去的海上贸易、航运和海战提供了宝贵的线索信息。人们探查了在格利多尼亚角附近一艘史前船只的沉船地点。这增加了人们对海洋勘探的兴趣。

近年来,很明显,考古研究甚至在海洋深处也成为可能。以前,海洋考古学家无法利用仅可供军事和海洋学家使用的水下技术。20 世纪末,一群美国考古学家首先在水下搜索中使用了为海洋地质和石油勘探开发的水下设备。

在考古中使用水下设备的最著名案例之一是对沉没的“泰坦尼克”号的搜索和研究。1985 年 8—9 月,由伍兹霍尔海洋研究所第一次全面组织的法裔美国远征队搜寻了“泰坦尼克”号。它由研究所所长罗伯特·巴拉德博士领导。有 2 艘海洋学船只参加了这次探险:法国的“勒索罗瓦”号和美国的“诺尔”号。巴拉德参考了杰克·格里姆在 1980—1983 年的 3 次探险经历,在此期间对大约 200 $mile^2$ 的区域进行了调查,并将搜索范围缩小到大约 100 $mile^2$。

这项调查是由带有底部信标的水声导航系统“Бентос”提供的,其底部有应答信标(工作深度为 9 000 m,作用范围为 13 km)。由“Ле Сюруа”拖拽的潜航器 САР 搜索到了很多信息,其中一个被列为主要研究对象。随后,这使装备了 2 个深水拖曳搜索引擎的潜航器 Арго 和 Аргус 的“诺尔”号迅速进入拟议的“泰坦尼克”号预定位置的有限区域。拖曳潜航器交替从“Норр”号船降下。

1985 年 9 月 1 日,即搜查的第 16 天,拖曳潜航器 Арго 首次在电视屏幕上显示了一个躺在底部的蒸汽锅炉,该蒸汽锅炉位于行李、箱子、煤堆和其他物品之间,之后被称为“泰坦尼克”号的船体。拖曳潜航器 Арго 和 Аргус 沿着巨型船的船体多次缓慢移动,因此获得了许多照片(图 1.23),随后根据这些照片创建了马赛克图片。

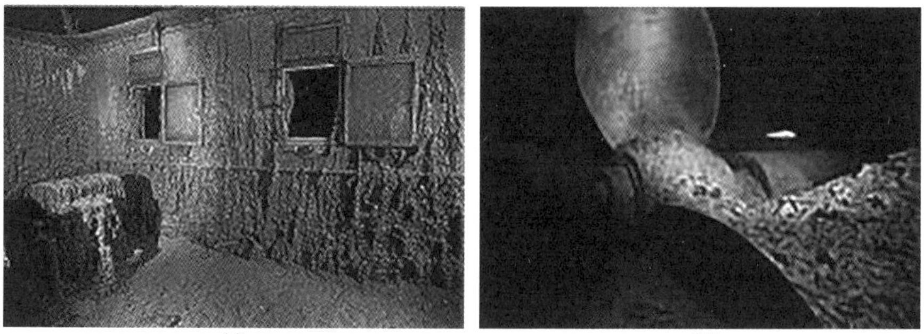

(a) (b)

图 1.23 “泰坦尼克”号残骸照片

由此产生的结果和探索“泰坦尼克”号内部设施的愿望加速了遥控潜航器的发展,从而促进了第一个两级系统的制造。

1986 年,第二次考察“泰坦尼克”号的探险队的工作开始了。除了已经使用的船只和搜索工具外,这次探险还包括升级后的载人潜航器 Alvin(工作深度为 4 000 m)和保障船只“Atlantis Ⅱ”、法国潜航器 Наутилус(工作深度为 6 000 m)。在这次探险中,使用了两级深水系统,该系统由微型遥控潜航器 Jason-junior(图 1.24)组成,通过一条 70 m 的电缆与其水下载体 Alvin 连接。微型遥控潜航器进入狭窄的通道和“泰坦尼克”号的办公场所,检查了机舱内部并收集了各种物品。

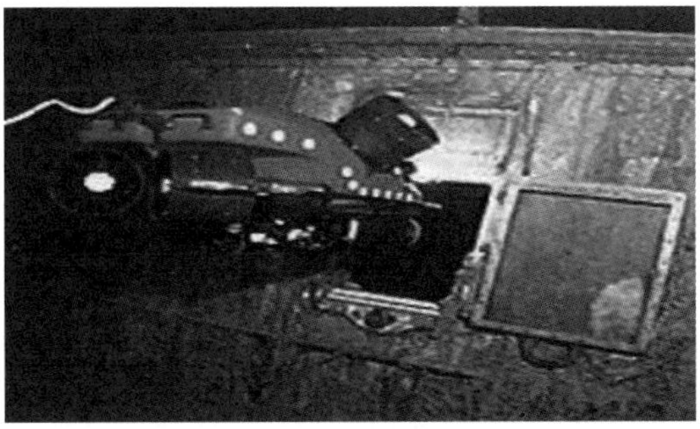

图 1.24　“泰坦尼克”号船舷上的微型遥控潜航器 Jason-junior

其他著名的例子还有,理查德·巴拉德远征队——寻找德国战舰“俾斯麦”号(1989 年)和对第二次世界大战时在所罗门群岛的瓜达尔卡纳尔岛外铁底海峡进行的最大海战的调查(1992 年),这得到了地理学会和美国海军的支持。远征队共发现了 14 艘沉船,其中对 12 艘沉船进行了拍照并详细检查。

1991 年夏天,人们对“泰坦尼克”号进行了第三次探险。此次探险由 A. M. Сагалевичем 领导,参与探险的有海洋研究所的员工 П. П. Ширшова。工作深度达 6 000 m 的载人潜航器 Мир-1 和 Мир-2 也参与了,它们进行了 15 次潜水,并进行了拍摄。获得的材料被制作成了 1 h 的胶卷,第一批胶卷是由深海设备拍摄的。加拿大 IMAX 公司、美国 Ocean Image 公司以及美国国家地理学会的代表也参加了这次探险。

微型遥控潜航器 Jason-junior 已成功用于其他特殊的搜索任务中。1989 年,在第勒尼安海的浅滩附近,它探查了罗马“Изис”的沉船;一年后,它又发现了“Гамильтон”号和“Скотч”号两艘军舰,这两艘军舰是在 1812 年安大略湖战争中沉没的。

1999 年,该微型遥控潜航器在以色列阿斯基隆附近搜查到了两艘公元前 8 世纪的腓尼基船只,在每艘船上发现了数百个瓷器。微型遥控潜航器定位系统可以获取清晰的图像,并以精确的尺寸和地形绘制整个研究地点的图片,这是以前不可能做到的。在此次考察中,考察人员首次测试了一种新设备,即一种高频窄目标机械扫描声呐,它可以在不影响沉积物的情况下对沉积物进行声学检查。

现在,结合精确的导航和控制,无人潜航器这样的设备能够形成水下环境的三维图像。这提高了研究的准确性,并减少了物理干预。水声定位仪(剖面仪)有助于声学“断层扫描”取代挖沟。

尽管人们在各种类型的水下移动技术系统和设备的设计上取得了重大进展,但它们仍远非完美。人们需要新的研究来制造更有效的水下设备,自主和有缆潜航器控制系统尤其如此。本书以下各章讨论了这些潜航器的一些技术解决方案和控制方法。

第 2 章　无人潜航器综合控制系统设计和测试方法分析

文献[2,7,143,158,195,198,243,330,349]给出了水下潜航器技术问题和发展前景的总体观点。对这些文献的分析表明,在进行重要的水下作业时(检查船坞、船体、石油平台以及沉船等),无人潜航器应在不同空间轨迹上高精度航行。但是这种航行的精度依赖于无人潜航器所使用的控制系统质量。除此之外,减少水下作业时间,降低水下作业成本,已成为当务之急。通过增加无人潜航器在空间轨道上的航行速度,而不降低精度,可以降低水下作业成本,但这需要开发有效的控制系统。

由于无人潜航器控制系统在设计过程中必须进行充分的试验研究,这需要大量的物质和时间投入,因此,当前的任务是建立专用平台。当无人潜航器的数学模型用作控制系统的控制对象(OУ)时,允许对半实物模型状态下的无人潜航器的控制系统进行初步测试,这大大降低了最终设计无人潜航器控制系统的物质和时间成本。

本章分析了无人潜航器空间运动控制系统的设计方法,并阐述了它们的优点和缺点,使得人们能够选择一个更有价值的方法来提高无人潜航器控制系统的效率。

2.1　综合控制系统方法分析

任何动态对象的控制系统在开发中的一个重要阶段就是分析其数学描述,并确定其重要特征,这些特征在综合控制系统时必须予以考虑。它们的工作质量在很大程度上取决于在综合过程中如何充分考虑这些特征。

文献[7,99,143,114,192,243]投入了大量的工作构建无人潜航器的动力学数学模型。在这些工作中,运用了牛顿-欧拉方程或者欧拉-拉格朗日方程构建无人潜航器的数学模型,考虑了黏滞环境下动力学及静力学的力和力矩,描述了空间中自由物体的运动。已知两种主要模型,以微分方程组[99]和矩阵形式表示[243]。当把完整模型分解成单独的子系统时(综合分散的控制系统),第一种方法比较简单,而第二种方法适合于无人潜航器控制系统的多通道综合设计。

通过对这些模型的分析,无人潜航器作为控制对象有如下主要特点。

(1)如果无人潜航器具有复杂的形状(这在许多搭载复杂设备的机器中是很常见的),那么流体动力和力矩不仅取决于无人潜航器的运动速度,还取决于运动的方向,它们具有复杂的非线性特征[69, 99, 198, 220, 243, 265, 346]。

(2)在文献[2,99,198,243]研究中发现,无人潜航器在航行时,会附加上流体的质量和惯性矩,通过将一定数量的这种流体引入运动中,从而改变无人潜航器的惯性参数,而这种流体是由无人潜航器的形状决定的。这些质量和惯性矩的大小取决于许多因素,在无人潜航器的运动过程中可能会发生很大变化。

(3)当无人潜航器沿着复杂的空间轨迹运动时,其所有的自由度之间会发生交叉耦合(相互影响)[192,198,243],从而导致无人潜航器的每个控制通道的参数发生变化。此外,随着无人潜航器的航行速度的增加,每个控制通道之间的相互影响幅度也会增加。

(4)无人潜航器经常受到外部的环境影响(暗流、黏性摩擦等)。在许多情况下,测量甚至评估这些影响是非常困难的。

除此之外,推进系统的动力学对无人潜航器的动力有重大影响[99,137,242,357,364]。文献[11,259,277,278]中不同研究人员的实验表明,推进器动力学方程由复杂的非线性方程描述,这些方程不仅考虑到推进器本身的参数,还考虑了无人潜航器的运动模式。但是通常无人潜航器在航行时,推进器都是由简化模型所描述的,忽略了螺旋桨与流体相互作用的一些重要影响。然而,实验表明[259,277,357],控制真正的无人潜航器时,在控制系统设计中使用简化的推进模型会大大降低这些系统的精度。因此,在无人潜航器控制系统设计过程中,必须考虑其推进器的准确动力学。但除了推进器的动力学外,还必须考虑整个推进器系统的运动学[198],这通常会给无人潜航器通用数学模型带来附加的非线性。

除了以上所述外,还有一系列无人潜航器动态数学模型[2,7,99,192,273],来描述它们运动的不同个案。特别是在文献[2,7]研究中,针对无人潜航器在垂直和水平面中的运动分别建立了动力学模型,这大大简化了该模型,但不允许被研究的无人潜航器沿任意空间轨迹运动。基于上述内容,将无人潜航器简化模型用于任意空间运动是不能使用的。

无人潜航器动力学数学模型设计的一个重要问题就是其参数的计算,在文献[243,248,249,276,287,312,337,366]中写明了目前有两种确定这些参数的主要方法:一种是通过一系列现场试验,另一种是通过分析方法估算。然而,确定这些参数的现有方法非常相似。

通过分析,可以得出结论,无人潜航器是复杂多维非线性动态物体,具有重要的经常变化的待定系数,存在难以确定的外部干扰,在多自由度相互耦合的条件下工作。此外,当无人潜航器同时以几个自由度航行时,随着航行速度的增加,多自由度之间的相互影响会急剧增加。因此在为高速航行的无人潜航器设计高精度控制系统时,必须考虑所有这些不利影响。

2.2　无人潜航器综合控制系统方法分析

目前,人们已经为无人潜航器的控制系统创建了许多设计方法[143,198,215,243,316]。对这些工作的分析表明,现有的无人潜航器控制系统可分为如下三大类。

(1)第一类包括基于简化的数学模型,或基于在这些无人潜航器参数恒定的假设下而设计的控制系统。这些系统包括经典的线性控制系统[53,263,287,295]。实践表明,只有当无人潜航器以恒定速度或在空间中稳定时,才能有效地使用这种类型的控制系统。在这种情况下，无人潜航器的参数保持恒定，并且控制通道之间完全没有干扰。但是，当无人潜航器沿着复杂的空间轨迹运动时，位置和角度坐标同时发生变化，即使速度可变，这些线性控制系统也无法提供令人满意的控制精度。在文献［310］中给出了在其控制系统中使用 PID（ПИД）控制器对无人潜航器的空间运动进行试验研究的结果。这些研究表明，同时控制位置和角度坐标的无人潜航器的运动精度急剧下降。

（2）第二类是程序改变增益系统[223]。这种控制系统为不同的工作状态使用不同的线性调节器，从而能够考虑到无人潜航器动态的非线性。但是，这种控制系统也基于无人潜航器的线性化模型进行设计，并使用 PID 控制器。当以多个自由度移动无人潜航器时，PID 控制器无法提供可接受的控制精度。此外，在对无人潜航器数学模型依次线性化时，系统还需要进行其他控制稳定性研究。

（3）第三类是对无人潜航器控制最有效的自适应系统。当无人潜航器在航行中参数改变时，其能够调整运行程序的参数。在文献［71，133，183，283，306］中描述了构建这种控制系统的原理，在文献［63，83，94，116，136，191，279，291，323，335］中研究了使用这些原理去控制各种复杂的潜航器设备。

在文献［208，342］中介绍了使用自适应系统去控制无人潜航器运动的例子。在文献［208］中提出了综合使用自适应系统的方法，在具有不明确流体动力学参数时，在水平面上控制鱼雷形无人潜航器的运动。在文献［342］中，提出了一种用于控制无人潜航器向给定点运动的自适应 PD 控制器的设计方法，该无人潜航器使用了基于浮力和重力的模型。

然而，尽管已知的自适应系统提供了相对较高的控制精度，但它们的主要缺点是难以增加可调参数的数量，以及需要在航行时持续识别无人潜航器的参数以实现上述调整。此外，在这种无人潜航器的综合控制过程中，没有证据表明使用的参数调整算法能够保证整个系统的稳定性。因此，使用这些控制系统来控制无人潜航器是非常困难的。

有些情况建议使用鲁棒控制系统来控制无人潜航器，以确保控制过程不受控制参数和特性的影响。这可以保证无人潜航器在指定范围内的任何参数变化都可以达到所需的控制精度。在已知的鲁棒控制系统中，可以分为以下几种主要类型。

（1）第一种类型包括带有参考模型的自适应系统，其构造原理在文献［29，55，117，134，347］中进行了描述。这种控制系统的主要特点是技术设备（模型）明确存在所需的动态特性。而且，整个系统的运动可以简化为所需的理想的动力学模型。此类系统还用于文献［35，63，75，206，325］中的水下潜航器，可使用相当简单的方法对无人潜航器进行高精度控制，且无须在其运动过程中识别参数。这些系统的主要缺点是自动调谐电路中存在的高频振荡。这会大大降低控制精度。

（2）第二种类型是最优鲁棒控制系统，其构造原理在文献［17，86，118］中进行了描述。这种控制系统通常用于控制在数学模型[255,359,369]中包含各种不确定性（结构和参数）的多维动态对象。这种控制系统经常用于控制无人潜航器的特定自由度[214,307,358]。它们的优点是对无人潜航器的不确定参数具有很高的鲁棒性，但是，它们是根据线性模型合成的，这限制了它们控制无人潜航器在空间运动中的用途。

有时，使用神经网络（HC）构建的控制系统是有效的。近几十年来，它被广泛用于控制系统，可以控制具有不确定参数的复杂动态对象[326,344]。这种控制系统的主要优点是可以对其进行训练，为了与特定的控制对象一起工作而无须冗长的过程来识别其参数。这种控制系统已经被发现可用于控制无人潜航器。特别是在文献[351]中，提出了一种具有人工神经网络的控制系统，用于控制无人潜航器在海底的运动。在文献[329]和文献[343]中，合成了一个神经网络来控制无人潜航器的潜入深度；在文献[294]中，使用神经网络，同时考虑螺旋桨与流体相互作用的各种影响，建立了无人潜航器的运动控制系统。

然而，尽管使用神经网络控制系统具有明显的优势，但它们也具有一些明显缺陷，因为它们的工作精度在很大程度上取决于神经元的数量和网络体系结构的类型。在这种情况下，为了控制复杂的多变量数学模型描述的对象，使用的神经元数量大大增加，这需要具有较强的计算能力来计算控制信号。此外，为了控制参数在其操作过程中发生变化的对象，就必须在控制系统中迅速重新设计神经网络，这需要附加的计算能力，而无人潜航器通常不具备这种能力。

鲁棒控制系统的最常见类型之一是以滑模控制运行的可变结构系统（СПС）。在文献[39,40,139,140,334]中概述了这种系统的设计理论，在文献[90,264,280,293,311]中介绍了它们用于控制复杂的多重连接的非线性对象的示例。当前，这种系统被广泛用于控制无人潜航器的运动[34,36,225,226,345]。除此之外，在文献[355]中，提出了一种具有可变结构的系统，用于控制无人潜航器沿着空间轨迹的运动过程。在文献[370]中，基于无人潜航器完整数学模型的分解，提出了具有根据无人潜航器状态矢量进行反馈的可变结构系统。在文献[77]中，采用一种具有可变结构的多通道系统，来实现无人潜航器自由度之间的耦合关系。通常，使用模糊逻辑方法来实现具有可变结构的系统[254,282,338,361]。许多研究人员指出，使用这些方法可以简化这种系统在运行过程中的调整，并避免出现高频振荡。

尽管可变结构系统具有许多毋庸置疑的优点，但是也具有以下缺点：为了确保它们在整个操作系统参数变化范围内的性能，根据这些参数的“最差”值对它们进行合成，从而在这些参数允许提高性能时显著降低系统性能。也就是说，具有这种类型的可变结构系统故意降低了速度，这大大降低了无人潜航器沿空间轨迹进行曲线控制的动态精度。

为了消除该缺点并提高性能，有学者提出一种具有可变结构的系统，以根据控制对象当前参数的大小引入其参数的自调整。在文献[33,37,100,200,226,221,333,362,363]中提供了创建具有可变结构的自调节系统的示例。大多数这些具有可变结构的系统根据控制对象的测量值或计算出的参数能够进行自调整。但是，如前所述，对于无人潜航器来说，在运动过程中识别其参数非常困难。因此，为了将自适应元素引入具有可变结构的系统中，允许基于可变结构系统的间接状态评估来调整它们的参数，而无须直接测量或识别控制对象的参数，在文献[34,40,222,225]中提出了这种方法的基础。

分析表明，解决用于保证无人潜航器沿复杂空间轨迹高速运动而建立的高精度控制系统问题十分重要。此外，对于无人潜航器应解决以下两种类型的问题：其一为具有复杂的结构和推进系统，以确保其在目标附近以六自由度精确运动（此类无人潜航器的示例如图 1.6 至图 1.8 所示）；其二为具有最小的流体动力阻力的流线型外形及有限的自由度，以确保沿延伸轨迹的精确高速运动（此类无人潜航器的示例如图 1.15 所示）。

但是，考虑到其动力学和设计的不同特性，不可能为任何类型的无人潜航器设计通用的高质量控制系统。为了方便解决该问题，有必要考虑特定类型的无人潜航器的动态和设计特征。

为了成功解决第一类无人潜航器的问题,在文献[36,143]中提出了一种基于系统分解的方法。该方法打算将整个无人潜航器控制系统划分为几个子系统:发动机控制子系统、速度控制子系统以及空间位置控制子系统。此外,更高级别的控制子系统可由较低级别的控制子系统当作控制对象来构成。

根据这种方法,人们为推进器控制子系统和无人潜航器的运动速度构建了鲁棒控制系统,不管控制对象参数的当前变量值是多少,都可以使用具有恒定系数的微分方程来描述相应控制对象的动力学,这极大地促进了高级控制系统的设计。该方法可有效地用于高质量的多级(分层)控制系统的设计中。该系统应提供高动态精度,使无人潜航器从任意给定速度(在推进器可用功率的范围内)沿任意空间轨迹运动,而无须考虑其参数和外部干扰值的变化在周围的黏滞环境中对无人潜航器起作用。

然而,根据上述方法合成的无人潜航器多级控制系统具有一些缺点。

首先,无人潜航器的本地推进控制系统通常基于简化模型[35,227]进行设计,这些模型未考虑螺旋桨与黏性流体相互作用的许多重要影响(例如,螺旋桨在反向运动时螺距的变化、环境速度对推力的影响、螺丝轮廓损耗等)。这导致基于该模型设计的推进器的控制系统的动态精度不足,进而导致整个无人潜航器的控制系统的工作质量下降。

其次,具有可变结构系统[100,221,225,226]的速度控制回路中使用的自调整算法不需要直接测量控制对象的参数,适用于可变结构系统在自由模式下或它们的输入是步进信号。但是,当控制位置和方向时,无人潜航器在跟踪给定空间轨迹的过程中,速度控制回路输入处的信号总是随时间随机变化。在这种情况下,具有可变结构系统的指示自调整算法将失去功能。

在这种情况下,仅当无人潜航器能够计算出由控制系统产生的控制信号时,才能确保在使用所示的具有鲁棒的可变结构系统时无人潜航器沿着空间轨迹高精度运动。反过来,这些信号的大小取决于无人潜航器沿该轨迹的运动速度以及该运动轨迹当前部分的曲率。因此,为了保证在空间轨迹上的运动精度,无人潜航器需要确保沿着这些轨迹的自动形成模式(速度)防止其电动机进入饱和状态。

为确保第二类无人潜航器在平滑弯曲空间轨迹上具有准确且极高的运动速度,可以使用控制跟踪系统的新原理,这允许使用简单的具体的实现方式来获得无人潜航器沿扩展对象运动的较高的运动精度。该原理基于对无人潜航器本身的控制,以及它们在向规定轨迹运动过程中的设定控制信号[176,178]。根据形成设定控制信号的这一原理,在定义当前设定位置时,空间中的无人潜航器不会沿着规定的(期望的)轨迹运动,而是沿着远离规定轨迹的连续生成的虚拟轨迹运动。该原理允许连续形成设定点运动的虚拟轨迹。进而,即使在简单的调节器的帮助下,这也确保了无人潜航器沿着规定的弯曲空间轨迹快速准确地运动。该调节器被设计为在跟踪模式下仅向无人潜航器提供稳定的运动。在这种情况下,考虑到推进器的饱和度,无人潜航器将精确地以极高的速度沿着规定的轨迹运动。

在此分析的基础上,以下各章将介绍一些可以解决对各种类型和目的的无人潜航器进行高效控制问题的方法。

2.3　控制系统运行与测试方法分析

综合控制系统高质量工作的一个重要条件是形成器载计算机实现控制系统所需的所有反馈。但是在解决此典型问题时,经常会出现以下严重问题。

(1)缺乏必要的器载传感器类型,无法实时组织所有必要的反馈。这个问题常见于许多小型且廉价的无人潜航器,它们的导航系统不包括高精度的专业传感器。

(2)某些传感器的读数不能直接用于形成反馈。例如,大多数滞后显示无人潜航器相对于环境的速度,如果存在电流反馈的情况会导致重大误差。

(3)来自各种传感器的数据更新周期可能会变化数十倍,并且比无人潜航器的控制系统的采样周期更长。

(4)从无人潜航器器载传感器接收到的信号中存在严重干扰和信息失真。

这些问题通常导致无人潜航器的控制系统的工作质量显著降低,甚至导致出现紧急情况。为了消除这种情况,最近使用的数据集成方法比较有效,且已在文献[256,314]中进行了介绍。最有效的是基于使用卡尔曼滤波器[219]的集成方法,它可以有效地解决联合处理来自各种器载传感器的数据的问题。特别地,在文献[23]中提出了一种使用来自每个传感器的数据流的先行滤波,以及随后与权重集成的导航过滤方法来构造导航系统。这样,当从器载传感器接收的数据以不同的周期更新时,就可以评估对象的状态向量。

在文献[313]中,提出了一种使用加宽卡尔曼滤波器对器载传感器接收到的数据进行整合的方法,该方法可以估计其状态向量。但是,这项工作没有考虑到电流对多普勒测速仪读数的影响,如果 GPS 和多普勒测速仪的数据变得不可用,那么就不能评估无人潜航器的位置。当不更新来自导航系统的信息并且无人潜航器的控制系统以开放模式操作时,会出现较大的时间间隔,这将导致较大的控制误差。

因此,在研发用于无人潜航器的高精度控制系统任务的同时,出现了创建一种有效的方法来组合来自其器载传感器的数据的问题,该方法可以确保在无人潜航器的控制系统运行时形成所有必要的反馈信号,而与信号更新周期无关。在特定传感器的输出上,此方法应具有较低的计算复杂度,以确保典型的器载计算机能够实时运行。

对于各种类型和目的的无人潜航器,另一项重要的设计任务是在实际操作之前对已研发的系统和控制规律进行调整与测试。当前,这些工作大多数都是使用数学模型完成的,无须使用昂贵的设备与专用水池,并且还可以确保实验的安全性。同时,无须花费较大的成本即可进行建模,可快速设置这些无人潜航器的环境和运行模式,这在实船实验中很难进行研究。然而,在运动仿真过程中,无人潜航器必须考虑许多重要特征。

(1)无人潜航器的数学模型应反映其与环境相互作用的所有重大影响,并具有轻松快速地修改和微调其所有参数的能力。该模型应包括所有器载传感器和环境建模工具(地形)的模型,这需要对无人潜航器的运动进行三维可视化。

(2)无人潜航器受其控制系统软件实现功能的极大影响,该系统考虑到从各个传感器接收到的数据的采样周期以及该数据传输的时间延迟,从而以所需的采样周期提供了控制动作的形成和更新。因此,为使无人潜航器的工作建模的结果正确,重要的是不要对它们的控制本身的算法建模,而是对这些无人潜航器的控制系统的软件实现工作进行建模。另外,在无人潜航器控制系统软件实现的仿真过程中将确定对无人潜航器搭载计算机的参数的必要需求。

目前,已经创建了许多软件系统,它们可以模拟各种类型和功能的潜航器的运动。众所周知,通用软件系统具有友好的用户界面并允许模拟复杂潜航器系统的操作。这些系统包括 RoboLogix[317] 环境,该环境考虑了潜航器的动力学特性及其程序功能特性,而 Webots[354] 环境提供了针对各种功能的潜航器的运动学建模,以及传感器功能和控制算法。后者还允许在三维空间中可视化建模结果,实现快速原型化的原则,将综合算法转化为潜航器控制程序。

RobotSim 环境[319]考虑到潜航器与环境互动的影响,提供了潜航器运动的建模,并将创建此运动的三维可视化。它的独到之处在于可以与环境交互,以对动态系统 LabWiev 进行建模,并将在该环境中开发的控制算法编译为 C++程序。

软件系统 Microsoft Robotic Studio[318]不仅可以模拟各种类型和功能的潜航器工作,使用特殊的视觉编程语言(VPL)开发用于控制它们的算法,还可以直接在这些潜航器的控制系统中使用已开发的算法。

还有一些专门的软件系统,用于无人潜航器的运动仿真。这类系统包括 SubSim[204],其具有较高的无人潜航器和周围环境动态仿真能力,但没有将控制系统的软件实现与无人潜航器相连接的能力。文献[352]仅描述了一种类型的小型无人潜航器 MAUV-Ⅱ的运动模拟的复杂性。

对各种潜航器系统的运动进行建模的软件系统的发展趋势的分析表明,它们应该具有以下特征。

——不仅要对潜航器本身的工作进行精确建模,还要对潜航器的放大、自动机构及传感器进行精确建模;

——形成环境的三维可视化;

——使用这个复杂的算法快速创建和调整潜航器控制系统;

——与其他制造商的软件集成,以简化整个系统的结构并扩展其功能。

但是,尽管现有的软件系统具有强大的功能,但仍有一些问题是无法解决的,非常困难,或需要大量修改。具体来说,已知的建模系统可以检查不同的潜航器控制规律的运行,但不能确定使用的控制系统中不同模式的算法的执行是否正确。因为实现这些控制系统的软件的体系结构通常与具有封闭源代码的通用建模系统不兼容。也就是说,当使用现有的通用建模系统时,涉及特定无人潜航器的硬件和软件的半实物建模问题变得难以实现。因此,重要的是创建新的方法来合成专用软件系统,以对特定软件结构的实现进行无人潜航器控制系统操作的半实物建模。这可以避免在检查和调整新的控制规律时对无人潜航器造成损坏,新的控制规律可能包含错误,评估器载计算机的计算能力与所选控制规律是否符合,并考虑到生成控制信号时建模过程中的实际延迟。

2.4　系统的目标形成与任务描述

根据前述内容,本章解决了无人潜航器控制系统的创建,并在理论上证实了新规则、方法和综合方法的实用性问题。由于调节器参数和设定信号的自动调节,在参数具有很大不确定性和可变性的条件下,在无人潜航器所有自由度(控制通道)之间存在明显干扰并与周围黏滞环境相互作用的情况下,并且在放大器和执行器的功率限制情况下,它们可使各种无人潜航器以极高的速度沿任意空间轨迹高精度运动。

为实现该目标,本章先后解决了这些问题,结构如图 2.1 所示。

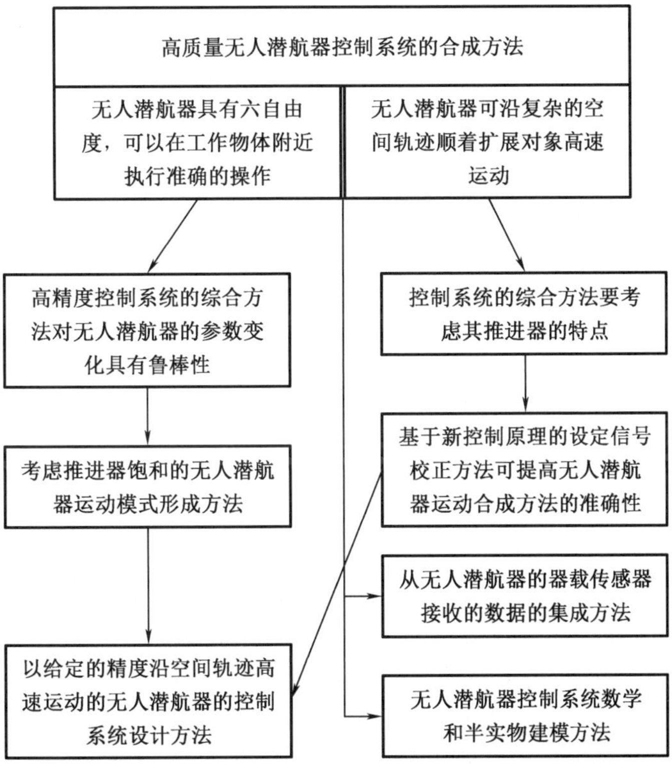

图 2.1　高速运动的无人潜航器的高精度控制系统综合任务结构

从图 2.1 中可以看出,对于两种根本不同类型的无人潜航器,使用两组不同的方法可以解决上述无人潜航器的高精度和高速控制以确保最大效率的问题。

第一组方法允许为无人潜航器合成高精度控制系统,其具有推进系统设计,可在所有六自由度上为它们提供高机动性,并在工作物体附近执行精确的操作。无论参数的变化还是它们所有自由度之间的相互影响,这些控制系统都应为无人潜航器提供高精度的运动控制。作为解决该问题的基本方法,我们将使用文献[36,143]中提出的方法。

但是,在文献中提出的改进方法,将使用更完整的推进系统数学模型[4]。这将有可能使推进器的动态特性更精确地稳定在期望水平上,以确保其参数在指定范围内的任何变化，以及（考虑到引入的修正）数学描述简化，从而简化无人潜航器外部速度控制回路的控制器的设计，并大大提高整体无人潜航器的控制精度。

另外，基于速度控制回路的可变结构系统与操作分析，可识别出无人潜航器，然后消除妨碍使用可变结构系统的自调整算法的原因，对于输入信号的任意变化规律，在速度控制内部电路的输入端用相应的无人潜航器自由度表示[36,225,226]。考虑到调节器的实际特性，将能够实施指定速度环的新控制规律，并有效地控制无人潜航器，从而在有利的条件下（无人潜航器的负荷较小的运行模式）显著提高控制系统的速度（准确性）。这将通过创建用于控制系统的自适应算法来确保，且通过简单的方法来改变无人潜航器的参数以确保这一点。

人们将开发和研究一种用于控制无人潜航器空间位置的设计方法，将考虑所有综合（基于各种方法）内部电路的特征。

应当指出的是，无人潜航器的控制系统的第一种设计方法，仅在其推进器能够在不会进入饱和的情况下计算出由控制系统产生的控制信号，才有可能确保高质量的控制。但是这些控制信号的值取决于无人潜航器沿着空间轨迹的运动速度及其模式，并随着这些速度和轨迹曲率的增加而显著增加（由于无人潜航器与周围黏滞环境相互作用以及控制通道之间的相互作用所造成的不利影响的增加）。因此，为确保提高运动速度时无人潜航器沿形状未知的空间轨迹的运动速度和所需的准确性，将研究一种自动生成无人潜航器的运动模式的方法，并能够考虑到使这些执行器进入饱和状态。

控制系统的第二种设计方法是为具有流线型的外形及沿扩展的空间轨迹运动的无人潜航器而设计的。这些无人潜航器的推进系统可确保其在有限的自由度上运动，从而牺牲了机动性。不过第二种方法使无人潜航器减少了流体动力阻力及其自由度之间的相互影响，从而可以使用更简单的控制系统来控制其运动。但是为确保控制的高精度，无人潜航器的合成方法及其控制系统必须考虑推进系统的设计特点，并考虑其可操作性的局限性，以确保无人潜航器的运动轨迹的形成。

研究表明，由于没有充分考虑无人潜航器与黏滞环境相互作用的所有不利影响，使用常见的控制原理来提高无人潜航器沿着空间轨迹的运动速度，这会降低高质量控制系统的工作精度。因此在本章中，为了显著提高无人潜航器的控制精度，并降低综合控制系统实际实施的复杂性，使用了跟踪系统的新控制原理，即使采用最简单的线性控制器，也可提供所需的动态精度。该原理结合了运动模式（速度）与精度的综合控制系统，将以给定的动态精度并考虑推进器的可能饱和度，使无人潜航器沿空间轨迹超高速运动。

为了成功实施上述两组控制系统，无人潜航器的控制是根据其器载传感器的数据建立所需的反馈。此任务包括两个子任务。第一子任务是研究一种用于联合处理来自相关器载传感器的信息的方法，它允许以希望的控制系统采样周期更新无人潜航器运动参数的数据，而不考虑无人潜航器传感器输出信号的更新周期如何。第二子任务是研究一种用于识别无人潜航器的当前参数以微调其控制系统的方法，且具有较低的计算复杂度。

本章解决的另一个重要问题是有效创建开发软件包的方法，以对已开发的算法和控制系统进行半实物测试，这可以大大简化设计控制系统的过程，并且在这些具有综合控制系统的无人潜航器的初步测试阶段不进行花费较大的物理现场实验。

通过成功解决所有上述问题,创建一种有效的综合集成方法,可合成沿任何空间轨迹高速运动的各种类型和用途的无人潜航器高精度控制系统。

2.5　小　　结

本章所进行的分析,可以确定无人潜航器控制系统的主要趋势和设计特征,并形成了必要的任务结构,以解决各种无人潜航器在空间中快速运动时对其进行精确控制的问题。本章小结如下。

(1)通过对无人潜航器的数学模型进行分析,可以确定其主要特征而进行控制。研究发现,无人潜航器是复杂的多维非线性动态物体,当沿着复杂的空间轨迹运动时,它们受周围黏滞环境的影响以及所有自由度之间的强烈相互影响,从而导致其参数发生显著变化。这些负面特征随着无人潜航器同时在几个自由度上的运动以及运动速度的增加而急剧增加。该分析得出的结论是,有必要使用更精密的无人潜航器控制系统进行操控,并使用文献[143,243]中描述的基本模型。

(2)分析了用于控制无人潜航器的各种控制系统,结果表明这种控制系统的选择严重依赖于无人潜航器的设计和任务。有证据表明,对于具有复杂形状和推进系统的无人潜航器,当在各种物体附近执行精确操作时,要确保其在所有自由度上瞬时移动,建议使用鲁棒控制系统。当许多参数同时变化时,该系统可提供无人潜航器高精度控制。此外,作为综合这种控制系统的基本方法,建议使用文献[36,143]中描述的方法。

(3)用于沿平滑长轨迹快速运动的无人潜航器应具有流线型外形,以减少周围黏滞环境的流体动力阻力,并研究其在有限数量的自由度上同步运动的推进系统。

(4)对现有无人潜航器控制系统综合方法的分析表明,它们都使用了设定信号,而这些信号并未考虑无人潜航器的参数的当前值、控制系统的类型以及无人潜航器沿轨迹运动的速度。所以,使用的控制系统的精度随着其运动模式、与环境相互作用的参数以及无人潜航器本身的参数的改变而显著降低。因此为了提高无人潜航器的工作效率和操作精度,建议控制设定信号的参数,以提高无人潜航器沿给定空间轨迹的运动速度,而不降低该运动的动态精度。

(5)为了提高运动的动态精度,提出了一种具有流线型的无人潜航器,沿平滑的弯曲空间轨迹运动,建议使用控制和调节设定信号的新原理。根据此原理,与传统方法相反,当生成设定控制信号时,定义无人潜航器在空间中所需位置的设定点无法沿规定的轨迹运动,而应沿着连续生成的远离规定的虚拟轨迹运动。

(6)对无人潜航器控制系统的实现和测试方法的分析表明,已经确定,如果没有基于有限的具有不同更新周期的输出信号的器载传感器接收到的信号形成正确反馈,就不可能为无人潜航器实施高精度的控制系统。为了获得所需的反馈信号,提出了一种以最小的计算复杂度来组合从这些传感器接收数据的方法。

(7)为了成功测试正在开发的控制系统,在仿真实验之前,建议建立和使用软件建模综合体进行半实物建模。根据分析提出的要求,以确定建立无人潜航器综合体的有效方法。

第 3 章 无人潜航器分散控制系统的综合方法

在本章中,根据前面所述的任务结构(图 2.1),设计了一种用于合成无人潜航器分散式自适应鲁棒控制系统的方法,不管无人潜航器在工作对象附近进行水下操作时参数如何变化,均可对这些潜航器的空间运动进行高精度控制。假设认为,本章中所研究的无人潜航器具有六自由度的推进系统。

3.1 无人潜航器数学模型的描述

如前所述,为了设计无人潜航器高精度控制系统,建议使用充分考虑了其与周围黏滞环境相互作用的空间运动模型,并在模型中包括所使用推进器的动力学特性。本节介绍了无人潜航器数学模型的类型,该模型将用于无人潜航器控制系统设计方法的研发。

3.1.1 无人潜航器空间运动数学模型

无人潜航器空间运动的完整动力学模型以六个非线性微分方程的形式表示,其可变参数体现在与该设备外壳刚性连接的坐标系(CK)中[143,158,243]。这些方程充分考虑了无人潜航器所有自由度之间的相互影响,以及周围黏滞环境对其作用的流体动力学和静力学中的力与力矩。以矩阵形式表示的模型如下:

$$\boldsymbol{M}\dot{\boldsymbol{v}}+[\boldsymbol{C}(\boldsymbol{v})+\boldsymbol{D}(\boldsymbol{v})]\boldsymbol{v}+\boldsymbol{g}(\boldsymbol{x})=\boldsymbol{\tau} \tag{3.1}$$

式中 $\boldsymbol{M}$——无人潜航器的惯性矩阵(包括流体的附加质量和惯性矩),$\boldsymbol{M}\in\mathbf{R}^{6\times6}$;

$\boldsymbol{C}(\boldsymbol{v})$——科氏离心力矩阵,$\boldsymbol{C}(\boldsymbol{v})\in\mathbf{R}^{6\times6}$;

$\boldsymbol{D}(\boldsymbol{v})$——流体动力和力矩的矩阵,$\boldsymbol{D}(\boldsymbol{v})\in\mathbf{R}^{6\times6}$;

$\boldsymbol{g}(\boldsymbol{x})$——流体静力和力矩的矢量,等于$(F_{\iota cx},F_{\iota cy},F_{\iota cz},M_{\iota cx},M_{\iota cy},M_{\iota cz})^{\mathrm{T}}\in\mathbf{R}^6$;

$\boldsymbol{x}$——无人潜航器在绝对坐标系(ACK)中的位置和方向向量,等于$(x,y,z,\varphi,\theta,\psi)^{\mathrm{T}}\in\mathbf{R}^6$,其中 φ、θ、ψ 分别为无人潜航器的横倾角、纵倾角和航向角;

$\boldsymbol{\tau}$——无人潜航器推进装置的力和力矩在随体坐标系(CCK)轴上的投影矢量,等于$(\tau_{\sigma x},\tau_{\sigma y},\tau_{\sigma z},M_{\sigma x},M_{\sigma y},M_{\sigma z})^{\mathrm{T}}\in\mathbf{R}^6$;

$\boldsymbol{v}$——无人潜航器运动在随体坐标系轴上的线速度和角速度的投影矢量,等于$(v_x,v_y,v_z,\omega_x,\omega_y,\omega_z)^{\mathrm{T}}\in\mathbf{R}^6$。

对于大多数类型的无人潜航器,矩阵 $\boldsymbol{M}$ 包含两个矩阵[198,243]:

$$\boldsymbol{M}=\boldsymbol{M}_{\mathrm{A}}+\boldsymbol{M}_{\Pi} \tag{3.2}$$

其中

$$\boldsymbol{M}_{\mathrm{A}}=\begin{bmatrix} m_{\mathrm{a}} & 0 & 0 & 0 & m_{\mathrm{a}}Y_{\mathrm{c}} & 0 \\ 0 & m_{\mathrm{a}} & 0 & -m_{\mathrm{a}}Y_{\mathrm{c}} & 0 & 0 \\ 0 & 0 & m_{\mathrm{a}} & 0 & 0 & 0 \\ 0 & -m_{\mathrm{a}}Y_{\mathrm{c}} & 0 & J_{xx} & -J_{xy} & -J_{xz} \\ m_{\mathrm{a}}Y_{\mathrm{c}} & 0 & 0 & -J_{xy} & J_{yy} & -J_{yz} \\ 0 & 0 & 0 & -J_{xz} & -J_{yz} & J_{zz} \end{bmatrix}$$

$$\boldsymbol{M}_{\Pi}=\begin{bmatrix} \lambda_{11} & \lambda_{12} & \lambda_{13} & \lambda_{14} & \lambda_{15} & \lambda_{16} \\ \lambda_{12} & \lambda_{22} & \lambda_{23} & \lambda_{24} & \lambda_{25} & \lambda_{26} \\ \lambda_{13} & \lambda_{23} & \lambda_{33} & \lambda_{34} & \lambda_{35} & \lambda_{36} \\ \lambda_{14} & \lambda_{24} & \lambda_{34} & \lambda_{44} & \lambda_{45} & \lambda_{46} \\ \lambda_{15} & \lambda_{25} & \lambda_{35} & \lambda_{45} & \lambda_{55} & \lambda_{56} \\ \lambda_{16} & \lambda_{26} & \lambda_{36} & \lambda_{46} & \lambda_{56} & \lambda_{66} \end{bmatrix}$$

式中　m_{a}——无人潜航器的质量；

λ_{ij}——对应于流体的附加质量和惯性矩的元素（$i,j=1,2,\cdots,6$）；

Y_{c}——无人潜航器稳心的高度；

J_{xx}、J_{yy}、J_{zz}、J_{xy}、J_{xz}、J_{yz}——无人潜航器相对于其惯性主轴和辅助轴的惯性矩。

矩阵 $\boldsymbol{C}(\boldsymbol{v})$ 的形式为[198,243]

$$\boldsymbol{C}(\boldsymbol{v})=\boldsymbol{C}_{\mathrm{A}}(\boldsymbol{v})+\boldsymbol{C}_{\Pi}(\boldsymbol{v}) \tag{3.3}$$

式中

$$\boldsymbol{C}_{\mathrm{A}}(\boldsymbol{v})=\begin{bmatrix} \boldsymbol{O} & \boldsymbol{C}_{11}(\boldsymbol{v}) \\ \boldsymbol{C}_{21}(\boldsymbol{v}) & \boldsymbol{C}_{22}(\boldsymbol{v}) \end{bmatrix}$$

$$\boldsymbol{C}_{11}(\boldsymbol{v})=\begin{bmatrix} m_{\mathrm{a}}Y_{\mathrm{c}}\omega_z & m_{\mathrm{a}}v_z & -m_{\mathrm{a}}v_y \\ -m_{\mathrm{a}}v_z & m_{\mathrm{a}}Y_{\mathrm{c}}\omega_z & m_{\mathrm{a}}v_x \\ -m_{\mathrm{a}}(Y_{\mathrm{c}}\omega_x-v_y) & -m_{\mathrm{a}}(Y_{\mathrm{c}}\omega_y+v_x) & 0 \end{bmatrix}$$

$$\boldsymbol{C}_{21}(\boldsymbol{v})=\begin{bmatrix} -m_{\mathrm{a}}Y_{\mathrm{c}}\omega_z & m_{\mathrm{a}}v_z & m_{\mathrm{a}}(Y_{\mathrm{c}}\omega_x-v_y) \\ -m_{\mathrm{a}}v_z & -m_{\mathrm{a}}Y_{\mathrm{c}}\omega_z & m_{\mathrm{a}}(Y_{\mathrm{c}}\omega_y+v_x) \\ m_{\mathrm{a}}v_y & -m_{\mathrm{a}}v_x & 0 \end{bmatrix}$$

$$\boldsymbol{C}_{22}(\boldsymbol{v})=\begin{bmatrix} 0 & -J_{yz}\omega_y-J_{xz}\omega_x+J_{zz}\omega_z & J_{yz}\omega_z+J_{xy}\omega_x-J_{yy}\omega_y \\ J_{yz}\omega_y+J_{xz}\omega_x-J_{zz}\omega_z & 0 & -J_{xz}\omega_z-J_{xy}\omega_y+J_{xx}\omega_x \\ -J_{yz}\omega_z-J_{xy}\omega_x+J_{yy}\omega_y & J_{xz}\omega_z+J_{xy}\omega_y-J_{xx}\omega_x & 0 \end{bmatrix}$$

$$C_{\Pi}(\boldsymbol{v})=\begin{bmatrix} 0 & 0 & 0 & 0 & \alpha_3 & -\alpha_2 \\ 0 & 0 & 0 & -\alpha_3 & 0 & \alpha_1 \\ 0 & 0 & 0 & \alpha_2 & -\alpha_1 & 0 \\ 0 & \alpha_3 & -\alpha_2 & 0 & \beta_3 & -\beta_2 \\ -\alpha_3 & 0 & \alpha_1 & -\beta_3 & 0 & \beta_1 \\ \alpha_2 & -\alpha_1 & 0 & \beta_2 & -\beta_1 & 0 \end{bmatrix}$$

其中

$$\alpha_1=\lambda_{11}v_x+\lambda_{12}v_y+\lambda_{13}v_z+\lambda_{14}\omega_x+\lambda_{15}\omega_y+\lambda_{16}\omega_z$$
$$\alpha_2=\lambda_{12}v_x+\lambda_{22}v_y+\lambda_{23}v_z+\lambda_{24}\omega_x+\lambda_{25}\omega_y+\lambda_{26}\omega_z$$
$$\alpha_3=\lambda_{13}v_x+\lambda_{23}v_y+\lambda_{33}v_z+\lambda_{34}\omega_x+\lambda_{35}\omega_y+\lambda_{36}\omega_z$$
$$\beta_1=\lambda_{14}v_x+\lambda_{24}v_y+\lambda_{34}v_z+\lambda_{44}\omega_x+\lambda_{45}\omega_y+\lambda_{46}\omega_z$$
$$\beta_2=\lambda_{15}v_x+\lambda_{25}v_y+\lambda_{35}v_z+\lambda_{45}\omega_x+\lambda_{55}\omega_y+\lambda_{56}\omega_z$$
$$\beta_3=\lambda_{16}v_x+\lambda_{26}v_y+\lambda_{36}v_z+\lambda_{46}\omega_x+\lambda_{56}\omega_y+\lambda_{66}\omega_z$$

而矩阵 $\boldsymbol{D}(\boldsymbol{v})$ 的形式为[198,243]

$$\begin{aligned}\boldsymbol{D}(\boldsymbol{v})&=\boldsymbol{D}_1(\boldsymbol{v})+\boldsymbol{D}_2(\boldsymbol{v})\\&=\mathrm{diag}(d_{1x},d_{1y},d_{1z},d'_{1x},d'_{1y},d'_{1z})+\\&\quad\mathrm{diag}(d_{2x}|v_x|,d_{2y}|v_y|,d_{2z}|v_z|,d'_{2x}|\omega_x|,d'_{2y}|\omega_y|,d'_{2z}|\omega_z|)\end{aligned}\tag{3.4}$$

式中 d_1、d_2、d'_1、d'_2——黏滞摩擦系数，对应于流体动力（力矩）在无人潜航器特定自由度上与其运动速度的线性和二次依赖关系。

矢量 $\boldsymbol{g}(\boldsymbol{x})$ 的形式为

$$\boldsymbol{g}(\boldsymbol{x})=\begin{bmatrix} (W-B)\sin\theta \\ -(W-B)\cos\theta\sin\varphi \\ -(W-B)\cos\theta\cos\varphi \\ y_B B\cos\theta\cos\varphi+(Y_c W-z_B B)\cos\theta\sin\varphi \\ (Y_c W-z_B B)\sin\theta-x_B B\cos\theta\cos\varphi \\ x_B B\cos\theta\sin\varphi+y_B B\sin\theta \end{bmatrix}\tag{3.5}$$

式中 W——无人潜航器的重力，等于 $m_a g$，其中 g 为重力加速度；

B——在无人潜航器浮力中心施加的阿基米德力，等于 ρg，其中 ρ 为由无人潜航器置换的液体质量；

x_B、y_B、z_B——无人潜航器浮力中心相对于其质心的坐标。

由于无人潜航器沿着空间轨迹的真实运动发生在绝对坐标系中，因此必须在式(3.1)至式(3.5)中添加运动学关系，以提供从船体坐标系到绝对坐标系的转换[158]：

$$\dot{\boldsymbol{x}}=\boldsymbol{J}(\boldsymbol{x})\boldsymbol{v}\tag{3.6}$$

其中

$$
J(x)=\begin{bmatrix}
\cos\psi\cos\theta & \sin\psi\sin\varphi-\cos\psi\sin\theta\cos\varphi & \cos\psi\sin\theta\sin\varphi+\sin\psi\cos\varphi & 0 & 0 & 0\\
\sin\theta & \cos\theta\cos\varphi & -\cos\theta & 0 & 0 & 0\\
-\sin\psi\cos\theta & \sin\psi\sin\theta\cos\varphi+\cos\psi\sin\varphi & \cos\psi\cos\varphi-\sin\psi\sin\theta\sin\varphi & 0 & 0 & 0\\
0 & 0 & 0 & 1 & -\tan\theta\cos\varphi & \tan\theta\sin\varphi\\
0 & 0 & 0 & 0 & \dfrac{\cos\varphi}{\cos\theta} & -\dfrac{\sin\varphi}{\cos\theta}\\
0 & 0 & 0 & 0 & \sin\varphi & \cos\varphi
\end{bmatrix}
$$

式(3.1)至式(3.6)完全描述了无人潜航器在海洋环境中沿其所有六自由度的任意空间运动。下文为叙述简单起见,将省略上述公式表示速度、力和力矩矢量在相应坐标轴上投影的标记,以及指示相应元素在相应矩阵中位置的标记。

3.1.2　推进器数学模型

国内外研究表明[259,277,357,364],无人潜航器推进系统的动力学对整个潜航器有重要影响。因此,当设计无人潜航器高精度控制系统时,有必要在描述无人潜航器空间运动的通用数学模型中考虑推进器的动力学。

文献[11]中提出的推进器模型被认为是最基本的模型。与简化模型[99]相比,该模型考虑了螺旋桨与周围黏滞环境的相互作用、螺旋桨桨距在反转时的变化、无人潜航器运动速度对螺旋桨推力的影响以及螺旋桨翼型损失等特征,其形式为[11]

$$
\begin{cases}
J_\sigma\dot{\omega}_\sigma+\dfrac{K_mK_w}{R_\sigma}\omega_\sigma+M_\varepsilon=\dfrac{K_mK_y}{R_\sigma}u\\
\tau_\sigma=F_\tau s_\tau\,|\omega_\sigma|-C_f\dfrac{S_\sigma\rho_{\bar{\omega}}\,|v_{\bar{\omega}}|v_{\bar{\omega}}}{2(1+C_\omega\omega_\sigma^2)}\\
M_\varepsilon=F_m(s_\tau+H_{\iota\sigma}C_\tau\omega_\sigma)\,|\omega_\sigma|-C_m\dfrac{S_\sigma\rho_{\bar{\omega}}\,|v_{\bar{\omega}}|v_{\bar{\omega}}}{2(1+C_\omega\omega_\sigma^2)}\\
s_\tau=p_\tau-\mathrm{sign}\ (\omega_\sigma)\sqrt{p_\tau^2-q_\tau}\\
p_\tau=H_{\iota\sigma}\omega_\sigma-\dfrac{v_p}{2}+\dfrac{F_\tau\omega_\sigma}{4\rho_{\bar{\omega}}s_\sigma},q_\tau=H_{\iota\sigma}\omega_\sigma(H_{\iota\sigma}\omega_\sigma-v_p)\\
H_{\iota\sigma}=H+\delta_H\mathrm{sign}\ \omega_\sigma,v_P=\begin{cases}v_{\bar{\omega}},\text{如果 sign }\omega_\sigma=\text{sign }v_{\bar{\omega}}\\0,\text{如果 sign }\omega_\sigma\neq\text{sign }v_{\bar{\omega}}\end{cases}
\end{cases}
\tag{3.7}
$$

式中　ω_σ——无人潜航器推进器轴的旋转角速度;

$v_{\bar{\omega}}$——周围流体相对于无人潜航器沿螺旋桨轴线的移动速度;

$H_{\iota\sigma}$——螺旋桨的流体动力桨距;

H——螺旋桨的几何桨距;

δ_H——螺旋桨螺距的流体动力校正;

F_τ、F_m——推力和力矩的广义系数;

C_f、C_m——$\omega_\sigma=0$ 时的螺旋桨提升力和力矩系数;

C_ω——$\omega_\sigma\neq0$ 时螺旋桨提升力和转矩下降的系数;

C_{τ}——螺旋桨翼型损失系数；

$\rho_{\bar{\omega}}$——周围液体的密度；

S_{σ}——螺旋桨的面积；

J_{σ}——螺旋桨旋转部件的惯性矩，并考虑了液体的惯性矩；

R_{σ}——电动机电枢电路的有功电阻；

K_m、K_w——直流电动机的转矩和反电动势系数；

K_y——功率放大器增益系数；

u——无人潜航器推进器控制信号；

s_{τ}——螺旋桨绝对滑移；

M_{ε}——传动轴上的力矩；

p_{τ}、q_{τ}、$\boldsymbol{v}_p$——辅助变量。

另外，由于受流体的惯性力矩和黏滞摩擦的影响，螺旋桨的参数 J_{σ} 和 F_m 会在无人潜航器的控制过程中发生变化。它们的确切值事先未知，这些变化的可能范围能够以不等式的形式指定：

$$J_{\sigma\min} \leqslant J_{\sigma} \leqslant J_{\sigma\max}, F_{m\min} \leqslant F_m \leqslant F_{m\max} \tag{3.8}$$

式中 $J_{\sigma\min}$、$F_{m\min}$、$J_{\sigma\max}$、$F_{m\max}$——对应参数的最小值和最大值。

下文将假定无人潜航器的每个自由度的推力 $\tau_{\sigma x}$、$\tau_{\sigma y}$ 和 $\tau_{\sigma z}$，以及力矩 $M_{\sigma x}$、$M_{\sigma y}$ 和 $M_{\sigma z}$ 是由彼此独立的螺旋桨对产生的。如果使用了不同的推进系统结构布局，则必须根据相应的自由度重新计算牵引力和力矩。但是，引入的假设不会影响在本章中所提出并研究的无人潜航器高质量控制系统的设计方法。

3.1.3 空间运动模型的分解

无人潜航器空间运动的完整模型包括动力学方程式(3.1)至式(3.5)、运动关系式(3.6)及螺旋桨动力学方程式(3.7)。显然，该模型太复杂，无法在无人潜航器控制系统设计过程中直接使用，并且无法获得易于实现的控制器。因此，为简化合成过程，建议使用文献[36,72,143]中提出的无人潜航器模型的分解版本。根据此版本，式(3.1)至式(3.5)分为六个独立的子系统，分别对应于无人潜航器的各个自由度。此外，每个子系统与其余自由度的所有交互以及来自周围黏滞环境的所有影响都得到了充分保留。

结果，对应于无人潜航器线性自由度的三个子系统中的任何一个都可以用以下方程组来描述：

$$\begin{cases} \tau_{\sigma} = f_{\tau}(\omega_{\sigma}, \boldsymbol{v}_{\bar{\omega}}) \\ m\dot{\boldsymbol{v}} + d_1\boldsymbol{v} + d_2\boldsymbol{v}|\boldsymbol{v}| + f_v = \tau_{\sigma} \\ \dot{x} = j\boldsymbol{v} + \varphi_v \end{cases} \tag{3.9}$$

式中 $f_{\tau}(\omega_{\sigma}, \boldsymbol{v}_{\bar{\omega}})$——非线性函数，其形式取决于无人潜航器推进器系统的布局和参数；

f_v——广义函数，包括对相应子系统的所有外部影响以及这些子系统之间的交叉联系；

j——矩阵 $\boldsymbol{J}(\boldsymbol{x})$ 的对应对角元素；

φ_v——对应的自由度之间的交叉连接,由运动关系式(3.6)确定;

m——无人潜航器的质量,其中考虑了根据相应自由度增加的液体质量。

与其旋转自由度相对应的三个子系统中的任何一个都可以用以下方程组来描述:

$$\begin{cases} M_\sigma = f_m(\omega_\sigma, \upsilon_{\bar{\omega}}) \\ J_{UV}\dot{\omega} + d_1'\omega + d_2'\omega|\omega| + f_\omega = M_\sigma \\ \dot{\theta} = j\omega + \varphi_\omega \end{cases} \tag{3.10}$$

式中　$f_m(\omega_\sigma, \upsilon_{\bar{\omega}})$——非线性函数,其形式取决于无人潜航器推进器系统的布局和参数;

f_ω——广义函数,包括对相应子系统的所有外部影响以及这些子系统之间的交叉联系;

j——矩阵 $\boldsymbol{J}(\boldsymbol{x})$ 的对应对角元素;

φ_ω——对应的自由度之间的交叉连接,由运动关系式(3.6)确定;

J_{UV}——无人潜航器相对于惯性主轴之一的惯性矩,考虑了相应的液体惯性矩。

无人潜航器在沿给定空间轨迹运动期间参数的可能变化范围由以下不等式确定:

$$\begin{gathered} m_{\min} \leqslant m \leqslant m_{\max}, d_{1\min} \leqslant d_1 \leqslant d_{1\max}, d_{2\min} \leqslant d_2 \leqslant d_{2\max} \\ J_{UV\min} \leqslant J_{UV} \leqslant J_{UV\max}, d_{1\min}' \leqslant d_1' \leqslant d_{1\max}', d_{2\min}' \leqslant d_2' \leqslant d_{2\max}' \end{gathered} \tag{3.11}$$

式中　$m_{\min}$、$d_{1\min}$、$d_{2\min}$、$J_{UV\min}$、$d_{1\min}'$、$d_{2\min}'$、$m_{\max}$、$d_{1\max}$、$d_{2\max}$、$J_{UV\max}$、$d_{1\max}'$、$d_{2\max}'$——相应参数的最小值和最大值。

显然,用类似于式(3.9)和式(3.10)描述的无人潜航器的数学分解模型比用式(3.1)至式(3.7)描述的无人潜航器完整模型具有更方便的形式来合成无人潜航器的控制系统。使用此分解模型,可以对无人潜航器的每个自由度分别进行控制器的顺序设计,而不是一次对整个多维系统的式(3.1)至式(3.7)进行。应当注意,由式(3.9)或式(3.10)表示的模型并不是对由式(3.1)至式(3.7)的系统描述的模型的任何简化。这两个模型是相同的,都考虑了无人潜航器在水环境中的任意空间运动过程中作为控制对象的所有基本特征。

3.1.4　无人潜航器分解控制系统的综合程序

下文将把文献[72,143]中提出的方法用作设计无人潜航器控制系统的基本方法。根据此方法,无人潜航器控制系统被设计为每个自由度的一组解耦控制子系统。数学模型式(3.9)用于设计控制线性自由度的子系统,数学模型式(3.10)用于设计控制旋转自由度的子系统。考虑到这些数学模型的复杂性,每个用于控制无人潜航器的独立自由度的子系统又分为三个顺序合成的局部子系统:第一个用于控制推进器的子系统,第二个用于控制无人潜航器速度的子系统,第三个用于控制无人潜航器位置的子系统。

根据文献[36,72,143]中提出的方法,使用以下过程来合成无人潜航器控制系统。

第一阶段,控制系统由无人潜航器的推进装置综合而成。这可以为推进装置提供恒定的所需动力特性,以适应其参数的任何变化。该控制系统的设计是使用第 3.1.2 节中描述的最完整的推进器数学模型进行的。

第二阶段,在具有可变结构系统类别中,设计了用于控制无人潜航器速度的子系统。这确保了控制过程不受无人潜航器参数与动力学特性的变化及其自由度之间相互作用的影响。同时,在合成过程中,假设无人潜航器推进装置(推进器的内部控制回路)已经具有不变的动态特性,这是使用先前合成的控制局部子系统提供的。另外,在合成的相同阶段,将研究在无人潜航器的有利操作条件下提高无人潜航器控制系统响应速度的方法。

第三阶段,合成了用于控制无人潜航器位置的子系统。当它们沿着任何空间轨迹运动时,该子系统将为它们提供所需的动态特性。在这种情况下,由于速度控制回路中使用了可变结构系统,所以无人潜航器每个自由度的动力学将通过具有已知参数的微分方程来描述,其中不包含与其他自由度的相互作用。

一个自由度的无人潜航器控制子系统结构图如图 3.1 所示[72,143]。图中,x_d 为沿着无人潜航器一个空间坐标的指定值;$\boldsymbol{v}_d$ 为速度指定值;$\boldsymbol{\tau}_d$ 为推进器的设定值。

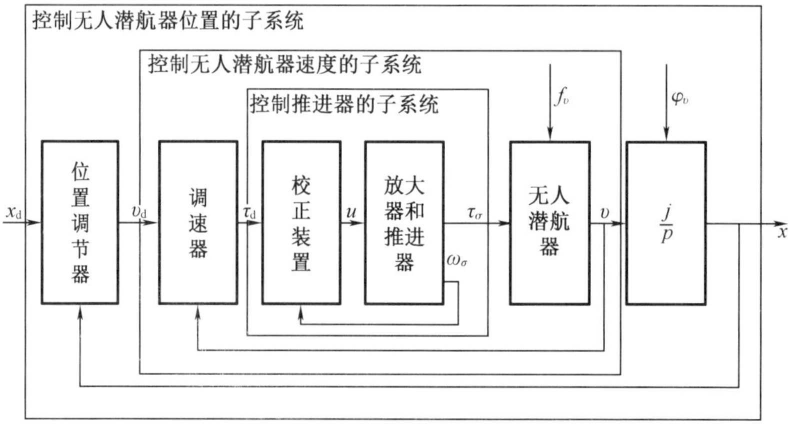

图 3.1　一个自由度的无人潜航器控制子系统结构图

3.2　无人潜航器推进器控制局部子系统的设计

本节将解决无人潜航器推进器控制局部子系统的设计问题,考虑到螺旋桨与黏滞环境相互作用的所有基本因素,只要参数发生任何变化都在指定范围内,那么就能保持推进系统理想的运行精度。同时,综合控制规律的应用通过线性常微分方程来描述无人潜航器每个推进器的动力学,这将大大简化整个无人潜航器控制系统的进一步设计。

本书将研究几种合成这些控制系统的方法。其中一种方法基于参考模型进行自调整系统的使用,该系统实现简单,但其控制信号包含高频振荡。其他方法基于神经网络的使用,这可以提供高质量的控制过程而无须有关推进器参数的初步信息,并同时生成连续的控制信号。

3.2.1　非线性推进器控制系统

为了解决所提出的问题,在文献[35,227]中所述的推进器控制系统的设计很方便地分两个阶段进行。在第一阶段,开发了一种非线性校正方法,当推进器的参数等于变量参数 J_σ 和 F_m 的一些固定(期望)值 $J_{\sigma H}$、F_{mH} 时,可以为推进器提供所需的动力特性;在第二阶段,根据参考模型将一个额外的信号自调整回路引入已经校正的系统中。这样即使推进器参数在指定范围内发生变化,仍可将系统的动态特性稳定地控制在所需水平。

1. 用于推进器控制局部子系统的非线性控制器的期望参数设计

为了简化设计过程,应将式(3.7)转换为更方便的形式,其中不包括中间变量 p_τ 和 q_τ。这可以通过将它们代入 s_τ 的表达式中,然后将 s_τ 表示为 ω_σ 和 v_p 的函数来完成。此外,考虑到文献[11]中提到的在无人潜航器运动状态下升力和螺旋桨扭矩显著降低,从式(3.7)的第二和第三方程中排除了相应的项,同时在无人潜航器空间运动过程中保持了推进系统数学模型的有效性。

考虑到以上因素,将以下方程组作为设计推进器控制系统的基础:

$$\begin{cases} J_\sigma \dot{\omega}_\sigma + \dfrac{K_m K_w}{R_\sigma}\omega_\sigma + M_\varepsilon = \dfrac{K_m K_y}{R_\sigma}u, \tau_\sigma = F_\tau |\omega_\sigma| s_\tau(\omega_\sigma, v_p) \\ M_\varepsilon = F_m |\omega_\sigma| [s_\tau(\omega_\sigma, v_p) + H_{\iota\sigma} C_{\mathrm{r}} \omega_\sigma] \\ s_\tau(\omega_\sigma, v_p) = (K_s + H_{\iota\sigma})\omega_\sigma - \dfrac{v_p}{2} - \operatorname{sign}(\omega_\sigma)\sqrt{\left(K_s\omega_\sigma - \dfrac{v_p}{2}\right)^2 + 2H_{\iota\sigma}K_s\omega_\sigma^2} \end{cases} \tag{3.12}$$

式中　K_s——常数,等于$\dfrac{F_\tau}{4\rho_{\varpi} S_\sigma}$。

所需的推进器动力学描述可以表示为线性常微分方程:

$$\dot{\tau}_\sigma = \frac{K_{\mathrm{d}}\tau_{\mathrm{d}} - \tau_\sigma}{T_{\mathrm{d}}} \tag{3.13}$$

式中　K_{d}、T_{d}——所需的增益和时间常数。

如前所述,非线性校正装置的设计是在$J_{\sigma H}$ 和 F_{mH} 的期望常数下进行的。因此在式(3.12)中取 $J_\sigma = J_{\sigma H}$ 和 $F_m = F_{mH}$。之后将其简化为τ_σ 的一个方程。为此,在时间上微分了式(3.12)的第二个方程,并从该式的第一个和第三个方程中将 $\dot{\omega}_\sigma$ 与M_ε 的表达式代入结果关系中。在这种情况下,将忽略变量 v_p 的导数,因为它的变化比 ω_σ 的变化慢得多。最后得到表达式:

$$\dot{\tau}_\sigma = F_\tau \frac{K_m K_y u - K_m K_w \omega_\sigma - R_\sigma F_{mH} |\omega_\sigma| [s_\tau(\omega_\sigma, v_p) + H_{\iota\sigma} C_{\mathrm{r}} \omega_\sigma]}{R_\sigma J_{\sigma H}} D(\omega_\sigma, v_p) \tag{3.14}$$

式(3.14)中包含变量 ω_σ 和 v_p 的新函数 $D(\omega_\sigma, v_p)$,其定义如下:

$$D(\omega_\sigma, v_p) = s_\tau(\omega_\sigma, v_p)\operatorname{sign}\omega_\sigma + |\omega_\sigma| \left\{ K_s + H_{\iota\sigma} - \frac{K_s\left[(K_s + 2H_{\iota\sigma})\omega_\sigma - \dfrac{v_p}{2}\right]\operatorname{sign}\omega_\sigma}{\sqrt{\left(K_s\omega_\sigma - \dfrac{v_p}{2}\right)^2 + 2H_{\iota\sigma}K_s\omega_\sigma^2}} \right\}$$

为了使推进器具有理想的动态特性,选择控制信号 u 的变化规律就足够了,这将确保式(3.13)和式(3.14)的右边相等[141,157,158]。解决了关于 u 的式(3.13)和式(3.14)之后,得到以下控制规律[157]:

$$u=\left\{J_{\sigma H}\frac{K_{\mathrm{d}}\tau_{\mathrm{d}}-\tau_{\sigma}}{T_{\mathrm{d}}F_{\tau}D(\omega_{\sigma},\upsilon_{p})}+\frac{K_{m}K_{w}}{R_{\sigma}}\omega_{\sigma}+F_{mH}|\omega_{\sigma}|[s_{\tau}(\omega_{\sigma},\upsilon_{p})+H_{\iota\sigma}C_{\mathrm{r}}\omega_{\sigma}]\right\}\frac{R_{\sigma}}{K_{m}K_{y}} \tag{3.15}$$

由于推进器产生的推力很难测量,因此在形成适当的反馈时,使用来自式(3.12)的 τ_σ 方程,并将控制规律式(3.15)转换为其最终形式:

$$u=\left\{J_{\sigma H}\frac{K_{\mathrm{d}}\tau_{\mathrm{d}}-F_{\tau}|\omega_{\sigma}|s_{\tau}(\omega_{\sigma},\upsilon_{p})}{T_{\mathrm{d}}F_{\tau}D(\omega_{\sigma},\upsilon_{p})}+F_{mH}|\omega_{\sigma}|[s_{\tau}(\omega_{\sigma},\upsilon_{p})+H_{\iota\sigma}C_{\mathrm{r}}\omega_{\sigma}]+\frac{K_{m}K_{w}}{R_{\sigma}}\omega_{\sigma}\right\}\frac{R_{\sigma}}{K_{m}K_{y}} \tag{3.16}$$

控制规律式(3.16)保证对于给定的 $J_{\sigma H}$ 和 F_{mH} 为恒定值,非线性式(3.12)的运动将严格按照所需线性常微分方程式(3.13)的解进行。产生相应控制信号的非线性校正装置的实现不是很困难,因为它只需要使用标准技术装置测量 ω_σ 和 υ_p 的值即可。

2. 基于参考模型的自调整调节器设计

众所周知,在无人潜航器沿着任意空间轨迹以不同速度运动的过程中,推进系统的参数 J_σ 和 F_m 发生显著变化[22]。但是,当 $J_\sigma\neq J_{\sigma H}$ 和 $F_m\neq F_{mH}$ 时,控制规律式(3.16)将不再提供推进器所需的动态特性,这最终不仅会导致其工作精度降低,而且还会导致整个无人潜航器控制系统准确性下降。

为了补偿推进器参数与其指定期望值之间的偏差,并因此稳定其动力特性,这将由所需的线性常微分方程式(3.13)确定,将使用文献[35,227]中提出的方法。将一个额外的自调整信号 z_τ 引入先前设计的控制规律式(3.16),最后控制规律式(3.16)采取以下形式:

$$u=\left\{J_{\sigma H}\frac{[K_{\mathrm{d}}\tau_{\mathrm{d}}-F_{\tau}|\omega_{\sigma}|s_{\tau}(\omega_{\sigma},\upsilon_{p})]/(T_{\mathrm{d}}F_{\tau})+z_{\tau}}{D(\omega_{\sigma},\upsilon_{p})}+F_{mH}|\omega_{\sigma}|[s_{\tau}(\omega_{\sigma},\upsilon_{p})+H_{\iota\sigma}C_{\mathrm{r}}\omega_{\sigma}]+\frac{K_{m}K_{w}}{R_{\sigma}}\omega_{\sigma}\right\}\cdot\frac{R_{\sigma}}{K_{m}K_{y}} \tag{3.17}$$

接下来,将考虑信号 τ_σ 和 τ_M 之间的差值来形成信号 z_τ。

$$e_M=\tau_M-\tau_\sigma \tag{3.18}$$

其中,信号 τ_M 是以下形式的参考模型的输出信号:

$$\dot{\tau}_M=\frac{K_{\mathrm{d}}\tau_{\mathrm{d}}-\tau_M}{T_{\mathrm{d}}} \tag{3.19}$$

它符合具有恒定参数的推进器理想动力学方程式(3.13)。

为了使式(3.12)所述的无人潜航器的每个推进器具有参考模型(3.19)所需的动态特性,以确保系统状态的稳定性,其中对于指定范围式(3.8)中的可变参数 J_σ 和 F_m 的任何值,e_M 的值都趋于零。

为了确定信号 z_τ 的类型,进行以下初步转换。由于实际推进器的参数是可变的,因此在描述其动力学方程式(3.14)中,将期望值 $J_{\sigma H}$ 和 F_{mH} 替换为实际值 J_σ、F_m,并将控制规律式(3.17)代入该方程式,经过适当简化得到

$$\dot{\tau}_\sigma=\frac{J_{\sigma H}(K_{\mathrm{d}}\tau_{\mathrm{d}}-\tau_{\sigma})}{F_{\tau}T_{\mathrm{d}}}+z_{\tau}+(F_{mH}-F_{m})|\omega_{\sigma}|[s_{\tau}(\omega_{\sigma},\upsilon_{p})+H_{\iota\sigma}C_{\mathrm{r}}\omega_{\sigma}]D(\omega_{\sigma},\upsilon_{p})\frac{F_{\tau}}{J_{\sigma}} \tag{3.20}$$

然后针对时间对方程式(3.18)进行微分,从获得的等式中表达导数 $\dot{\tau}_\sigma$ 并将其代入关

系式(3.20),然后考虑表达式(3.19),将其重写为

$$\dot{e}_M=\left\{\frac{J_\sigma-J_{\sigma H}}{F_\tau}\dot{\tau}_M+(F_m-F_{mH})\,|\omega_\sigma|\,[s_\tau(\omega_\sigma,v_p)+H_{\iota\sigma}C_{\mathrm{r}}\omega_\sigma]D(\omega_\sigma,v_p)-z_\tau-\frac{J_{\sigma H}}{T_{\mathrm{d}}F_\tau}e_M\right\}\frac{F_\tau}{J_\sigma} \tag{3.21}$$

信号 z_τ 的变化规律是使用李亚普诺夫方法确定的[122,334]。为此,引入一个正定函数 $V=\frac{1}{2}e_M^2$。如果满足条件 $\dot{V}<0$,则平衡位置 $e_M=0$ 将是稳定的。

将函数 V 随时间微分,得到 $\dot{V}=e_M\dot{e}_M$。之后根据式(3.21)可得

$$\dot{V}=e_M\left\{\frac{J_\sigma-J_{\sigma H}}{F_\tau}\dot{\tau}_M+(F_m-F_{mH})\,|\omega_\sigma|\,[s_\tau(\omega_\sigma,v_p)+H_{\iota\sigma}C_{\mathrm{r}}\omega_\sigma]D(\omega_\sigma,v_p)-z_\tau-\frac{J_{\sigma H}}{T_{\mathrm{d}}F_\tau}e_M\right\}\frac{F_\tau}{J_\sigma} \tag{3.22}$$

形成一个自调整信号[143,157]:

$$z_\tau=h\,\mathrm{sign}\,e_M \tag{3.23}$$

$$h>\max\left|\frac{J_\sigma-J_{\sigma H}}{F_\tau}\dot{\tau}_M+(F_m-F_{mH})\,|\omega_\sigma|\,[s_\tau(\omega_\sigma,v_p)+H_{\iota\sigma}C_{\mathrm{r}}\omega_\sigma]D(\omega_\sigma,v_p)\right|$$

在这种情况下将始终满足条件 $\dot{V}<0$。

事实上,如果值 z_τ 由表达式(3.23)确定并且绝对值等于 h,那么对于变量的任何值,以下不等式成立:

$$|z_\tau|>\left|\frac{J_\sigma-J_{\sigma H}}{F_\tau}\dot{\tau}_M+(F_m-F_{mH})\,|\omega_\sigma|\,[s_\tau(\omega_\sigma,v_p)+H_{\iota\sigma}C_{\mathrm{r}}\omega_\sigma]D(\omega_\sigma,v_p)\right| \tag{3.24}$$

由于根据表达式(3.23),信号 e_M 和 z_τ 的符号始终重合,因此考虑式(3.24),对于 $e_M>0$ 且 $z_\tau>0$,很容易获得:

$$-\frac{J_{\sigma H}}{T_{\mathrm{d}}F_\tau}e_M<0 \tag{3.25}$$

$$\frac{J_\sigma-J_{\sigma H}}{F_\tau}\dot{\tau}_M+(F_m-F_{mH})\,|\omega_\sigma|\,[s_\tau(\omega_\sigma,v_p)+H_{\iota\sigma}C_{\mathrm{r}}\omega_\sigma]D(\omega_\sigma,v_p)-z<0$$

由不等式(3.25)和表达式(3.22) 可以直接得出 $\dot{V}<0$。对于 $e_M<0$,证明是相似的。

因此,自调整的设计规律式(3.17)、式(3.23)允许在给定范围内通过参数的任何变化来提供所需的推进器动力特性。然而根据表达式(3.23),无论推进系统的操作模式如何,信号 z_τ 的恒定幅度 h 将始终具有最大可能值,这可能导致放大器进入饱和区。另外,在这种情况下,为了计算 h,需要准确地确定变量 $\dot{\tau}_M$、ω_σ、$s_\tau(\omega_\sigma,v_p)$ 和 $D(\omega_\sigma,v_p)$ 的变化上限。

为消除此缺点,可以根据指定变量当前值来设置自调整信号的幅度:

$$h(t)=K_{h1}\,|\dot{\tau}_M|+K_{h2}\,|\omega_\sigma[s_\tau(\omega_\sigma,v_p)+H_{\iota\sigma}C_{\mathrm{r}}\omega_\sigma]D(\omega_\sigma,v_p)| \tag{3.26}$$

式中　K_{h1} 和 K_{h2}——常数。

为了满足不等式(3.24)(以及自调整过程的稳定性条件),系数 K_{h1} 和 K_{h2} 必须满足等式:

$$K_{h1} > \max\left|\frac{J_\sigma - J_{\sigma H}}{F_\tau}\right|, K_{h2} > \max|F_m - F_{mH}|$$

考虑到表达式(3.26),式(3.23)将以方便的方式重写为

$$z_\tau = K_{h1}|\dot{\tau}_M|\text{sign } e_M + K_{h2}|\omega_\sigma[s_\tau(\omega_\sigma, v_p) + H_{\iota\sigma}C_\tau\omega_\sigma]D(\omega_\sigma, v_p)|\text{sign } e_M \tag{3.27}$$

在一系列转换之后,将关系式(3.27)代入表达式(3.17),获得了最终形式的无人潜航器推进器的控制规律[157]:

$$u = \left\{J_{\sigma H}\frac{[K_d\tau_d - F_\tau|\omega_\sigma|s_\tau(\omega_\sigma, v_p)]/(T_d F_\tau) + K_{h1}|\dot{\tau}_M|\text{sign } e_M}{D(\omega_\sigma, v_p)} + J_{\sigma H}K_{h2}\cdot\right.$$
$$\left.|\omega_\sigma[s_\tau(\omega_\sigma, v_p) + H_{\iota\sigma}C_\tau\omega_\sigma]|\text{sign } e_M + \frac{K_m K_w}{R_\sigma}\omega_\sigma + F_{mH}|\omega_\sigma|[s_\tau(\omega_\sigma, v_p) + H_{\iota\sigma}C_\tau\omega_\sigma]\right\}\cdot$$
$$\frac{R_\sigma}{K_m K_y} \tag{3.28}$$

显然,在形成控制规律式(3.28)时需要连续测量 ω_σ 和 v_{ϖ}。这可以借助螺旋桨速度传感器和无人潜航器相对计程仪来实现。通常,执行推进系统即式(3.28)的设计控制规律不会带来技术上的困难。无人潜航器推进器控制系统结构图如图 3.2 [101,102]所示,其中引入了以下新名称:3C 为输入信号发生器,ДС1 为螺旋桨速度传感器,ДС2 为 v_{ϖ} 测量传感器,ДВ 为电动机,B 为螺旋桨。

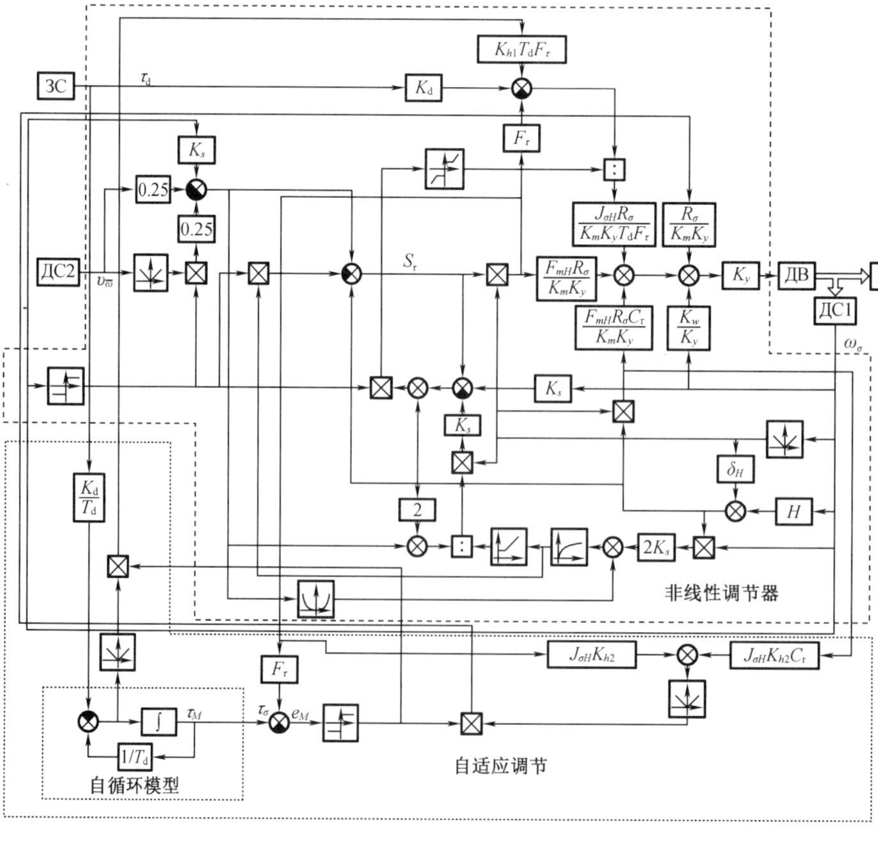

图 3.2　无人潜航器推进器控制系统结构图

3. 无人潜航器推进器自调节控制系统运行的研究

在对综合型自动调节控制系统进行建模和研究时，使用了文献[11]中给出的推进参数：

$F_\tau=4\ \mathrm{N}\cdot\mathrm{s}^2/\mathrm{m}$，$H=0.12\ \mathrm{m}$，$\delta_H=0.002\ \mathrm{m}$，$C_\tau=0.12$，$S_\sigma=0.01\ \mathrm{m}^2$，$C_f=0.002$，$C_m=0.001$，$C_\omega=0.01$，$K_w=0.5\ \mathrm{N}\cdot\mathrm{m/V}$，$K_m=0.5\ \mathrm{N}\cdot\mathrm{m/A}$，$R_\sigma=20\ \Omega$，$K_y=20$，$F_{mH}=0.075\ \mathrm{N}\cdot\mathrm{s}^2$，$F_{m\min}=0.065\ \mathrm{N}\cdot\mathrm{s}^2$，$F_{m\max}=0.085\ \mathrm{N}\cdot\mathrm{s}^2$，$J_{\sigma H}=0.015\ \mathrm{kg}\cdot\mathrm{m}^2$，$J_{\sigma\min}=0.01\ \mathrm{kg}\cdot\mathrm{m}^2$，$J_{\sigma\max}=0.02\ \mathrm{kg}\cdot\mathrm{m}^2$，以及根据先前的不等式计算出的自调整模块的系数 $K_{h1}=0.01$，$K_{h2}=0.01$。

图 3.3 显示了将阶跃信号反馈到输入并随后反转时，对设计的推进器自调节控制系统的工作(推力)进行研究的结果。

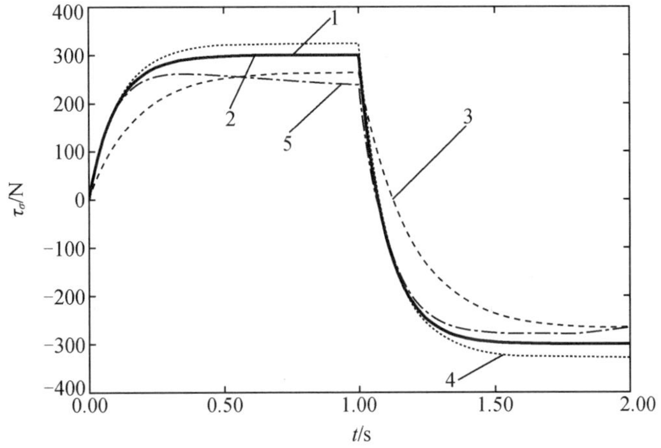

1—与推进器所需瞬态相对应的曲线(参见式(3.13))；

2—在期望参数下使用式(3.16)的推进器控制系统时其中的瞬态过程曲线，实际上与曲线 1 重合；

3—控制参数为最大值($F_m=F_{m\max}$ 和 $J_\sigma=J_{\sigma\max}$)的推进器控制系统(式(3.16))中瞬态过程的曲线；

4—控制参数为最小值($F_m=F_{m\min}$ 和 $J_\sigma=J_{\sigma\min}$)的推进器控制系统(式(3.16))中瞬态过程的曲线；

5—根据更简化的模型(参见文献[35])在期望参数值下设计的推进器控制系统瞬态过程曲线。

图 3.3　推进器控制系统的瞬态过程

从图 3.3 中可以看出，只有当其参数值对应于某些期望值时，控制规律即式(3.16)才能提供由式(3.13)确定的推进器所需的动态特性。如果推进器的参数偏离期望值则会出现错误，会严重降低整个无人潜航器控制系统的运行质量。还应该注意的是，基于推进器简化模型综合的控制系统即使在其参数期望值的情况下也无法提供准确的控制，因为该模型没有考虑推进器与黏滞环境相互作用的许多重要因素。

当使用控制规律式(3.28)时，系统中参数 J_σ 和 F_m 在整个变化范围内瞬态过程(精度为 1%)将始终与曲线 1 一致(图 3.3)，因此如仿真结果所示，控制规律式(3.28)使得可使用的期望线性常微分方程式(3.13)相当准确地描述了无人潜航器推进器的动力学。

图 3.4 显示了无人潜航器位置跟踪误差与推进器控制系统性能的相关性，推进器使用的谐波输入信号的形式为 $x=10\sin(0.16t)$。

从图 3.4 中可以看出，整个无人潜航器控制系统的工作性能在很大程度上取决于推进器控制系统性能。由于推进器控制系统的精度降低了 20%(图 3.4),当无人潜航器在很大的速度变化范围内沿着复杂的轨迹运动时,无人潜航器的跟踪误差几乎可以翻倍。曲线 1 和曲线 2 的推进器参数均为 $F_m = F_{m\max}$、$J_\sigma = J_{\sigma\max}$。

图 3.5 显示了当将步进信号施加到推进器控制系统的输入时,无人潜航器运动到空间中给定点时位置误差的变化过程。

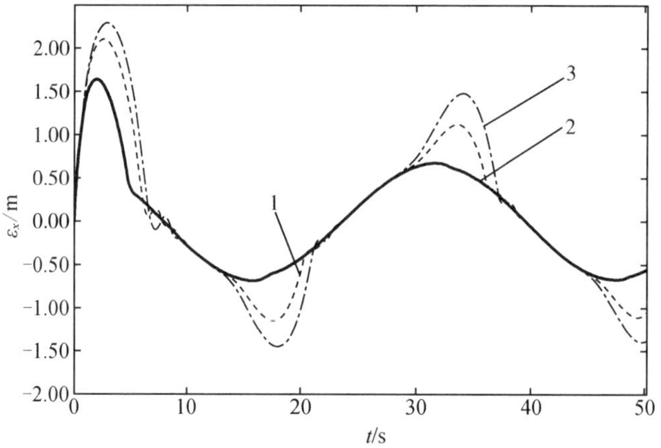

1—使用形式为式(3.28)的推进器控制系统时无人潜航器的跟踪误差曲线;

2—使用形式为式(3.16)的推进器控制系统时无人潜航器的跟踪误差曲线;

3—使用基于简化推进器模型的控制系统时仿真的曲线。

图 3.4　使用各种推进器控制系统时无人潜航器的跟踪误差

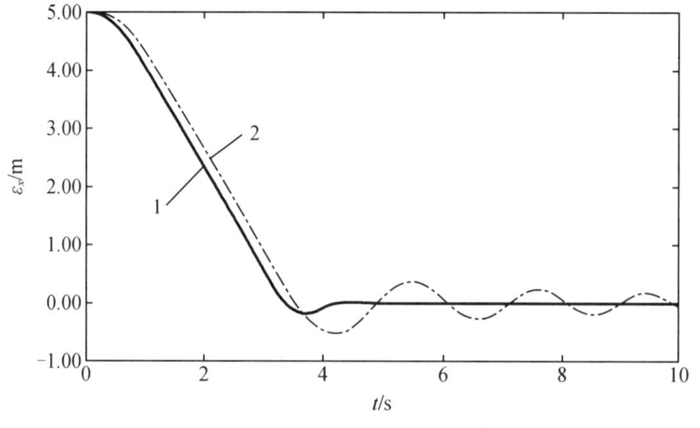

1—使用形式为式(3.28)的推进器控制系统时无人潜航器位置误差的变化;

2—使用控制规律为式(3.16)的推进器控制系统时无人潜航器位置误差的变化

(推进器参数为 $F_m = F_{m\max}$ 和 $J_\sigma = J_{\sigma\max}$)。

图 3.5　各推进器对无人潜航器位置控制过程中误差变化的影响

从图 3.5 中可以看出,在无人潜航器位置控制的情况下,与不使用根据参考模型进行自调整的系统相比,采用形式为式(3.28)的推进器控制系统可以将过渡过程的时间减少 2/5 以上。

因此,设计推进器控制系统的研究结果证实了它们在各种无人潜航器运动模式下的高性能与高效率。此外,推进器控制系统性能对整个无人潜航器控制系统运行影响的研究结果表明,使用更复杂但同时更精确的自调节控制系统是很方便的。

3.2.2　利用神经网络设计推进器控制系统

如前所述,推进器控制系统(式(3.28))的缺点之一是存在不连续的控制信号,当控制无人潜航器的运动时会出现振荡。因此,本书还考虑了基于神经网络的无人潜航器推进器控制系统的设计方法,这些方法不需要精确了解控制对象的数学模型,对参数的变化不敏感,具有鲁棒性与抗干扰性,并且可以使用标准控制器通过并行计算轻松实现。

神经网络的控制系统分为两大类[86]:第一类是神经网络参数的初步调整(被设计为可与控制对象一起使用,其参数在运行期间不会更改),在第二类神经网络的控制系统中,系统运行的过程被实时调整(旨在控制具有显著且不可预测的变化参数的对象)。通常,指定神经网络中参数的实时调整需要使用计算机。因此,下面要解决的主要任务是研究基于自适应神经网络的无人潜航器推进器控制系统的设计方法,使之具有可接受的计算复杂度且可以在无人潜航器器载计算机上实现。

1. 基于具有直接逆控制自适应神经网络的无人潜航器推进器控制系统的设计

为了实施控制系统,无人潜航器推进器选择了混合模糊神经网络(HHC)。与传统的神经网络相比,它具有许多优势:对控制对象参数变化的敏感性、抗噪声性强,使用并行计算在标准控制器上能够简单实现。

在带有神经网络的传统系统中,基于神经网络的控制系统用于控制具有恒定参数的对象,在启动系统之前,仅对网络进行一次训练和配置。为了训练神经网络,形成训练样本[86,340],此样本是一个数据集,其中包含一系列输入和输出的信号。在这种情况下,输入信号的序列通常是一组来自输入信号变化范围的随机变量。在形成训练样本的过程中输入到控制对象的信号数量和频率取决于神经网络的结构与该控制对象的属性。基于形成的训练样本,对神经网络进行调整,以使其成为控制对象的逆模型。在将该模型引入直接控制电路之后,便实现了众所周知的直接逆控制的原理[182,292],这有可能将指定的动态特性赋予整个系统。但是,仅当控制对象具有恒定参数时才可以应用此方法。否则,基于控制对象的参数的特定值进行预训练的神经网络将不能够提供可接受的控制质量,并且这些参数存在明显变化。

应当注意,如果系统的输入信号的变化范围足够大,为了确保高质量的网络调整,所形成的训练样本必须积累大量信息,因此具有较大的维度。同时,基于该体积样本调整神经网络的时间急剧增加。如果在这些条件下,通过增加下一批数据之间的间隔来减少所产生的抽样量,则根据减少抽样量调整的神经网络系统的某些操作模式,可能不再提供预定的控制精度。因此,为了快速与准确地调节神经网络,希望在正在开发的系统中,基于在足够小的输入信号范围内形成的样本能以较小的采样步长对该神经网络进行调谐。如果输入信号偏离所选范围,则必须重新配置网络。

当使用神经网络来控制其参数变化很大且无法测量的对象时,还需要定期在实际时间尺度上重新培训和建立网络。

图 3.6 展示了所提出的使用神经网络构建的控制系统框图。该控制系统在实际时间尺度上运行并使用直接逆控制原理[98]。

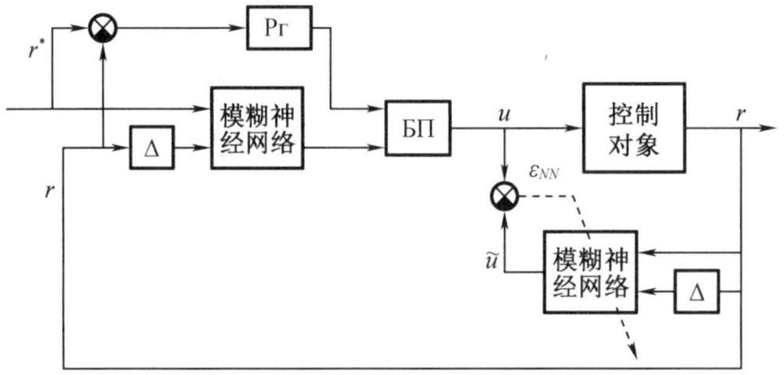

图 3.6　使用神经网络构建的控制系统框图

在图 3.6 中，引入了以下名称：

r^*、r——系统的主信号和输出信号（对于无人潜航器的推进单元，r^* 对应于 τ_d，r 对应于 τ_σ）；

u——控制信号；

$\tilde{u}$——可调神经网络的输出信号；

ε_{NN}——调谐误差信号；

Δ——延迟单元，允许识别控制对象的动态属性（对于 n 阶对象，必须输入 n 对这些单元）；

Pr——标准调节器；

БП——切换单元。

系统在运行的初始阶段，控制对象的参数是未知的，神经网络无法调整，并且在至少完全一次训练之前无法对该控制对象提供高质量的控制。但是为了形成训练样本，应从已经运行的操作系统中获取必要的数据。因此为了在神经网络调整的初始阶段获得此样本，将标准调节器引入系统，这至少可确保控制对象实现可接受的品质。

在形成第一个训练样本后（将在下面讨论这些样本的形成特征），对神经网络进行训练，其结果成为控制对象的逆模型，并安装在直接控制电路中，而不是标准调节器上，使用切换单元进行更换。为了确保连续调整神经网络和控制系统中的控制对象（图 3.6），使用了两个神经网络。其中第一个不断学习，第二个（具有先前的设置）提供了控制过程。在下一次重新训练神经网络之后，将其参数复制到第二个（控制）神经网络，并重复该过程。这使得在网络重新训练期间不中断对对象的控制。

如前所述，要训练神经网络，首先必须形成训练样本，该样本必须包含与 u 值的全部可能范围相对应的数据。本章研发的系统与进行了初步训练的固定系统不同，只有一个完整的训练样本是不可能的，而且样本也是错误的，这是因为控制对象的参数在很大范围内不断变化。

在这种情况下,对于有限时间段内的小范围输入信号(当连续平稳变化的控制对象参数能够承受微小的变化时),需要生成较小的样本,并且每次都基于这些新样本快速重新配置网络。在这种情况下,系统运行期间(直到神经网络的下一次替换)会出现这样的情况:所输入给当前使用的训练神经网络的信号的值超出了其神经网络所使用的输入信号的范围。在这种情况下,如果没有特殊的配置措施,指定的网络将不再提供高质量的操作系统控制,整个系统可能会失去功能。因此,在构建这些系统时,有必要形成这样的训练样本,以解决这个问题。

为了解决这个问题,建议使用一种方法,即根据该方法,可以基于一个数据集而不是两个数据集来形成整个训练样本[98]。第一个数组 $\boldsymbol{H}^{NN}\in\mathbf{R}^{m\times l}$ 包含在系统运行过程中根据测量获得的数据,第二个数组 $\boldsymbol{P}^{NN}\in\mathbf{R}^{p\times l}$ 包含根据数组 $\boldsymbol{H}^{NN}$ 获得的数据并在很短时间内预测受控对象的行为。在此,l 等于控制对象输入数量的数字(对于无人潜航器的推进单元,$l=1$)。

数组 $\boldsymbol{H}^{NN}$ 的行是这样形成的。离散化的每个连续(足够小的)时间采样步骤 T_0(在下一次测量系统状态时)上,存储在数组 $\boldsymbol{H}^{NN}$ 中的所有数据都向下移动了一行。删除包含最旧信息的底行,然后将下一个数字1输入第一行,这对应于反馈到系统输入并从其输出中获取的信号值。为了确保系统在计算机上按照实际时间尺度运行,神经网络的下一次重新训练不应在每个采样步骤 T_0 之后执行,而应在 p 个步骤之后执行(p 的值取决于控制对象的动态特性和所用计算机的功率)。在这种情况下,用于网络的先前训练的数组 $\boldsymbol{H}_k^{NN}$(k 是自然数)被替换为数组 $\boldsymbol{H}_{k+1}^{NN}$,将在该数组进行下一次训练。此外,根据 m 和 p 的值,数组 $\boldsymbol{H}_k^{NN}$ 和 $\boldsymbol{H}_{k+1}^{NN}$ 中的一定数量的数据(行)可能会重合。

如前所述,为了在下一次再训练之前正确配置神经网络,必须在每个数组 $\boldsymbol{H}_k^{NN}$($k=1,2,3,\cdots$)的基础上补充一个数组 $\boldsymbol{P}_k^{NN}$,该数组 $\boldsymbol{P}_k^{NN}$ 必须包含在 p 个正向采样步骤中预测系统行为的数据。在这种情况下,数组 $\boldsymbol{P}_k^{NN}$ 的列元素是基于数组 $\boldsymbol{H}_k^{NN}$ 的相应列元素形成的,并且数组 $\boldsymbol{P}_k^{NN}$ 的行数应在神经网络的下一次训练结束之前(基于数组 $\boldsymbol{H}_k^{NN}$ 和 $\boldsymbol{P}_k^{NN}$),控制对象的输入、输出信号仍在数组 $\boldsymbol{P}_k^{NN}$ 的元素所考虑的预测值之内。

图3.7显示了在图3.6所示系统中数组 $\boldsymbol{H}_k^{NN}$ 和 $\boldsymbol{P}_k^{NN}$($k=1,2,3,\cdots$)的第一列元素形成的时间序列[98]。这些数组的所有其他列以相同的方式形成。此外,使用实线表示数组 $\boldsymbol{H}_k^{NN}$(在图3.7中用 $\boldsymbol{H}_{k,1}^{NN}$ 表示)指定列元素的形成,并且用虚线表示阵列 $\boldsymbol{P}_k^{NN}$(在图3.7中用 $\boldsymbol{P}_{k,1}^{NN}$ 表示)的类似列。

考虑到建议的方法和样本(数组 $\boldsymbol{H}_k^{NN}$ 和 $\boldsymbol{P}_k^{NN}$)形成的时间序列(图3.7),建议使用以下算法在实际时间尺度上构建和操作基于神经网络的控制系统(图3.6)。

在系统开始工作的那一刻(图3.7中的 $t_0=0$),当标准调节器接通时,信号 r^* 被发送到输入,并且在每个时间采样步骤 T_0 之后,开始逐行填充数组 $\boldsymbol{H}_k^{NN}$。填充数组 $\boldsymbol{H}_k^{NN}$ 的过程在 $t_1=mT_0$ 的时刻结束,并存储在计算机内存中。在此之后,立即使用最小二乘法开始对位于数组 $\boldsymbol{H}_k^{NN}$ 的每一列中的数据进行临时外推。

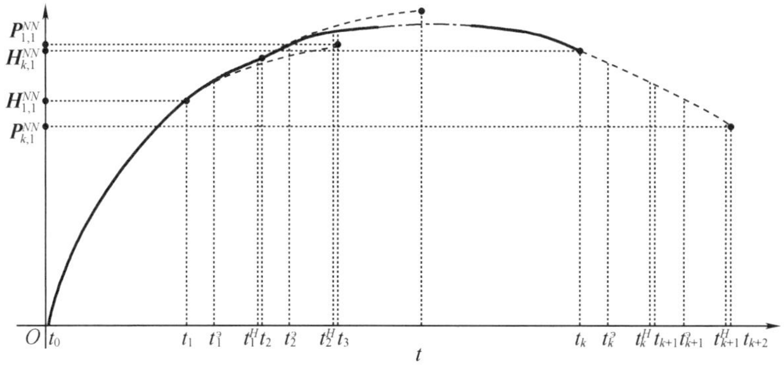

图 3.7　数组 $\boldsymbol{H}_k^{NN}$ 和 $\boldsymbol{P}_k^{NN}$ 的第一列元素形成的时间序列

填充数组 $\boldsymbol{H}_k^{NN}$ 的过程在将外推数据按顺序排列在数组 $\boldsymbol{P}_1^{NN}$ 的相应 p 行和 l 列之后的时间 $t_1^{э}=t_1+t_{э}$ 结束（$t_{э}$ 是对数组 $\boldsymbol{P}_1^{NN}$ 进行外推和填充的时间）。采样后，即数组 $\boldsymbol{P}_1^{NN}$ 和 $\boldsymbol{H}_1^{NN}$，当不等式 $\varepsilon_{NN}<\varepsilon_{NN_{\sigma\text{on}}}$ 开始满足时（图 3.6），从神经网络的第一个调整开始，并在 $t_1^H=t_1^{э}+t_H$（t_H 是设置神经网络的时间）的时间结束，其中 $\varepsilon_{NN_{\sigma\text{on}}}$ 是一些预定的较小的值。之后，将调谐的逆神经网络包含在系统的直流电路中（图 3.6），并在切换单元的帮助下关闭标准调节器，直到系统结束。

应该注意的是，在时间 $T_0k_h\geqslant t_1^H-t_1$（$k_h$ 是满足不等式的最小自然数）期间，通过系统中的每个采样步骤 T_0，对数组 $\boldsymbol{H}^{NN}$ 进行了更新（用新数据填充了它的 k_h 行上行，但丢失了 k_h 行下行）。在时间 $t_2=t_1+T_0k_h\geqslant t_1^H$ 时，将存储新数组 $\boldsymbol{H}_2^{NN}$，然后立即开始外推并填充数组 $\boldsymbol{P}_2^{NN}$，其中 $t_2-t_1^H<T_0$（图 3.7）。在 $t_2^{э}=t_2+t_{э}$ 时刻结束该数组的填充，并且开始了新的神经网络设置（它在 $t_2^H=t_2^{э}+t_H$ 时刻结束）及其随后安装在所考虑系统的直流电路中。在时间 $t_3=t_2+T_0k_h\geqslant t_2^H$ 时，将存储更新后的数组 $\boldsymbol{H}_3^{NN}$，并在系统运行期间周期性地重复整个过程。

如研究结果所示，由于对于系统操作的不同时间段，下一个神经网络的外推和调整总时间（$t_{э}+t_H$）实际上是相同的，因此系统操作期间的 k_h 值保持恒定，而且它应该等于数组 $\boldsymbol{P}_k^{NN}$ 行数的一半。也就是说，应在 $p=2k_h$ 个正向采样步骤（时间 $t=t_{k+2}-t_k=2k_hT_0$）后进行下一个数组 $\boldsymbol{H}_k^{NN}$ 的每一列的外推以形成数组 $\boldsymbol{P}_k^{NN}$ 的对应列。实际上，如果在时间 t_k 处，在直接控制电路中（参见图 3.6）安装另一个使用数组 $\boldsymbol{H}_{k-1}^{NN}$ 和 $\boldsymbol{P}_{k-1}^{NN}$ 进行配置的神经网络，并且在下一个数组 $\boldsymbol{H}_k^{NN}$ 的基础上在时间 t_{k+2} 之前开始进行外推以形成数组 $\boldsymbol{P}_k^{NN}$。正是由于这样的事实，即在时间 t_{k+1} 处将形成一个新的神经网络并将其安装在系统中，并使用数组 $\boldsymbol{P}_k^{NN}$ 进行配置，确保了该系统在时间 t_{k+2} 之前一直处于正向电路状态，从而确保了系统的高质量运行。将安装一个新的神经网络，该网络已经使用数组 $\boldsymbol{H}_{k-1}^{NN}$ 和数组 $\boldsymbol{P}_{k-1}^{NN}$ 进行了配置。也就是说，必须在形成控制对象行为预测期间调整每个神经网络并使其工作。

因此，根据提出的算法和图 3.7，在时间 t_k 每隔 k_h 个指示的采样步骤后，将新调谐的神经网络安装在系统的直流电路中，在接下来的 k_h 个采样步骤中保持不变，并形成数组 $\boldsymbol{H}_k^{NN}$。然后，在时间 $t_{э}=t_k^{э}-t_k$ 时，将该数组对应列的元素外推到下一个向前的 $p=2k_h$ 个采样步骤，并在此推断的基础上形成一个包含 p 行的数组 $\boldsymbol{P}_k^{NN}$。这两个数组合并为一个，形成训练样本。使用在时间 $t_H=t_k^H-t_k^{э}$ 时获得的样本，对当前神经网络进行重新训练，即更新其参数。

此外,新配置的神经网络在时间 t_{k+1} 处替换了先前的网络,并且重复了重新训练和改变神经网络的过程。

如下所示,尽管在预测具有可变参数控制对象的实际行为时存在一定的误差,但考虑到的方法仍可以确保神经网络的高质量设置以及整个系统在数组 $\boldsymbol{H}^{NN}$ 训练数据范围之外的运行,因为对于相对短期的预测,只有在 T_0 值很小时 p 才向前移动,因此预测误差通常很小。

为了研究所开发控制系统的有效性,研究人员进行了数学建模。在研究过程中,建模步数选择为 10^{-4} s。由于推进器只有一个输入(信号 u)和一个输出(ω_σ),因此数组 $\boldsymbol{H}_k^{NN}$ 和 $\boldsymbol{P}_k^{NN}$ 仅包含两列。在这种情况下,数组 $\boldsymbol{H}_k^{NN}$ 的行数 m 等于 32。研究表明,这足以确保所考虑系统的高精度和较短的神经网络训练时间。

在仿真中,无人潜航器推进器的参数与第 3.2.1 节相同。假定参数 F_m 和 J_σ 根据以下规律变化:

$$F_m = F_{mH} + k_1\omega^2, J_\sigma = J_{\sigma H} + k_2\omega^2$$

式中　k_1、k_2——常数,$k_1 = 10^{-5}$ N · s^4,$k_2 = 310^{-5} s^2$ · kg · m^2。

在研究无人潜航器推进装置的整个控制系统的运行之前,首先要考虑基于神经网络和实际时间尺度运行的逆模型。根据上述算法进行调整的神经网络操作研究结果,即逆模型模式下的神经网络操作过程如图 3.8 所示。在这种情况下,纵坐标轴上的信号 u 和 $\tilde{u}$ 为 24 V。从该图中可以看出,当神经网络参数被下一个新调整的参数替换时($t = 0.4$ s,$t = 0.45$ s,$t = 0.5$ s),由于控制对象参数的变化和预测误差,出现了少量的误差,误差减小了($t = 0.5$ s)或几乎为零($t = 0.4$ s 和 $t = 0.45$ s),以新的神经网络替换旧的神经网络。在这种情况下,根据预测数组 $\boldsymbol{P}_k^{NN}$ 的元素与 u 和 r 的实际值的重合精度,累积误差的值可能会不同。特别地,从图 3.8 中可以看出,由于数组 $\boldsymbol{P}_k^{NN}$ 的格式良好,在 $t = 0.4$ s 时更新神经网络的时间,误差值接近于零。在这种情况下,神经网络的配置和替代是在实际时间尺度上实现的(在 $T_0 = 0.001$ 时,神经网络更新时间为 $t_{k+1} - t_k = 0.05$ s)。

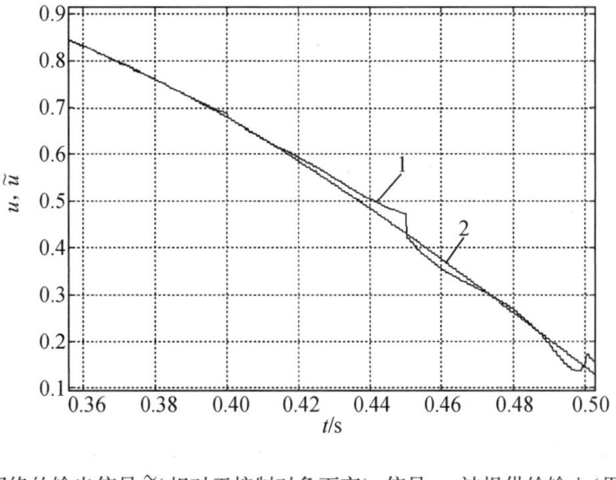

1—神经网络的输出信号 $\tilde{u}$(相对于控制对象而言),信号 τ_σ 被提供给输入(图 3.6);

2—信号变化部分 $u = \sin(6t)$(图 3.6)。

图 3.8　逆模型模式下的神经网络操作过程

因此,分析表明所提出的调整算法非常有效,即使在存在预测误差的情况下,对于具有连续变化参数的复杂非线性控制对象,也可以对神经网络参数进行足够准确的调整。

图 3.9 给出了基于神经网络建立的无人潜航器推进器控制系统的运行研究结果(见表达式(3.7)和式(3.8))。从该图中可以看出,在开始工作之后,直到系统中的 $t \approx 0.1$ s(图 3.6)(根据所提出的算法),都使用了一个标准调节器来代替神经网络,这确保了运动初始部分的控制质量可接受。在 $t \approx 0.1$ s 时,已调谐的模糊神经网络包含在直流电路中并开始运行(在 $T_0 = 10^{-4}$ s 时)。然后,该神经网络将为无人潜航器推进器提供可接受的推力跟踪程序。

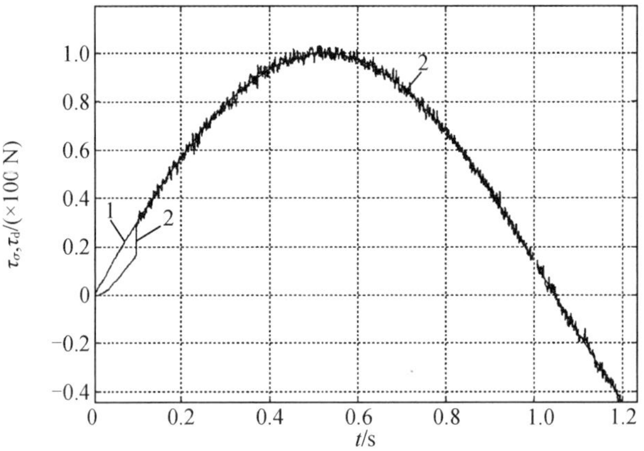

1—输入信号 $\tau_d = 100\sin(6t)$ 的变化规律;2—输入信号 τ_σ 的变化规律。

图 3.9　基于神经网络建立的无人潜航器推进器控制系统的运行研究结果

然而,作为具有有限带宽的控制对象的逆模型,神经网络具有微分回路的特性,在其输出端通常会形成高频干扰。由于神经网络调谐精度的降低,这些干扰明显降低了整个系统的质量。高频干扰开始进入训练样本(它们包含数组 $\boldsymbol{H}_k^{NN}$ 和 $\boldsymbol{P}_k^{NN}$ 的元素)的事实解释了神经网络调谐质量的下降,这使调谐算法恶化。

为了降低指定样本中的这些噪声水平,从而降低它们对整个控制系统整体结果的影响,有可能通过对它们进行平均,来对数组 $\boldsymbol{H}_k^{NN}$ 和 $\boldsymbol{P}_k^{NN}$ 的所有元素进行平滑处理(归一化)。这种平均可以通过将数组 $\boldsymbol{H}_k^{NN}$ 或 $\boldsymbol{P}_k^{NN}$ 的对应列的每个元素除以指定列的所有元素的算术平均值来实现。

图 3.10 显示了以上述方式对训练样本的元素进行平滑处理后,经过重新训练的神经网络(图 3.6)对系统的操作过程。比较图 3.9 和图 3.10,可以看出系统的输出信号的高频振荡显著减少(几乎减少了$\frac{2}{5}$),因此可以提高其操作精度。

根据所进行的研究可以得出结论,使用神经网络(在实际时间尺度调谐内)可以定性地控制参数显著变化的复杂非线性动态对象。但是,使用直接逆控制原理有一个严重的缺点,那就是控制对象的输出信号中会出现高频噪声。因此,本章研究的使用自适应神经网络构建控制系统的其他方法有可能消除这种缺陷。

2. 基于神经网络的无人潜航器推进器自适应预测控制系统的设计

为了消除使用直接逆控制的上述缺点，基于预测控制的功能[213,320]，已经研发了用于接通模糊神经网络的其他方案。在这种情况下，使用两种已知的构建这种类型控制系统的方法作为基本方法。

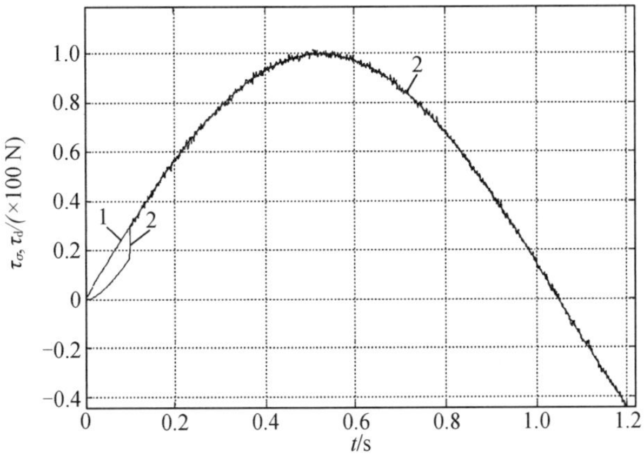

1—输入信号 $\tau_d=100\sin(6t)$ 的变化规律；2—输出信号 τ_σ 的变化规律。

图 3.10　平滑处理训练样本元素后模糊神经网络系统的运行过程

第一种方法基于引入自适应离散滤波器（АФ）作为控制对象的模型。这可以预测该控制对象在特定时间段内的行为并考虑指定的预测来调整模糊神经网络的参数，该模糊神经网络是一个调节器，并安装在直流控制系统中[86,213]。这些系统实现的控制通常称为直接自适应预测控制。在第二种方法中，模糊神经网络是控制对象的模型，它可以在较长的时间段内预测其行为[298]，并使用该模糊神经网络模型计算和调整自适应状态控制器。

这两种方法被作为创建新方法的基础，新方法用于设计高质量的无人潜航器推进器控制系统。

3. 基于直接自适应预测控制的无人潜航器推进器控制系统的设计

基于直接自适应预测控制方法的已知控制系统具有图 3.11 所示的形式[97]。

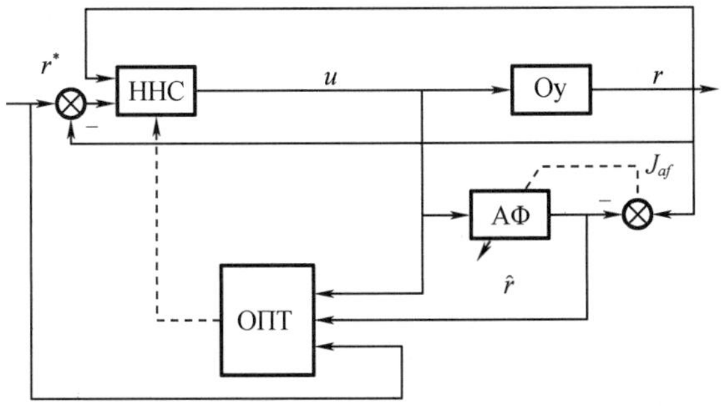

图 3.11　基于模糊神经网络的自适应控制系统框图

在图 3.11 中,引入了以下新名称:

OПТ——调整模糊神经网络参数的优化单元;

r——控制对象输出信号;

$\hat{r}$——自适应滤波器输出信号;

J_{af}——误差符号,等于 $r-\hat{r}$;

r^*——参考信号。

使用传统方法[86],仅基于 J_{af} 的当前值来调整模糊神经网络。结果,在控制对象的参数变化足够快的情况下,设置模糊神经网络参数的所需值存在很大的延迟,因为这些参数的确定及在网络中后续安装是在非零值 J_{af} 出现之后才进行的。也就是说,传统方法中 J_{af} 的较大值对于调节模糊神经网络的参数是必需的,这反过来导致指定的调节出现较大的延迟,结果导致整个系统整体精度的下降。为了在使用图 3.11 所示的电路时显著提高精度,有必要在 J_{af} 较大值出现之前对模糊神经网络控制器的参数进行更有效的调整。该任务将通过基于控制对象行为预测进行主动网络调整来解决。

可以通过多种方式获得对控制对象行为的预测。但是对于这些目的,使用简单易于调节的线性自适应离散滤波器最为方便,因为必须在控制对象快速变化参数的控制过程中实时调整其系数。为了获得这种预测,建议使用以状态矩阵形式表示自适应离散滤波器的算法,然后通过最小二乘法求解矩阵方程[257]。根据获得的控制对象行为预测,有必要调整模糊神经网络的参数(图 3.11),以便在其帮助下为生成的控制信号 u 提供最低质量标准:

$$J_{nf}=\frac{1}{2}\sum_{i=k}^{k+H_p}(r_i-\hat{r}_i)^2\boldsymbol{Q}_i+\frac{1}{2}\sum_{j=k-1}^{H_c}\Delta u_j^2\boldsymbol{R}_j \tag{3.29}$$

式中 k——当前时间步长;

H_p——预测范围(预测控制对象行为的时间步数);

H_c——控制范围(计算的控制信号将使用的时间步数);

Δu_j——等于 u_j-u_{j-1};

$\boldsymbol{Q}_i$、$\boldsymbol{R}_i$——相应权重系数的向量,$\boldsymbol{Q}_i\in\mathbf{R}^{1\times H_p}$,$\boldsymbol{R}_i\in\mathbf{R}^{1\times H_c}$。

在文献[213,251,320]中详细描述了预测功能的形成特征和特性。然而在这些工作中,基于函数(3.29)仅对具有恒定参数的线性控制对象描述了控制问题的解析解。在这些工作中描述的方法不可能用于具有可变参数的非线性控制对象的高质量控制。

为了实现本书提出的方法,可以用以下表达式描述数字自适应滤波器[257]:

$$\hat{r}(k+1)=\sum_{i=1}^{M}\theta_{1i}(k)x_i(k)+\sum_{j=1}^{L}\theta_{2j}(k)u_j(k) \tag{3.30}$$

式中 $x_i(k)$——内部滤波器状态的瞬时值;

$u_j(k)$——输入信号的瞬时值;

$\theta_{1i}(k)$——自适应滤波器的反馈增益;

$\theta_{2j}(k)$——前向信道增益;

M、L——自适应滤波器的状态向量和输入信号的回归向量维数。

自适应滤波器的阶数取决于控制对象的复杂性以及更改其参数的特性。但是,由于在系统运行期间仅对控制对象的行为进行短期预测,并同时实时连续不断地调整自适应滤波器的参数,因此可以大大降低自适应滤波器的阶数,进而可以显著降低所提出的控制算法的计算复杂度。在系统仿真过程中,可以最终通过实验来选择自适应滤波器的阶数。

图 3.11 所示的系统运行包括两个阶段[97]:初始阶段和工作阶段。在由几个调整周期组成的初始阶段,将设置模糊神经网络的初始系数,以便在此阶段借助该网络实施的调节器可确保系统的稳定运动,并确保其对所有可能输入信号的增益都不会使信号 u 进入饱和区。由于系统运行的这一阶段是短期的,因此在此阶段对调节器的质量不再有更严格的要求。自适应滤波器和模糊神经网络的初始调整的时钟周期数为 $f=M+L$(式(3.30))。该数量足以形成在控制系统运行工作阶段使用的数据阵列。稍后将对此进行详细讨论。

在非零值 u 出现之后,将计算误差值 J_{af}。然后根据表达式[86,125],使用梯度下降法进行自适应滤波器系数的调整过程:

$$\boldsymbol{w}_{k+1}=\boldsymbol{w}_k-\eta\frac{\partial J_{af}}{\partial \boldsymbol{w}_k} \tag{3.31}$$

式中　$\boldsymbol{w}_k$——自适应滤波器的相应可调参数的向量的当前值,$\boldsymbol{w}_k\in\mathbf{R}^{M+L}$;

η——训练率系数;

J_{af}——等于$(\hat{r}_k-r_k)^2$。

根据式(3.31)对自适应滤波器的参数进行调整,直到将功能 J_{af} 最小化为止。然后,开始进行模糊神经网络参数的调整过程,在此过程中,将参考信号设为恒定,将网络输出与控制对象的输入断开,并将由网络在上一个时间步中生成的控制信号应用于该输入。在这种情况下,模糊神经网络的输出连接到自适应滤波器,该滤波器是当前控制对象的模型。还可以使用梯度下降法根据式(3.31)进行模糊神经网络的参数调整。但是在这种情况下,质量函数的形式为式(3.29)。在使 $r_i-\hat{r}_i$ 差值最小化的同时,可以对模糊神经网络输出信号幅度引入限制以防止控制信号进入饱和。

完成模糊神经网络系数的调整过程后,其输出将连接到控制对象和自适应滤波器的输入。然后,如果已经执行的循环数小于 f,则在控制系统操作的初始阶段的下一个循环中重复调整自适应滤波器和模糊神经网络的参数的过程。在此操作阶段的每个时间步上,都将存储自适应滤波器的内部状态向量 $\boldsymbol{X}_j^{AF}=(x_1,x_2,\cdots,x_M)$,以及来自控制对象的输入信号向量 $\boldsymbol{U}_j=(u_1,u_2,\cdots,u_L)$ 和输出信号向量 $\boldsymbol{r}_j$。结果,系统以 f 个时间步长形成了两个数组:每一行都具有 $\boldsymbol{A}_j^{AF}=(\boldsymbol{X}_j^{AF},\boldsymbol{U}_j)\in\mathbf{R}^{1\times f}$,$j=1,2,\cdots,f$ 形式的矩阵 $\boldsymbol{A}$ 和向量 $\boldsymbol{R}^{CO}=(r_f,r_{f-1},\cdots,r_1)^{\mathrm{T}}$。在这种情况下,在控制系统初始阶段的每个时间步上,矩阵 $\boldsymbol{A}^{AF}$ 的所有行和向量 $\boldsymbol{R}^{CO}$ 的元素都向下移动一个位置,并将相应变量的当前值写入第一个位置。

由于不可能根据 J_{af} 的一个当前值,立即对自适应滤波器调整,从而有可能在一个多步骤之前获得足够准确的控制对象行为预测,然后在系统操作初始阶段的所有 f 个步骤之后,将获得第一个方阵 $\boldsymbol{A}^{AF}$,并且在过渡到操作阶段期间,将使用自适应滤波器调整的最有效方法。下面将对此进行更详细的讨论。这种过渡是提高滤波器调整精度以及预测精度所必需的,这需要在初始阶段的前 f 个时间步中同时使用自适应滤波器状态向量的多个值以及从控制对象输入与输出获取的信号。也就是说,在系统运行的初始阶段,主要是进行数据积累(矩阵 $\boldsymbol{A}^{AF}$ 和

向量 $\boldsymbol{R}^{CO}$ 的形成)，该数据是对已经在主要工作阶段的自适应滤波器进行的微调。

为了阐明系统在工作阶段的功能，考虑了自适应滤波器的广义参数 $\boldsymbol{\theta}^{AF}=(\boldsymbol{\theta}_1^{AF},\boldsymbol{\theta}_2^{AF})^{\mathrm{T}}\in\mathbf{R}^{1\times f}$，其中 $\boldsymbol{\theta}_1^{AF}\in\mathbf{R}^{1\times M}$ 和 $\boldsymbol{\theta}_2^{AF}\in\mathbf{R}^{1\times L}$ 是考虑了表达式(3.30)形成的向量。考虑到该向量，表达式(3.30)可以表示为 $\hat{\boldsymbol{r}}_j=\boldsymbol{A}_j^{AF}(k)\boldsymbol{\theta}^{AF}$，即矩阵 $\boldsymbol{A}^{AF}$ 的第 j 行乘以向量 $\boldsymbol{\theta}^{AF}$。对于 f 个时钟周期，系统将生成自适应滤波器的输出信号向量 $\boldsymbol{R}^{AF}\in\mathbf{R}^{1\times f}$，可以通过公式 $\boldsymbol{A}^{AF}\boldsymbol{\theta}^{AF}=\boldsymbol{R}^{AF}$ 进行计算。但是，利用矩阵 $\boldsymbol{A}^{AF}$ 和向量 $\boldsymbol{R}^{CO}$ 的已知值，考虑该公式，可以得到此类自适应滤波器参数的向量 $\boldsymbol{\theta}^{AF*}=(\boldsymbol{A}^{AF})^{-1}\boldsymbol{R}^{CO}\in\mathbf{R}^{1\times f}$，以使此滤波器的输出值向量与向量 $\boldsymbol{R}^{CO}$ 完全重合。显然，在这种情况下，自适应滤波器将成为控制对象的模型，其在运行模式下，在系统运行开始后的 f 个时钟周期后提供模糊神经网络的调整，从而实现控制对象的高动态控制精度。需要强调，由于可以精确预测控制对象的状态以预测未来 f 个时钟周期[257]并根据表达式(3.29)对模糊神经网络参数进行微调，因此只有在控制系统运行阶段才能对控制对象进行精确控制。而这些表达式又由精确调整的自适应滤波器提供。在系统操作的初始阶段，仅提前一个周期对控制对象的行为进行预测，因为自适应滤波器的参数尚未进行微调。

由于使用自适应模糊神经网络控制器的设计控制系统对控制对象参数的变化和外部影响具有鲁棒性，因此所提出的方法具有许多显著优势。使用自适应滤波器来预测控制对象状态可以提高控制器的自适应率，并且所使用的式(3.29)不允许出现未达到控制对象的峰值控制信号就被功率放大器滤波。所有这些都可以实现高动态控制精度。但是，要达到这一精度仍然需要使用自适应滤波器，这反过来会导致使用算法的计算复杂性急剧增加。可以通过使用下面讨论的不同控制方案来消除此缺点。

4. 基于具有模糊神经网络预测的自适应状态控制器对无人潜航器推进器控制系统进行设计

以模糊神经网络作为控制对象模型的控制系统结构图如图 3.12 所示[97]。

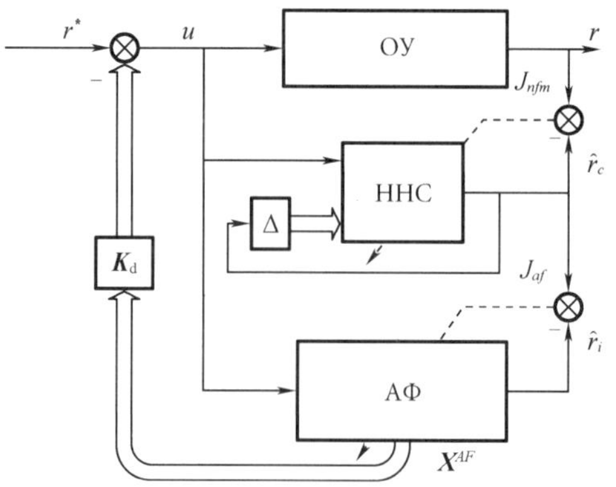

图 3.12 以模糊神经网络作为控制对象模型的控制系统结构图

在图 3.12 的电路中，引入了以下新的名称：

$\boldsymbol{K}_{\mathrm{d}}$——设计控制器增益的矢量，$\boldsymbol{K}_{\mathrm{d}}\in\mathbf{R}^{M}$；

Δ——模糊神经网络的延迟单元；

$\boldsymbol{X}^{AF}$——自适应滤波器的状态向量；

J_{af}、J_{nfm}——相应误差的符号；

$\hat{r}_c$——模糊神经网络输出信号。

此方案中使用的模糊神经网络的数学描述和内部结构保持不变。但是，在新方案中模糊神经网络不再用作控制器，而是建立具有可变参数的复杂非线性控制对象的精确模型，以便将来更准确地预测其性能。在这种情况下，基于对使用模糊神经网络在运行的下一阶段获得的控制对象行为和动态特性预测，使用自适应滤波器连续计算和调整控制系统的参数。与输出信号 r_i 相比，信号 $\hat{r}_i$ 不包含干扰，因此允许自适应滤波器及时准确地调整控制器参数。

与图 3.11 中考虑的只有两个输入的模糊神经网络不同，N+1 个信号被反馈送到模糊神经网络的输入，如图 3.12 所示。其中，N 个信号是模糊神经网络的回归输出信号。结果基于该网络，可以形成 N 阶任意非线性动态控制对象的精确模型。

在系统开始运行之前（图 3.12），向量 $\boldsymbol{K}_{dr}$ 为零，根据标准规则[125,251]选择 HΦC 参数，并且自适应滤波器的所有参数都可以随机选择，但最好从 0～1 的范围内选择，以便在系统运行的初始阶段，排除形成（根据以下考虑的算法）具有较大增益控制器反馈的可能性。

在系统运行的初始阶段，数据被累积以将模糊神经网络配置为控制对象的模型。在这种情况下，形成两个数据向量 $\boldsymbol{U}$ 和 $\boldsymbol{R}^{CO} \in \mathbf{R}^{f_m}$，其中在 f_m 个时间步长中分别存储了有关到达控制对象输入并在其输出处生成的信号信息。f_m 的值取决于控制对象特征以及建立控制对象模型的准确性。但是，对于较大的 f_m 值，模糊神经网络训练的计算复杂度会增加。在向量 $\boldsymbol{U}$ 和 $\boldsymbol{R}^{CO}$ 完全填充之前，不会调整模糊神经网络和自适应滤波器参数。结果如先前考虑的系统那样，在操作的初始阶段不能确保高质量的控制，因此，在系统运动的初始（短期）部分，建议不要提供关键性操作。

累积所需的数据量后，系统的主模式启动。该模式包括两个阶段：模糊神经网络调整阶段和预测阶段。在这种情况下，基于在该循环开始时已经形成的向量 $\boldsymbol{U}$ 和 $\boldsymbol{R}^{CO}$，使用梯度下降法（式(3.31)）在循环 f_m 的末端进行模糊神经网络的参数调整。在此设置过程中，应确保二次质量标准最小化：

$$J_{nfm} = \sum_{i=1}^{f_m} (r_i - \hat{r}_{ci})^2 \tag{3.32}$$

在建立了模糊神经网络之后，从系统操作的第 f_m+1 个周期开始，在使用该网络的主要操作模式的每个后续新周期中，使用该网络，可以预测到未来几个时间周期 H_T（通常不超过 10 个）来控制对象的行为。在这种情况下，在系统操作的每下一个时间步中，对控制系统的前 H_T 个工作步骤执行 H_T 个预测步骤。与以前的方法一样，这种预测可以评估将来控制对象的行为，并形成高质量（高精度）的控制。

在系统运行主要模式的每个周期中，发生的预测过程如下。在此过程的第一步中，从周期 $k=f_m+1$ 开始，将下一个控制信号 u_k 和 N 个 $\hat{r}_{ck-1}, \hat{r}_{ck-2}, \cdots, \hat{r}_{ck-N}$ 值反馈送到模糊神经网络的相应输入，它对应于系统运行的前 N 个周期模糊神经网络的输出值，且已经在控制处理器的内存中。根据模糊神经网络的输出，这些 N+1 值来形成 $\hat{r}_{ck+1}$，这是对控制对象在下一时间步中的行为预测。之后在第二个预测步骤中，将以下一组 N+1 个值反馈送到模糊神经网络的输入：$u_k, \hat{r}_{ck}, \hat{r}_{ck-1}, \cdots, \hat{r}_{ck-N+1}$，并在其输出处形成未来第二次预测值 $\hat{r}_{ck+2}$ 的值。重复此过程,直到计算出将来 H_T 个时钟周期的控制对象行为的预测。在这种情况下,所有 H_T 预测值都存储在数组 $\boldsymbol{P}_P=(\hat{r}_{ck+1},\hat{r}_{ck+2},\cdots,\hat{r}_{ck+H_T})$ 中。由于具有阵列 $\boldsymbol{P}_P$,可以显著扩展用于训练自适应滤波器的向量,从而较大提高了合成控制器的精度。

使用梯度下降法(式(3.31)),根据以下准则对自适应滤波器进行调整:

$$J_{af}=\sum_{i=k-f_m}^{k+H_T}(\hat{r}_{ci}-\hat{r}_i)^2 \tag{3.33}$$

在这种情况下,将使用模糊神经网络的输出和预测结果的组合向量:$\hat{\boldsymbol{R}}_c=(\hat{r}_{ck-f_m},\cdots,\hat{r}_{ck},\hat{r}_{ck+1},\hat{r}_{ck+2},\cdots,\hat{r}_{ck+H_T})\in\mathbf{R}^{f_m+H_T}$。

在调整自适应滤波器的参数的过程中,向量元素被顺序反馈送到其输入:

$$\boldsymbol{U}_f=(u_{k-f_m},\cdots,u_{k-1},u_k,\underbrace{u_k,\cdots,u_k}_{H_T})\in\mathbf{R}^{f_m+H_T}$$

在质量标准(式(3.33))中使用矢量 $\hat{\boldsymbol{R}}_c$ 的预测值可以显著提高自适应滤波器的调谐精度,因此可以确保非线性控制对象的参数具有显著变化的高动态控制精度。

自适应滤波器被调整之后变得足够准确,并使控制对象模型线性化。在以典型形式提出自适应滤波器之后,很容易从自适应滤波器的状态向量中立即确定控制系统的所有反馈增益(见图3.12中的向量 $\boldsymbol{K}_{\mathrm{dr}}$)。该典型形式以矩阵形式表示为[251]

$$\begin{cases}z\boldsymbol{X}^{AF}=\boldsymbol{A}_f\boldsymbol{X}^{AF}+\boldsymbol{B}_f\boldsymbol{U}\\ \hat{\boldsymbol{R}}=\boldsymbol{C}_f\boldsymbol{X}^{AF}\end{cases} \tag{3.34}$$

其中

$$\boldsymbol{A}_f=\begin{bmatrix}-\theta_{11} & -\theta_{12} & \cdots & -\theta_{1M}\\ 1 & 0 & \cdots & 0\\ 0 & 1 & \cdots & 0\\ 0 & 0 & \cdots & 0\end{bmatrix}\in\mathbf{R}^{M\times M},\boldsymbol{B}_f=\begin{bmatrix}1\\0\\\vdots\\0\end{bmatrix}\in\mathbf{R}^M,\boldsymbol{C}_f=(\theta_{21},\cdots,\theta_{2L},0,\cdots,0)\in\mathbf{R}^M$$

考虑到在图3.12的电路中,控制定律 u 根据以下表达式形成:

$$u(k)=r^*(k)-\sum_{i=1}^{M}K_{\mathrm{dr}i}x_i(k)$$

式(3.34)经该规则可以改写为

$$z\boldsymbol{X}^{AF}=(A_f-\boldsymbol{B}_f\boldsymbol{K}_{\mathrm{dr}})\boldsymbol{X}^{AF}+\boldsymbol{B}_f r \tag{3.35}$$

式中 $\boldsymbol{K}_{\mathrm{dr}}$——所需反馈放大因子的向量,等于$(K_{\mathrm{dr}1},K_{\mathrm{dr}2},\cdots,K_{\mathrm{dr}M})$;

z——移位运算符。

在这种情况下,式(3.35)的特征多项式可以用以下表达式描述:

$$\det|z\boldsymbol{I}-\boldsymbol{A}_f+\boldsymbol{B}_f\boldsymbol{K}_{\mathrm{dr}}| \tag{3.36}$$

式中 $\boldsymbol{I}$——单位矩阵。

通过状态空间方法[251]进行控制器设计的任务是选择反馈增益 $K_{\mathrm{dr}i}(i=1,2,\cdots,M)$ 的这些值,从而为式(3.35)提供所需的动态特性。该特性由以下形式的多项式指定:

$$z^{M}+a_1z^{M-1}+\cdots+a_{M-1}z+a_M \tag{3.37}$$

如果所选择的 $K_{\mathrm{d}ri}$ 的值使得在 z 的相应幂处的多项式(3.36)和式(3.37)的系数相等,则可以实现此目标。考虑到自适应滤波器描述的规范形式(式(3.34)),用于自适应滤波器的状态反馈增益由公式[251]确定:

$$K_{\mathrm{d}ri}=a_i-\theta_{1i}$$

应该注意的是,在系统的主要操作模式下,与先前考虑的控制系统一样,控制器参数的计算在每个时间步中进行。同时在具有足够计算能力的情况下,本节中提出的方法也适用于具有更改参数和不同外部影响规律的更复杂的控制对象。

5. 无人潜航器推进器控制系统使用预测模糊神经网络的仿真结果

为了研究所提出的控制系统的有效性,研究人员进行了数学建模。在这种情况下,无人潜航器推进器参数与 3.2.1 节相同。

首先,考虑图 3.11 所示的控制系统。该控制系统的控制和预测范围为 $H_c=1, H_p=5$。自适应滤波器的参数:$L=M=6$。在控制系统运行的初始阶段,当训练自适应滤波器时,在表达式(3.31)中 $\eta=0.1$,模糊神经网络 $\eta=0.7$。在系统运行的工作阶段,$\eta=0.5$。式(3.29)的权重系数如下:$R=0.25, Q=1.0$。对控制系统(图 3.11)工作进行建模的结果如图 3.13 所示。

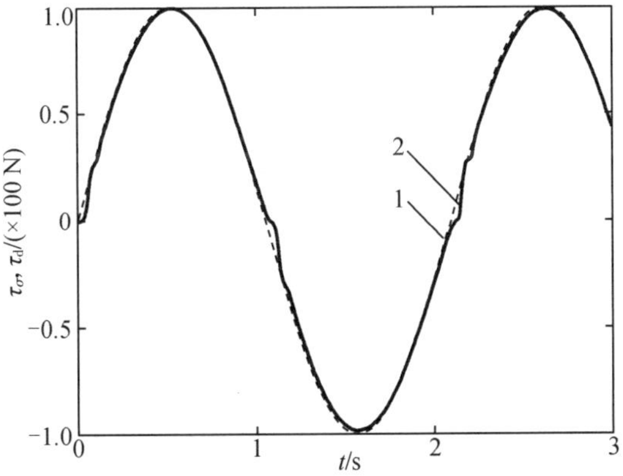

1—设定信号 $r^*=\tau_{\mathrm{d}}=100\sin(6t)$;2—推进器实际产生的推力 τ_σ。

图 3.13　基于带有预测的模糊神经网络的直接自适应控制系统运行建模结果

在控制系统的主要运行模式下,控制误差 $e(t)=\tau_{\mathrm{d}}-\tau_\sigma$(图 3.13)不超过推进器期望推力的 1.7%,但会短暂达到 15%。这是因为在反向过程中,推进器的参数会显著突然改变,控制系统不会快速响应这些改变, 但即使是这样的突然变化,系统也会足够快地(小于 0.1 s)进行调整。

图 3.14 显示了对图 3.12 所示的系统进行建模的结果,其中 $r^*=\tau_{\mathrm{d}}=\sin(6t)$, $L=3, M=3, H_T=10$, $R=0.6, Q=0.75$, $\eta=0.13$(在调整自适应滤波器参数的过程中)和 $\eta=0.38$(在训练模糊神经网络的过程中)。

为了计算向量 $\boldsymbol{K}_{dr}$ 的元素，以三阶牛顿二项式的形式选择了特征多项式(3.27)：

$$M=(0.1-z)^3$$

所考虑的两个控制系统的参数 L、M、H_T、η、R 和 Q 的差异仅通过其构造与调整的特性来解释。图 3.14 中的数字 1 和数字 2 表示与图 3.13 中相同的数量。

图 3.14 显示，即使推进器反转，第二个控制系统也能提供更高的动态控制精度。同时，在控制系统的主要操作模式下，$e(t)$ 的值不超过设定控制信号的 0.5%，并且在推进器反转时的最大误差不超过 5%。对于未来长时间地对控制对象的行为进行更准确的预测，可以说明所考虑的控制系统运行错误显著减少。当推进器反转、受控对象的参数突然改变时，在系统中也会观察到振荡，但是振荡很小，并且在将该系统调整为新的参数值后很快就结束了。

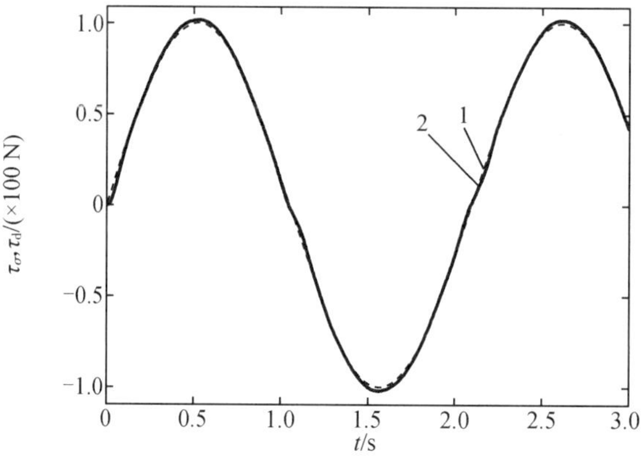

1—设定信号 $r^*=\tau_d=100\sin(6t)$；2—推进器实际产生的推力 τ_σ。

图 3.14 使用自适应状态控制器并基于模糊神经网络模型预测的系统建模结果

为了进行比较，请参见图 3.15。在图 3.15 中给出了通过 PID 控制器对所考虑的推进器进行控制的结果，该结果是通过根轨迹方法[251]在控制对象期望参数上计算得出的。设计的控制器由以下表达式描述：

$$W_{\text{ПИД}}(p)=\frac{0.01p^2+17p+0.21}{p}$$

从图 3.15 中可以看出，在工作模式下，在带有 PID 控制器的系统中的控制误差达到了 7%，而推进器的反向误差为 25%。这不再能够对无人潜航器进行高精度控制。也就是说，从仿真结果可以看出，由于正确预测了控制对象的参数和动态特性以及对控制器参数的快速调整，在本工作中设计的两个控制系统都比基于传统 PID 控制器的控制系统具有更高的控制精度，从而使具有可变参数的复杂非线性动态对象的控制精度更高。

因此，在本章中所研究的用于设计无人潜航器推进器控制系统的方法，有可能为这些推进器提供所需的动力特性，以适应其在无人潜航器运动过程中参数的任何变化，从而简化了无人潜航器控制系统的进一步设计。

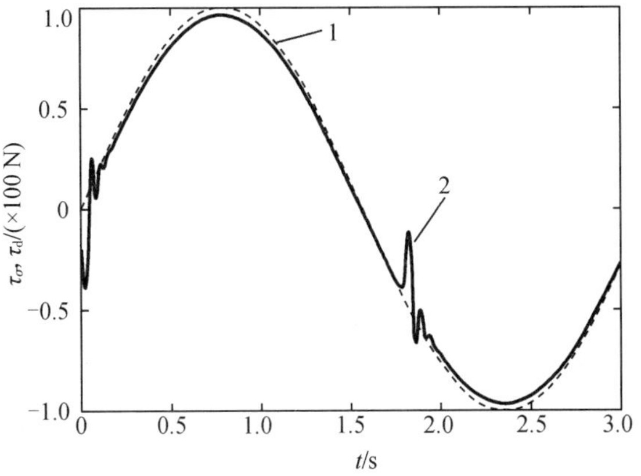

1—设定信号 $r^*=\tau_d=100\sin(6t)$;2—推进器的实际推力 τ_σ。

图3.15　带有PID控制器无人潜航器推进器控制系统的运行结果

3.3　可变结构自适应系统的无人潜航器运动速度控制方法

根据3.1.4节中无人潜航器空间运动控制系统所采用的设计程序,在对推进器回路设计之后,将对无人潜航器运动速度的控制系统进行设计。

正如在第1章中提到的那样,建议为无人潜航器速度控制系统寻找一个具有可变结构的系统。这些控制系统可以确保控制过程与控制对象本身的动态属性无关。另外,如文献[36,72,143]所述,它们的使用可以解耦不同无人潜航器自由度的控制通道。

已经注意到,基于可变结构系统构建的控制系统,主要缺点是,它们是基于控制对象参数值来计算的,这些可变结构系统在这些参数处具有最小的性能。为了消除此缺点,在更改控制对象参数时,有必要连续调整可变结构系统的参数。由于在操作过程中很难确定其参数,因此该方法对于控制无人潜航器的可变结构系统非常复杂。然而在文献[34,225]中,提出了一种用于调整可变结构系统参数的算法,该算法用于评估这些参数与可变结构系统最大速度的值的接近程度,这使得它们对于控制无人潜航器等对象特别有吸引力。

研究[158]表明,在无人潜航器的运动速度控制系统中使用指定的可变结构系统面临着这样的问题,即已知的自调整算法仅在可变结构系统自由运动下才可操作,在其他情况下则无法操作。

本节分析可变结构系统的行为,以控制自由移动和强制移动期间的无人潜航器运动速度,确定可变结构系统的自调整算法失败的原因以及消除它们的可能方法;选择了用于速度控制回路的自适应规律,这可以实现上述控制算法,并确定获得的控制规律及自调整系数的依存关系和值。

3.3.1 分析可变结构系统的自由运动和强制运动以控制潜航器速度

二阶系统滑模存在的分析条件是用不等式表示的[40,139, 140, 334]：

$$s\dot{s}<0 \tag{3.38}$$

其中

$$s=\dot{e}+C_v e, e=\boldsymbol{v}_d-\boldsymbol{v} \tag{3.39}$$

式中 C_v——滑移线相对于横坐标轴的斜率系数(在相位平面上是 e 轴)；

e——无人潜航器速度控制误差。

不等式(3.38)表示对于该系统的任何当前结构及其参数的任何值,控制系统的相位轨迹应始终指向滑移线。借助特殊的继电器控制规律,可以确保满足二阶系统的这一条件,该规律在相位平面上当滑移线的描绘点相交时会改变整个系统的结构,定期用一种结构替换另一种结构,迫使描绘点始终保留在滑移线上。而且,这些结构中的一个具有相位轨迹-双曲线,另一个具有螺旋线。

描绘点的移动将始终沿着理想滑移线发生,并且考虑到方程式(3.39),将通过线性微分方程[40,139,334]描述：

$$s=\dot{e}+C_v e=0 \tag{3.40}$$

由于方程式(3.40)具有常数参数,因此,系统表示点沿滑动线的运动(在撞到该线之后)也将不再取决于控制对象的可变参数。在这种情况下,作为方程式(3.40)的解决方案,所考虑系统的误差将呈指数下降：

$$e=e_0\exp(-C_v t) \tag{3.41}$$

式中 e_0——可变结构系统进入滑动模式时误差的初始值。

显然,系数 C_v 的值越大,系统误差减小的速度越快,其动态精度也越高。

如文献[39,40,140]所述,对于系统可切换结构的组合考虑,只有当滑移线相对于 e 轴的斜率(由系数 C_v 的值确定)在任何时刻都小于退化轨迹相对于 e 轴的斜率时,才存在稳定的滑模(满足条件式(3.38)时)。该轨迹是具有斜率系数 $K_g=|\lambda_n|$ 的渐近线(λ_n 是具有可变参数的原始二阶系统的特征方程负根),属于相位图的那一部分,与原始系统的不稳定结构相对应,其相位轨迹是双曲线。

具有滑模结构的传统可变结构系统的主要缺点之一是故意低估了它们的性能,因而降低了工作的准确性。这是因为在传统可变结构系统中,滑移线相对于 e 轴的倾斜度是恒定的,因此对于控制对象参数的任何当前值(从其变化的已知范围),选择恒定系数 C_v 的值小于变化值 K_g,以便指定滑移线的斜率值总是明显小于退化轨迹相对于 e 轴的倾斜度。显然在这种情况下,C_v 的值应在保持滑模的同时具有最大可能的值,但对于系统的最大负载运行模式,当其参数达到极限值时退化轨迹具有最小斜率。如果这些参数开始与限制参数不同,则在保持滑动模式的同时,由于 K_g 开始增加,因此可以通过增加 C_v 系数来提高系统性能。但是在传统系统中,对于可变结构系统(以滑模运行)的所有可能参数,C_v 的值均保持最小值,根据表达式(2.41),这会导致误差的延迟归零,从而导致传统可变结构系统的最终动态精度降低。

早些时候,有人指出了不允许在无人潜航器的有利工作模式下增加 C_v 的值。原因之一是在移动过程中无法准确识别无人潜航器参数的当前值。

在这种情况下,为了提高可变结构系统的速度,建议使用在文献[100,221,225]中提出的方法,建议使用所谓的滑差参数 μ,根据切换线相对于退化轨迹当前位置的间接估计,对可变结构系统的参数进行连续调整。使用此方法时,假设在具有滞后的中继设备基础上进行可变结构系统的结构切换。在这种情况下,描绘点将沿着振幅限制的高频切换(BП)模式移动到相位平面的原点,而不是沿着直线进行理想的滑动,并且始终保持在滑移线附近的某个高频切换有限区域中。此外该区域的宽度是由开关继电器装置的磁滞值确定的。

图3.16中所示的类似继电器设备的非线性静态特性 $g(s)$ 如下:

$$g(s)=\begin{cases}1,\text{如果 } s>s_\Delta \text{ 及 } \dot{s}>0,\text{或者 } s>-s_\Delta \text{ 及 } \dot{s}<0\\-1,\text{如果 } s<s_\Delta \text{ 及 } \dot{s}>0,\text{或者 } s<-s_\Delta \text{ 及 } \dot{s}<0\end{cases} \tag{3.42}$$

其中,$s_\Delta>0$ 是一个小的常数,它决定了磁滞区的大小。

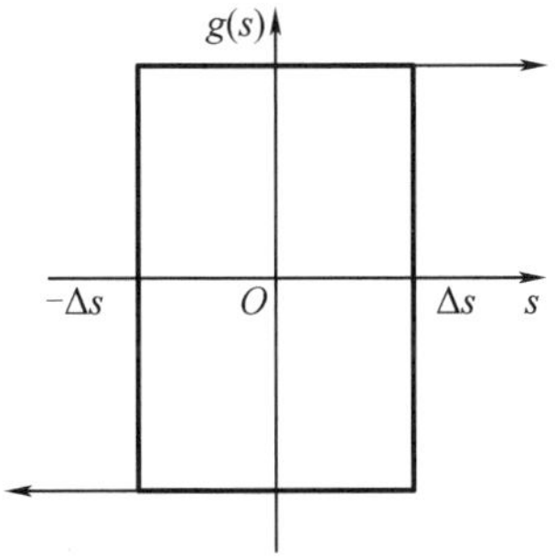

图3.16　中继装置特性 $g(s)$

图3.17[158]显示了带有继电器控制设备(式(3.42))及由直线 $s=s_\Delta$ 和 $s=-s_\Delta$ 界定的切换区域的系统的相位图。$s=0$ 线是实际高频开关区域的中(中心)轴。同时,在文献[74,286]中,显示了沿线 $s=0$ 的理想滑模和边界区域内的高频切换模式的接近度。

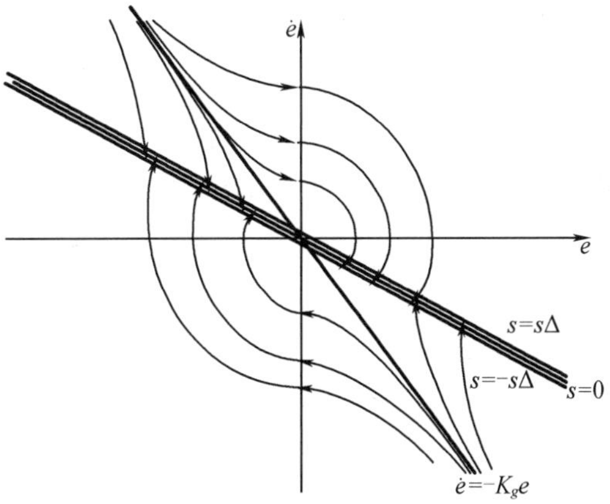

图3.17　自由运动中可变结构系统的相位图

在切换区域中的描绘点运动期间，参数 μ 的值由系统特定结构的开启相对持续时间确定，并由下式[100,221,222,225]确定：

$$\mu=\frac{t_g}{t_g+t_s} \tag{3.43}$$

式中　t_g、t_s——描绘点沿函数 $g(s)$ 的不同符号在双曲线或螺旋线段运动的时间间隔，由不等式(3.42)确定。

文献[76,100,143,221]所述，在系统的自由运动模式下，理想滑移线越靠近退化轨迹（保持在其下方），即 C_v 的值越接近 K_g（同时保持不等式 $C_v<K_g$）时，μ 的值越接近 1。这可以通过以下事实来解释，即退化轨迹是双曲线的渐近线，如果在这些轨迹附近发生可变结构系统的切换，则在具有相应系统结构的这些稳定切换的有限区域中，沿着双曲线的运动时间开始明显超过切换到另一种结构后沿着螺旋线运动的时间。

这是考虑的可变结构系统使用 μ 指数的一个特征，可以用作将线 $s=0$ 调整到由等式 $\dot{e}=-K_g e$ 表示的退化轨迹的位置指示。在该位置上 C_v 趋于 K_g，而对于系统的任何当前参数而言，该值都保持小于该系数，并且达到保持滑动（切换）模式的最大可能值。正是在 μ 指数的这一特征上，形成了在文献[72,143,221]中提出的线 $s=0$ 的斜率系数自调整算法：

$$\begin{gathered}\dot{\Delta}_1=K_\mu(\mu_{\max}-\mu)\\ C_v=C_{v\min}+\Delta_1\end{gathered} \tag{3.44}$$

式中　K_μ——自调整系数；

$\mu_{\max}$——滑差参数的最大可能值；

$C_{v\min}$——系数 C_v 的最小值(针对退化轨迹具有最小斜率的无人潜航器参数计算得出)；

Δ_1——一个变量值，大于 0，可通过改变控制对象参数的有利组合来提高 C_v。

应当注意的是，滑模可变结构控制在自调整过程中，转换区中心轴(ЦОЗП)参数 μ 的最大值 $\mu_{\max}$ 接近退化轨迹的距离应略小于 1。确实，由于继电器元件（式(3.42)）的磁滞现象，仅在相位平面坐标原点的小部分附近，才有一定余量让描绘点在 $0<s\leqslant s_\Delta$ 处与退化轨迹相交（图 3.17）。

仅当可变结构系统的输入处的驱动信号 υ_d 等于零，即在自由移动的情况下，自调整算法式(3.44)才有效。显然，这种模式不适用于所有跟踪系统，特别是对于无人潜航器速度的控制系统。如果驱动信号以任意方式变化，则 μ 的值与直线 $s=0$ 相对于退化轨迹位置之间的明确关系将完全消失。

结果出现了以下问题：分析系统在强制移动过程中的变化过程，确定自适应算法（式(3.44)）出现故障的原因，并通过使用新的无人潜航器运动速度控制规律来找到解决问题的方法。

下面将以可变结构系统为例进行上述分析。该系统具有最简单但最有效的控制信号 τ_d 形成规律[158]：

$$\tau_d=K_u|e|g(s) \tag{3.45}$$

其中，$K_u=\text{const}>0$。

使用系统的第二个方程式(3.9)作为无人潜航器沿一个自由度运动的动力学方程。此外，为了简化分析并弄清系统在强制运动期间发生的过程本质，首先考虑 v 与流体动力之间存在线性关系（即式（3.9）中 $d_2=0$）且没有外部干扰（$f_v=0$）的情况。另外，假设当使用先前设计的推进器控制系统时，每个推进器行为由所需的线性方程式（3.13）描述。

上述所做的说明，将形成用于无人潜航器运动速度控制回路的控制对象数学模型，形式如下：

$$m\dot{v}+d_1v=\tau_\sigma$$
$$T_\mathrm{d}\dot{\tau}_\sigma+\tau_\sigma=K_\mathrm{d}\tau_\mathrm{d} \tag{3.46}$$

式（3.46）可以方便地重写为单个二阶微分方程：

$$T_\mathrm{d}m\ddot{v}+(T_\mathrm{d}d_1+m)\dot{v}+d_1v=K_\mathrm{d}\tau_\mathrm{d} \tag{3.47}$$

针对误差 e（式（3.40））重写方程式（3.47），并将控制规律式（3.45）代入其中。在这种情况下，为确保起见，将假定初始值 $e<0$。经过简单的转换将有：

$$\ddot{e}+\frac{T_\mathrm{d}d_1+m}{T_\mathrm{d}m}\dot{e}+\frac{d_1-K_\mathrm{d}K_ug(s)}{T_\mathrm{d}m}e=\ddot{v}_\mathrm{d}+\frac{T_\mathrm{d}d_1+m}{T_\mathrm{d}m}\dot{v}_\mathrm{d}+\frac{\mathrm{d}_1}{T_\mathrm{d}m}v_\mathrm{d} \tag{3.48}$$

显然，对于可变结构系统的自由运动，当 $v_\mathrm{d}=0$ 时，式（3.48）的形式为

$$\ddot{e}+\frac{T_\mathrm{d}d_1+m}{T_\mathrm{d}m}\dot{e}+\frac{d_1-K_\mathrm{d}K_ug(s)}{T_\mathrm{d}m}e=0 \tag{3.49}$$

由于当系统被迫移动时，其动力学由不同的微分方程式（3.48）来描述，该方程式不依赖于系统误差，而仅由主信号 v_d 及其导数确定，因此无法获得参数 μ 对系数 C_v 的解析相关性。因此，将基于在高频切换模式下控制系统发生过程的物理含义，在系统强制运动期间对参数 μ 进行变化分析。在这种情况下，注意到方程式（3.48）描述的系统奇异点与相位平面坐标的原点不一致。此外，对于螺旋线和双曲线（对于不同的 $g(s)$ 和 $K_u>d_1/K_\mathrm{d}$ 下），它们将相对于该原点在不同的方向上移动。

可变结构系统（式（3.45））强制运动的相位图如图 3.18 所示。

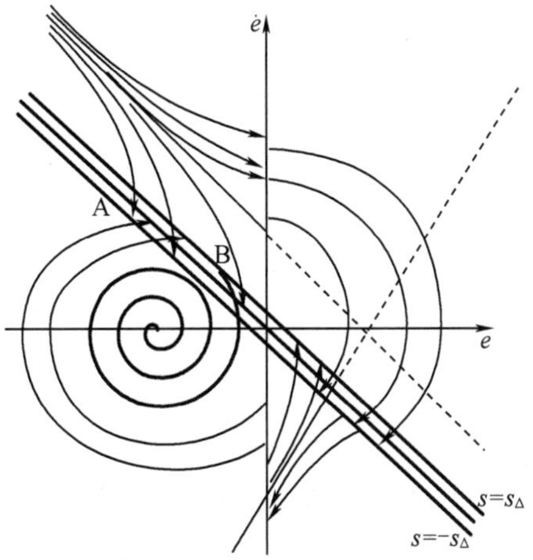

图 3.18　可变结构系统（式（3.45））强制运动的相位图

对于相位轨迹的指示位置，线 $s=0$ 和退化轨迹将永远不会重合。因此，即使在 $C_v=K_g$

的情况下，通过可变结构系统的强制运动，仍然可能在 A、B 部分（图 3.18）中存在滑动模式。在这种情况下 $\mu \neq 1$，因为在任何情况下系统仍会螺旋移动一段时间。

换句话说，在强制运动的情况下，采用控制规律式（3.45）的可变结构系统，参数 μ 不再是调整转换区中心轴 $s=0$ 与横坐标轴的倾斜角度的指标，以确保在稳定的高频开关模式下将系统误差归零的最大速度。在表达式（3.9）中 $d_2 \neq 0$ 和 $f_v \neq 0$ 的情况下，也得出了相同的结论。

下面分析在系统强制运动期间发生的物理过程，并确定在这种情况下滑移参数的值将如何变化。

无人潜航器作为控制对象的特点之一是存在可变的流体动力，这有必要不断施加适当的推力来维持给定的运动速度。因此，当速度控制的可变结构系统输入处的参考信号不为零时，为了在推进器控制系统的输入处达到无人潜航器的指定速度（图 3.1），该信号对应于所需推力的大小及带有的符号，与无人潜航器预设速度的符号重合。这意味着在控制不连续信号（式（3.45））中必须存在一个附加组件，这对于维持给定的设备运动速度是必需的。因此在无人潜航器强制运动的情况下，与该自由运动相比，由式（3.43）计算的滑动参数将由于该分量的存在而发生变化。下面将识别并评估这些变化。

由于确保实现无人潜航器指定速度的控制信号分量具有与参考信号的符号相对应的符号，当将其添加到不连续信号（式（3.45））时，时间间隔将增加，在此期间控制信号与附加信号的符号相同。相反，控制信号的符号与驱动信号的符号不同，时间间隔将减小。由于系统描绘点的运动沿双曲线运动时控制信号的符号与给定速度值的符号相反，而在螺旋线中它们的符号重合，故描绘点沿螺旋线运动的时间间隔将增加，而沿双曲线运动的时间间隔则减小。因此，当系统被迫移动时，参数 μ 的值将始终小于自由状态时的值。

另外，在处理信号 $\boldsymbol{v}_{\mathrm{d}}$（图 3.1）的过程中，信号 $\boldsymbol{\tau}_{\mathrm{d}}$ 的振幅（参见表达式（3.45））将减小，因为在切换模式开始之后，误差 e 的值减小了。同时，确保维持所需的无人潜航器移动速度的上述控制组件值仅取决于速度设置信号，而不取决于其处理的当前误差。因此随着该误差的减小（通常在切换模式下观察到），系统沿双曲线运动的时间间隔将减小，而沿螺旋线运动的时间间隔将增大。故无论相对于当前退化轨迹的线 $s=0$ 的当前位置如何，随着描绘点向相位平面坐标原点移动的参数 μ 总是趋于零。这使得在传统可变结构系统中，无法使用按照参数 μ（参见表达式（3.43）和式（3.44））的线 $s=0$ 的斜率自调整来控制无人潜航器的速度。

结合以上内容，出现了合成这样的用于控制无人潜航器运动速度的规律的问题，这将补偿由主信号及其导数确定的不连续控制信号的分量，从而恢复参数 μ 与线 $s=0$ 相对于退化轨迹实际位置之间的明确关系。这将可能为该线的系数 C_v 形成自调整算法，并因此提高了将所考虑的控制回路的误差归零速度。

3.3.2 无人潜航器运动速度控制规律的设计

如上述分析所示，在系统强制运动中，阻碍使用转换区中心轴 $s=0$ 按参数 μ 的斜率自调整算法的原因存在于微分方程中，该方程描述了取决于驱动信号的系统动态特性。因此，有必要制定一种控制规律，使得即使在存在这些项的情况下，也有可能对相位平面上的转换区中心轴位置进行正确的自调整。

为了弄清在运行模式下可变结构系统中发生的过程特征，并寻找指定的控制规律，首先考虑无人潜航器的一个线性自由度以及表达式(3.9)中 $d_2=0$ 且没有外部干扰($f_v=0$)的情况。此外，在确定了系统运行的一般原理及所建议的控制规律的特征之后，将更完整地描述系统动力学的情况。

为了解决此阶段的问题，将使用方程式(3.48)并将其重写，用变量 τ_d 代替典型控制定律式(3.45)确定的系数 $K_u g(s)e$，该变量 τ_d 表示仍然未知的结构变化新规律，结果可得到

$$\ddot{e}-\ddot{v}_d+\frac{T_d d_1+m}{T_d m}(\dot{e}-\dot{v}_d)+\frac{d_1}{T_d m}(e-v_d)+\frac{K_d}{T_d m}\tau_d=0 \tag{3.50}$$

之后，输入所需的微分方程，其中没有仅取决于参考信号的项。在这种情况下，为了简化要解决的问题，该方程式的阶次应与方程式(3.50)的阶次一致。基于上述，速度控制回路的期望微分方程用以下形式表示[158]：

$$\ddot{e}+K_1\dot{e}+K_2 e+K_3|e|g(s)=0 \tag{3.51}$$

式中　K_1、K_2、K_3——正系数。

需要强调的是，式(3.51)左侧的最后一项确保结构切换模式的存在，即根据函数 $g(s)$ 的符号，描绘点在相位平面上沿螺旋线段或双曲线段发生运动。因此对于系统参数 m 和 d_1 的任何可能值，当系数 K_3 的值使函数 $g(s)$ 的符号改变时，特征方程的根(微分方程式(3.51))实数变为复数(反之亦然)。

为了找到使式(3.50)达到所需形式(式(3.51))的控制规律，用这些方程式表达二阶导数 $\ddot{e}$，将其等式等于右边，并针对输出信号 τ_d 求解结果表达式，结果可得到

$$\tau_d=[T_d m\ddot{v}_d+(T_d d_1+m)\dot{v}_d+d_1 v_d+(K_1 T_d m-T_d d_1-m)\dot{e}+(K_2 T_d m-d_1)e+K_3 T_d m|e|g(s)]\frac{1}{K_d} \tag{3.52}$$

控制规律式(3.52)确保从微分方程式(3.50)中消除了依赖于参考信号的项，从而保证了使用参数 μ 自调整转换区中心轴斜率系数的算法的性能不变。但是，该规律难以实施，因为它需要了解无人潜航器在运动过程中不断变化的参数。并且如前所述，这些参数的标识是不可能或难以实现的。这将不可能通过任何简单方法来实现控制规律式(3.52)。

同时，如果等式(3.52)中的系数 K_1 和 K_2 的定义如下，则可以大大简化该规律：

$$K_1=\frac{d_1}{m},K_2=0 \tag{3.53}$$

在这种情况下，所需的微分方程式(3.51)将像以前一样满足上述所有要求，并且考虑到条件式(3.53)的无人潜航器速度控制回路新规律，将采用以下形式：

$$\tau_d=[T_d m\ddot{v}_d+(T_d d_1+m)\dot{v}_d+d_1 v_d-m\dot{e}-d_1 e+K_3 T_d m|e|g(s)]\frac{1}{K_d} \tag{3.54}$$

为了进一步简化关系式(3.54)，针对误差重写了式(3.46)的第一个方程：

$$m\dot{v}_d-m\dot{e}-d_1 e+d_1 v_d=\tau_\sigma$$

需注意，所获得的关系的左侧完全包含在控制规律式(3.54)中。这可以重写它为

$$\tau_{\mathrm{d}}=K_{u1}\left|e\right|g(s)+K_{u2}\tau_{\sigma}+(m\ddot{v}_{\mathrm{d}}+d_{1}\dot{v}_{\mathrm{d}})\frac{T_{\mathrm{d}}}{K_{\mathrm{d}}} \tag{3.55}$$

式中　K_{u1}、K_{u2}——恒定的正系数，$K_{u1}=\dfrac{K_3T_{\mathrm{d}}m}{K_{\mathrm{d}}}$，$K_{u2}=\dfrac{1}{K_{\mathrm{d}}}$。

对控制规律式(3.55)的分析表明，尽管相对简单，但仍需要在无人潜航器运动过程中识别其参数。另外，在实际时间尺度上，很难连续和准确地计算输入信号的两个导数。

同时可以看出，当$\dot{v}_{\mathrm{d}}=\ddot{v}_{\mathrm{d}}=0$时，控制规律式(3.55)转换为以下形式[174,232,233,235]：

$$\tau_{\mathrm{d}}=K_{u1}\left|e\right|g(s)+K_{u2}\tau_{\sigma} \tag{3.56}$$

在这种情况下，当确定K_{u1}时不需要如前所述(见表达式(3.55))的根据变量参数m进行计算。K_{u1}的值仅允许确定当前m值的K_3值。下面将获得对系数K_{u1}的值的限制，以确保存在稳定切换模式的条件。为了简化设计控制规律式(3.56)，建议使用式(3.7)的第二个等式，基于ω_{σ}和v_p当前值的信息来形成与τ_{σ}值成比例的信号，如实现推进器控制系统时那样。

显然，控制规律式(3.56)非常简单，并且无须测量无人潜航器当前参数即可实现转换区中心轴位置的自调整，但前提是必须将分级速度参考信号提供给所考虑的回路输入。但是，如果将该任意波形表示为步进信号序列，对于任意连续参考速度信号，可以使用控制规律式(3.56)。在这种情况下，相邻恒定信号之间必须相差一定量化步长h_q。该步长的大小应使得一方面可以应用规律式(3.56)，另一方面可以提供足够高的速度控制回路连续输入信号的近似精度。此外，在相当简单手段的帮助下，所提出的方法将具有确保转换区中心轴位置按照参数μ进行自调整算法的可操作性。

应当指出，这种方法有缺点。首先，以步进信号序列的形式出现的连续参考信号总是会出现一些误差并使输入信号失真，这可能会导致控制误差明显增加，具体取决于h_q的值。其次，要实施该控制，将需要一个附加设备，该设备将无人潜航器运动速度控制回路的连续输入信号转换为一系列步进信号。但是，与使用转换区中心轴位置自调整而获得的增益相比，这些缺点非常微不足道，这可以显著提高整个系统的速度(动态精度)。因此，使用所提出的方法来控制无人潜航器运动速度是有利的。

合成控制规律式(3.56)的另一个特征是控制系统中出现了局部正反馈，该正反馈旨在补偿推进器τ_{σ}上的负反馈。如果补偿不正确(过度补偿)，则可能会导致可变结构系统的两个切换结构失去稳定性。因此，在实践中，应根据不等式$K_{u2}<1/K_{\mathrm{d}}$选择K_{u2}的值，以有意识地提供一些小的补偿。然而，由于$K_{u2}\approx 1/K_{\mathrm{d}}$，将始终存在稳定切换模式条件以及所提出的转换区中心轴自调整规律的可操作性。当切换区的一个小宽度条带以不同的相位轨迹排列规律捕获相位平面的区域时，只有在相位平面坐标原点的某个较小区域内才可能违反这些条件(图3.17)。

根据上述算法研发的具有控制规律式(3.56)的自调节速度控制器的框图如图3.19所示[103]。此处，虚线标记了切换区中心轴位置的自调整单元，该单元实现了算法式(3.44)。应该注意的是，在实施该方案时，除了信号v和v_{d}外，还必须将信号$\dot{v}$提供给无人潜航器的速度控制回路。

由于使用了自适应速度控制器(图3.19)，系统在给定的小区域内以高频切换模式运行期间的动力学特性将通过具有常数系数的线性微分方程来近似描述：

$$\dot{v}+Cv=Cv_{\mathrm{d}} \tag{3.57}$$

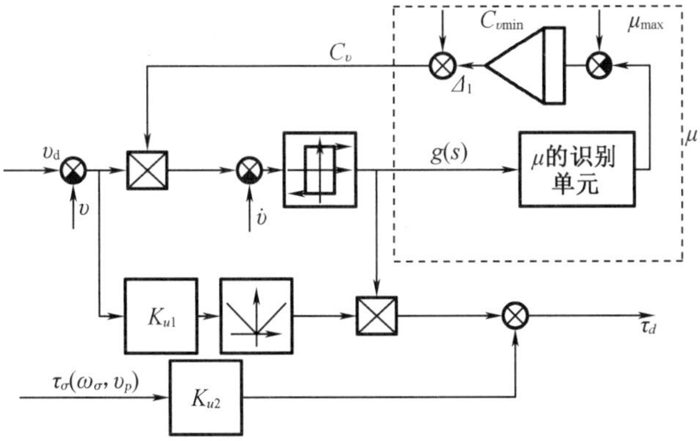

图 3.19　具有控制规律式(3.56)的自调节速度控制器的框图

在无人潜航器通用控制系统的下一个设计阶段，方程式(3.57)可用作描述合成无人潜航器空间位置和方向控制的外部子系统的控制对象。

因此，用于无人潜航器运动速度控制回路的综合控制规律式(3.56)(在式(3.9)中 $d_2=f_v=0$ 的假设下)不仅消除了导致传统算法无法通过参数 μ 自调节转换区中心轴位置的原因，而且还提供了内部速度控制回路的动力学特性和质量指标与无人潜航器可变参数之间的独立性。

如下所示，该算法在设备的有利操作条件下显著提高了速度和动态控制精度。但是，当流体动力与速度 v 之间的关系为非线性并具有更复杂的数学描述，以及周围黏滞环境对无人潜航器产生完全外部干扰 f_v 时，获得的结果应扩展到更一般的情况，即无人潜航器以任何速度进行空间运动的动力学描述。

3.3.3　无人潜航器沿单自由度运动速度自适应控制子系统参数的计算

用于控制无人潜航器运动速度的综合子系统是在高频切换模式下运行的可变结构系统，因此，必须以控制规律式(3.56)中包含的增益 K_{u1} 进行选择，以确保对无人潜航器变化参数的任何值都存在该切换模式。

当无人潜航器沿着一个(任意)自由度的运动由包含变量参数和 $f_v\neq0$ 的非线性方程式(3.9)描述时，可以找到在一般情况下施加在该系数上的约束条件。考虑用于描述无人潜航器旋转自由度的方程式(3.10)时，可以获得类似的结果。

如前所述，在 3.2 节中设计的控制系统情况下，假设无人潜航器推进器动力学是由一阶线性常微分方程式(3.13)给出的。根据所提出的方法，连续变化的参考信号 v_{d} 被一系列步进信号所替代，并且该信号 v_{d} 的导数未在形成信号 τ_{d} 中(图 3.19)使用，针对误差 e 重写了方程式(3.9)(参见式(3.39))，结果是：

$$-m\dot{e}+d_1(v_{\mathrm{d}}-e)+d_2(v_{\mathrm{d}}-e)\left|v_{\mathrm{d}}-e\right|+f_v=\tau_\sigma \tag{3.58}$$

进行一些与前文类似的转换。特别地，将由等式(3.58)和系统的第二个方程式(3.46)

组成的系统简化为一个二阶微分方程。在将获得的模量方程式展开之后，考虑到信号的表达式(3.56)以及 $K_{u2}=\frac{1}{K_d}$，最终形式为

$$\ddot{e}=\pm\frac{2d_2}{m}e\dot{e}-\frac{d_1\pm 2d_2\boldsymbol{v}_d}{m}\dot{e}+\frac{\dot{f}_v}{m}-\frac{K_dK_{u1}}{T_dm}|e|g(s) \tag{3.59}$$

考虑到引入的控制规律式(3.56)，方程式(3.59)的形式可以保留参数 μ 的特性以作为已调谐转换区中心轴与退化轨迹的接近性指标。这是由于方程式(3.59)不包含依赖于驱动信号或其导数的项。请注意，在关系式(3.59)中，“+”号对应于 $\boldsymbol{v}_d-e>0$ 的情况，而“-”号对应于 $\boldsymbol{v}_d-e<0$ 的情况。

从式(3.39)中的第一个方程式很容易获得

$$\dot{s}=\ddot{e}+C_v\dot{e}+\dot{C}_ve \tag{3.60}$$

C_v 的值是根据式(3.44)进行调整的，其中 $C_{v\min}=\text{const}$，故式(3.60)可以重写为

$$\dot{s}=\ddot{e}+C_v\dot{e}+K_\mu(\mu_{\max}-\mu)e \tag{3.61}$$

将式(3.59)中的 $\ddot{e}$ 代入式(3.61)中，可得到

$$\dot{s}=\pm\frac{2d_2}{m}e\dot{e}+\left(C_v-\frac{d_1\pm 2d_2\boldsymbol{v}_d}{m}\right)\dot{e}+\frac{\dot{f}_v}{m}+K_\mu\Delta\mu e-\frac{K_dK_{u1}}{T_dm}|e|g(s) \tag{3.62}$$

式中 $\Delta\mu$——参数 μ 与其最大可能值的偏差，为 $\mu_{\max}-\mu$。

由于 s_Δ 很小，因此当描绘点在切换区域内移动时(图3.17)，可假定该点的运动发生在线 $s=0$ 附近。然后，考虑到式(3.39)中的第一个方程，可认为在这种情况下下面等式成立：

$$\dot{e}=-C_ve \tag{3.63}$$

在考虑等式(3.63)的情况下变换表达式(3.62)，结果是：

$$\dot{s}=\pm\frac{2d_2C_v}{m}e^2+\left(C_v-\frac{d_1\pm 2d_2\boldsymbol{v}_d}{m}\right)C_ve+\frac{\dot{f}_v}{m}+K_\mu\Delta\mu e-\frac{K_dK_{u1}}{T_dm}|e|g(s) \tag{3.64}$$

根据确定滑模存在条件的表达式(3.38)，对于其实现，只要 s 和 $\dot{s}$ 的符号相反即可。从等式(3.64)可以看出，描绘点离开切换区的最后一项始终具有与 s 相反的符号。因此，如果该绝对项大于所有其他项的总和，则 $\dot{s}$ 的符号将与最后一项的符号相同，即与 s 的符号相反。因此，为了保证条件式(3.38)满足，下面不等式满足就足够了：

$$\frac{K_dK_{u1}}{T_dm}|e|>\left|\pm\frac{2d_2C_v}{m}e^2+\left(C_v-\frac{d_1\pm 2d_2\boldsymbol{v}_d}{m}\right)C_ve+\frac{\dot{f}_v}{m}+K_\mu\Delta\mu e\right| \tag{3.65}$$

通过不等式(3.65)，很容易获得选择控制器系数 K_{u1}（式(3.56)）的最终表达式[158, 228,232]：

$$K_{u1}>\max\left|\pm 2d_2C_ve+[C_vm-(d_1\pm 2d_2\boldsymbol{v}_d)]C_v+\frac{\dot{f}_v}{e}+mK_\mu\Delta\mu\right|\frac{K_d}{T_d} \tag{3.66}$$

尽管不等式(3.66)包含误差 e 的变量值，但仍可以确定系统稳定切换状态下的 K_{u1} 值，并且它始终是有界的，这是因为稳定系统中的 e 值也是有界的。e 的最大值取决于参考信号的最大值，而参考信号的最大值又取决于无人潜航器沿相应自由度的最大允许速度。因

此,e 的最大值绝对值不能超过该参考信号值的 2 倍。很容易看出,当线 $s=s_{\Delta}$ 与退化轨迹相交(图 3.17)且切换过程中断并转换为闭合循环时,在稳定切换模式下运行系统的最小值 e 由表达式 $|e|=|s_{\Delta}/(C_v-K_g)|$ 确定。在此交叉点之后,违反了存在稳定切换状态的条件,控制规律式(3.56)停止运行。在所考虑的控制回路中,形成一个周期性的极限周期,该周期的极限值 e 较小,不超过 $|s_{\Delta}/(C_v-K_g)|$。然而,随着输入信号的连续变化,即在无人潜航器强制移动模式下,e 的值始终大于 $|s_{\Delta}/(C_v-K_g)|$。

现在有必要确定对控制规律式(3.56)的约束,这将为在任何输入信号值下(从其变化的允许范围内)图像点落入稳定切换区域提供条件。如文献[40]所述,在 $v_{\mathrm{d}}=f_v=0$ 的情况下研究式(3.58)的相位图,并证明对于 $g(s)<0$ 和 $e<0$(以及 $g(s)>0$ 且 $e>0$),相位轨迹将为螺旋形。

首先,找到系统的平衡位置式(3.58)。为此,将值 $v_{\mathrm{d}}=f_v=0$ 代入表达式(3.58),得到以下方程式:

$$\ddot{e}=\pm\frac{2d_2}{m}e\dot{e}-\frac{d_1}{m}\dot{e}-\frac{K_{\mathrm{d}}K_{u1}}{T_{\mathrm{d}}m}|e|g(s) \tag{3.67}$$

假设 $\ddot{e}=\dot{e}=0$,表达式(3.67)转换为以下形式:

$$\frac{K_{\mathrm{d}}K_{u1}}{T_{\mathrm{d}}m}|e|g(s)=0 \tag{3.68}$$

显然,方程式(3.68)具有单个根 $e=0$。因此,它只有一个平衡位置,该位置对应于相位平面的一个奇异点 $O(0,0)$。

下面确定这个特殊点的类型。由于方程式(3.67)是非线性的,因此在分析时不可能确定整个相位平面上的相位轨迹的性质。因此,为了简化分析,首先仅在奇异点的一小部分考虑相位轨迹的性质。在此分析的基础上,将选择控制规律式(3.56)的参数,当使用综合控制系统从整个相位平面的任意初始位置到切换区域时,通过数学建模来确保所选的无人潜航器参数对式(3.56)的控制可使系统的描绘点保持恒定。

为了确定奇异点 $O(0,0)$ 附近的相位轨迹的性质,将方程式(3.67)线性化。在这种情况下,在该点附近以泰勒级数展开该方程式的右侧,并仅保留展开的线性项。此外,为了确定性,将假设 $g(s)=-1$ 且 $e<0$。结果可得到

$$\ddot{e}=-\left(\frac{2d_2}{m}\dot{e}\,|_{\dot{e}=\dot{e}_0}\right)-\frac{d_1}{m}\dot{e}-\left(\frac{2d_2}{m}e\,|_{e=e_0}\right)\dot{e}-\frac{K_{\mathrm{d}}K_{u1}}{T_{\mathrm{d}}m}e \tag{3.69}$$

考虑到 $\dot{e}_0=e_0=0$,式(3.69)将采用以下形式:

$$\ddot{e}+\frac{d_1}{m}\dot{e}+\frac{K_{\mathrm{d}}K_{u1}}{T_{\mathrm{d}}m}e=0 \tag{3.70}$$

微分方程式(3.70)对应于特征方程:

$$\lambda^2+\frac{d_1}{m}\lambda+\frac{K_{\mathrm{d}}K_{u1}}{T_{\mathrm{d}}m}=0 \tag{3.71}$$

为了使与方程式(3.70)相对应的相位轨迹为螺旋形,特征方程式(3.71)的根应为复数。当此方程的判别式 D 为负时,就是如下情况:

$$D=\frac{T_{\mathrm{d}}d_1^2-4mK_{\mathrm{d}}K_{u1}}{T_{\mathrm{d}}m^2}<0 \tag{3.72}$$

为了满足不等式(3.72),系数 K_{u1} 必须满足不等式[158,228,232]:

$$K_{u1}>\max\left(\frac{d_1^2T_{\mathrm{d}}}{4K_{\mathrm{d}}m}\right) \tag{3.73}$$

研究结果表明,对于无人潜航器的所有允许参数及其运动模式,不等式(3.73)可确保方程式(3.64)所描述的系统描绘点落入以直线 $s=\Delta s$ 和 $s=-\Delta s$ 为边界的稳定切换区域。此外,这种影响不仅发生在原点的一小部分,而且发生在整个相位平面上。

不等式(3.66)和式(3.73)仅对无人潜航器的三个平移自由度有效。但使用上述方法,容易针对其三个旋转自由度获得相似的不等式。

很容易证明,对于一对推进器在无人潜航器主体上的不同布局可用式(3.13)描述,并对于相应的自由度产生扭矩,可以这样写:

$$\dot{M}_{\sigma}=\frac{K_{\mathrm{d}}M_{\mathrm{d}}-M_{\sigma}}{T_{\mathrm{d}}} \tag{3.74}$$

式(3.74)的形式类似于式(3.13)。在这种情况下,应使用以下形式的规律代替控制规律式(3.56):

$$M_{\mathrm{d}}=K_{u1}\,|e|g(s)+K_{u2}M_{\sigma} \tag{3.75}$$

为了获得描述无人潜航器沿任何旋转自由度运动的微分方程,将式(3.10)的第二个方程式代入方程式(3.75),并将它们简化为一个二阶的微分方程,同时考虑式(3.75)。考虑到(与之前一样)$K_{u2}=\dfrac{1}{K_{\mathrm{d}}}$,将得到以下形式的方程式,而不是方程式(3.59):

$$\ddot{e}=\pm\frac{2d_2'}{J}e\,\dot{e}-\frac{d_1'\pm 2d_2'\omega_{\mathrm{d}}}{J}\dot{e}+\frac{\dot{f}_{\omega}}{J}-\frac{K_{\mathrm{d}}K_{u1}}{T_{\mathrm{d}}J}|e|g(s) \tag{3.76}$$

式中 ω_{d}——角速度的期望值;

e——等于 $\omega_{\mathrm{d}}-\omega$。

用方程式(3.76)代替不等式(3.66)和式(3.73),使变换与上述类似,获得了不等式,可以根据旋转自由度控制定律式(3.75)选择系数 K_{u1} 的值:

$$K_{u1}>\max\left|\pm 2d_2'C_ve+[C_vJ-(d_1'\pm 2d_2'\omega_{\mathrm{d}})]C_v+\frac{\dot{f}_{\omega}}{e}+JK_{\mu}\Delta\mu\right|\frac{T_{\mathrm{d}}}{K_{\mathrm{d}}} \tag{3.77}$$

$$K_{u1}>\max\left(\frac{d_1'^2T_{\mathrm{d}}}{4K_{\mathrm{d}}J}\right) \tag{3.78}$$

因此,在本节中获得的不等式式(3.66)和式(3.73)、式(3.77)和式(3.78)可以分别为无人潜航器的所有平移或旋转自由度选择形式为式(3.56)、式(3.76)的控制器的参数。此外,选择系数 K_{u1} 的值作为使用不等式(3.66)和式(3.73)或式(3.77)和式(3.78)计算的两个相应量中的最大值,保证系统图像点在每个自由度的平衡位置出现任何初始偏差时都进入切换区域,以及进入这些区域后保持稳定的高频切换模式,并在运动过程中更改无人潜航器参数时自调整转换区中心轴。

3.3.4　确定速度控制回路连续输入的允许量化步长

如前所述，控制规律式(3.56)仅在将连续参考速度信号 $\boldsymbol{v}_{\mathrm{d}}$ 转换为相差 h_q 的阶跃信号序列时，才能确保切换区中心轴斜率系数 C_v 自调整规律式(3.44)可操作。该要求使得可以进一步考虑分段常数近似值 $\boldsymbol{v}_{\mathrm{d}}^s$，而不是连续设定信号 $\boldsymbol{v}_{\mathrm{d}}$：

$$\boldsymbol{v}_{\mathrm{d}}^s(t)=\sum_{i=1}^{n}h_q\theta_h(t-t_i)\boldsymbol{\sigma}_i,\boldsymbol{\sigma}_i=\mathrm{sign}(\boldsymbol{v}_{\mathrm{d}}t_i-\boldsymbol{v}_{\mathrm{d}}^s t_i) \tag{3.79}$$

式中　t_i——信号 $\boldsymbol{v}_{\mathrm{d}}^s$ 的下一个逐步变化发生的时间；

$\theta_h(t-t_i)$——阶跃信号(Хевисайда 函数)，在 $t\leqslant t_i$ 时等于 0，在 $t>t_i$ 时等于 1；

n——系统操作期间量化输入信号的切换次数。

在这种情况下，对平滑信号 $\boldsymbol{v}_{\mathrm{d}}$ 施加以下约束：

$$|\dot{\boldsymbol{v}}_{\mathrm{d}}|\leqslant\dot{\boldsymbol{v}}_{\mathrm{dmax}} \tag{3.80}$$

以图形方式将信号 $\boldsymbol{v}_{\mathrm{d}}$ 转换为信号 $\boldsymbol{v}_{\mathrm{d}}^s$ 的过程如图 3.20 所示。

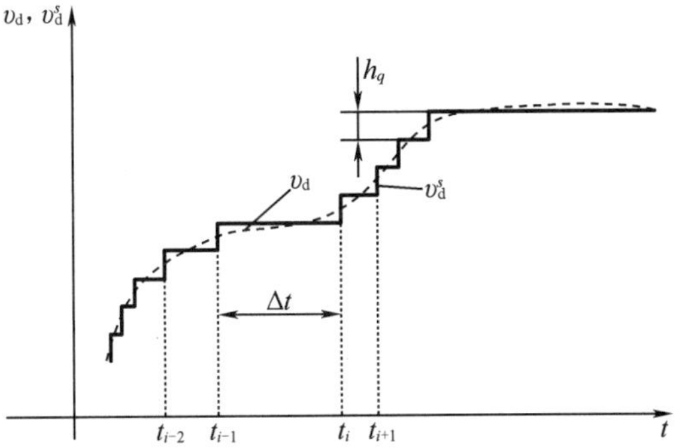

图 3.20　以图形方式将信号 $\boldsymbol{v}_{\mathrm{d}}$ 转换为信号 $\boldsymbol{v}_{\mathrm{d}}^s$ 的过程

关于新参考信号 $\boldsymbol{v}_{\mathrm{d}}^s$ 及其导数的系统误差 e_s 为

$$e_s=\boldsymbol{v}_{\mathrm{d}}^s-\boldsymbol{v},\ \dot{e}_s=\dot{\boldsymbol{v}}_{\mathrm{d}}^s-\dot{\boldsymbol{v}} \tag{3.81}$$

显然，在式(3.81)中的第二个等式中，信号 $\dot{\boldsymbol{v}}_{\mathrm{d}}^s$ 包含一个增量函数。然而，由于先前引入的约束式(3.80)，该增量函数不是输入信号 $\boldsymbol{v}_{\mathrm{d}}$ 的特性。因此，在产生系统控制信号时(图 3.19)，可以将 $\dot{\boldsymbol{v}}_{\mathrm{d}}^s$ 中存在的增量函数视为障碍，而不予以考虑。也就是说，可以假设对于形式为式(3.79)的分段常数信号 $\dot{\boldsymbol{v}}_{\mathrm{d}}^s$，信号 $\dot{\boldsymbol{v}}_{\mathrm{d}}^s=0$。因此，考虑到信号 $\dot{\boldsymbol{v}}_{\mathrm{d}}^s$ 的形式，表达式(3.56)可以重写为

$$u=K_{u1}|e_s|g(s)+\frac{1}{K_{\mathrm{d}}}\tau_\sigma \tag{3.82}$$

其中，$s=-\dot{\boldsymbol{v}}+C_v e_s$，并且整体上考虑了表达式(3.79)和式(3.82)的情况下，式(3.50)的行为可用以下等式描述：

$$bm\ddot{e}_s+bd_1\dot{e}_s+K_{u1}|e_s|g(s)=0 \tag{3.83}$$

其中，$\dot{e}_s=-\dot{\boldsymbol{v}}$，$\ddot{e}_s=-\ddot{\boldsymbol{v}}$，$b=T_{\mathrm{d}}/K_{\mathrm{d}}$。在这种情况下，如图 3.17 所示，在对连续输入信号进行量

化时，只能在较小的区域内有一些微小的变化。

应选择时间间隔 $\Delta t = t_{i+1} - t_i$（图 3.20 和表达式(3.79)），以使参考信号的恒定时间不小于描绘点沿高频切换区域中双曲线段和螺旋线段运动的时间，因为确保式(3.44)的可操作性与数量 μ 的计算相关（请参见表达式(3.43)）。显然，这取决于 h_q 的值，该值仍然未知。

因此，出现了估计 h_q 最小允许值的问题。上限 h_q 提供了系统控制的高动态精度，这与最小化误差 $e = \boldsymbol{v}_\mathrm{d}^s - \boldsymbol{v}$ 以及在控制对象任意运动过程中实现转换区中心轴自调整系数 C_v 算法式(3.44)的稳定运行有关。

在这种情况下，将假定由于高频切换区域的宽度较小，正在研究的系统在转换区中心轴附近的运动可以视为线性的，即描绘点在该区域附近的移动将沿着靠近螺旋形或双曲线形的线段发生。

1. 输入信号逐步变化的可变结构系统的运行特征

首先，当式(3.79)应用于信号输入时，将考虑形式为式(3.83)的可变结构系统的运行特征。

由于无人潜航器是一个惯性物体，所以在信号 $\boldsymbol{v}_\mathrm{d}^s$ 相对于 h_q 突然变化时，误差 $e_s = \boldsymbol{v}_\mathrm{d}^s - \boldsymbol{v}$ 将变化相同的量。考虑到高频切换区域沿 $\dot{e}_s$ 轴的宽度等于 $2s_\Delta$，并且系数 C_v 确定了滞后区域边界在相位平面上的斜率，那么可以使系统超出该区域边界的跳转 h_q 表达式（图 3.17）为

$$h_q = \frac{2k_h s_\Delta}{C_v}$$

式中 k_h——系数，大于 0。

如果 $k_h > 1$，则在反馈到下一个跃点 h_q 的时刻，无论其当前位置如何，都可以保证描绘点沿 e_s 轴离开高频切换区域，实际上此刻 s 的值将等于：

$$s = \dot{e}_s + C_v e_s = \dot{e}_s^{\,0} + C_v\left(e_s^0 \pm \frac{2k_h s_\Delta}{C_v}\right) = \dot{e}_s^{\,0} + C_v e_s^0 \pm 2k_h s_\Delta = s_0 \pm 2k_h s_\Delta \tag{3.84}$$

式中 e_s^0、$\dot{e}_s^{\,0}$、s_0——误差、误差的导数以及信号变化 h_q 时变量 s 的值；

±——跳跃 h_q 可以具有不同的方向。

假设 $\boldsymbol{v}_\mathrm{d}^s$ 在跳跃变化之前，系统在切换模式下运行，即满足条件 $|s| \leqslant s_\Delta$。但是，从表达式(3.84)可以得出，在信号 $\boldsymbol{v}_\mathrm{d}^s$ 改变值 h_q 时（对于 $k_h > 1$），将满足不等式 $|s| > s_\Delta$，即系统将退出高频切换区域。如果 $k_h < 1$，则描绘点可以保留在高频切换区域。它从该区域的退出将取决于变量 s_0 的当前值和 k_h 的值。

如上所述，为确保转换区中心轴自调整算法式(3.44)的可操作性，在高频切换区域中系统的运行时间必须不小于描绘点沿高频切换区域中的至少一对完整的螺旋线段和双曲线段移动的时间，否则无法计算确保指定算法性能所需的 μ 值。另外，有必要确保：

$$|\boldsymbol{v}_\mathrm{d}(t) - \boldsymbol{v}_\mathrm{d}^s(t)| = \frac{h_q}{2}$$

该关系式确定了信号 $\boldsymbol{v}_\mathrm{d}^s$ 值变化 h_q 的时间 t_i。

如前所述，在处理下一步信号期间，系统的操作包括描绘点到达高频切换区域的方法

以及该区域中的移动方式。该点到指定区域的靠近是在时间间隔 t_a 内沿着螺旋线段发生的，并且在此期间系统误差的变化由以下公式计算：

$$\Delta e_{sa}^{i}=e_{sa}^{i}(t_a)-e_{s0}^{i}$$

式中　$e_{sa}^{i}(t_a)$——进入高频切换区域时的系统误差值；

e_{s0}^{i}——新参考信号开始工作时的系统误差。

成像点进入高频切换区域后，由于其宽度小，切换频率高，该点在指示区域内的运动可以用下面表达式大致描述[40]：

$$e_s(t)=e_{sa}^{i}(t_a)e^{-C_v t} \tag{3.85}$$

因此，考虑到表达式(3.85)，在处理下一步信号期间的时间 Δt 内，系统误差的完全变化模量将等于：

$$|\Delta e_s^{i}|=|\Delta e_{sa}^{i}|+|e_{sa}^{i}(t_a)(1-e^{-C_v t_s})| \tag{3.86}$$

式中　t_s——系统在高频切换模式下的工作时间，而 $\Delta t=t_a+t_s$。

假设在时间 Δt 内，信号 $\boldsymbol{v}_d^s$ 改变 h_q 之后，发生了几对高频切换。将考虑输入信号的下一个跳跃 h_q 将相位平面上的描绘点向左移动时的情况(图 3.21)。描绘点向右移动并不重要，因为在这种情况下，系统误差的衰减要比高频切换模式下更快。

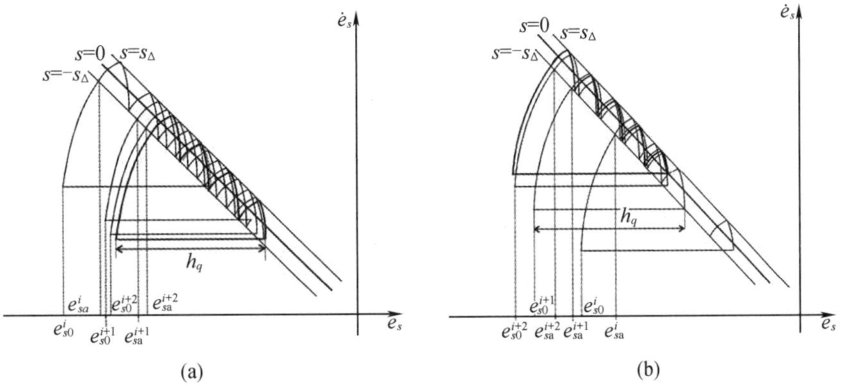

图 3.21　跳跃动作 h_q 时描绘点的运动

显然，当满足不等式 $|\Delta e_s^{i}|>h_q$ 时，误差 e_{s0}^{i+1} 的值在输入信号的下一个跳跃之后描绘点开始新的运动阶段，其幅度将小于 e_{s0}^{i}。因此，对于所考虑的情况，系统的误差模将开始减小(图 3.21(a))。当 $|\Delta e_s^{i}|<h_q$，不等式 $|e_{s0}^{i+1}|>|e_{s0}^{i}|$ 将被满足时，在这种情况下的系统误差模将增加(图 3.21(b))。

从图 3.21 可以看出，当满足 $|\Delta e_s^{i}|=h_q$ 时，误差保持恒定。在相位平面上，这对应于沿粗线指示的周期的运动。在这种情况下，可以将 h_q 的值与组成周期的相位轨迹在 e_s 轴上的投影值相关联。通常，h_q 等于相位轨迹在 e_s 轴上的投影之和[30]：

$$h_q=|\Delta e_{sa}|+\sum_{i=1}^{N}(|\Delta e_{si}|-|\Delta e_{gi}|) \tag{3.87}$$

式中　Δe_{si}、Δe_{gi}——高频切换区域内相位轨迹在螺旋线段上和双曲线段上的投影；

N——该区域内螺旋线段和双曲线段的数量。

从表达式(3.87)中可以得出,在下一次 υ_d^s 值变化之前,系统的描绘点设法通过高频切换区域中的至少一对螺旋线段和双曲线段的最小值 h_q 由以下关系确定[30,171]:

$$h_q \geqslant |\Delta e_{sa}| + |\Delta e_{s1}| + |\Delta e_{g1}| \tag{3.88}$$

因此,将估计 h_q 的问题简化为估计不等式(3.88)中包含的极限循环的相位轨迹分段投影值的问题。

2. 计算连续输入信号的量化量

为了简化下一步计算,建议将构成所考虑的极限循环的相位轨迹实线段替换为直线段,其斜率等于这些轨迹的相应线段与线 $s=0$ 交点处的切线斜率(图 3.22)。在这种情况下,用线性近似代替实数封闭极限循环是方便的,它是一个三角形 ABD,其边平行于实极限循环的相应相位轨迹的切线,并且与 e_s 轴平行的 AD 的长度等于 h_q 的估计值[171]。图 3.22 中用虚线显示了所考虑的极限循环的直线近似。ABD 三角形的一个特征是其右侧面(其斜率等于双曲线的切线斜率)被刻在高频切换区域的边界内,并且近似于该区域内的双曲线段。此外,该三角形的边在 $\dot{e}_s$ 轴上的投影彼此相等。

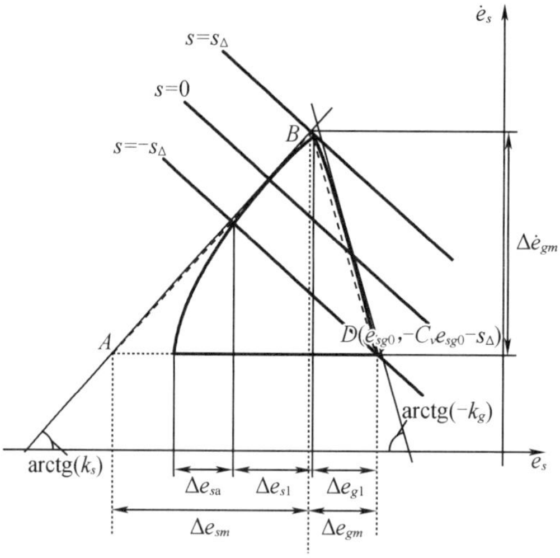

图 3.22　极限循环及其线性近似

应当注意,直线 $s=0$ 是极限循环的相位轨迹等轴线[76],因此,该直线与相应相位轨迹相交处的切线斜率将保持恒定。相位轨迹在 e_s 轴上的投影将不取决于所考虑的相位平面上极限循环的位置。在将相应的相位轨迹线段的投影的真实值替换为其线性估计值的情况下,表达式(3.88)将使用以下形式的表达式代替:

$$h_q = \Delta e_{sm} + \Delta e_{gm} \geqslant |\Delta e_{sa}| + |\Delta e_{s1}| + |\Delta e_{g1}| \tag{3.89}$$

式中　Δe_{sm}、Δe_{gm}——直线段 AB 和 BD 在 e_s 轴上的投影(图 3.22)。

为了确定 Δe_{sm}、Δe_{gm} 的值,首先必须找到所表示的切线与系统表示点相应实相位轨迹的斜率系数。为此,考虑到输入信号导数等于零的式(3.83),可以改写为以下形式:

$$\frac{d\dot{e}_s}{dt} = -\frac{d_1}{m}\frac{de_s}{dt} - \frac{K_{u1}}{mb} g(s)\,|e_s| \tag{3.90}$$

将方程式(3.90)除以 de_s/dt(不包括时间),可得到

$$\frac{d\dot{e}_s}{de_s}=-\frac{d_1}{m}-\frac{K_{u1}}{mb}g(s)\frac{|e_s|}{\dot{e}_s} \tag{3.91}$$

对于系统的螺旋线的相位轨迹,考虑到函数 $g(s)$ 的符号,在模块 $|e_s|$ 展开后,表达式(3.91)采用以下形式:

$$\frac{d\dot{e}_s}{de_s}=-\frac{d_1}{m}-\frac{K_{u1}}{mb}\frac{e_s}{\dot{e}_s} \tag{3.92}$$

对于双曲线的相位轨迹,形式为

$$\frac{d\dot{e}_s}{de_s}=-\frac{d_1}{m}+\frac{K_{u1}}{mb}\frac{e_s}{\dot{e}_s} \tag{3.93}$$

由于将在直线 $\dot{e}_s=-C_v e_s$ 上搜索系统相应相位轨迹的切线,因此将 $e_s/\dot{e}_s=-1/C_v$ 代入表达式(3.92)和式(3.93)后,可以得到以下形式的螺旋线 k_s 和双曲线 k_g 所需切线的斜率系数:

$$k_s=\frac{d\dot{e}_s}{de_s}=\frac{K_{u1}-d_1bC_v}{mbC_v}$$

$$k_g=\frac{d\dot{e}_s}{de_s}=-\frac{K_{u1}+d_1bC_v}{mbC_v} \tag{3.94}$$

首先,通过线段 BD 到 e_s 轴上的斜率系数 k_g 得出估计值 Δe_{gm}。斜率系数 k_g 的直线方程穿过位于直线 $\dot{e}_s=-C_v e_s-s_\Delta$(图 3.22)上的 $D(e_{sg0},-C_v e_{sg0}-s_\Delta)$ 点,其方程形式为

$$\dot{e}_s=k_g(e_s-e_{sg0})-C_v e_{sg0}-s_\Delta \tag{3.95}$$

找到式(3.95)与直线 $\dot{e}_s=-C_v e_s+s_\Delta$ 的交点 B 沿 e_s 轴的坐标 e_{sg},等式的右边部分描述了这些直线:

$$k_g(e_s-e_{sg0})-C_v e_{sg0}-s_\Delta=-C_v e_s+s_\Delta \tag{3.96}$$

对于 e_s 求解方程式(3.96),可得到

$$e_{sg}=\frac{2s_\Delta}{k_g+C_v}+e_{sg0} \tag{3.97}$$

考虑到表达式(3.97),以及 $|k_g|>C_v$ 和 $k_g<0$,可得到

$$\Delta e_{gm}=|e_{sg0}-e_{sg}|=\frac{-2s_\Delta}{k_g+C_v} \tag{3.98}$$

由于闭合周期的螺旋线段 $\Delta\dot{e}_{sm}$ 和双曲线段 $\Delta\dot{e}_{gm}$ 的投影(AB 段和 BD 段的投影)在 $\dot{e}_s$ 轴上(图 3.22)相等,因此考虑表达式(3.95)和式(3.98),可以这样写:

$$\Delta\dot{e}_{sm}=\Delta\dot{e}_{gm}=-k_g\Delta e_{gm}=k_s\Delta e_{sm}=\frac{2s_\Delta}{k_g+C_v}k_g$$

或者

$$\Delta e_{sm}=2s_\Delta\frac{k_g}{(k_g+C_v)k_s} \tag{3.99}$$

结果,考虑到表达式(3.89)、式(3.98)和式(3.99),可以按照以下形式确定 h_q 的值:

$$h_q = 2s_\Delta \frac{k_g - k_s}{(k_g + C_v)k_s} \tag{3.100}$$

显然,使用表达式(3.94)和式(3.100)计算的 h_q 值将取决于无人潜航器参数的当前值。因此在确定 h_q 时,有必要从指定范围内选择 m 和 d_1 的值,在该范围内 h_q 将具有最大值。这将确保自调整算法可用于无人潜航器参数的任何更改。为了确定所需的 m 和 d_1 值,有必要确定偏导数$\dfrac{\partial h_q}{\partial m}$和$\dfrac{\partial h_q}{\partial d_1}$的正负号,其形式为[30]

$$\frac{\partial h_q}{\partial m} = \frac{\partial h_q}{\partial k_s}\frac{\partial k_s}{\partial m} + \frac{\partial h_q}{\partial k_g}\frac{\partial k_g}{\partial m} \tag{3.101}$$

$$\frac{\partial h_q}{\partial d_1} = \frac{\partial h_q}{\partial k_s}\frac{\partial k_s}{\partial d_1} + \frac{\partial h_q}{\partial k_g}\frac{\partial k_g}{\partial d_1} \tag{3.102}$$

为了简化任务,首先考虑表达式(3.94)、式(3.100)在表达式(3.101)、式(3.102)中定义中间因子:

$$\frac{\partial h_q}{\partial k_s} = -2s_\Delta \frac{k_g}{(k_g + C_v)k_s^2} \tag{3.103}$$

$$\frac{\partial h_q}{\partial k_g} = 2s_\Delta \frac{k_s + C_v}{(k_g + C_v)^2 k_s} \tag{3.104}$$

$$\frac{\partial k_s}{\partial m} = -\frac{K_{u1} - d_1 bC_v}{bC_v m^2} \tag{3.105}$$

$$\frac{\partial k_s}{\partial d_1} = \frac{\partial k_g}{\partial d_1} = -\frac{1}{m} \tag{3.106}$$

$$\frac{\partial k_g}{\partial m} = \frac{K_{u1} + d_1 bC_v}{bC_v m^2} \tag{3.107}$$

在分析表达式(3.103)至式(3.107)的符号之前,注意到只有当 $k_s>0$ 时,才可以通过式(3.100)来计算 h_q。如图 3.22 所示,只有当满足 $k_s>0$ 时才可能构造一个封闭的极限循环。由于在实际的可变结构系统中,不等式 $C_v>0$, $d_1>0$ 和 $b>0$ 始终有效,因此根据表达式(3.94),通过选择控制规律式(3.56)的系数 $K_{u1}>0$ 可确保不等式 $k_s>0$ 的不变有效性,该值将满足不等式 $K_{u1}>\max(d_1bC_v)$。在这种情况下,这样值的选择与选择系数 $K_{u1}>0$ 的条件不矛盾,这保证了可变结构系统的滑模稳定性(参见表达式(3.77)和式(3.78))。

由于存在滑模(高频切换模式)[40],必须满足不等式 $k_g+C_v<0$,考虑到不等式 $k_g<0$ 和 $s_\Delta>0$,表达式(3.103)将始终为负。根据上述不等式,表达式(3.105)将始终为负,表达式(3.104)和式(3.107)将为正。

因此,考虑到表达式(3.103)至式(3.105)和式(3.107)的符号,表达式(3.101)将始终为正,故当使用表达式(3.100)计算 h_q 的值时,有必要从指定范围内选择参数 m 的最大值。

由于表达式(3.106)的符号始终为负,并且表达式(3.103)和式(3.104)的符号不同,因此表达式(3.102)的符号将取决于无人潜航器参数的特定值。因此,应该为每个特定的无人潜航器分别确定在计算 h_q 值时使用参数 d_1 的问题。

但是,h_q 不仅取决于无人潜航器的参数,而且取决于系数 C_v 的值。因此,还需要确定

应在该系数哪个值上执行 h_q 的计算。为此,需要解析以下表达式:

$$\frac{\partial h_q}{\partial C_v}=\frac{\partial h_q}{\partial k_s}\frac{\partial k_s}{\partial C_v}+\frac{\partial h_q}{\partial k_g}\frac{\partial k_g}{\partial C_v} \tag{3.108}$$

考虑到表达式(3.94),可以这样写:

$$\frac{\partial k_s}{\partial C_v}=-\frac{\partial k_g}{\partial C_v}=-\frac{K_{u1}}{mbC_v^2}<0 \tag{3.109}$$

考虑到表达式(3.103)、式(3.104)和式(3.109)的符号,表达式(3.108)始终为正,因此在计算 h_q 的值时,有必要使用系数 C_v 的最大可能值,同时要考虑到无人潜航器参数的指定变化范围。

因此,基于所执行的分析,必须使用以下无人潜航器参数值来执行使用表达式(3.94)和式(3.100)计算 h_q 的值:

$$m=m_{\max},d_1=\begin{cases}d_{1\min},\text{如果}\dfrac{\partial h_q}{\partial d_1}<0\\ d_{1\max},\text{如果}\dfrac{\partial h_q}{\partial d_1}>0\end{cases},C_v=C_{v\max} \tag{3.110}$$

3.3.5　无人潜航器运动速度综合控制系统的研究

为了确认无人潜航器运动速度控制子系统的设计方法和算法的可操作性与效率(根据其自由度),本节将介绍步进输入应用于一个速度控制回路输入时的研究结果。没有信号施加到其他 5 个控制通道。但是同时,在建模过程中,研究了形式为式(3.1)的无人潜航器的完整六自由度模型,其中包含三个旋转方程式和三个平移自由度方程式。随后将使用相同的模型来研究无人潜航器沿任意轨迹的运动和空间运动,已经存在用于控制所有六自由度的位置跟踪回路。

在仿真中,使用了无人潜航器及其控制系统的以下参数值:

$m_a=1\ 300$ kg,$J_{xx}=9\ 00$ kg · m^2,$J_{yy}=700$ kg · m^2,$J_{zz}=850$ kg · m^2;$Y_c=0.05$ m;$\lambda_{ij\min}=150$ kg,$(i,j=1,2,3)$;$\lambda_{ij\max}=1\ 200$ kg,$(i,j=1,2,3)$;$\lambda_{ij\min}=70$ kg · m^2,$(i=4,5,6)$;$\lambda_{ij\max}=900$ kg · m^2,$(i=4,5,6)$;$d_{1i\min}=100$ kg/s,$d_{1i\max}=200$ kg/s,$d_{2i\min}=300$ kg/m^2,$d_{2i\max}=500$ kg/m^2;$K_d=50$;$T_d=0.1$ s;$C_{v\min}=3$;$K_{u1}=100$;$K_{u2}=0.02$;$\mu_{\max}=0.9$;$K_\mu=12$;$h_q=0.05$ m/s;$s_\Delta=0.005$。

图 3.23 显示了当阶跃参考信号速度 $\boldsymbol{v}_d=1$ m/s 施加到速度控制回路的输入时,沿一个(直线)自由度的无人潜航器运动速度误差。在这种情况下,曲线 1 和曲线 3 对应于无人潜航器的参数具有“最佳”值的情况(即 $\boldsymbol{\lambda}_{ij}=\boldsymbol{\lambda}_{ij\min},d_{2i}=d_{2i\max}$),以及曲线 2 和曲线 4 对应于无人潜航器的参数具有“最差”值的情况(即 $\boldsymbol{\lambda}_{ij}=\boldsymbol{\lambda}_{ij\max},d_{2i}=d_{2i\min}$)。

从图 3.23 中可以看出,当使用具有常数 C_v 的可变结构系统(曲线 3 和曲线 4)时,无论控制对象的参数如何,系统的速度(过渡过程的时间)实际上都保持恒定(即使在该控制对象的参数允许提高速度的情况下）。在自调整的可变结构系统中，可以在良好的工作模式下将系统速度提高近1.5倍（见曲线1）。

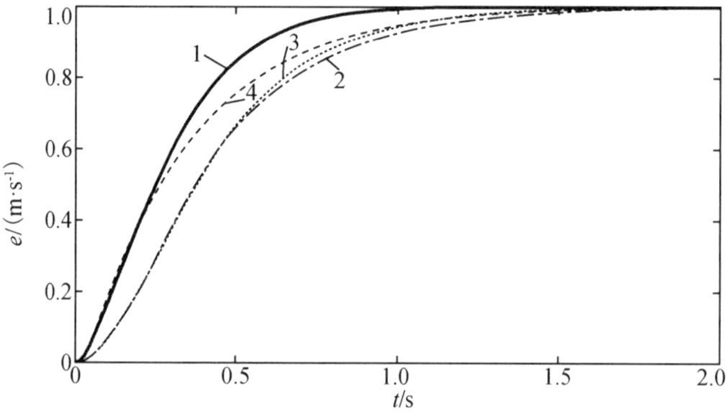

1和2—对应于使用具有可变参数C_v的自调节控制系统式（3.56）的情况；

3和4—对应于使用具有恒定参数C_v的传统可变结构系统的情况。

图3.23 步进信号处理时的无人潜航器运动速度误差

图3.24显示了滑差参数μ如何随无人潜航器的“最佳”（曲线1）和“最差”（曲线2）参数变化。

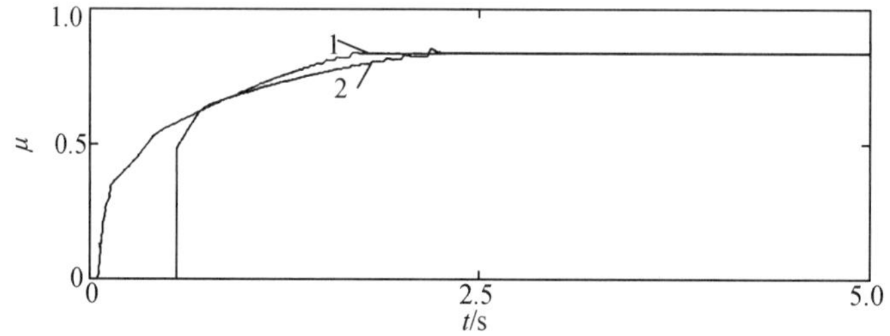

1—无人潜航器的“最佳”参数变化；2—无人潜航器的“最差”参数变化。

图3.24 滑差参数μ如何随无人潜航器的“最佳”和“最差”参数变化

可以看出，尽管系统在不同的时间进入滑动模式（由于初始运动的不同规律，由控制对象参数确定），但在两种情况下它都达到相同的预定值。具有不同参数的系统的C_v值自然会有所不同，如图3.25所示。从图3.25中可以看出，由于在无人潜航器“最佳”的参数值上使用了自调整（在其工作压力最小的模式下），故控制系统的C_v值较大，因此滑动模式具有很高的速度，可以显著提高无人潜航器速度控制回路的速度以及在有利工作条件下的准确性。

因此，研究结果证实，应用控制规律式（3.56），可以在转换区中心轴和退化轨迹的接近度与滑移参数μ之间建立明确的关系。这可以在无人潜航器的速度控制回路中使用自调整，从而在处理阶跃参考信号时显著提高其速度。

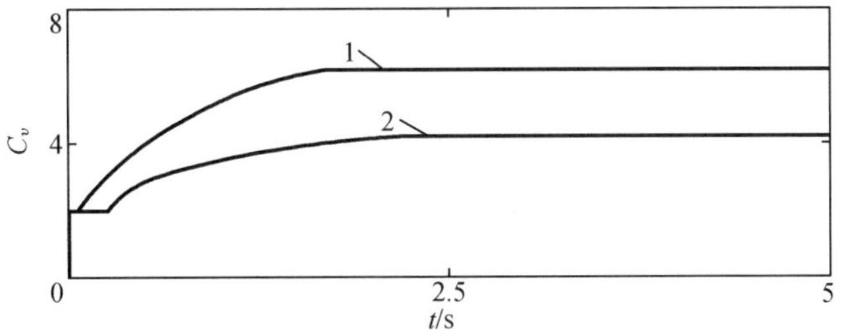

1—对应于具有“最佳”参数的系统；2—对应于具有“最差”参数的系统。

图 3.25　在速度控制回路自调整期间系数 C_v 的变化过程

3.4　无人潜航器空间位置和方向的控制环设计

根据先前定义的设计顺序，无人潜航器控制系统在此阶段应针对其空间位置和方向研发一个控制系统，这将使其在沿任意空间轨迹运动时具有所需的动态特性。在这种情况下，控制对象将被视为无人潜航器的速度控制回路。该速度控制回路已在设计的前几个阶段研发出来，由于使用了可变结构系统，故由具有常数系数的一阶微分方程描述。

根据表达式(3.57)，以矩阵形式编写用于控制无人潜航器运动速度的系统动力学方程，条件是将式(3.56)的控制规律应用于每个通道，以控制其沿每个自由度的移动速度：

$$\dot{\boldsymbol{v}}+\boldsymbol{C}_v\boldsymbol{v}=\boldsymbol{C}_v\boldsymbol{v}_{\mathrm{d}} \tag{3.111}$$

式中　$\boldsymbol{v}_{\mathrm{d}}$——速度影响矢量，为$(v_{\mathrm{d}1},v_{\mathrm{d}2},v_{\mathrm{d}3},v_{\mathrm{d}4},v_{\mathrm{d}5},v_{\mathrm{d}6})^{\mathrm{T}}\in\mathbf{R}^6$；

$\boldsymbol{C}_v$——系数的对角矩阵，等于 $\mathrm{diag}(C_{v1},C_{v2},C_{v3},C_{v4},C_{v5},C_{v6})\in\mathbf{R}^{6\times6}$。

为了获得位置控制回路的完整数学模型，应在方程式(3.111)中添加矩阵方程式(3.6)，该方程式描述了无人潜航器的运动速度在随体坐标系轴上的投影和绝对坐标系轴上的投影之间的关系。式(3.6)和式(3.111)简化为一个矩阵方程。为此，微分方程式(3.6)从所得方程式表达导数$\dot{\boldsymbol{v}}$，可这样写：

$$\dot{\boldsymbol{v}}=\boldsymbol{J}^{-1}\ddot{\boldsymbol{x}}-\boldsymbol{J}^{-1}\dot{\boldsymbol{J}}\boldsymbol{v} \tag{3.112}$$

由于 $\det\boldsymbol{J}\neq0$，故矩阵 $\boldsymbol{J}^{-1}$ 是非退化的，将关系式(3.112)代入式(3.111)，得到了一个描述无人潜航器沿任意空间轨迹运动时的位置和方向完整的控制回路动力学表达式：

$$\ddot{\boldsymbol{x}}-(\dot{\boldsymbol{J}}-\boldsymbol{J}\boldsymbol{C}_v)\boldsymbol{v}=\boldsymbol{J}\boldsymbol{C}_v\boldsymbol{v}_{\mathrm{d}} \tag{3.113}$$

下面的矩阵微分方程通过无人潜航器空间运动来确定控制系统的理想动态特性，而与矩阵 $\boldsymbol{J}$ 的元素当前值和速度 $\boldsymbol{v}$ 无关：

$$\ddot{\boldsymbol{x}}+\boldsymbol{C}_v\dot{\boldsymbol{x}}+\boldsymbol{K}_\Pi\boldsymbol{x}=\boldsymbol{K}'_\Pi\boldsymbol{x}_{\mathrm{d}}+\boldsymbol{C}_v\dot{\boldsymbol{x}}_{\mathrm{d}} \tag{3.114}$$

式中　$\boldsymbol{x}_{\mathrm{d}}$——无人潜航器位置设置动作的向量，为$(x_{\mathrm{d}1},x_{\mathrm{d}2},x_{\mathrm{d}3},x_{\mathrm{d}4},x_{\mathrm{d}5},x_{\mathrm{d}6})^{\mathrm{T}}\in\mathbf{R}^6$；

$\boldsymbol{K}_\Pi$、$\boldsymbol{K}'_\Pi$——系数的对角矩阵，其值根据控制系统的指定质量指标进行选择，$\boldsymbol{K}_\Pi$、$\boldsymbol{K}'_\Pi\in\mathbf{R}^{6\times6}$。

从式(3.113)和式(3.114)中得出高阶导数为

$$\ddot{x}=JC_v\boldsymbol{v}_d+(\dot{J}-JC_v)\boldsymbol{v} \tag{3.115}$$

$$\ddot{x}=K'_\Pi x_d-K_\Pi x+C_v\dot{x}_d-C_v\dot{x} \tag{3.116}$$

为了始终用等式(3.114)来描述无人潜航器的位置和方向的控制回路动力学,必须以确保表达式(3.115)和式(3.116)右边相等的方式形成其运动速度控制回路的参考信号。解决了关于 $\boldsymbol{v}_d$ 的系统式(3.115)、式(3.116)之后,就可以从下式中获得所需的控制规律[158,228,235]:

$$\boldsymbol{v}_d=(JC_v)^{-1}(K'_\Pi x_d-K_\Pi x+C_v\dot{x}_d-C_v\dot{x}-\dot{J}\boldsymbol{v})+\boldsymbol{v} \tag{3.117}$$

然后,将等式(3.6)中 $\dot{x}$ 的表达式代入等式(3.117),将得到

$$\boldsymbol{v}_d=(JC_v)^{-1}[K'_\Pi x_d-K_\Pi x+C_v\dot{x}_d-(C_vJ+\dot{J})\boldsymbol{v}]+\boldsymbol{v} \tag{3.118}$$

考虑以下情况:在无人潜航器所有自由度的内部速度控制回路中未执行转换区中心轴的自调整,并且这些转换区中心轴的斜率在所有指示回路中选择为恒定、相同,以使得对于所有这些回路中无人潜航器参数的所有可能值(包括最"不利"的),都会出现并进行稳定的滑模。这样,矩阵 C_v 不仅可以是对角线,而且可以具有相同的对角线元素 C_{vi}。诚然,如前所述,在这种情况下 C_{vi} 的值将是最小的,这意味着无人潜航器运动速度控制回路内部将具有最小速度,并且无人潜航器本身将降低速度控制回路的动态精度。然而,对于这种情况,可以简化表达式(3.118),从而简化对无人潜航器空间位置的控制规律。

实际上,如果对角矩阵 C_v 的所有元素都相等,则乘积 C_vJ 具有可交换性,即等式 $C_vJ=JC_v$ 成立。考虑到此属性,表达式(3.118)可以简化为[80,158,228]

$$\boldsymbol{v}_d=(JC_v)^{-1}(K'_\Pi x_d-K_\Pi x+C\dot{x}_d-\dot{J}\boldsymbol{v}) \tag{3.119}$$

显然,要实施控制规律式(3.119),必须不断计算矩阵 $(C_vJ)^{-1}$ 和 $\dot{J}$ 的元素。这是一个重要问题,因为矩阵 J 的元素是复杂的三角表达式(函数),其值根据无人潜航器角坐标的当前值连续变化。为避免这些耗时的计算,可以预先导出来分析相关性以计算这些矩阵的元素,然后将其用于无人潜航器的位置和方向通用控制器的实现中,以执行最小数量的计算。

如果无人潜航器所有自由度的速度控制回路内部都是自调整的,即所有转换区中心轴都在不断改变其斜率,则仅需使用最通用且更复杂的控制规律式(3.118)。

设计无人潜航器的多维位置控制器时,还会出现选择矩阵 K_Π 和 K'_Π 的元素 $K_{\Pi i}$、$K'_{\Pi i}$ 的问题。显然,正是这些元素将随后确定所考虑的广义位置回路的动态特性和质量指标,从而确定整个无人潜航器沿任意空间轨迹运动时的动态特性和质量指标。

从方程式(3.114)可以看出,该方程式描述了使用控制规律式(3.118)时的无人潜航器动力学,该动力学取决于矩阵 C_v 的元素 C_{vi},这些元素确定了无人潜航器相应自由度速度控制子系统中转换区中心轴的当前斜率(请参见第3.3节)。在无人潜航器的运动过程中,系数 C_{vi} 连续进行自调整,这取决于无人潜航器参数的当前值。这可能导致这样一个事实,即

在选择矩阵中的 $K_{\Pi i}$ 和 $K'_{\Pi i}$元素为常数时，方程式(3.114)所描述的控制系统的质量指标将发生变化，直到出现外部回路中不可接受的振荡。

实际上，矩阵微分方程式(3.114)所描述系统的瞬态过程性质由无人潜航器每个自由度的运动规律确定。考虑到对角矩阵 $\boldsymbol{C}_v$，如果将式(3.114)分为 6 个子系统(根据无人潜航器的自由度)，然后分析这 6 个微分方程的特征方程，则可以研究这些运动的特征，即式(3.114)。

得到 6 个特征方程式的每一个判别式 $\widetilde{\boldsymbol{D}}$(为简单起见，将省略表示属于无人潜航器相应自由度的索引 i)为

$$\widetilde{\boldsymbol{D}}=\boldsymbol{C}_v^2-4\boldsymbol{K}_\Pi \tag{3.120}$$

显然，如果满足不等式 $\boldsymbol{K}_\Pi \leqslant \boldsymbol{C}_v^2/4$，则不等式 $\widetilde{\boldsymbol{D}} \geqslant \boldsymbol{O}$ 成立，即相应的特征方程将具有实数负根，故无人潜航器沿着所考虑的自由度运动将不会发生超调。否则，当 $\widetilde{\boldsymbol{D}}<\boldsymbol{O}$ 时，所考虑的根是复共轭的，并且无人潜航器的运动将是振荡的。

从表达式(3.120)中得出，在相应自由度位置控制器矩阵 $\boldsymbol{K}_\Pi$ 不变以及矩阵 $\boldsymbol{C}_v$ 变化时(在所考虑的速度控制回路转换区中心轴的自调整过程中)，判别式 $\widetilde{D}$ 的值将发生变化。但是同时它的符号可能会改变。因此，为了稳定无人潜航器的动态特性，还必须根据系数 C_{vi} 的当前值来调整参数 $K_{\Pi i}$ 和 $K'_{\Pi i}$，从而在这些系数变化的整个可能范围内为判别式 $\widetilde{\boldsymbol{D}}$ 提供恒定的正号。

使用等式(3.120)，形成了对无人潜航器的位置和方向的相应回路系数进行调整的必要规律，其形式为

$$\boldsymbol{K}_\Pi=\boldsymbol{K}'_\Pi=\frac{\boldsymbol{C}_v^2}{\zeta} \tag{3.121}$$

式中　ζ——某个正参数，它通过无人潜航器沿给定空间轨迹运动时的位置和方向来确定控制系统瞬态过程类型。

显然，如果 $\zeta \geqslant 4$，则无人潜航器沿相应自由度的运动将不会发生过调，但瞬态过程会稍微慢一些。当不等式 $\zeta<4$ 满足时，过渡过程将更快，但是无人潜航器的相应运动将发生过调。

因此，将系数 $K_{\Pi i}$ 和 $K'_{\Pi i}$的选择代替了参数 ζ_i 的选择，当它们沿着任何空间轨迹运动时，确定了整个无人潜航器的动态特性。

形式为式(3.119)的位置控制器的结构图如图 3.26 所示。形式为式(3.118)的控制机构将拥有更复杂的实施方案。显然，当使用器载计算机实现这些方案时，有必要执行大量的乘法运算和三角函数的计算。为此，指定的计算机必须具有适当的性能。

因此，所获得的无人潜航器的位置和方向的控制规律使得当沿着任意空间轨迹运动

时,可以赋予其所需的动态特性。另外,提出的用于调节控制回路的规律式(3.121)允许在控制回路中沿着相应自由度进行速度自调整的情况下,确保无人潜航器瞬态过程形式相同。

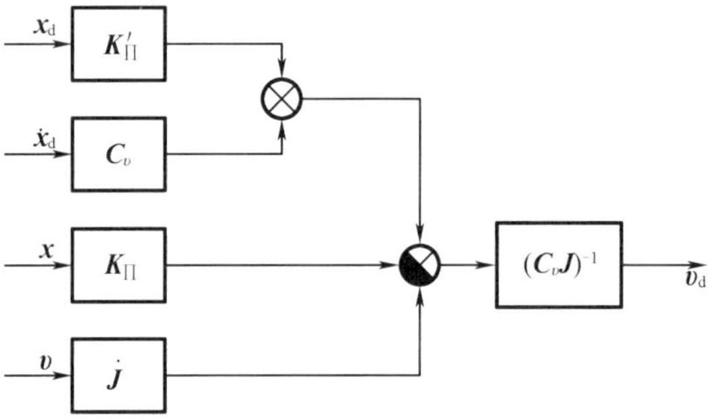

图 3.26　形式为式(3.119)的位置控制器的结构图

3.5　无人潜航器空间运动综合控制系统研究

本节将介绍无人潜航器综合空间运动控制系统的数学建模结果。指定的研究是使用无人潜航器(式(3.1)至式(3.5))的完整数学模型加上运动关系式(3.6)进行的。无人潜航器的参数和控制其运动速度的相应子系统系数与第 3.3 节相同,并且位置控制系统的参数为 $\zeta_i=4(i=1,2,\cdots,6)$。

首先,假设没有参考信号提供给其他自由度的控制系统,研究将无人潜航器的一个自由度控制系统应用于特定参考信号时的操作。如前所述,该系统包含以下回路(子系统,如图 3.1 所示):使用表达式(3.28)形成的推进系统控制回路;无人潜航器沿着所考虑的一个自由度的运动速度控制回路,该控制回路基于具有式(3.56)控制形式的可变结构系统;使用表达式(3.118)的无人潜航器空间位置(方向)控制回路。图 3.27 显示了将阶跃输入动作应用于其输入时,对该控制系统的研究结果。

为了进行比较,图 3.27 显示了具有典型线性 PI 控制器(曲线 3 和 4)的系统中的瞬态过程,该控制器针对无人潜航器"最佳"参数值进行模块优化设计。该控制器代替了无人潜航器的设计位置控制子系统和速度控制子系统。同时,在两个系统中,都使用式(3.28)的自调整控制器来控制推进器。

图 3.27 显示了设计的具有恒定系数的线性 PI 控制器仅在无人潜航器参数"最佳"值下才能实现可接受的控制质量。在这些参数的"最差"值下,观察到瞬态过程的质量显著下降(出现了不可接受较大的过度调节,瞬态过程时间增加了 2.5 倍以上)。使用设计的无人潜航器控制系统,不仅可以完全消除过调,而且还可以在有利的操作模式下将系统速度提

高近 1.5 倍(将误差归零的速度)。

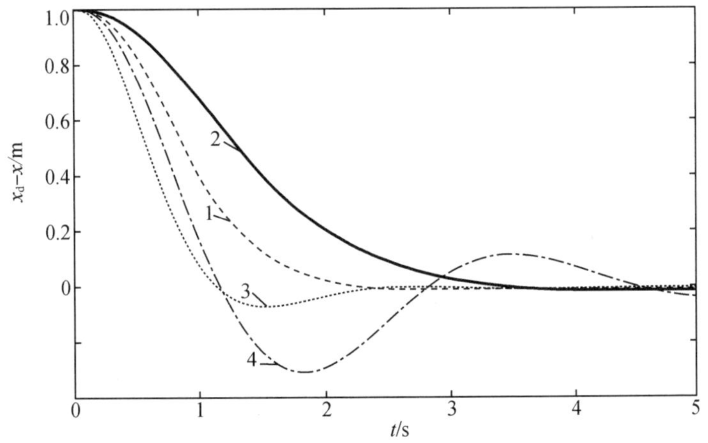

1—无人潜航器参数的“最佳”值的瞬态;2—无人潜航器系数的“最差”值的瞬态;

3—无人潜航器参数的“最佳”值;4—无人潜航器参数的“最差”值。

图 3.27　处理阶跃输入信号时无人潜航器沿一个自由度的位置误差

图 3.28 显示了在无人潜航器的位置控制模式下速度控制器进行自调整滑动参数 μ 的过程,图 3.29 显示了无人潜航器速度子系统自调整过程中转换区中心轴斜率的变化过程。从图中可以看出,控制无人潜航器的位置时,速度控制回路参数的自调整过程与控制无人潜航器速度时的自调整过程相似(图 3.24 和 3.25)。在这种情况下,参数 μ 相当快地达到其最大预定常数(接近 1),并且,转换区中心轴斜率按照无人潜航器当前参数取不同的值。

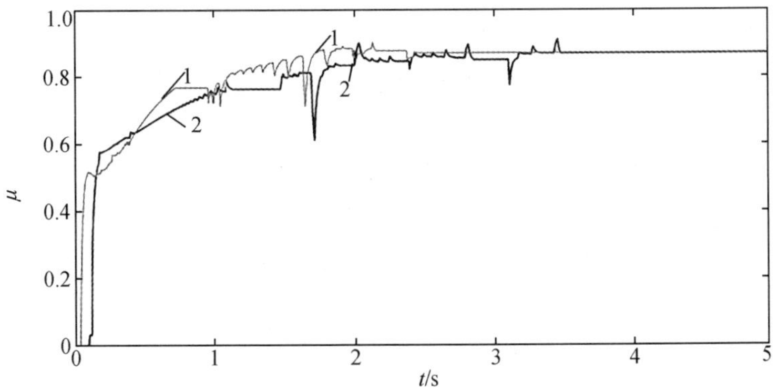

1—控制系统在无人潜航器参数给定变化范围内的“最佳”值发生的过程;

2—控制系统在无人潜航器参数给定变化范围内的“最差”值发生的过程。

图 3.28　在无人潜航器的位置控制模式下速度控制器进行自调整滑动参数 μ 的过程

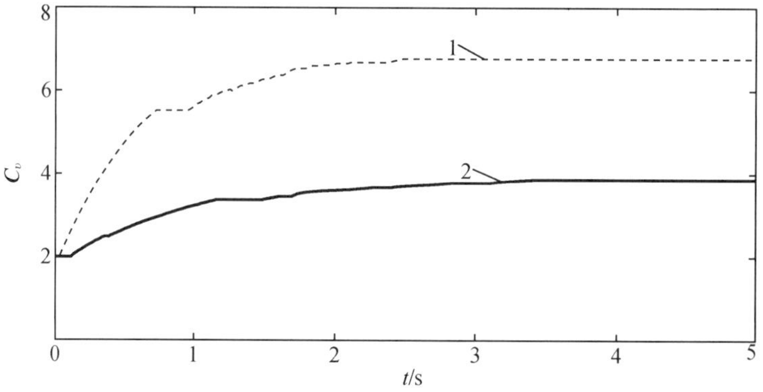

1—控制系统在无人潜航器参数给定变化范围内的“最佳”值发生的过程;

2—控制系统在无人潜航器参数给定变化范围内的“最差”值发生的过程。

图 3.29　无人潜航器速度子系统自调整过程中转换区中心轴斜率的变化过程

但是,与无人潜航器的速度控制模式不同(图 3.24 和 3.25),在速度控制器的自调整过程中参数 μ 的变化过程不会顺利进行到由无人潜航器当前参数确定的某个最大可能值,而是有明显的下降和峰值。这是由于系统不断从稳定切换的一个周期过渡到另一个周期,并且速度参考信号发生了突然变化(请参阅第 3.3.4 节)。然而,从图 3.28 和图 3.29 中可以看出,μ 值的突变几乎不会影响矩阵 $\boldsymbol{C}_v$ 的变化连续性,因为它趋于最大可能值,在系统中没有稳定切换模式时速度控制回路的自调整停止了。

研究人员还通过使用形式为式(3.28)、式(3.56)和式(3.118)的子系统构建的完整多通道控制系统,对无人潜航器的空间运动进行了研究。当无人潜航器沿着空间曲线轨迹运动时,对该控制系统进行了研究,该轨迹使用以下表达式设置:

$$\begin{aligned} x_{\mathrm{d}}(t) &= 1.2t \\ y_{\mathrm{d}}(t) &= 10\sin[0.1x(t)] \\ z_{\mathrm{d}}(t) &= 5\cdot\cos[0.1x(t)]-5 \end{aligned} \tag{3.122}$$

在无人潜航器运动过程中,其侧倾角的期望值等于零,并形成了航向角和纵倾角的期望值,以使无人潜航器纵轴对准移动的目标点,其坐标由式(3.122)设置。

图 3.30 显示了无人潜航器沿式(3.122)轨迹运动时线性坐标的跟踪误差($e_x=x_{\mathrm{d}}-x$,$e_y=y_{\mathrm{d}}-y$,$e_z=z_{\mathrm{d}}-z$)。从该图中可以看出,在过渡过程结束后设计控制系统运行过程中指示误差的值不超过 0.2 m。在这种情况下,无人潜航器与轨迹的最大偏差不超过 0.05 m,这足以执行许多水下操作。

图 3.31 显示了控制无人潜航器运动速度的可变结构系统的系数 C_{vi} 变化过程。从该图可以看出,当无人潜航器沿着空间轨迹运动时,控制其移动速度相应通道的每个可变结构系统都会调整其系数 C_{vi} 的值,该值对应于给定的参数 $\mu_{\max}$。同时,对于某些通道,可调 C_{vi} 值可能比原始 $C_{v\min}$ 高 3 倍。这可以增加位置控制器(式(3.121))的系数 $K_{\Pi i}$ 和 $K'_{\Pi i}$,从而整体上提高整个控制系统的动态精度。

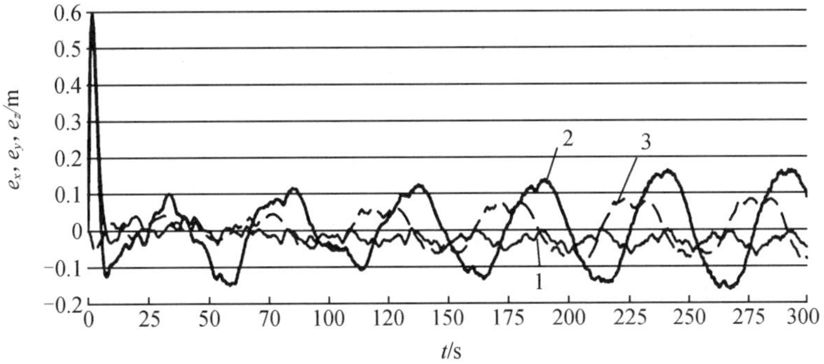

1—x 坐标中的跟踪误差；2—y 坐标中的跟踪误差；3—z 坐标中的跟踪误差。

图3.30　无人潜航器沿式(3.122)轨迹运动时线性坐标的跟踪误差

($e_x=x_d-x, e_y=y_d-y, e_z=z_d-z$)

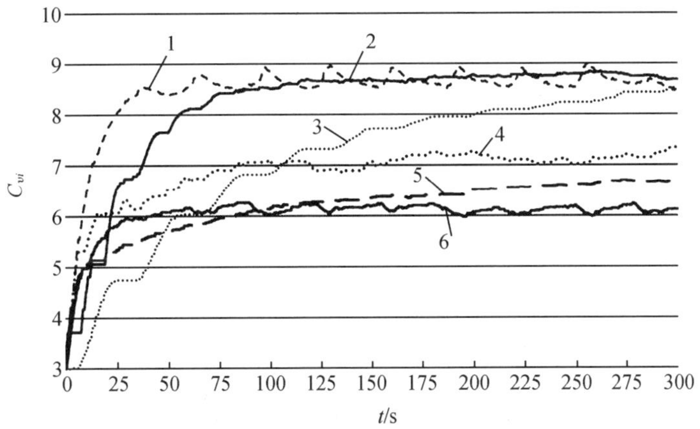

1—角速度ω_z 控制的可变结构系统中系数C_{v6} 的变化过程；

2—角速度ω_y 控制的可变结构系统中系数C_{v5} 的变化过程；

3—角速度ω_x 控制的可变结构系统中系数C_{v4} 的变化过程；

4—速度v_y 控制的可变结构系统中系数C_{v2} 的变化过程；

5—速度v_x 控制的可变结构系统中系数C_{v1} 的变化过程；

6—速度v_z 控制的可变结构系统中系数C_{v3} 的变化过程。

图3.31　控制无人潜航器运动速度的可变结构系统的系数 C_{vi} 变化过程

图3.32(a)和图3.32(b)分别显示了在可变结构系统中更改参数μ的过程，这些参数分别控制速度v_z 和ω_y。在无人潜航器其余控制通道中，更改参数μ的过程看起来相似。从图3.32中可以看出，当在可变结构系统中存在切换模式时，对参数μ的确定以及因此对系数C_{vi}的调整就发生了，这在处理速度参考信号下一次变化h_q时出现。同时，在所提出的可变结构系统中，切换模式存在于无人潜航器整个运动时间中，这使得即使在潜航器参数连续变化的情况下也可以快速调整这些系统的参数。

为了进行比较，图3.33显示了在系数恒定值下C_{vi}沿直线坐标的跟踪误差变化过程。

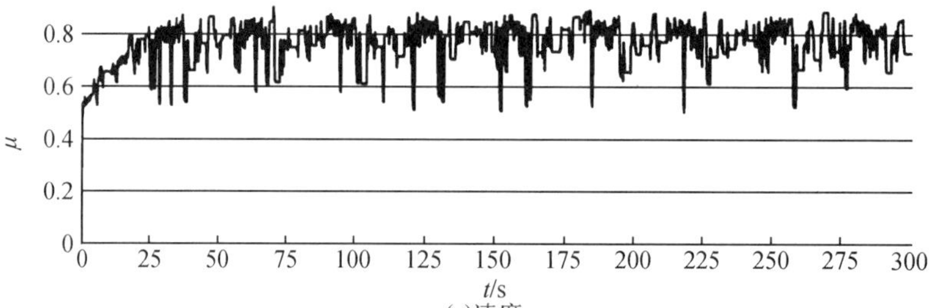

(a)速度v_z

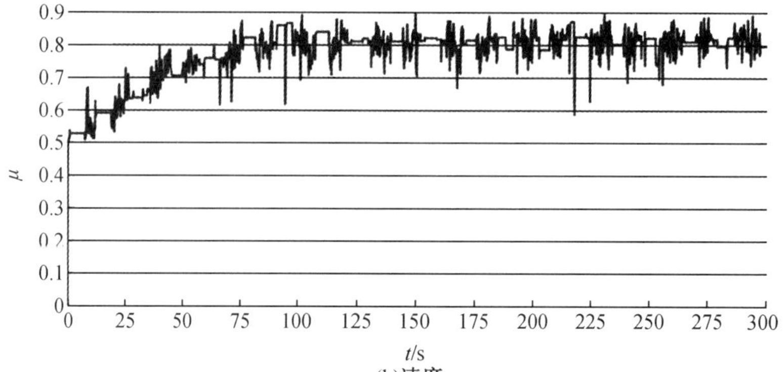

(b)速度ω_y

图 3.32　在可变结构系统中更改参数μ 的过程

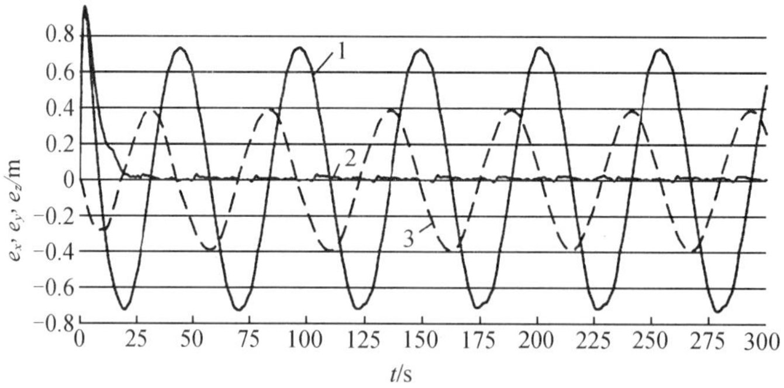

1—在 x 坐标中显示的跟踪误差；2—在 y 坐标中显示的跟踪误差；3—在 z 坐标中显示的跟踪误差。

图 3.33　在系数恒定值下 C_{vi} 沿直线坐标的跟踪误差变化过程

从图 3.33 中可以看出，在不调整无人潜航器可变结构系统系数的情况下，处理相同设定信号期间的动态误差值显著增加（沿 y 轴增加了 4 倍，从 0.17～0.72 m），并且无人潜航器自身与指定轨迹的最大偏差增加了 10 倍多，从 0.05～0.51 m。

因此，仿真结果证实了无人潜航器运动的高精度，这是由合成控制系统在无人潜航器自由度之间存在相互影响的情况下，以及无人潜航器连续变化和参数不确定性的条件下提供的。应该注意的是，仅当控制系统产生的控制动作由无人潜航器推进器来执行时，所述控制系统的高精度才是可能的。如果这些推进器进入饱和状态，那么无人潜航器可能偏离轨迹。在这种情况下，为了确保无人潜航器的期望精度，必须降低其运动速度，以减小由控制系统生成并提供给推进器的控制信号的值。

3.6　小　　结

本章,在最完整的无人潜航器和其推进器数学模型的基础上,研发了设计控制系统的方法,这些控制系统可以在工作对象附近执行复杂操作过程中对这些无人潜航器进行高精度控制。该方法基于高度可操作的无人潜航器的所有控制通道的分解,并保留了其自由度和周围黏滞环境之间相互影响的所有效果。指定的控制系统由三个子系统(回路)组成:推进器控制子系统(内部回路)、用于控制无人潜航器速度的子系统(中间回路)和用于控制无人潜航器在空间中沿任意空间轨迹运动的子系统(外回路)。在相应自由度之间存在显著相互作用的情况下,控制系统的这些回路在其参数的不确定性和可变性的条件下提供了所需的动态特性与控制精度,并确定了这些回路的合成顺序和特征。

在研发上述三个控制系统回路设计方法的过程中可获得以下结果。

(1)已经研究出两组合成无人潜航器推进器控制系统的方法,即无人潜航器推进器控制系统无论参数如何连续变化,其都可以为每个推进器提供指定的动力特性,这显著提高了无人潜航器推进系统和整个无人潜航器控制系统的精度。第一组方法根据推进器的参考模型为其提供自调整控制器的构造,第二组方法使用带有少量实时调节神经元的神经网络自适应系统。第一组方法的一个特点是使用了推进器的数学描述,其中最充分地考虑了推进器与黏性流体相互作用的影响;第二组方法则形成了小规模的训练样本,这允许使用具有少量神经元的神经网络,从而在操作过程中重新训练这些网络时显著减少计算量。

(2)对无人潜航器速度控制回路的操作分析表明,不能使用传统可变结构自适应系统,因为该回路的输入信号始终会随时间连续变化,这不允许使用基于滑模间接估计的自调整其参数的算法。因此,使用设定速度信号的逐步量化,为可变结构系统研发了一种新的设计方法,从而确保了调整可变结构系统参数的算法稳定运行。结果,基于为连续输入速度信号选择最小量化步长的建议方法,可以在有利的操作模式下显著提高可变结构系统的速度,从而可以提高整个无人潜航器控制系统的准确性和运行速度。

(3)已经研究出一种合成无人潜航器的位置和方向控制回路的方法,该方法考虑了先前开发的内部控制子系统的特性,并在其沿任意空间轨迹运动时提供了整个无人潜航器的指定动态特性(高动态控制精度)。

(4)数学建模的结果表明,研发的多回路控制系统可以确保无人潜航器沿给定空间轨迹运动的高精度。然而,只有当控制系统产生的控制信号不会导致无人潜航器推进器饱和时,才能确保这种高精度,这取决于无人潜航器轨迹当前部分的形状和其运动的速度。因此,为了确保无人潜航器在任意空间轨迹上保持高精度运动,需要根据设定轨迹当前部分的形状改变它的速度。

第4章　矢量推进器无人潜航器的控制系统设计方法

按照图2.1所示的任务结构，本章将讨论一种无人潜航器控制系统的设计方法，该潜航器具有流线型外形与多自由度操控，其设计目的是能够按照预定的空间曲线轨迹精确高速运动。本章中的无人潜航器是带有一个矢量推进器的设备，其推进力可改变无人潜航器在空间中的运动方向。

4.1　单推进器无人潜航器的设计描述

根据所执行工作的目的和性质，大多数现代无人潜航器都具有多个自由度，这些自由度是借助于几个同类推进器（通常为4~8个）来实现的[2,143]。这种设计无人潜航器的方法导致质量和流体动力阻力显著增加。

改善无人潜航器特性的一种方法是仅使用一台推进器，其推进力的空间方向可以相对于无人潜航器的纵轴变化，从而确保它们沿预定的平滑空间轨迹高速运动。使用此解决方案时，不需要采用舵。舵会导致无人潜航器在高速运动时流体动力阻力显著增加，或者在低速运动时操控性下降。

上述类型无人潜航器的设计，可以使用球面并联机构作为单个推进器推进力的定向装置[209]。选择这种具有并联运动学的机构来构造推进器定向装置是由于类似装置具有以下几个优点。

——所有驱动器均位于该机构的艉部，从而降低其阻尼；

——高推进比（承载能力/机构质量）；

——装置在输出端产生较大的力和力矩；

——最后一个回转关节的定位精度高。

上面列出的是优点，除此之外，这种机构所具有的明显缺点在于，控制系统的解耦是相当复杂的任务，因为并联机构的运动学是由复杂的非线性方程式描述的，比较难求解。另外，这种机构与其尺寸相比工作空间有限。然而，尽管有这些缺点，但并联运动学的机构还是具有可以创建一个相对简单而精确装置的优点，该装置可为无人潜航器提供推进力和转向力矩。

该无人潜航器的推进器定向机构由通过三组相同的运动链连接的两个平台（运动和固定）组成[252,253]。每组运动链包括两个互相铰接的连杆，连杆的末端铰接在运动平台和固定平台上（图4.1(a)）。

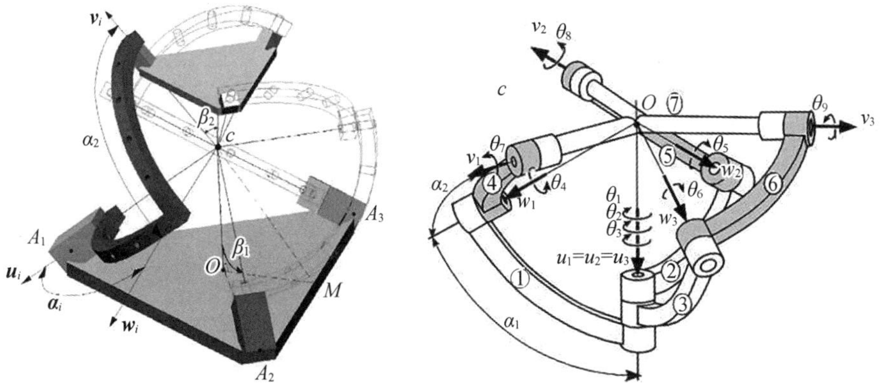

(a)原始机构　　(b)改进机构

图 4.1　球面并联机构

这些关节的轴线在机构的中心处相交于一个点。该机构具有 8 个角度参数:α_{1i}(i=1,2,3)——第 i 个近连杆的向量 $\boldsymbol{u}_i$ 和 $\boldsymbol{w}_i$ 之间的角度;α_{2i}(i=1,2,3)——第 i+3 个远连杆的向量 $\boldsymbol{w}_i$ 和 $\boldsymbol{v}_i$ 之间的角度;β_1——每个向量 $\boldsymbol{u}_i$ 与固定平台的法线形成的角度;β_2——向量 $\boldsymbol{v}_i$ 与运动平台的法线形成的角度。

文献[209]表明,机构可以改进为图 4.1(b)的形式。该改进机构具有 9 个转动关节,其关节变量为 $\theta_{\tau i}$(i=1,2,…,9)。它们中的前 3 个变量具有相同的旋转轴,该旋转轴与向量 $\boldsymbol{u}_i$ 一致,并直接连接到 3 个驱动器的输出轴,与其同步旋转。其中向量 $\boldsymbol{w}_i$(i=1,2,3)可以通过角度 α_{1i} 和 α_{2i} 对该机构进行完整描述。向量 $\boldsymbol{v}_i$(i=1,2,3) 是指向运动平台的旋转关节,在运动平台轴承上支撑着无人潜航器矢量推进器的轴。显然,对于所设计的改进机构,向量 $\boldsymbol{u}_i$ 始终是同轴的,并且 $\beta_1 = 0$,以及等式 $\beta_2 = \pi/2$ 始终成立。

图 4.2 为在所研究的球面机构的基础上构建的推进器(图 4.1(b))。图 4.3 为无人潜航器的外观,它具有所述推进系统驱动的矢量推进器[209]。

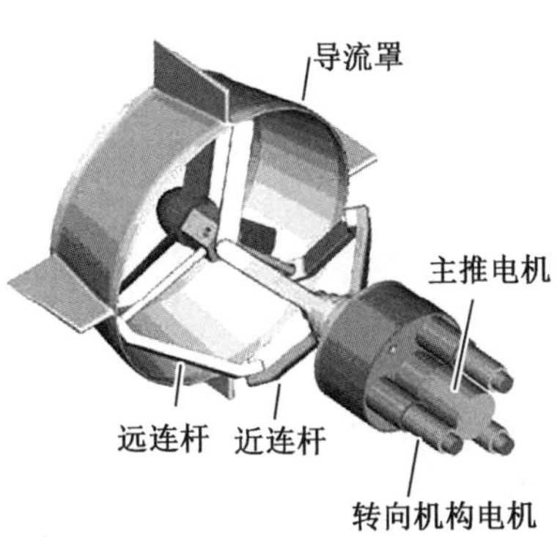

图 4.2　在所研究的球面机构的基础上构建的推进器

运动平台采用在一个平面上的 3 个杆的形式设计。该平台的轴承上安装了螺旋桨和带有稳定作用的导流罩,这增加了螺旋桨的推力。传动轴通过一个万向节连接到螺旋桨上。

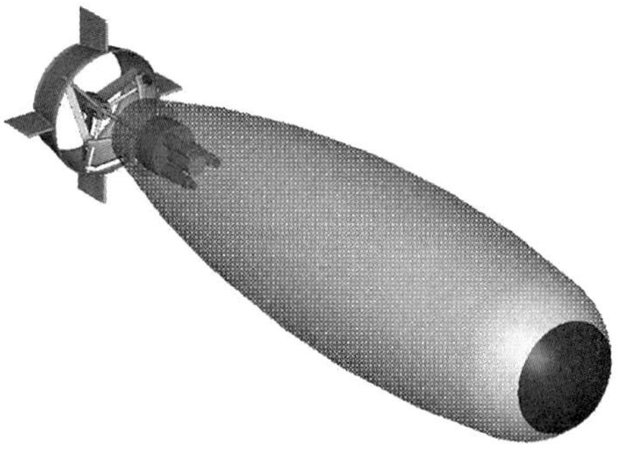

图 4.3　带有矢量推进器的无人潜航器外观

显然，由于使用球面机构，螺旋桨和导流罩可以同时改变其在圆锥形工作空间中的方向，其值取决于角度 α_1 和 α_2 的值。在这种情况下，螺旋桨的旋转轴线总是与导流罩的旋转轴线一致。此外，由于角度 $\theta_{\tau i}(i=1,2,3)$ 的同时变化而引起的导流罩绕运动平台法线的旋转没有限制。

因为上述球面机构可以同时保证运动平台在空间中的方向（推进器轴）和导流罩的旋转，因此可以补偿在黏滞环境中旋转的螺旋桨作用在无人潜航器上的倾覆力矩。为此，必须确保该导流罩在与螺旋桨旋转方向相反的方向上以一定的速度旋转。

当带有矢量推进器的无人潜航器使用球面并联机构时，其空间运动的高精度控制系统的实现需要以下条件。

（1）无人潜航器的控制系统结构设计，参考所采用的定向装置的运动学，使其能够以各种模式运动（运动到空间中的给定点，沿着空间轨迹运动）。

（2）开发一种无人潜航器推进器定向装置的驱动设定控制信号产生的方法，可同步保证矢量推进器的推力轴相对于无人潜航器纵轴的所需方向，并自动补偿当螺旋桨在水介质中旋转时发生的倾覆力矩。

（3）开发一种用于生成无人潜航器的设定运动信号的方法，将确保对这些无人潜航器的各种运动模式的实现，并研究推进力方向的定向控制。

所有这些问题将在本章中依次讨论。

4.2　控制系统结构设计

传统无人潜航器具有多个可以独立地在不同自由度上产生牵引力和力矩的推进装置，而所设计的无人潜航器与传统推进方式不同，其矢量推进器只能在三个自由度上产生控制推力和扭矩：沿着固连坐标系的 x 轴的推力 $\tau_{\sigma x}$，以及分别相对于固连坐标系的 y 轴和 z 轴的力矩 $M_{\sigma y}$、$M_{\sigma z}$。这些运动相互耦合，不能针对每个自由度独立控制。

图 4.4 为提供无人潜航器运动的力和力矩的形成图。

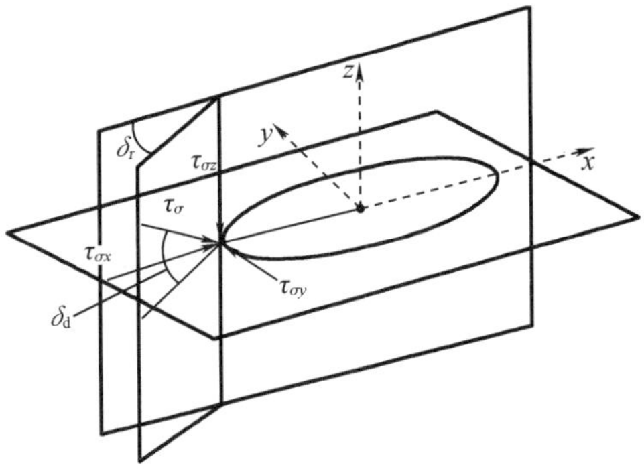

图 4.4　提供无人潜航器运动的力和力矩的形成图

从图 4.4 中可以看出,无人潜航器矢量推进器螺旋桨产生的 τ_σ 在固连坐标系轴上的投影可使用以下表达式计算[209]:

$$\begin{aligned}\tau_{\sigma x}&=\tau_\sigma\cos\delta_d\cos\delta_r\\\tau_{\sigma y}&=\tau_\sigma\cos\delta_d\sin\delta_r\\\tau_{\sigma z}&=\tau_\sigma\sin\delta_d\end{aligned}\tag{4.1}$$

式中　δ_r、δ_d——推进器轴与潜航器纵轴在水平和垂直平面的偏转角。

τ_σ 相对于无人潜航器重心的力矩由以下公式计算:

$$M_{\sigma y}=\tau_{\sigma z}(\overrightarrow{PG}),\ M_{\sigma z}=\tau_{\sigma y}(\overrightarrow{PG})\tag{4.2}$$

式中　$\overrightarrow{PG}$——从 τ_σ 的作用点指向无人潜航器重心的距离向量。

从式(4.1)和式(4.2)可以看出,力矩 $M_{\sigma y}$、$M_{\sigma z}$ 与推力 $\tau_{\sigma y}$、$\tau_{\sigma z}$ 成正比。因此在设计该无人潜航器控制系统的结构时,应考虑这些特征。带有一个矢量推进器的无人潜航器的控制系统结构如图 4.5 所示,从中可以看出其设计特征[48,49,147]。

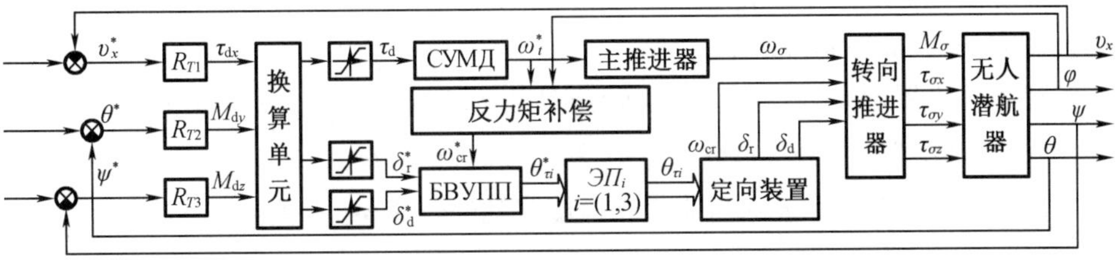

图 4.5　带有一个矢量推进器的无人潜航器的控制系统结构

图 4.5 的控制系统具有 3 个控制通道:沿着航向角 ψ 和纵倾 θ 的控制通道,以及用于无人潜航器纵向运动的控制通道。航向角 ψ^*、纵倾角 θ^* 和纵向速度 v_x^* 的理想值分别输入到这些通道的入口。每个通道都使用适当的调节器来产生控制效果:

$$\begin{aligned}\tau_{dx}&=R_{T1}(v_x^*,v_x)\\M_{dy}&=R_{T2}(\theta^*,\theta)\\M_{dz}&=R_{T3}(\psi^*,\psi)\end{aligned}\tag{4.3}$$

可以基于无人潜航器的当前位置及其目标点,使用附加的位置调节器来形成 v_x^* 值。这些调节器可以用文献[77,143]中描述的自适应和自调节系统来构建。但是,由于所考虑的无人潜航器具有流线型的外形（图 4.3）和有限的自由度，因此其自由度之间的相互作用不太明显，这在其运动速度一定时，可在每个控制通道中使用标准（典型）的线性调节器。

由于无人潜航器的推进器通过旋转其螺旋桨的轴及转角 δ_r、δ_d 来产生推进力和力矩，因此在相应的控制单元（图 4.5）中，由调节器产生的控制信号被转换为变量 τ_d、δ_r^* 和 δ_d^* 的设定值。具体计算表达式如下：

$$\hat{\tau}_d=\left[\tau_{dx}^2+\left(\frac{M_{dy}}{PG}\right)^2+\left(\frac{M_{dz}}{PG}\right)^2\right]^{\frac{1}{2}}$$

$$\tau_d=\begin{cases}\hat{\tau}_{dx}\operatorname{sign}\tau_{dx}\text{，如果 }\hat{\tau}_d<\tau_d^{\max}\\ \tau_d^{\max}\operatorname{sign}\tau_{dx}\text{，如果 }\hat{\tau}_d\geqslant\tau_d^{\max}\end{cases}$$

$$\delta_r^*=\begin{cases}\arctan\left(\dfrac{\dfrac{M_{dy}}{PG}}{\tau_d}\right)\text{，如果 }|\delta_r^*|<\delta_r^{\max}\\ \delta_r^{\max}\operatorname{sign}M_{dy}\text{，如果 }|\delta_r^*|\geqslant\delta_r^{\max}\end{cases}$$

$$\delta_d^*=\begin{cases}\arcsin\left(\dfrac{\dfrac{M_{dz}}{PG}}{\tau_d}\right)\text{，如果 }|\delta_d^*|<\delta_d^{\max}\\ \delta_d^{\max}\operatorname{sign}M_{dz}\text{，如果 }|\delta_d^*|\geqslant\delta_d^{\max}\end{cases}\tag{4.4}$$

式中　$\tau_d^{\max}$、$\delta_r^{\max}$、$\delta_d^{\max}$——相应变量的最大可能值。

在这种情况下，信号 δ_r^* 和 δ_d^* 使用滤波器进行平滑处理，以消除它们的突变。这样就减少了力和力矩对定向机构的影响。

推进器控制系统（图 4.5 中的 СУМД 控制方框）根据生成的 τ_d 值计算螺旋桨推进器的控制信号 u。生成方法可以使用式（3.28）或基于第 2 章中研发的建立在自适应神经网络基础上的控制方法，进而控制推进器。

为了计算推进器定向装置电动机的转角参数 $\theta_{\tau i}(i=1,2,3)$，使用先前计算的值 δ_r^* 和 δ_d^*，以及推进装置套筒的必要旋转速度 ω_{cr} 的值，以补偿螺旋桨在水中旋转时的倾覆力矩。

该速度 ω_{cr} 的计算与角 φ 的当前值和螺旋桨轴的转速 ω_σ 有关：

$$\omega_{cr}=f_{cr}(\omega_\sigma,\varphi)\tag{4.5}$$

然后，在用于计算驱动器旋转角度的框图（图 4.5）中计算角度 $\theta_{\tau i}(i=1,2,3)$ 的设定值时，考虑角度 δ_r^*、δ_d^* 和速度 ω_{cr} 的影响。这个计算是按照无人潜航器推进器定向机构的逆运动学进行的。显然该算法必须具有较低的计算复杂度，才能在无人潜航器的器载计算机上实时进行所有计算。

角度 $\theta_{\tau i}^*(i=1,2,3)$ 值由电驱动（$ЭП_i$）$(i=1,2,3)$ 求出。同时，为了确保高精度的推进方向和导流罩旋转速度（套筒转速控制），可以使用文献［142］中描述的传动装置控制系统。

因此，带有单矢量推进器的无人潜航器的控制系统建议根据式（4.3）至式（4.5）的控制规律进行计算，以能够形成必要的推进力和力矩来控制无人潜航器的运动，同时自动补偿从推进器螺旋桨作用在无人潜航器上的倾覆力矩。但是，为了确保该控制系统的高效运行，有必要开发一种解决推进装置运动学逆问题（O3K）的算法，以及用于生成设定运动信号的算法，这些运动信号输入给各个对应通道，同时要考虑到这些无人潜航器各种运动模式的特点。

4.3　无人潜航器推进器定向装置逆运动学问题的算法研究

当前，已经研究出许多方法来解决具有开放运动学方案的多关节机械手的正运动学和逆运动学问题[42,244]。但是，对于并联机械手，只有在相当简单和对称的机构中才能求得逆运动学问题的解析解，大部分问题的求解只能使用数值算法来解决。

具体来说，在文献[209,252,253]中获得了球面并联机械手逆运动学的解析解。该解决方案可以在$-\pi/2\leqslant\theta_{\tau i}\leqslant\pi/2$的范围内获得角度$\theta_{\tau i}(i=1,2,3)$的值。但在设计机构工作过程中，由于推进器轴的连续旋转而使得这些角度的值可以在任何范围内变化。这导致需要增加复杂的逻辑条件，根据定向机构的当前位置及其旋转方向，正确地生成所需角度$\theta_{\tau i}(i=1,2,3)$的值。此外，在计算中包含大量三角函数的运算，进行实时处理时需要大量的计算资源来完成，在文献[209,252,253]中提出了相应的解决方案。

为了获取计算方法，避免上述不足，本章采用了几何方法用以解决推进器定向装置的逆运动学问题。图 4.6 为用于求解定向机构逆运动学问题的运动学图，下面将使用它来求解逆运动学问题。

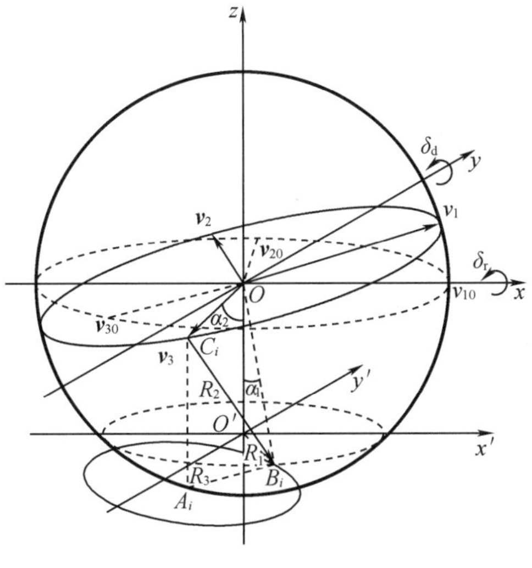

图 4.6　用于求解定向机构逆运动学问题的运动学图

为了确定定向机构角度$\theta_{\tau i}(i=1,2,3)$的唯一值，有必要确定该机构下杆的位置（图 4.1（b）），该位置由向量$\boldsymbol{w}_i(i=1,2,3)$的坐标确定。在这种情况下，假定所考虑的机构所在的球体具有单位半径，并且机构的中心与固定坐标系 $Oxyz$ 的中心重合。

首先，考虑以下情况：装置运动平台的方位角的值为零值，即$\delta_r=\delta_d=\delta_{cr}=0$，其中$\delta_{cr}$是推进器导流罩的旋转角度,其值的计算根据导流罩的预期(所需)转速 ω_{cr} 确定。将此位置称为初始位置(在图 4.6 中由上方的虚线圆表示)。对应于该位置的向量 $\boldsymbol{v}_i(i=1,2,3)$ 用 $\boldsymbol{v}_{i0}(i=1,2,3)$ 表示。这些向量的坐标定义为

$$\boldsymbol{v}_{10}=(1,0,0)$$

$$\boldsymbol{v}_{20}=\left[\cos\left(\frac{2\pi}{3}\right),\sin\left(\frac{2\pi}{3}\right),0\right]$$

$$\boldsymbol{v}_{30}=\left[\cos\left(\frac{4\pi}{3}\right),\sin\left(\frac{4\pi}{3}\right),0\right]$$

当运动平台旋转角度为 δ_r、δ_d、δ_{cr} 时,可以使用下列表达式计算向量 $\boldsymbol{v}_i$ 的坐标[244]:

$$\boldsymbol{v}_i=\begin{pmatrix}\cos\delta_d & 0 & \sin\delta_d\\ 0 & 1 & 0\\ -\sin\delta_d & 0 & \cos\delta_d\end{pmatrix}\begin{pmatrix}1 & 0 & 0\\ 0 & \cos\delta_r & -\sin\delta_r\\ 0 & \sin\delta_r & \cos\delta_r\end{pmatrix}\begin{pmatrix}\cos\delta_{cr} & -\sin\delta_{cr} & 0\\ \sin\delta_{cr} & \cos\delta_{cr} & 0\\ 0 & 0 & 1\end{pmatrix}\boldsymbol{v}_{i0}$$

$$(i=1,2,3) \tag{4.6}$$

由于定向机构是球形的,因此所有向量 $\boldsymbol{w}_i(i=1,2,3)$ 具有相同的长度,并与定向电驱动器的旋转轴(向量 $\boldsymbol{u}_i(i=1,2,3)$)形成一个角度 α_i(图 4.1(b))。由此,这些向量的末端位于半径为 $R_1=\sin\ \alpha_1$ 的圆上,圆的圆心为点 $O'(0,0,-\cos\ \alpha_1)$,且该点位于与 xOy 平面平行的 $x'O'y'$ 平面中(图 4.6)。向量 $\boldsymbol{v}_i$ 和 $\boldsymbol{w}_i(i=1,2,3)$ 的两端通过线段 A_iB_i 互连,其长度为 $R_2=2\sin(\alpha_1/2)$(图 4.6 中的三角形 OC_iB_i)。线段 A_iB_i 在 $x'O'y'$ 平面上的投影长度由以下公式计算:

$$R_{3i}=\sqrt{R_2^2-(\cos\ \alpha_1+v_{iz})^2},i=(1,2,3) \tag{4.7}$$

式中 v_{iz}——由式(4.6)计算的向量 $\boldsymbol{v}_i$ 的坐标。

线段 A_iB_i 的点 A_i 具有坐标(v_{ix},v_{iy}, $-\cos\ \alpha_1$),而点 B_i 的坐标与向量 $\boldsymbol{w}_i$ 的坐标一致,因此要找到向量 $\boldsymbol{w}_i$ 的坐标,也就是定位机构下连杆的位置,必须确定半径为 R_1、中心为 O'(位于指定向量的末端)的圆与半径为 R_{3i}、中心为 A_i 的圆的交点坐标。这些交点可以通过下面一组关于变量 w_{ix}、w_{iy} 的方程组来求得[175,234]:

$$\begin{cases}w_{ix}^2+w_{iy}^2=R_1^2\\(w_{ix}-v_{ix})^2+(w_{iy}-v_{iy})^2=R_{3i}^2\end{cases} \tag{4.8}$$

式中 w_{ix}、w_{iy}——向量 $\boldsymbol{w}_i$ 的对应分量($w_{1z}=w_{2z}=w_{3z}=-\cos\ \alpha_1$)。

式(4.8)对角度 δ_r^*、δ_d^* 和 δ_{cr}^* 求解就可以得到定向机构下连杆位置 $\boldsymbol{w}_i^*(i=1,2,3)$ 的设定值。在这种情况下,可以求得两组解,它们对应于定向机构的下连杆位置相对于运动平台的两种情况。由于运动平台定向角度的参数值不能发生突变,因此需要选择一种更接近所设计连杆机构的当前位置情况。

在确定了定向机构下连杆所需位置向量 $\boldsymbol{w}_i^*(i=1,2,3)$ 的值后,就能够计算该机构驱动器旋转角度 $\theta_{\tau i}^*(i=1,2,3)$ 的设定值。在这种情况下,需要获得不包含其他逻辑条件的表达式,为此首先计算向量 $\boldsymbol{w}_i(i=1,2,3)$ 的值,这些值表示定向机构下连杆的当前位置。

由于向量 $\boldsymbol{w}_i(i=1,2,3)$ 的分量 w_{iz} 对于所有连杆都是相同的,与驱动器旋转角度 $\theta_{\tau i}(i=1,2,3)$ 的当前值无关,因此将不考虑它们。参数 $\boldsymbol{w}_i$ 是指相应向量在 $x'O'y'$ 平面上的投影。

向量 $\boldsymbol{w}_i(i=1,2,3)$ 分量的当前值计算根据以下公式进行：

$$\begin{cases} w_{ix}=R_1\cos\ \theta_{\tau i} \\ w_{iy}=R_1\sin\ \theta_{\tau i} \end{cases},i=1,2,3 \tag{4.9}$$

接下来，计算机构下连杆位置的期望值 $\boldsymbol{w}_i^*$ 与当前 $\boldsymbol{w}_i(i=1,2,3)$ 之间的角度变量 $\Delta\theta_{\tau i}(i=1,2,3)$。使用以下表达式计算这些角度的模数值：

$$|\Delta\theta_{\tau i}|=\arccos\left[\frac{w_{ix}w_{ix}^*+w_{iy}w_{iy}^*}{|\boldsymbol{w}_i||\boldsymbol{w}_i^*|}\right],i=1,2,3 \tag{4.10}$$

从式(4.9)中可以得出 $|\boldsymbol{w}_i|=R_1(i=1,2,3)$，而 $\boldsymbol{w}_i^*(i=1,2,3)$ 模数值用下面表达式计算：

$$|\boldsymbol{w}_i^*|=\sqrt{w_{ix}^{*2}+w_{iy}^{*2}},i=1,2,3 \tag{4.11}$$

由于计算舍入误差，会导致向量 $\boldsymbol{w}_i^*(i=1,2,3)$ 的计算中有一些微小误差的产生。因此，这些矢量的模量值也将在一定程度上与 R_1 不同，这些是事先无法预知的。这可能导致以下事实：式(4.10)中 arccos 函数的参数值可能大于1，这将无法进行上述计算。此外，由于 arccos 函数的奇偶性，式(4.10)将只能确定角度 $\Delta\theta_{\tau i}(i=1,2,3)$ 的模量值，而不能确定其符号。为了确定该角度的符号，使用以下方法：将坐标系 $x'O'y'$ 旋转角度 $\theta_{\tau i}(i=1,2,3)$，得到一个新坐标系 $x_r'O'y_r'$，使得向量 $\boldsymbol{w}_i(i=1,2,3)$ 与坐标轴 $O'x_r'$ 重合(图 4.7)。

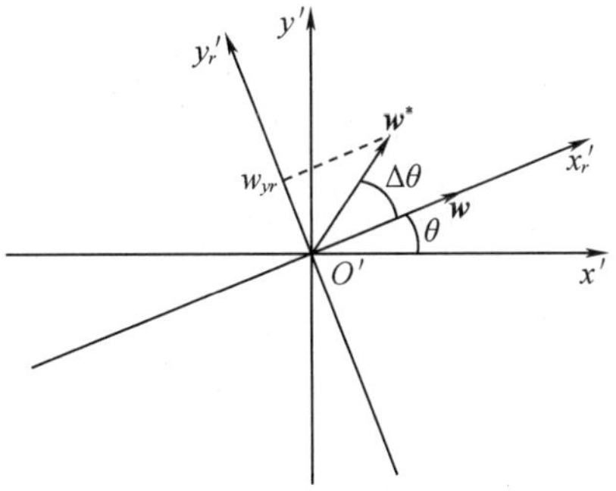

图 4.7　符号 $\Delta\theta_{\tau i}$ 的定义

在这种情况下，坐标系 $x_r'O'y_r'$ 中的角度 $\Delta\theta_{\tau i}(i=1,2,3)$ 的符号将由矢量 $\boldsymbol{w}_i^*(i=1,2,3)$ 相对于轴线 $O'x_r'$ 的位置确定。如果矢量 $\boldsymbol{w}_i^*(i=1,2,3)$ 位于坐标系 $x_r'O'y_r'$ 上半平面，则 $\Delta\theta_{\tau i}>0(i=1,2,3)$；如果在下半平面，则 $\Delta\theta_{\tau i}<0(i=1,2,3)$。此向量在坐标系 $x_r'O'y_r'$ 中相对于轴 $O'x_r'$ 的位置将由以下表达式确定：

$$w_{iyr}^*=\sin\ \theta_{\tau i}w_{ix}^*+\cos\ \theta_{\tau i}w_{iy}^*,i=1,2,3 \tag{4.12}$$

式中　w_{iyr}^*——坐标系 $x_r'O'y_r'$ 中向量 $\boldsymbol{w}_i^*$ 的对应分量。

确定 $\Delta\theta_{\tau i}(i=1,2,3)$ 的符号后，可使用以下表达式计算变量 $\theta_{\tau i}^*(i=1,2,3)$ 的值：

$$\theta_{\tau i}^*=\theta_{\tau i}+|\Delta\theta_{\tau i}|\text{sign}\ w_{iyr}^*,i=1,2,3 \tag{4.13}$$

并联球面机构定向驱动器所需旋转角度的计算单元框图如图 4.8 所示。

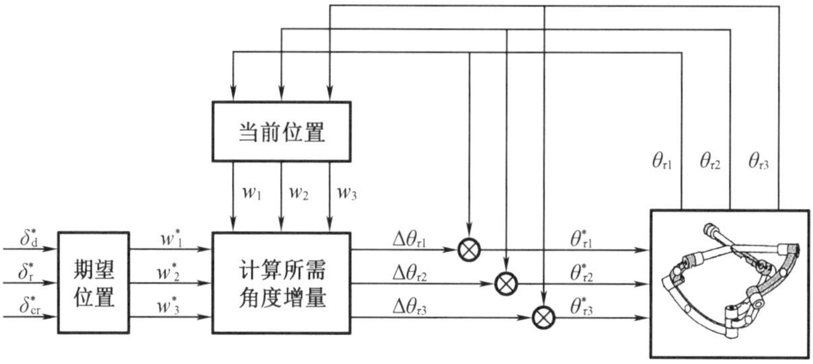

图 4.8　并联球面机构定向驱动器所需旋转角度的计算单元框图

为了验证所构造算法的可行性，对无人潜航器的推进器定向装置模型进行了研究（图 4.9）。该研究表明，使用这些算法时可以确保定向装置运动平台的定位精度为 0.125°[175,234]，这对于无人潜航器的高精度运动控制已经足够了。

图 4.9　无人潜航器推进器定向机构模型

因此，使用式（4.7）至式（4.13）计算定向驱动器旋转角度的设定值，可在不使用其他逻辑表达式的情况下进行，同时为无人潜航器提供推进器推力矢量的所需方向，并通过导流罩补偿倾覆力矩。

4.4　无人潜航器不同运动模式下参考信号的生成

如前所述，当为带有一个矢量推进器的无人潜航器创建控制系统时，第二个任务是在考虑到对其运动模式限制的前提下，开发用于生成其设定运动参数的方法。

考虑该无人潜航器的以下三种运动模式[48,150,160]。

（1）以任意姿势运动到空间中给定点的模式。

（2）以给定方向运动到空间中给定点的模式。

（3）按照规定空间轨迹运动的模式。

4.4.1 路径末端以任意方向运动到给定点

在本节中,考虑具有一个推进器的无人潜航器向空间中给定点 $X^*=(x^*,y^*,z^*)$ 的运动模式,该模式无须考虑到达该点时保持的方向。

如前所述,单推进器无人潜航器的主要控制特征是,推进器推进力不能独立生成纵向和横向分量驱动力矩来改变其空间方向,在推进力驱动运动时它将产生耦合运动。这意味着这种无人潜航器无法在原地转弯,并且为了使其在空间中具有需要的方向,它必须始终按照一定的轨迹运动。另外,由于无人潜航器具有非零稳定性,即具有一个非零的稳心高度,则在垂直平面中其纵倾角的数值取决于推进器推进力矩 $M_{\sigma y}$ 的当前值,在某些情况下,可能无法使其达到预定目标点。这是因为,当接近目标点时,推进系统的推进力 τ_σ 将减小,因此力矩 $M_{\sigma y}$ 将减小(参见式(4.1)至式(4.2)),这将使无人潜航器的纵倾角减小。

因此,有必要研发一种用于生成设定运动信号 ψ^*、θ^*、υ_x^* 的方法,将确保具有一个矢量推进器的无人潜航器从任何初始位置到达给定目标点。

在解决该问题时,必须确保无人潜航器在垂直平面上的高机动性,因为正是在该平面上的运动才有可能无法到达目标点。为此,在运动的初始阶段,有必要增加无人潜航器的所需纵倾角和运动速度,以便达到预定深度,使得无人潜航器到达指定点并且推进器具有足够的推进力,避免因推进力过小而无法保持所需的纵倾角。

下面研究具有矢量推进器的无人潜航器如何在垂直平面 $\tilde{x}Oy$ 上运动到目标点 B(图4.10)。

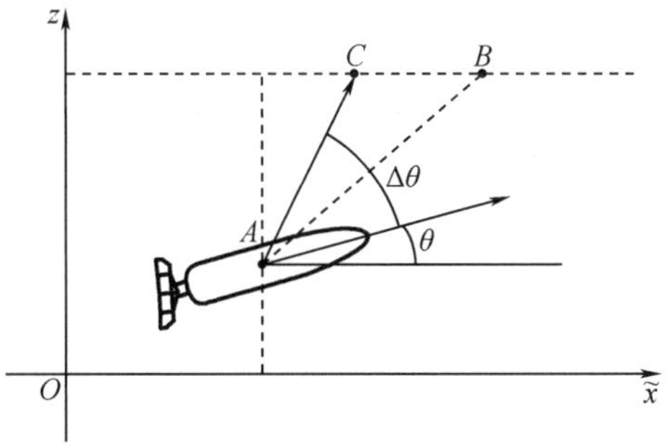

图4.10 无人潜航器运动到给定目标点的模式下参考信号的形成

该平面的 y 轴与绝对坐标系的 z 轴重合,并且通过以下公式计算沿 $\tilde{x}$ 轴的坐标:

$$|\tilde{x}|=\sqrt{x^2+y^2} \tag{4.14}$$

式中 x、y——无人潜航器在绝对坐标系中的坐标。

因此,无人潜航器在 $\tilde{x}Oz$ 平面中的坐标和目标点将分别表示为 $A(\tilde{x}_a,z_a)$、$B(\tilde{x}_b,z_b)$。

在无人潜航器运动的垂直平面上标出具有坐标 $(\tilde{x}_c,z_b)$ 的点 C,而且[170, 172,231]:

$$\tilde{x}_c=\tilde{x}_a+k_y(\tilde{x}_b-\tilde{x}_a) \tag{4.15}$$

其中,$0<k_y<1$ 是常数。同时,在无人潜航器运动过程中,将考虑的目标点不是 B 点,而是

C 点。

在这种情况下,考虑到式(4.15),可通过以下公式计算出纵倾角的期望值[170, 231]:

$$\theta^* = \arctan\left(\frac{z_b - z_a}{k_y\left|\tilde{x}_b - \tilde{x}_a\right|}\right) = \arctan\left(\frac{z_b - z_a}{\left|\tilde{x}_c - \tilde{x}_a\right|}\right) \tag{4.16}$$

式中 θ^*——无人潜航器纵倾角的期望值。

式(4.16)的分母包含一个模,因为角度 θ^* 的符号应仅由目标点的位置相对于无人潜航器的垂直程度确定。

从式(4.16)中可以看出,无人潜航器的纵倾角 θ^* 的参考值比将无人潜航器向着目标点 B 方向运动的初始值更大。也就是说,在运动的初始阶段,无人潜航器将快速进入给定深度。在这种情况下,当接近目标点时,纵倾角的设定值趋向于 0。这表明无人潜航器实际上将以水平姿势接近该点,因此在这种情况下,低速时纵倾角的限制被消除。

为了确保无人潜航器的运动具有较大的纵倾角,有必要提高运动速度。为此,根据无人潜航器的当前坐标和目标点计算期望速度,并在此期望速度中加入增量值,该增量值取决于纵倾角的期望值。此增量值由以下公式[172,231]计算:

$$\upsilon_x^* = f_{x\upsilon}(X^*, X) + k_{\upsilon\theta}\left|\sin\theta^*\right| \tag{4.17}$$

式中 $f_{x\upsilon}(X^*, X)$——无人潜航器运动速度期望值的生成规律,取决于无人潜航器的当前位置坐标和目标点位置坐标;

$k_{\upsilon\theta}$——恒定的正系数,大于 0。

从式(4.17)中可以看出,无人潜航器的期望速度只有在期望的纵倾角足够大时,即在运动的初始阶段才显著增加。当接近目标点 B 时,取决于纵倾角度的速度增量值也会减小,而不会影响无人潜航器的运动。

根据式(4.16)、式(4.17)计算的速度和纵倾角的期望值,可提高具有一个推进器的无人潜航器在垂直方向上的可操作性。所提出的算法还可以自动完成到该无人潜航器垂直上方(下方)的目标点的接近。这种运动模式是在无人潜航器开始工作,即将进入工作深度时使用的。在这种情况下,无人潜航器开始以螺旋状向目标点高速运动。在运动过程中,无人潜航器可以绕垂直轴旋转几圈。在这种情况下,为了生成 ψ^*,必须使用特殊的逻辑条件,这会使控制规律复杂化。为了不使用这些条件而工作,根据式(4.10)至式(4.12),可以得到[172,231]

$$\Delta\psi^* = \arccos\left[\frac{(x_b - x_a)\cos\psi - (y_b - y_a)\sin\psi}{\sqrt{(x_b - x_a)^2 + (y_b - y_a)^2}}\right]\delta$$

$$\delta = \mathrm{sign}\left[(x_b - x_a)\sin\psi + (y_b - y_a)\cos\psi\right] \tag{4.18}$$

应当注意,可以使用变量 $\Delta\psi^*$ 值作为沿航线的设定参数,它是航向角的期望值与当前值之间的差值。将此变量值用作设定参数可以忽略航向传感器读数和设定参数计算值的不一致性,因为在式(4.18)中,不使用这些变量的绝对值,而是使用其三角函数。

式(4.16)至式(4.18)能够计算当无人潜航器向目标点运动时提供给控制系统输入的设定参数(图 4.5)。但是在无人潜航器向目标点运动的过程中,可能会出现这样一种情况,即由于其机动性有限而无法接近目标点。在这种情况下,无人潜航器开始围绕该目标点在水平面内做圆周运动。因此需要预先获得确定发生这种情况可能性的表达式。

由于这种情况的出现取决于目标点相对于无人潜航器的位置,因此要获取它们产生的条件,可分析无人潜航器在半耦合坐标系 $x'y'z'$ 中向目标点运动的情况,坐标系原点与无人潜航器的重心重合,它的轴与绝对坐标系的轴平行。让无人潜航器转向目标点 B,该点跟无人潜航器在同一水平面内(图 4.11)。研究在无人潜航器推进力方向受限的情况下,确定它能够接近 B 点的条件。

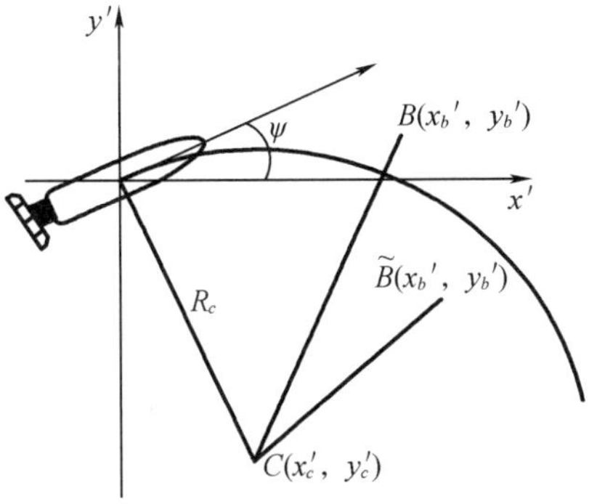

图 4.11　确定无人潜航器发生圆周运动的条件

显然,当推进器的纵轴在水平面内偏转最大可能角度 δ_{dmax} 时,转弯半径 R_c 将最小。在这种情况下,无人潜航器将在推进器产生的推进力 $\tau_{\sigma x}$ 的影响下沿其纵轴方向以速度 $\boldsymbol{v}_x$ 运动,并在力矩 $M_{\sigma z\max}$ 的影响下在水平面内以角速度 $\boldsymbol{\omega}_{z\max}$ 旋转。

同时无人潜航器的转弯半径 R_c 将由以下表达式确定:

$$R_c=\left|\frac{\boldsymbol{v}_x}{\boldsymbol{\omega}_{z\max}}\right| \tag{4.19}$$

下面需要计算点 C 的坐标(x_c',y_c')(图 4.11)。它是无人潜航器在转弯运动过程中的圆心。该点将在与无人潜航器纵向运动方向的垂直线上,距离等于 R_c,其在水平面坐标系 $x'y'z'$中的坐标由下式表达:

$$\begin{aligned}x_c'&=-R_c(\boldsymbol{v}_x,\boldsymbol{\omega}_{z\max})\sin\psi\operatorname{sign}\delta_d\\ y_c'&=R_c(\boldsymbol{v}_x,\boldsymbol{\omega}_{z\max})\cos\psi\operatorname{sign}\delta_d\end{aligned} \tag{4.20}$$

显然,当 $\boldsymbol{v}_x$ 和 $\boldsymbol{\omega}_{z\max}$ 改变时,点 C 的坐标将不断变化。因此当无人潜航器接近点 B 时,必须使用式(4.19)、式(4.20)重新计算这些坐标。

从图 4.11 中可以看出,无人潜航器接近目标点 B 的可能性由点 C 和 B 的相对位置决定。如果点 B 位于划定圆之外,则无人潜航器可以接近它,因为其转弯半径可以变得越来越小。但是它开始做圆周运动后就不能到达 $\widetilde{B}(\widetilde{x}_b',\widetilde{y}_b')$。为了确保到达该点,无人潜航器可以尝试通过改变 $\tau_{\sigma x}$ 来改变 $\boldsymbol{v}_x$ 和 $\boldsymbol{\omega}_{z\max}$ 的值。

作为无人水下潜航器接近目标点的性能指标,其值显示了该目标点相对于转弯圆的位置值。可以使用以下公式计算该变量的值:

$$\xi_m=(x_b'-x_c')^2+(y_b'-y_c')^2-R_c^2 \tag{4.21}$$

式中　x_b'、y_b'——目标点 B 在半耦合坐标系中的坐标。

如果 $\xi_m>0$，则目标点位于转弯圆的外侧，无人潜航器可以接近该点；如果 $\xi_m<0$，则目标点位于转弯圆的内部（图 4.11 中的 $\widetilde{B}(\widetilde{x}_b',\widetilde{y}_b')$ 点），则不可能从当前位置接近该点。在这种情况下，无人潜航器需要停止（如果偏离这个点的值是可以接受的）或者执行其他操作准确到达指定点。

值得注意的是，当推进器的纵轴偏转角度 $\delta_{\mathrm{d}}<\delta_{\mathrm{dmax}}$ 时，根据式（4.19）至式（4.21）计算出的指标 ξ_m 为负值，表示以该值 δ_{d} 无法达到目标点，需要增加该角度。也就是仅当 $\delta_{\mathrm{d}}=\delta_{\mathrm{dmax}}$ 时，才能确定无人潜航器发生圆周运动的可能性。

已知 $\boldsymbol{v}_x$ 和 $\omega_{z\max}$ 的当前值，使用式（4.19）至式（4.21）可以确定在运动过程中无人潜航器接近目标点的可能性。但在无人潜航器运动速度轨迹的初步规划中，这些轨迹的所有部分可能都是未知的。因此在这些轨迹的初步规划中，有必要获得一个表达式，该表达式至少能够近似估计无人潜航器转弯半径的最小值。

在无人潜航器稳态运动模式下可以采用以下表达式：

当无人潜航器以相对较高的速度运动时，

$$\tau_{\sigma x}=-d_{2x}\boldsymbol{v}_x|\boldsymbol{v}_x|, M_{\sigma z}=-d_{2z}'\omega_z|\omega_z| \tag{4.22}$$

以及无人潜航器以相对较低的速度运动时，

$$\tau_{\sigma x}=-d_{1x}\boldsymbol{v}_x, M_{\sigma z}=-d_{1z}'\omega_z \tag{4.23}$$

根据式（4.1）、式（4.2）、式（4.22）和式（4.23），式（4.19）可以简化为下式[172]：

$$R_c=\begin{cases}\sqrt{\dfrac{\cos\delta_{\mathrm{dmax}}}{\overline{PG}\sin\delta_{\mathrm{dmax}}}\sup\left(\dfrac{d_{2z}'}{d_{2x}}\right)},\text{当 } \boldsymbol{v}_x\geqslant\boldsymbol{v}_{\mathrm{cr}} \text{ 时}\\ \dfrac{\cos\delta_{\mathrm{dmax}}}{\overline{PG}\sin\delta_{\mathrm{dmax}}}\sup\left(\dfrac{d_{1z}'}{d_{1x}}\right),\text{当 } \boldsymbol{v}_x<\boldsymbol{v}_{\mathrm{cr}} \text{ 时}\end{cases} \tag{4.24}$$

式中　$\boldsymbol{v}_{\mathrm{cr}}$——运动纵向速度的临近边界值，是无人潜航器划分其速度“大”和“小”的条件。

变量 $\boldsymbol{v}_{\mathrm{cr}}$ 的选择取决于无人潜航器的特性及其运动速度。然而，如果事先不知道运动的速度，那么 R_c 的选择应基于式（4.24），该式对这个变量有很大影响。

由于水动力系数的值在无人潜航器的过程运动中会改变，因此在式（4.24）中使用其最大关系值估计。

为了测试所研发的生成设定运动参数设计方法的可行性，对矢量推进器无人潜航器运动到指定目标点，建立了相应的数学模型。在建模过程中，设置了无人潜航器下列参数值：

$m_{\mathrm{a}}=80\ \mathrm{kg}, J_{xx}=2\ \mathrm{kg\cdot m^2}, J_{yy}=10\ \mathrm{kg\cdot m^2}, J_{zz}=10\ \mathrm{kg\cdot m^2}; d_{2x}=25\ \mathrm{kg/m}, d_{2y}=125\ \mathrm{kg/m}, d_{2z}=125\ \mathrm{kg/m}; d_{1x}=15\ \mathrm{kg/s}, d_{1y}=75\ \mathrm{kg/s}, d_{1z}=75\ \mathrm{kg/s}; d_{2x}'=2\ \mathrm{N\cdot m/s^2}, d_{2y}'=10\ \mathrm{N\cdot m/s^2}, d_{2z}'=10\ \mathrm{N\cdot m/s^2}; d_{1x}'=1.2\ \mathrm{N\cdot m/s}, d_{1y}'=1.2\ \mathrm{N\cdot m/s}, d_{1z}'=6\ \mathrm{N\cdot m/s}; \lambda_i=20\ \mathrm{kg}, (i=1,2,3); \lambda_i=0.5\ \mathrm{kg\cdot m^2}, (i=4,5,6); Y_{\mathrm{c}}=0.02\ \mathrm{m}, \overline{PG}=0.9\ \mathrm{m}, k_v=50, \delta_{\mathrm{dmax}}=25^\circ, \delta_{\mathrm{rmax}}=25^\circ, \tau_{\sigma\max}=100\ \mathrm{N}$。

在无人潜航器的每个控制通道中，使用下式来传递函数的 PID 控制器：

$$W_1(s)=K_1\frac{T_1s^2+T_2s+1}{s(T's+1)}$$

对于无人潜航器的每个控制信道,其参数采用以下值。

(1)速度控制通道:$K_1=25$,$T_1=0.6\ s^{-1}$,$T_2=0.8\ s^{-1}$。

(2)用于控制航向角的通道:$K_1=20$,$T_1=0.75\ s^{-1}$,$T_1=0.5\ s^{-1}$。

(3)用于控制纵倾角的通道:$K_1=20$,$T_1=1\ s^{-1}$,$T_2=0.75\ s^{-1}$。

对于所有控制通道,$T'=0.07\ s^{-1}$,式(4.16)、式(4.17)中的系数的值分别为:$k_y=0.7$,$k_{\upsilon\theta}=0.5$。

图 4.12 为根据式(4.16)至式(4.18)计算生成的设定运动参数对单推进器的无人潜航器运动到点 B 的数学仿真结果。该图显示了无人潜航器从坐标为(0,0,0)的点到不同的目标点的运动轨迹。图中以不同线性表示目标点:到坐标为(20,10,10)的目标点的无人潜航器的运动轨迹线形为实线;到坐标为(3,0,10)的目标点的无人潜航器的运动轨迹线形为点曲线;到坐标为(9,6,10)的目标点的无人潜航器的运动轨迹线形为虚线。

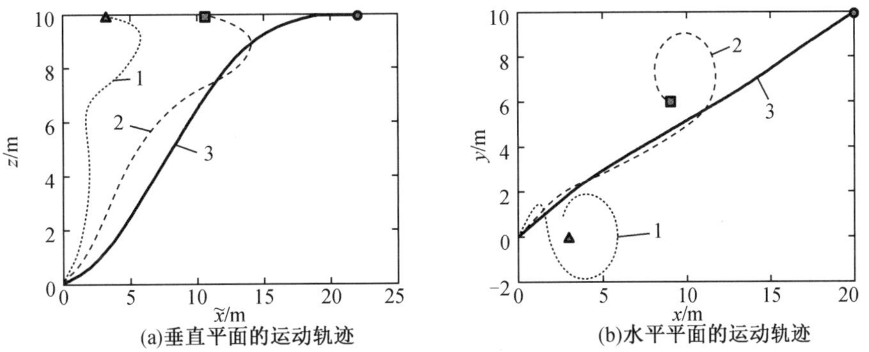

1—到坐标为(3,0,10)的目标点的无人潜航器的运动轨迹线形;

2—到坐标为(9,6,10)的目标点的无人潜航器的运动轨迹线形;

3—到坐标为(20,10,10)的目标点的无人潜航器的运动轨迹线形。

图 4.12　根据式(4.16)至式(4.18)计算生成的设定运动参数对单推进器的无人潜航器运动到点 B 的数学仿真结果

从图 4.12 中可以看出,使用式(4.16)至式(4.18)可以使无人潜航器到达不同的目标点,而不管它们在空间中相对于该无人潜航器的位置。

由于无人潜航器根据式(4.16)和式(4.17)计算的设定运动参数是在垂直平面上的,因此在该平面上设备不会直接运动到目标点,而是首先以较高的速度进入与目标点同一的水平面,然后才向它们靠近。此外,当无人潜航器由于纵倾角大小的限制而无法立即接近目标点时,它会自动开始螺旋运动(图 4.12 中的点曲线和虚线),直到到达与目标相同的水平面为止。到达该平面后,就可以使用式(4.19)至式(4.21)来确定接近该目标点的可能性。

从图 4.12(b)中可以看出,当将无人潜航器运动到坐标为(3,0,10)的目标点时,如果没有其他操作,就不可能在水平面上精确地接近它。因此,无人潜航器到该点的运动在距其 0.8 m 处停止。在这种情况下,将无人潜航器靠近坐标为(9,6,10)的点的精度为 0.16 m。值得注意的是,根据仿真结果,无人潜航器在低速接近目标点时的最小转弯半径为 1.9 m(在无人潜航器使用上述参数时)。这与式(4.24)获得的结果 2.14 m 一致。

因此,仿真结果表明,所研发的单推进器无人潜航器运动的方法和设定运动参数的算法用于靠近空间中的给定目标点,可以显著提高无人潜航器在垂直平面上的可操作性,并且还考虑了该无人潜航器推进力方向的限制。

4.4.2 以给定方向靠近目标点

由于无人潜航器具有非零稳定性,因此仅在水平面中按照期望的接近角 ψ_0 靠近空间目标点 P_0(例如,当接近某个物体时)时才能实现平稳定向。该角度可以取正值和负值,绝对值不超过 180°,并且相对于无人潜航器的初始位置,点 P_0 可以位于空间中的任何位置。

为了使无人潜航器以给定方向(在水平面中)到达 P_0 点,其运动轨迹应包括两个部分。在第一部分中,无人潜航器从空间起始点 A 快速驶出,到达某个点 P_n,点 P_n 与点 P_0 位于同一水平面。为此,使用上一节中研发的算法来生成设定运动参数。此外,应该根据无人潜航器的机动性限制来选择点 P_n 的位置(参见式(4.24)),使得该无人潜航器可以接近目标点。在第二部分中,无人潜航器在水平面内转向,并以零速以给定方向接近点 P_0。

无人潜航器的转向可以根据不同的方法来实现。可以使用无人潜航器的位置控制,通过几个中间点 $P_i(i=n,n-1,\cdots,0)$ 来标明其转向目标的轨迹(图 4.13),也可以沿某个圆的弧线 $P_{ni}P_1(i=1, 2)$ 进行轨迹控制(图 4.14)[48,160,300]。在这种情况下,无人潜航器运动到目标点 O 的过程中,无论使用何种控制方法,都会出现搜寻起点 P_n 及水平接近 O 点的问题,起点 P_n 的位置由无人潜航器的运动速度及其目标 O 的所需方向确定。

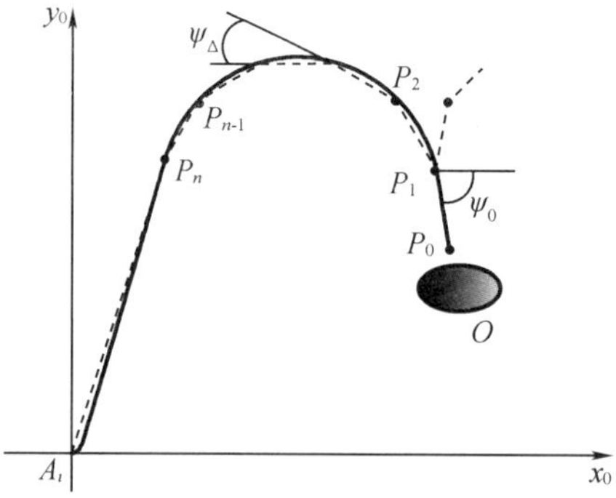

图 4.13 无人潜航器使用位置控制在水平面中沿给定方向接近对象的轨迹

图 4.13 和 4.14 显示了无人潜航器投影到水平面 x_0y_0 上的运动,该平面与无人潜航器转到目标 O 的平面重合。这些图中的点 A_t 表示无人潜航器初始空间位置 A 点在 x_0y_0 平面上的投影,而曲线 A_tP_n 是无人潜航器接近该平面的轨迹的投影。

首先,考虑无人潜航器在水平面 x_0y_0 中从点 P_n 到点 P_0 向目标 O 运动时的位置控制(图 4.13)。在这种情况下,其轨迹 $P_i(i=n-1,n-2,\cdots,1)$ 的中间点将是虚线的顶点,相邻部分之间的夹角 ψ_Δ 和两点之间的长度 R_L 选择为常数,在平面 x_0y_0 中无人潜航器的最终部分 P_1P_0(制动部分)将以给定方位角 ψ_0 指向目标 O。

显然,ψ_Δ 和 R_L 值取决于无人潜航器的机动性及其沿轨迹的运动速度。它们可以在建模过程中进行初步估计及进一步修正。可以认为,无人潜航器以与 ψ_Δ 和 R_L 的值相关的恒定速度向目标运动，该速度值不是最大值。在运动过程中，无人潜航器必须从虚线顶点 P_i 顺序运动到点 P_{i-1}，并在经过下一个点之后转向下一个临近的方向。在轨迹 P_1P_0 的最后部分，无人潜航器具有了指向目标 O 的给定方向，并在点 P_0 处停止。

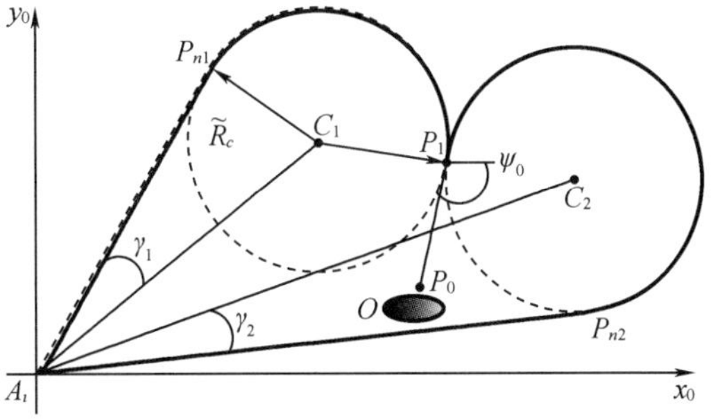

图 4.14　无人潜航器使用曲线控制在水平面中沿给定方向接近对象的轨迹

由于图 4.13 中虚线的所有部分都具有相同的长度，并且相邻两段偏转相同的角度。因此在水平面 x_0y_0 中，设无人潜航器到目标 O 的运动轨迹的中间点为 P_i，无人潜航器在点 P_i 处的期望航向角为 ψ_i。点 P_i 的坐标可以使用以下表达式从无人潜航器的轨迹终点 P_0 开始计算，其中点 P_0 具有给定坐标 $x_0=x_d, y_0=y_d, z_0=z_d$[150,160,300]：

$$\psi_1=\theta_0, x_i=x_{i-1}-R_L\cos\psi_i, y_i=y_{i-1}+R_L\sin\psi_i$$
$$\psi_{i+1}=\psi_i+\psi_\Delta, i=1,2,\cdots,n \tag{4.25}$$

显然，当计算水平面中无人潜航器运动轨迹时（取决于无人潜航器转向物体的方向），值 ψ_Δ 可以取正值也可以取负值。计算 x_i、y_i 和 ψ_i 以满足条件的 n 值结束：

$$|\psi_A-\psi_n|\leqslant|\psi_\Delta|，如果\ \psi_A\psi_n>0$$
$$||\psi_A-\psi_n|-2\pi|\leqslant|\psi_\Delta|，如果\ \psi_A\psi_n<0 \tag{4.26}$$

当该对象位于转弯水平面的第一象限时：

$$\psi_A=-\arctan\left(\frac{y_n-y_A}{x_n-x_A}\right)$$

当该对象位于转弯水平面的第二象限时：

$$\psi_A=-\arctan\left(\frac{y_n-y_A}{x_n-x_A}\right)-\pi$$

当该对象位于转弯水平面的第三象限时：

$$\psi_A=-\arctan\left(\frac{y_n-y_A}{x_n-x_A}\right)+\pi$$

其中，$x_A=0, y_A=0$，是无人潜航器初始位置的坐标。

显然，当使用上述算法根据式(4.25)和式(4.26)计算点 P_n 的坐标时，针对上述 ψ_Δ 的不同符号，该点的位置在所计算的水平面中出现了两种不同情况。因此，无人潜航器有两种可能的转弯轨迹接近点 P_1。此外，无人潜航器转向水平面目标的两种可能转弯轨迹中 n 值会不同。在无人潜航器运动的最终形成到目标点 P_0 的轨迹时，应从计算的两个 P_{ni} 选择，该点满足条件：$\min\left(nR_L+\sqrt{(x_n-x_A)^2+(y_n-y_A)^2+(z_n-z_A)^2}\right)$。

因此,无人潜航器以给定方向到达该目标所处水平面中给定点的算法包括以下步骤[48,301]。

(1)使用式(4.25)计算两个轨迹的中间点 $P_i(i=0,1,\cdots,n)$,无人潜航器沿着该点,可以在水平面以给定指向目标的方向运动到该目标。

(2)根据式(4.26),在水平面上找到唯一的点 P_n。

(3)根据算法式(4.16)至式(4.18)生成的设定信号可实现无人潜航器到选定点 P_n 的运动,而且无人潜航器应该以其在水平面中所设定的速度达到该点。

(4)在通过点 P_n 之后,无人潜航器以预定速度从该点运动到点 P_1,依次通过所有先前构造的虚线的中间顶点。在这种情况下,转角 ψ^* 采用式(4.18)来计算。

(5)无人潜航器经过 P_1 点之后开始在水平面上相对于目标以给定方向靠近点 P_0 并停在该处。

类似地,可以使用圆弧轨迹控制代替位置控制,构建无人潜航器以给定方向沿水平面内物体运动的轨迹。在这种情况下,无人潜航器首先在水平面上沿着圆弧转弯,然后沿相对目标 ψ_0 角的直线运动到该点并停止。根据式(4.24)确定圆的最小半径 R_c,并根据该半径来选择无人潜航器沿其运动的速度。

根据转弯的方向,无人潜航器可以沿着两个圆弧运动(图4.14),但是无人潜航器到物体运动轨迹的最后直线部分总是在点 P_1 处与圆弧有关。这些圆弧的切线应是无人潜航器分别向所示圆弧上点 P_{n1} 和 P_{n2} 的运动轨迹初始部分在水平面上的投影。

如果线段 P_1P_0 的长度(图4.14)等于 R_b,则点 P_1 的坐标由表达式 $x_{P1}=x_{P0}-R_b\sin\ \psi_0$,$y_{P1}=y_{P0}+R_b\sin\ \psi_0$ 确定。

为了确定点 P_{n1} 和 P_{n2} 的位置,首先必须确定相应圆的中心坐标。假定它们的半径 $\widetilde{R}_c>R_c$ 是在考虑了无人潜航器的动态特性(式(4.24))及其转向物体时的运动速度而确定的,则使用如下表达式确定这两个中心的坐标(图4.14):

$$\begin{aligned}&x_{c1}=x_{P1}-\widetilde{R}_c\sin\ \psi_0,x_{c2}=x_{P1}+\widetilde{R}_c\sin\ \psi_0\\&y_{c1}=y_{P1}-\widetilde{R}_c\cos\ \psi_0,y_{c2}=y_{P1}+\widetilde{R}_c\cos\ \psi_0\end{aligned}\tag{4.27}$$

式中 x_{ci}、$y_{ci}(i=1,\ 2)$——相应圆心的坐标。

从圆心到点 A_ι 的线在平面 x_0y_0 上的投影与连接两个圆上的点 P_{ni} 到点 A_ι 的线在同一平面上的投影之间的夹角 γ_i(i=1,2)通过以下公式计算:

$$\gamma_i=\arcsin\left(\frac{\widetilde{R}_c}{\sqrt{(x_{ci}-x_{A_\iota})^2+(y_{ci}-y_{A_\iota})^2}}\right)\tag{4.28}$$

使用式(4.27)和式(4.28),获得用于计算点 P_{ni} 坐标的关系。

当无人潜航器初始位置位于上半平面:

$$x_{Pni}=\sqrt{(x_{ci}-x_{A_\iota})^2+(y_{ci}-y_{A_\iota})^2-\widetilde{R}_c^2}\cos\left[\arctan\left(\frac{y_{ci}-y_{A_\iota}}{x_{ci}-x_{A_\iota}}\right)\pm\gamma_i\right]$$

$$y_{Pni}=\sqrt{(x_{ci}-x_{A_\iota})^2+(y_{ci}-y_{A_\iota})^2-\widetilde{R}_c^2}\sin\left[\arctan\left(\frac{y_{ci}-y_{A_\iota}}{x_{ci}-x_{A_\iota}}\right)\pm\gamma_i\right]$$

当无人潜航器初始位置位于下半平面：

$$x_{Pni}=-\sqrt{(x_{ci}-x_{A_t})^2+(y_{ci}-y_{A_t})^2-\widetilde{R}_c^2}\cos\left[\arctan\left(\frac{y_{ci}-y_{A_t}}{x_{ci}-x_{A_t}}\right)\pm\gamma_i\right]$$

$$y_{Pni}=-\sqrt{(x_{ci}-x_{A_t})^2+(y_{ci}-y_{A_t})^2-\widetilde{R}_c^2}\sin\left[\arctan\left(\frac{y_{ci}-y_{A_t}}{x_{ci}-x_{A_t}}\right)\pm\gamma_i\right]$$

在这种情况下，γ_i 前面的符号取决于无人潜航器沿着两个可能的圆弧之一运动的选择（图 4.14）。

与无人潜航器的位置控制一样，从其运动到物体的两条可能的轨迹上，希望选择长度最短的轨迹。

为了测试研发的用于生成设定运动参数算法的可操作性，对无人潜航器以给定方向靠近目标点进行了数学建模。在这种情况下，无人潜航器及其控制系统的参数与 4.3.1 节中的参数相同，并且用于计算中间点 P_i 的所需参数 $R_L=2.5$ m，$\psi_\Delta=20°$。图 4.15 中显示了对单推进器无人潜航器以给定方向靠近目标点进行位置控制时仿真的结果[48,147,158]。

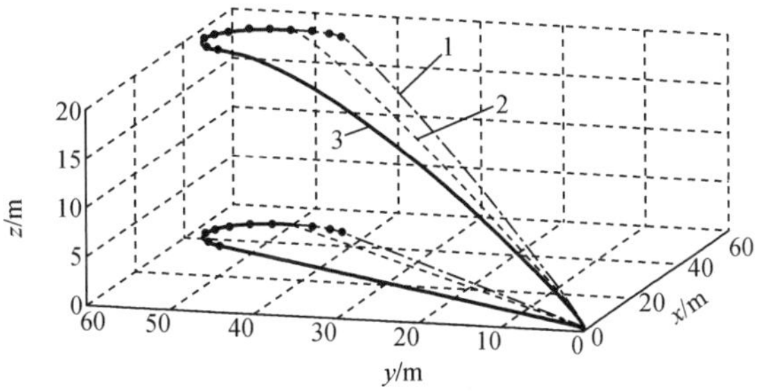

1—无人潜航器以 $\psi_0=\pi/2$ 为方向的运动轨迹；2—无人潜航器沿最短路径而未指定到该点的特定方向的运动轨迹；3—无人潜航器以 $\psi_0=-\pi/2$ 为方向的运动轨迹。

(a)

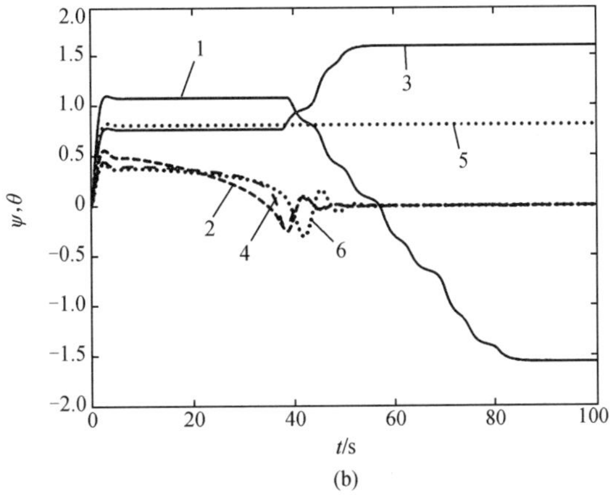

1,2—无人潜航器沿图 4.15(a) 中 3 运动时角度 ψ 和 θ 的变化；3,4—无人潜航器沿图 4.15(a) 中 1 运动时角度 ψ 和 θ 的变化；5,6—无人潜航器沿图 4.15(a) 中 2 运动时角度 ψ 和 θ 的变化。

(b)

图 4.15　对单推进器无人潜航器以给定方向靠近目标点进行位置控制时仿真的结果

无人潜航器的初始位置的坐标为(0,0,0),$\psi=\theta=0$,目标点的坐标为(50,50,20)。图4.15(a)显示了无人潜航器的三个运动轨迹(在空间中以及在 xy 平面上的投影),它们分别以 $\psi_0=-\pi/2$、$\psi_0=\pi/2$ 和沿最短路径而未指定到该点的特定方向三种方法运动。在该图中,黑点表示使用式(4.25)和式(4.26)计算的靠近轨迹的中间点。图4.15(b)显示了三个运动轨迹角度 ψ 和 θ 的变化过程。

在定向任务中,无人潜航器采用圆弧轨迹控制的仿真结果与目标相似。

总体而言,所完成的仿真结果表明,根据拟定的无人潜航器圆弧曲线轨迹和位置控制规律运动时,其到达空间给定点的偏差不超过0.3 m,并且到达该点时角坐标的误差小于0.03 rad,这足以解决大多数问题(与载体对接、探测任务等)。

4.4.3 按照任意空间轨迹运动

除了将无人潜航器运动到给定目标点外,确保其沿任意平滑的空间轨迹运动也很重要。总而言之,通常使用与位置控制相同的规律和控制算法控制无人潜航器沿着轨迹运动,但是圆弧控制的实现仍然具有许多特点。

为了使无人潜航器准确地跟踪上述研究的轨迹,应知道的是,只有当其推进器在该平面上产生的力矩 $M_{\sigma y}$ 可以克服存在于 $\theta\neq0$ 并由式(3.5)描述的稳定力矩 $M_{\iota cy}$ 时,才可能在垂直平面上进行运动。无人潜航器为了克服力矩 $M_{\iota cy}$,需要推进器的推力 τ_σ(参见式(4.1)、式(4.2)),这确保了该无人潜航器运动时 $\theta\neq0$。在这种情况下,为了正确设置无人潜航器沿该空间轨迹的运动规律,必须首先确定其纵向运动的最小速度,以保持所需的角度 $\theta\neq0$。

为了确定该速度,假设 $\delta_d=\delta_{dmax}$。在这种情况下,当产生力矩 $M_{\sigma y}$ 时,推进器推进力在 x 轴上的投影将等于 $\tau_{\sigma x}=\tau_\sigma\cos\ \delta_{dmax}$。在稳定状态下,该力等于沿无人潜航器纵轴方向的流体动力阻力,根据式(3.4),以下等式成立:

$$F_{\iota\sigma x}=-d_{1x}\upsilon_x-d_{2x}\upsilon_x\left|\upsilon_x\right|=\tau_\sigma\cos\delta_{dmax} \tag{4.29}$$

根据式(3.4)、式(3.5)和式(4.29),假设 $M_{\iota cy}=M_{\sigma y}$,则很容易获得以下关系:

$$\upsilon_{xmin}>\frac{d_1+\sqrt{d_1^2+4d_2\left(\dfrac{m_a gY_c\left|\sin\theta\right|}{\tan(\delta_{dmax})\overline{PG}}\right)}}{2d_2} \tag{4.30}$$

式(4.30)中的参考输入说明 υ_{xmin} 值不应该依赖于无人潜航器的纵倾角,因为抵消其稳定力矩的纵向推力并不取决于该力矩。

此外,应根据式(4.21)、式(4.24)和式(4.30)[239]所描述的机动性的局限性,来形成单推进器无人潜航器的所有运动参数。

图4.16显示了无人潜航器沿复杂空间轨迹运动的仿真结果。

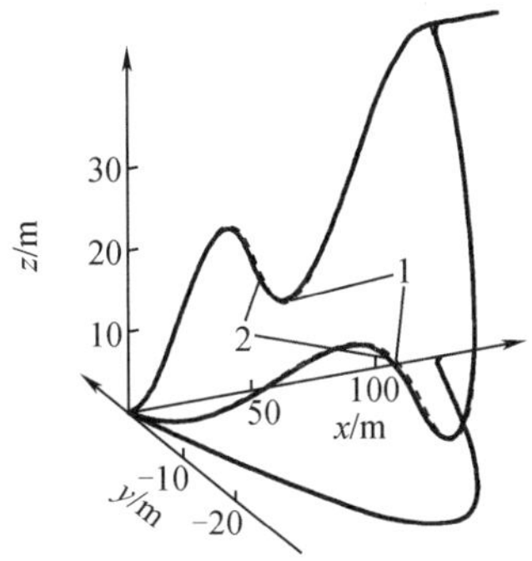

1—无人潜航器在空间中的仿真运动，以及其运动轨迹在水平面和垂直平面上的投影；
2—无人潜航器在空间中的实际运动，以及其运动轨迹在水平面和垂直平面上的投影。

(a)误差轨迹

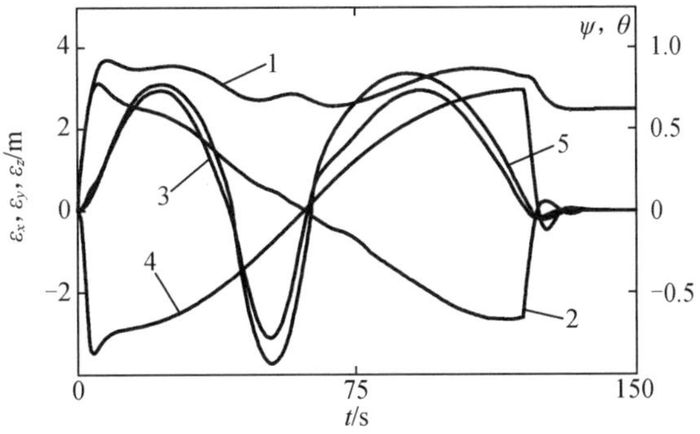

1,2,3—线性坐标的跟踪误差 $\varepsilon_x = x^* - x, \varepsilon_y = y^* - y, \varepsilon_z = z^* - z$；
4,5—在无人潜航器沿给定空间轨迹运动时，角度 ψ 和 θ 的变化过程。

(b)方位角

图 4.16　无人潜航器沿复杂空间轨迹运动的仿真结果

在图 4.16(a)中，无人潜航器的设定运动参数是根据其空间坐标随时间变化的相应规则来计算的。无人潜航器沿该轨迹的运动速度在 x 轴上的投影是恒定的，等于 1 m/s，而其沿该轨迹的运动速度是可变的。

在图 4.16(b)中，应该注意的是，沿着 x、y 和 z 坐标的跟踪误差(图 4.16(b))主要由设定点的跟踪运动时间延迟决定，该设定点根据预定规则沿期望轨迹运动。无人潜航器运动参数的最大偏差在任何地方都不超过 0.8 m，这足以控制大多数运动。通过将无人潜航器的真实运动轨迹(图 4.16(a)中的曲线 2)与其期望的运动轨迹(图 4.16(a)中的曲线 1)进行比较，可以轻松地验证这一点。但是随着无人潜航器速度和轨迹曲率的增加，复合控制系统的精度会降低，从而导致与预定轨迹的较大偏差。

这种无人潜航器沿着空间轨迹运动的精度下降主要是由于不可能使用简单的控制系统来补偿无人潜航器的所有自由度之间的干扰，该干扰随其运动速度的增加而显著增加。因此为了确保无人潜航器在任意平滑空间轨迹的所有部分上都能高速高精度运动，需要研发基于新的控制规律来提高此运动准确性的新方法，该控制规律允许连续生成新的设定参数以及无人潜航器沿预定轨迹的运动速度。这些方法的细节将在本书的下一章中详细介绍。

应当注意的是,本节中获得的所有结果都可以很容易地扩展到具有经典推进系统布局(由四个艉部推进器组成)的无人潜航器[2],因为这些无人潜航器在机动性和控制方法的限制方面与矢量推进器的无人潜航器相似。

4.5 小 结

本章提出了一种无人潜航器运动控制系统的设计方法,该无人潜航器具有流线型的外形、有限的自由度,并能够沿连续的空间轨迹进行高速精确的运动。这些无人潜航器在自由度之间的相互影响很小,这允许在其控制系统中使用简单的线性控制器。但是,设计控制系统的一个特点是要考虑到无人潜航器向预定空间点或沿空间轨迹运动的过程中对机动性的限制。

在本章中,设计了一个矢量推进器的无人潜航器系统,该系统使用了一种特殊机构及其控制系统,可以改变该推进器相对于无人潜航器位置和纵轴的推进力方向,并准确地补偿了在水介质中以不同速度旋转的螺旋桨副作用——倾覆力矩。

总的来说,本章中获得了以下主要结果。

(1)提出了带有一个矢量推进器的无人潜航器的控制系统结构,该控制系统提供了必要的推进力和力矩,以控制该无人潜航器在水下空间中的运动,并同时补偿了螺旋桨在水性介质中旋转时发生的倾覆力矩。

(2)已经研究出一种无人潜航器推进器定向装置的逆运动学问题的求解方法,该方法无须使用附加的逻辑条件即可形成该定向装置的电动传动装置旋转角度的理想值。由于在计算过程中使用了少量的三角函数运算,因此实现该方法的算法计算复杂度较低。这可使用标准控制器实现对定向机构的实时控制。

(3)已经研究出为无人潜航器以各种操作模式生成设定运动参数的方法:快速接近水下空间的任意目标点,以给定空间方向接近目标点以及沿任意连续的平滑空间轨迹运动。所研究的方法可以借助矢量推进器来形成力和力矩,并考虑所研究类型的无人潜航器的机动性限制。相同的方法也可以用于具有不同推进系统布局的流线型无人潜航器,例如,由四个刚性安装的艉推进器组成的推进系统。

第5章 基于新控制原理自动生成无人潜航器参考信号的方法

前文研究了两种无人潜航器的高精度控制系统的合成方法。第一种方法针对六自由度,为了在作业对象附近执行精确的操作,无人潜航器可以沿着任意空间轨迹全向运动。第二种方法针对流线型外形和有限的自由度,旨在快速沿着空间轨迹运动。在研究设计控制系统的过程中,发现任何无人潜航器的运动精度都随着运动速度和空间轨迹曲率的增加而显著降低。这主要是由于某些无人潜航器的执行机构饱和(在这种情况下,无人潜航器通常偏离规定的轨迹),无人潜航器各个自由度之间的干扰增加,以及合成系统带宽的限制。而且,这些缺点是所有类型的无人潜航器的共性,它们甚至具有非常复杂和高质量的自适应与自调节控制系统。

研究表明,为了显著提高无人潜航器的工作质量,通常需要创建的系统不仅控制指定的复杂动态对象的驱动模式(运动速度),而且还要控制设定的参考信号,以确保即便使用标准控制单元也能准确执行任务,而标准控制单元的实际操作比上述设计的控制系统要简单得多。

这要求使用监视跟踪系统的新原理,本章将对此进行讨论。基于这一新的控制原理,已经研究了用于控制沿预定轨迹、运动速度的无人潜航器控制系统的设计方法,以及用于生成虚拟设定轨迹(设定信号)的方法,可使这些无人潜航器在空间轨迹上以最大可能精度运动。即便使用最简单的跟随器控制系统也可以提高速度。

在本章中将论述控制无人潜航器运动的软件信号比具有明显可变与未知参数的指定复杂非线性控制对象要简单和方便得多,因为使用了简单的代数方程而不是微分方程。

5.1 无人潜航器沿给定空间轨迹的运动特征描述

无人潜航器的控制系统如下式所示:

$$\boldsymbol{u}(t)=F_u[\boldsymbol{\varepsilon}(t),\boldsymbol{X}^*(t)] \tag{5.1}$$

式中 $\boldsymbol{u}(t)$——推进器的控制信号的矢量,$\boldsymbol{u}(t)\in\mathbf{R}^n$;

t——自由度的数量;

$\boldsymbol{X}^*(t)$、$\boldsymbol{X}(t)$——绝对坐标系中目标点的可变坐标矢量,$\boldsymbol{X}^*(t)=[x^*(t),y^*(t),z^*(t)]^{\mathrm{T}}\in\mathbf{R}^3$,$\boldsymbol{X}(t)=[x(t),y(t),z(t)]^{\mathrm{T}}\in\mathbf{R}^3$,其确定无人潜航器在其运动的空间轨迹上的期望位置,以及无人潜航器当前位置在

绝对坐标系中的矢量；

$\boldsymbol{\varepsilon}(t)$——无人潜航器运动的动态误差向量，为 $\boldsymbol{X}^*(t)-\boldsymbol{X}(t)\in\mathbf{R}^3$。

首先，将假设无人潜航器沿着给定空间轨迹的运动准确性仅取决于无人潜航器相对于该轨迹的位置，而其方向并不重要。在这种情况下，式(5.1)可以描述任何类型的无人潜航器控制系统。

假设向量 $\boldsymbol{X}^*(t)$ 是使用以下表达式形成的[73]：

$$\dot{\boldsymbol{X}}^*(t)=\begin{bmatrix}1\\ g_y'(x^*)\\ g_z'(x^*)\end{bmatrix}\boldsymbol{\Phi}(x^*)\boldsymbol{v}^*=\boldsymbol{f}_v(x^*)\boldsymbol{v}^* \tag{5.2}$$

其中

$$\boldsymbol{\Phi}(x^*)=\{1+[g_y'(x^*)]^2+[g_z'(x^*)]^2\}^{-\frac{1}{2}}$$

$$g_y'(x^*)=\frac{\partial g_y(x^*)}{\partial x^*}$$

$$g_z'(x^*)=\frac{\partial g_z(x^*)}{\partial x^*}$$

式中 $g_y(x^*)$、$g_z(x^*)$——在垂直面和水平面上无人潜航器运动的给定轨迹的函数；

$\boldsymbol{v}^*$——无人潜航器沿着给定轨迹的速度信号。

基于式(5.2)生成的过程信号被反馈送到无人潜航器控制系统的输入端，该输入端生成控制信号矢量 $\boldsymbol{u}$，以试图减小动态控制误差 $\boldsymbol{\varepsilon}(t)$，从而可以确保无人潜航器沿着给定轨迹的精确运动。

研究表明，向量 $\boldsymbol{\varepsilon}(t)$ 的元素值始终取决于无人潜航器沿给定轨迹的过程速度，这是由于其惯性和控制通道(自由度)之间相互影响。因此，该误差的大小应决定过程控制信号的时间变化率(参见式(5.2))。除了指定的速度外，向量 $\boldsymbol{\varepsilon}(t)$ 的元素值还取决于无人潜航器运动轨迹的当前曲率、其多个自由度变化的特征。这些轨迹曲率越大，自由度之间的相互影响就越大，从而导致其参数和动态特性的变化使 $\boldsymbol{\varepsilon}(t)$ 增加。此外，无人潜航器控制系统运行的动态误差取决于该控制系统的类型以及当前参数矢量 $\boldsymbol{Q}_{UV}$ 和外部影响矢量 $\boldsymbol{F}_\varepsilon$。因此，可引入以下关系：

$$\boldsymbol{\varepsilon}(t)=\boldsymbol{F}_\varepsilon(\boldsymbol{X}^*(t),F_u(\cdot),\boldsymbol{Q}_{UV},F) \tag{5.3}$$

如果无人潜航器沿着弯曲轨迹运动，则向量 $\boldsymbol{\varepsilon}(t)\neq 0$ 的存在导致出现非零向量 $\boldsymbol{\varepsilon}_n(t)\in\boldsymbol{R}^n$(图5.1)，这确定了无人潜航器与该轨迹的偏离(从 $\boldsymbol{X}_n$ 点开始)。此外，向量 $\boldsymbol{\varepsilon}_n(t)$ 的元素将是向量 $\boldsymbol{X}(t)$、$\boldsymbol{\varepsilon}(t)$ 和无人潜航器给定轨迹参数的当前值的函数：

$$\boldsymbol{\varepsilon}_n(t)=F_n[\boldsymbol{X}(t),g_y(\cdot),g_z(\cdot),\boldsymbol{\varepsilon}(t)] \tag{5.4}$$

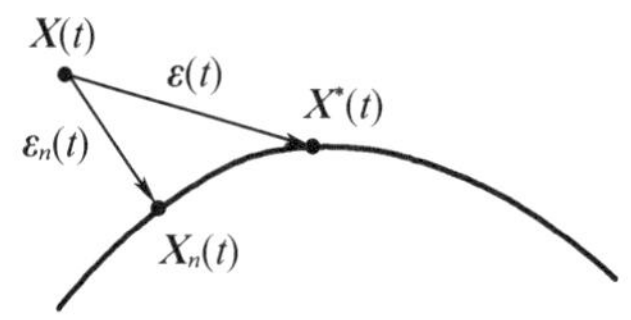

图5.1 无人潜航器沿着空间轨迹的运动模式

控制无人潜航器的空间运动时,最重要的是向量 $\boldsymbol{\varepsilon}_n(t)$,而不是向量 $\boldsymbol{\varepsilon}(t)$,因为它决定了无人潜航器当前偏离预定轨迹的大小。在这种情况下,始终满足条件:

$$0 \leqslant \|\boldsymbol{\varepsilon}_n\| \leqslant \|\boldsymbol{\varepsilon}\| \tag{5.5}$$

从式(5.3)至式(5.5)可以看出,对于给定的无人潜航器的运动轨迹,可以通过减小 $\|\boldsymbol{\varepsilon}\|$ 来减小 $\|\boldsymbol{\varepsilon}_n\|$ 的值。解决该问题的传统方法是创建更复杂精确的自适应鲁棒控制系统,由于更准确地说明了无人潜航器的未知参数和可变参数,因此可以减少动态误差 $\boldsymbol{\varepsilon}_n(t)$。但是,这总是导致在无人潜航器的器载计算机上实现所创建的控制系统的过程变得相当复杂。同时,没有解决在控制系统产生控制信号期间(特别是当它们高速运动时)无人潜航器推进器推力可能进入饱和的问题。

但是,如式(5.3)、式(5.4)所示,不论无人潜航器控制系统的类型如何,都可以通过减小其沿给定轨迹的运动速度(通过更改设定信号 $\boldsymbol{X}^*(t)$ 的参数)来减小 $\|\boldsymbol{\varepsilon}\|$、$\|\boldsymbol{\varepsilon}_n\|$ 的值。采用改变参数 $\boldsymbol{X}^*(t)$ 的可能方法,这些方法可以使无人潜航器沿着指定的空间轨迹进行高速且高精度的运动。在这种情况下,将假设无人潜航器沿着给定轨迹的精确运动的条件由以下表达式确定

$$\|\boldsymbol{\varepsilon}_n(t)\| \leqslant \varepsilon_{\sigma\text{on}} \tag{5.6}$$

式中　$\varepsilon_{\sigma\text{on}}$——无人潜航器与其给定运动轨迹的允许偏差。

从式(5.2)可以看出,设定信号 $\boldsymbol{X}^*(t)$ 以及误差值 $\|\boldsymbol{\varepsilon}\|$、$\|\boldsymbol{\varepsilon}_n\|$ 取决于 $\boldsymbol{v}^*$ 值。该速度越高,推进器接收到的控制信号就越多。另外,沿着轨迹的弯曲部分增加 $\boldsymbol{v}^*$ 的运动,将导致这些无人潜航器的各个控制通道之间的干扰显著。为了补偿它们,任何控制系统都必须产生增大幅度的控制信号。结果,无人潜航器的推进器输出在某些自由度上可能达到饱和,导致无人潜航器可能不可控而偏离预定轨道。

为了消除这种情况,有必要降低曲率大的轨迹段上无人潜航器的设定速度,而曲率小的轨迹段上这些不利影响较弱的部分,在不使无人潜航器偏离给定轨迹的情况下提高无人潜航器的设定速度。此外,为了满足式(5.6),可以使用不太复杂(也不昂贵)的控制系统。根据以上建议的方法,通过减小高曲率的轨迹截面中的 $\boldsymbol{v}^*$,可以始终为无人潜航器提供给定的动态控制精度,从而使控制系统不变。

但是,在建议的新控制原理框架内显著提高动态精度的最有效方法与所有已知的控制跟踪系统原理不同,它建议不要从为这些系统指定的设定运动轨迹中获取设定信号,而是从某些特殊构造的偏离规定值的虚拟轨迹 $\widetilde{\boldsymbol{X}}^*(t)=F_T[\boldsymbol{X}^*(t),\boldsymbol{\varepsilon}(t)]$ 中获取。在这种情况下,即使借助最简单的固定线性控制器为所示系统提供运动稳定性,也可以在控制对象的参数发生很大变化(其中一些根本无法识别)的情况下实现极高的动态控制精度,而无须使用复杂且昂贵的自适应控制器、不同类型的自调节和鲁棒控制系统。即通过分离设定点的运动轨迹和目标控制对象的直接运动轨迹,可以轻松解决具有可变且通常未知参数的多耦合非线性动态对象的控制。

使用提出的新原理,可为指示的复杂动态对象创建这样的跟踪控制系统,这些对象相对于特殊形成的虚拟轨迹将具有较大的动态控制误差,甚至这些物体在运动过程中某些推进器推力可能会饱和。但即使考虑到这些因素,它们也将以极高的动态精度沿预定(规定)

轨迹运动(参见式(5.6))。

因此,可以采取两种方法来改变无人潜航器在预定轨迹上精确运动的设定参考信号。第一种是根据指定轨迹当前部分的曲率更改无人潜航器运动的设定速度,这使其推进器推力进入饱和,并在小曲率时提高轨迹部分的速度。第二种方法是考虑到无人潜航器运动的预定轨迹及其控制系统的当前精度,连续形成设定点的新虚拟参考轨迹。这样,无论此无人潜航器使用的控制系统类型如何,都可沿初始设定轨迹的运动提供所需的动态精度。

同时结合第一和第二种方法是成功的,这使设计出的无人潜航器的控制系统可沿任意复杂空间轨迹的高速和高精度运动。

在下文中,将描述两种形成无人潜航器设定运动信号方法的实现方式。

5.2 无人潜航器沿预定轨迹运动自动形成设定速度的方法

在此之前,一些学者已经尝试研发了用于调整无人潜航器设定速度的算法。在文献[73]中,基于获得的运动学关系,已经提出了一种沿着给定轨迹自动形成无人潜航器速度的方法。但是这种方法不考虑推进器的功率限制和无人潜航器本身的动态。如进行的研究所示,这通常会导致潜航器从给定的轨迹脱离。在文献[315]中,无人潜航器沿着给定轨迹运动的期望模式是根据描述该无人潜航器及其推进系统运行的动力学和运动学方程形成的。但是在这项工作中构建了一个开环控制系统,无法提供调节动作的确切结果。因此,仍然需要研究一种用于形成无人潜航器运动的参考速度的方法来克服这些缺点。

5.2.1 无人潜航器运动自动形成设定速度的方法

当无人潜航器沿着给定的空间轨迹运动时,形成参考速度方法的设计问题可以表述如下。无人潜航器包含式(5.1)的控制系统,该控制系统的输入将提供其沿式(5.2)形成的轨迹运动的设定参考信号。必须沿着该轨迹选择无人潜航器的变化规律 $\boldsymbol{v}^*(t)$,在该规律下总是要确保不等式(5.6)成立。也就是说,为了确保无人潜航器偏离设定轨迹在允许值内,建议使用这样一种控制其运动的规律,在这种情况下,考虑到其所有部分的曲率,形成其在该轨迹上运动的最大可能速度。

要解决此问题可以使用两种方法。第一种方法是沿给定轨迹对无人潜航器的设定速度进行初步计算。可以使用式(5.2)至式(5.4)和式(5.6)来实现,并有以下形式的表达式:

$$\varepsilon_{\sigma\mathrm{on}}=\|\boldsymbol{\varepsilon}_n(t)\|=\|F_n[\boldsymbol{v}^*,F_u(\cdot),\boldsymbol{Q}_{UV},g_y(\cdot),g_z(\cdot),\boldsymbol{\varepsilon}(t)]\| \tag{5.7}$$

相对于 $\boldsymbol{v}^*$ 解方程式(5.7),原则上可以获得该速度沿给定空间轨迹的变化规律,从而确保在满足条件式(5.6)的情况下,无人潜航器尽可能快地运动。但是实时求解复杂的非线性微分方程式(5.7)非常困难。因此,必须在无人潜航器开始移动之前预先计算沿给定轨迹的 $\boldsymbol{v}^*(t)$。另外,对于方程式(5.7)的正确解,必须确切地知道无人潜航器的所有参数,这是很难执行的。此外,通常无法预先知道无人潜航器的运动轨迹类型,因为在预先未知的环境下(绕过障碍物,接近所发现的物体等)进行水下操作的过程中,它可能会发生变化。

第二种方法涉及使用自动控制理论的方法来形成速度 $\boldsymbol{v}^*(t)$,具体取决于无人潜航器与给定轨迹的偏离量。为了实现这种方法,在控制器的控制系统中附加了一个控制回路,该回路确保根据控制器相对于给定轨迹(式(5.2))的当前偏差自动形成 $\boldsymbol{v}^*(t)$。而且速度 $\boldsymbol{v}^*(t)$ 必须以一定的方式形成以确保不等式(5.6)成立。

无人潜航器沿着给定轨迹自动生成设定速度的系统通用框图如图 5.2 所示[104,106,176,189]。在该系统开始运行之前,以式(5.2)描述了无人潜航器期望的运动轨迹,给出了无人潜航器与给定轨迹的参考偏差值 ε_{on} 和该轨迹起点的向量 $\boldsymbol{X}_0^*=(x_0^*,y_0^*,z_0^*)^{\mathrm{T}}$。而且,选择 $\varepsilon_{\text{on}}<\varepsilon_{\sigma\text{on}}$,从而在无人潜航器运动的过程中始终满足条件(5.6)。

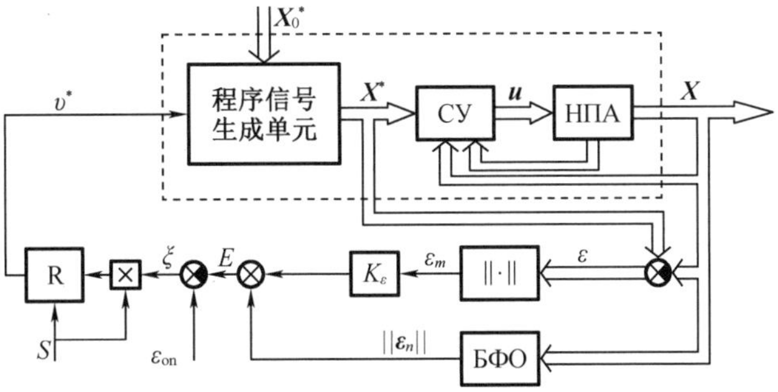

图 5.2　无人潜航器沿给定轨迹自动生成设定速度的系统通用框图

使用向量 $\boldsymbol{X}^*(t)$ 和 $\boldsymbol{X}(t)$ 元素的当前值来生成信号[176,240,241]:

$$E(t)=k_\varepsilon\varepsilon_m(t)+\|\boldsymbol{\varepsilon}_n(t)\| \tag{5.8}$$

式中　$\varepsilon_m(t)$——等于 $\|\boldsymbol{\varepsilon}(t)\|$;

k_ε——常数,使用表达式 $k_\varepsilon=\varepsilon_{\text{on}}/\varepsilon_m^{\sigma\text{on}}$ 确定的正系数,其中 $\varepsilon_m^{\sigma\text{on}}$ 是 $\varepsilon_m(t)$ 的允许值。

该信号评估无人潜航器沿给定轨迹的运动精度。该信号的形式将在下面说明。

系统运行后(图 5.2),根据向量 $\boldsymbol{X}_0=(x_0,y_0,z_0)^{\mathrm{T}}$ 和 $\boldsymbol{X}_0^*=(x_0^*,y_0^*,z_0^*)^{\mathrm{T}}$ 的初始值,控制器 R(其选择将在下面讨论)生成期望值 $\boldsymbol{v}^*(t)$ 的信号,并在使用式(5.2)生成设定信号的块中,计算向量 $\boldsymbol{X}^*(t)=[x^*(t),y^*(t),z^*(t)]^{\mathrm{T}}$ 的元素,这些元素反馈到无人潜航器控制系统的输入端并获得信号 $\boldsymbol{u}(t)$(式(5.1)),从而控制所有驱动器。当无人潜航器接近设定轨迹的终点时,当满足条件 $x^*\geqslant x_{\max}^*$ 时,或者当控制器 R 的输出信号 $\boldsymbol{v}^*(t)$ 使用零信号 S 复位时,系统操作结束。

将无人潜航器与给定轨迹的偏差形成单元(БФО)输出的式(5.8)中的 $\|\boldsymbol{\varepsilon}_n(t)\|$ 值计算为从无人潜航器当前位置(矢量 $\boldsymbol{X}$)到轨迹 $\boldsymbol{X}_n(x_n,y_n,z_n)$ 的最近点的距离(图 5.1)。

在控制器 R 的输出端生成 $\boldsymbol{v}^*(t)$ 值(图 5.2),并在其输入端接收信号 $\xi(t)=\varepsilon_{\text{on}}-E(t)$。在将式(5.2)集成到用于生成设定信号的块中之后,考虑 $\boldsymbol{v}^*(t)$ 的值以确定向量 $\boldsymbol{X}^*(t)$ 的元素的值。

控制器 R 进行下面操作[156,176,177]。如果 $\xi(t)<0$,则不等式 $E(t)>\varepsilon_{\text{on}}$ 成立。在这种情况下,控制器 R 将减小 $\boldsymbol{v}^*(t)$,这将导致 $\|\boldsymbol{\varepsilon}(t)\|$ 减小,并且根据式(5.5)和式(5.8),也会导

致$\|\boldsymbol{\varepsilon}_n(t)\|$和$E(t)$减小。如果$\xi(t)>0$,则$E(t)<\varepsilon_{\text{on}}$,因此,可以增加无人潜航器沿着轨迹的运动速度。在后一种情况下,控制器 R 将增加$\boldsymbol{v}^*(t)$的值。应当指出,必须始终满足条件

$$\boldsymbol{v}^*(t)=\begin{cases}\boldsymbol{v}^*(t),\text{如果 }\boldsymbol{v}^*(t)>0\\0,\text{如果 }\boldsymbol{v}^*(t)<0\end{cases}\tag{5.9}$$

即$\boldsymbol{v}^*(t)$永远不应为负。

在无人潜航器运动开始时,式(5.9)的满足尤其重要,当无人潜航器的初始位置和后续运动轨迹上的起点之间存在较大的初始误差时,$E(t)$的值可能会变得太大而信号$\xi(t)$的负值也会很大。在这种情况下,式(5.9)的满足将期望点$\boldsymbol{X}^*$的位置固定在轨迹上,直到潜航器使用其跟踪系统以小于ε_{on}的距离接近它为止。只有这样$\boldsymbol{v}^*(t)$才开始增加,从而确保潜航器沿着给定的空间轨迹运动。

应该注意的是,在形成$\xi(t)$期间,信号$E(t)$(式(5.8))包括两个分量:$\|\boldsymbol{\varepsilon}_n(t)\|$和$\|\boldsymbol{\varepsilon}_m(t)\|$,但只能用信号$\|\boldsymbol{\varepsilon}_n(t)\|$代替。在无人潜航器运动轨迹的某些部分中,这将导致$\boldsymbol{v}^*(t)$不可接受的增加,这也将大大降低无人潜航器沿着整个轨迹运动的准确性。这个事实可以用图 5.3 来解释[176]。

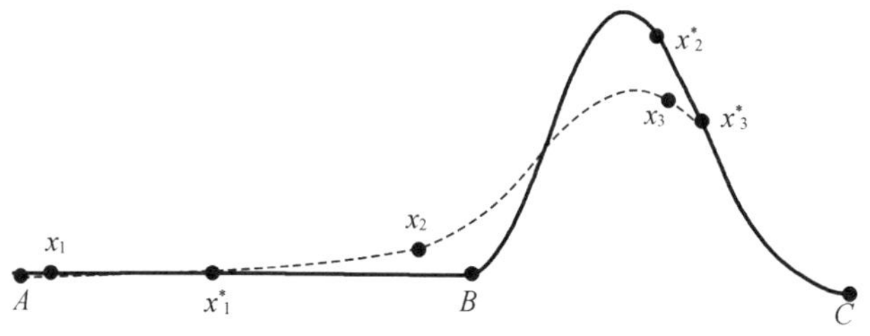

图 5.3　无人潜航器在空间轨迹的各个部分中运动的特征

假设无人潜航器运动的期望轨迹具有延长的直线部分 AB。当无人潜航器沿着该部分移动时,$\|\boldsymbol{\varepsilon}\|\neq0$ 的存在不会导致其偏离所需轨迹(即$\|\boldsymbol{\varepsilon}_n(t)\|=0$),因为在此段时间中向量$\boldsymbol{\varepsilon}(t)$沿着该轨迹运动(图 5.3 中点 x_1 和 x_1^*)。也就是说,在无人潜航器运动的直线部分,不等式$\xi(t)=\varepsilon_{\text{on}}-\|\boldsymbol{\varepsilon}_n(t)\|=\varepsilon_{\text{on}}>0$ 始终成立,这导致$\boldsymbol{v}^*(t)$无限增加;反过来,会导致$\|\boldsymbol{\varepsilon}(t)\|$增加过大,这是不可接受的。如果在无人潜航器的轨迹中出现一段弯曲轨迹,则会产生不利影响。

如果点$x^*(t)$以较大的$\|\boldsymbol{\varepsilon}(t)\|$值高速到达点 B 之后的曲线轨迹(图 5.3),则使用的控制系统将不再能够确保无人潜航器准确地通过该曲线轨迹的所有部分。这可以通过以下事实来解释:控制器 R 仅在满足不等式$\varepsilon_{\text{on}}-\|\boldsymbol{\varepsilon}_n(t)\|<0$时才开始减小$\boldsymbol{v}^*(t)$(图 5.3 中的点$x_2$)。但是同时,设定点$x_2^*(t)$已经可以通过轨迹的峰值。此外,无人潜航器一直指向前进的点$x^*(t)$的恒定方向,将不允许其沿着整个设定轨迹行进。结果,该轨迹的很大一部分将被“切除”(请参见点$x_3^*(t)$和$x_3(t)$),即不会使无人潜航器沿整个轨迹精确运动。

因此,当形成$\boldsymbol{v}^*(t)$的值时有必要特别引入它的限制,从而引入量$\|\boldsymbol{\varepsilon}(t)\|$的限制(尤其是在无人潜航器运动轨迹的直线部分)。为此,在生成信号$E(t)$时,除了$\|\boldsymbol{\varepsilon}_n(t)\|$外,还必须考虑$\|\boldsymbol{\varepsilon}(t)\|$的值(式(5.8))。在这种情况下,式(5.8)中的第一项在无人潜航器沿着轨迹的直线部分运动时起决定性作用,而第二项在无人潜航器沿着轨迹曲率较大部分运动时起

决定性作用。系统所指示的特性使得不仅可以间接考虑所用推进器的功率限制,还可间接考虑无人潜航器的动态特性及其控制系统的阻尼。所有这些都提高了无人潜航器沿任意空间轨迹任何部分运动的准确性。

在确定提出的 $\boldsymbol{v}^*(t)$ 自动形成系统的实现特征后,考虑控制器 R 系统的设计问题(图 5.2)。

5.2.2　设定速度控制器的设计方法

在设计控制器 R 之前,必须构造控制对象的数学模型,在其输入处提供信号 $\boldsymbol{v}^*$,并且在输出处形成 E,该表达由式(5.8)计算。该对象包括用于生成无人潜航器控制系统以及无人潜航器自身(图 5.2)设定信号的单元(由式(5.2)描述)。显然,此控制对象的模型是非线性的,其中包括 $\boldsymbol{\varepsilon}(t)$ 和 $\boldsymbol{\varepsilon}_n(t)$ 的复杂计算。在这种情况下,无人潜航器轨迹的类型是事先未知的。使用此模型来设计控制器 R 非常困难。因此,为了简化设计过程,假设控制对象的参数在过渡过程中变化不大,不是在给定模型中复杂的非线性变换,而是最好使用某些变量系数,其值在已知范围内变化[176,240]。在这种情况下,控制器 R 必须为这些系数值的所有可能组合提供 E 值的调节质量的指定指标。在这种情况下,不管无人潜航器的轨迹形状如何,可以设计控制器 R,并且其形式被大大简化。

首先,估算所讨论系统的 E 值(图 5.2)。将不等式(5.5)可以改写为

$$\|\boldsymbol{\varepsilon}_n\| = k_e \varepsilon_m \tag{5.10}$$

其中,$0 \leqslant k_e \leqslant 1$。将式(5.10)代入式(5.8),可得到

$$E = (k_\varepsilon + k_e)\varepsilon_m = \tilde{k}_e \varepsilon_m \tag{5.11}$$

其中,$k_\varepsilon \leqslant \tilde{k}_e \leqslant k_\varepsilon + 1$。

ε_m 的使用给控制器 R 的设计带来很大困难,因此为了简化其设计过程,将其替换为

$$\tilde{\varepsilon}_m = |\varepsilon_x| + |\varepsilon_y| + |\varepsilon_z|$$

式中　ε_x、ε_y、ε_z——向量 $\boldsymbol{\varepsilon}(t)$ 的对应元素。

对于此替换,使用以下事实:向量的范数 $\|\boldsymbol{a}\|_1 = \sum_{i=1}^{n} |a_i|$ 和 $\|\boldsymbol{a}\|_2 = \left(\sum_{i=1}^{n} |a_i|^2\right)^{1/2}$ 满足不等式[50]:

$$\|\boldsymbol{a}\|_2 \leqslant \|\boldsymbol{a}\|_1 \leqslant n^{\frac{1}{2}} \|\boldsymbol{a}\|_2 \tag{5.12}$$

从式(5.12)中得出等式:

$$\varepsilon_m = k_m \tilde{\varepsilon}_m \tag{5.13}$$

式中　k_m——系数,满足不等式 $1/\sqrt{3} \leqslant k_m \leqslant 1$。

假设无人潜航器的参数变化率很小,使用控制系统(即式(5.1))允许通过传递函数 $W_x(s)$、$W_y(s)$、$W_z(s)$ 来描述其沿着每个自由度的运动动力学。给定等式 $|a| = \operatorname{sign}(a)a$,关于无人潜航器每个自由度的误差传递函数的形式为

$$W_{\varepsilon x}(s) = 1 - W_x(s),\ W_{\varepsilon y}(s) = 1 - W_y(s),\ W_{\varepsilon z}(s) = 1 - W_z(s)$$

并考虑式(5.11)至式(5.13),可写为

$$E(s)=[\mathrm{sign}(\varepsilon_x)W_{\varepsilon x}(s)x^*(s)+\mathrm{sign}(\varepsilon_y)W_{\varepsilon y}(s)y^*(s)+\mathrm{sign}(\varepsilon_z)W_{\varepsilon z}(s)z^*(s)]k_m\tilde{k}_e \tag{5.14}$$

假设控制系统(式(5.1))允许使用相同的传递函数 $W(\cdot)=W_x(\cdot)=W_y(\cdot)=W_z(\cdot)$来描述无人潜航器每个控制通道的动态,则式(5.14)的形式为

$$E(s)=k_m\tilde{k}_eW_\varepsilon(s)[\mathrm{sign}(\varepsilon_x)x^*(s)+\mathrm{sign}(\varepsilon_y)y^*(s)+\mathrm{sign}(\varepsilon_z)z^*(s)] \tag{5.15}$$

式中 $W_\varepsilon(\cdot)$——等于 $1-W(s)$。

从式(5.2)可以很容易地获得:

$$\dot{y}^*(t)=\frac{\mathrm{d}g_y(x^*)}{\mathrm{d}x^*}\frac{\mathrm{d}x^*}{\mathrm{d}t}=\frac{g_y'(x^*)}{\Phi(x^*)}\boldsymbol{v}^*(t)$$

$$\dot{z}^*(t)=\frac{\mathrm{d}g_z(x^*)}{\mathrm{d}x^*}\frac{\mathrm{d}x^*}{\mathrm{d}t}=\frac{g_z'(x^*)}{\Phi(x^*)}\boldsymbol{v}^*(t) \tag{5.16}$$

从记录在图像区域中的式(5.16)可以立即得出:

$$x^*(s)=k_{vx}\boldsymbol{v}^*(s)/s, y^*(s)=k_{vy}\boldsymbol{v}^*(s)/s, z^*(s)=k_{vz}\boldsymbol{v}^*(s)/s \tag{5.17}$$

其中,$k_{vx}=1/\Phi(x^*)$,$k_{vy}=\left[\frac{\mathrm{d}g_y(x^*)}{\mathrm{d}x^*}\right]/\Phi(x^*)$,$k_{vz}=\left[\frac{\mathrm{d}g_z(x^*)}{\mathrm{d}x^*}\right]/\Phi(x^*)$,是相应功能的当前值,在无人潜航器的每个控制通道上发生的瞬态过程中,其变化微不足道。

考虑到式(5.17),式(5.15)可以转换为以下形式:

$$E(s)=k_m\tilde{k}_e\frac{W_\varepsilon(s)}{s}[\mathrm{sign}(\varepsilon_x)k_{vx}+\mathrm{sign}(\varepsilon_y)k_{vy}+\mathrm{sign}(\varepsilon_z)k_{vz}]\boldsymbol{v}^*(s) \tag{5.18}$$

由于无人潜航器是惯性控制对象,因此生成的设定点将始终位于无人潜航器当前位置之前。这意味着,当无人潜航器沿着相应坐标的运动速度为负时,则此坐标的期望值小于其当前值;相反当运动速度为正时,期望坐标的值将始终大于其当前值。因此可以认为,沿着相应坐标的无人潜航器所需速度的符号与沿着该坐标的动态误差的符号重合。轨迹的小部分是例外,在这些轨迹上无人潜航器的运动速度在某些坐标上(例如,在这些轨迹的急剧弯曲时)会发生变化。无人潜航器在相应坐标中的动态误差与它们在小部分轨迹中沿着该坐标的期望运动速度不一致,仅在短时间内出现。因此可以考虑忽略它们。

鉴于上述情况,以及 $\Phi(x^*)>0$ 的事实,式(5.18)的倒数第二个因子可以表示为

$$k_v^*=|k_{vx}|+|k_{vy}|+|k_{vz}| \tag{5.19}$$

从式(5.2)和式(5.17)可以看出,对于变量 k_{vx}、k_{vy}、k_{vz},等式$(k_{vx}^2+k_{vy}^2+k_{vz}^2)^{1/2}=1$ 将始终成立。因此考虑到式(5.12),可以写为

$$1\leqslant k_v^*\leqslant\sqrt{3} \tag{5.20}$$

因此,考虑到式(5.18)至式(5.20)和引入假设的部分系统数学模型,可以将用于计算控制器 R 的数学模型近似表示为[176, 240]

$$E(s)=k_v^*k_m\tilde{k}_e\frac{W_\varepsilon(s)}{s}\boldsymbol{v}^*(s) \tag{5.21}$$

其中，$k_\varepsilon\sqrt{3}/3\leqslant\tilde{k}_e k_m k_v^*\leqslant(1+k_\varepsilon)\sqrt{3}$。

考虑到在无人潜航器上使用形式为式(3.28)、式(3.56)、式(3.119)的分散控制系统的事实，将设计沿给定轨迹形成 $\boldsymbol{v}^*(t)$ 值的控制器 R，可使用矩阵微分方程描述无人潜航器所有平移自由度的空间运动：

$$\ddot{\boldsymbol{X}}+\boldsymbol{C}_U\dot{\boldsymbol{X}}+\boldsymbol{K}_U\boldsymbol{X}=\boldsymbol{C}_U\dot{\boldsymbol{X}}^*+\boldsymbol{K}_U\boldsymbol{X}^* \tag{5.22}$$

式中　$\boldsymbol{C}_U$、$\boldsymbol{K}_U$——具有正元素的对角矩阵，$\boldsymbol{C}_U\in\mathbf{R}^{3\times3}$、$\boldsymbol{K}_U\in\mathbf{R}^{3\times3}$。

从式(5.22)可以很容易获得误差传递函数：

$$W_\varepsilon(s)=\frac{s^2}{s^2+c_u s+k_u} \tag{5.23}$$

对于用于无人潜航器平移运动的每个控制通道，其中 $c_u=c_{ui}>0$，$k_u=k_{ui}>0$，$i=(1,2,3)$，分别是矩阵 $\boldsymbol{C}_U$ 和 $\boldsymbol{K}_U$ 的元素。

考虑到式(5.21)和式(5.23)，系统一部分的传递函数(图 5.2)可以表示为

$$W_p(s)=\frac{E(s)}{\boldsymbol{v}^*(s)}=\frac{\tilde{k}_e k_m k_v^* s}{s^2+c_u s+k_u} \tag{5.24}$$

显然，如果控制器 R 的传递函数 $R(s)$ 为

$$R(s)=k_r\frac{T_r s+1}{s} \tag{5.25}$$

则考虑式(5.24)，无人潜航器速度自动形成系统的开路传递函数将由以下表达式描述：

$$W_r(s)=R(s)W_p(s)=\frac{k_r\tilde{k}_e k_m k_v^*(T_r s+1)}{s^2+c_u s+k_u} \tag{5.26}$$

从式(5.26)可以看出，负反馈关闭后的系统稳定性将不取决于系数 k_r、$\tilde{k}_e$、k_m、k_v^* 的大小。因此，控制器 R 的参数 k_r 和 T_r 可以根据所需的系统质量指标来选择。但是参数 k_r 越大，E 相对 $\boldsymbol{\varepsilon}_{\text{on}}$ 的偏差就越小，并且越接近 $\boldsymbol{\varepsilon}_{\sigma\text{on}}$，就可能选择 $\boldsymbol{\varepsilon}_{\text{on}}$。

除了上述用于设定速度的控制器设计方法外，还可以使用基于模糊逻辑的方法[188]，这将考虑对该设定速度的值施加的限制，以及在不使用控制对象的数学模型的情况下合成和配置该控制器。此外，研究表明，所提出的用于生成设定速度的方法不仅可以用于无人潜航器，还可以用于其他潜航器系统，特别是多关节机械手的[161,162]。

5.2.3　确定无人潜航器偏离其运动轨迹的方法

从式(5.8)可以看出，为了实现所提出的形成无人潜航器设定速度的方法，有必要连续计算从无人潜航器到其设定运动轨迹的距离 $\|\boldsymbol{\varepsilon}_n\|$。可从已知点 $\boldsymbol{X}_n(t)$(图 5.1)的坐标来确定向量 $\boldsymbol{\varepsilon}_n$，该点是在设定轨迹上最靠近无人潜航器的点。查找点 $\boldsymbol{X}_n(t)$ 的坐标的方法取决于设置设定轨迹的方法。

在本节中，将考虑为两种无人潜航器设定运动轨迹的方法确定点 $\boldsymbol{X}_n(t)$ 的坐标：基于解析表达式(5.2)和基于样条曲线。第一种方法在无人潜航器的轨迹控制中最有效。允许设置无人潜航器的平滑轨迹，然后为无人潜航器的所有自由度生成设定运动信号。当将用于

自动生成无人潜航器设定速度的综合系统嵌入现有的器载控制系统中时,建议采用第二种方法,该系统着重于位置控制模式的实现,该模式包括绕过给定序列的基点。

1. **计算偏离与由解析表达式给出的无人潜航器运动轨迹的偏差方法**

如果使用解析表达式(5.2)设置无人潜航器的运动轨迹,则可使用两种方法确定点 $\boldsymbol{X}_n(t)$ 的坐标,从而确定 $\|\boldsymbol{\varepsilon}_n\|$。

首先,使用向量 $\boldsymbol{X}_\tau$,它与点 $\boldsymbol{X}_n$ 上给定轨迹的切线重合。该向量具有坐标[61]:

$$\boldsymbol{X}_\tau=\boldsymbol{f}_v(x_n)=\left[1,\left.\frac{\mathrm{d}g_y(x^*)}{\mathrm{d}x^*}\right|_{x^*=x_n},\left.\frac{\mathrm{d}g_z(x^*)}{\mathrm{d}x^*}\right|_{x^*=x_n}\right]^{\mathrm{T}}=[1,g_y'(x_n),g_z'(x_n)]^{\mathrm{T}}$$

并且与连接点 $\boldsymbol{X}$ 和 $\boldsymbol{X}_n$ 的向量垂直,因此可以写为

$$\boldsymbol{X}_\tau(\boldsymbol{X}_n-\boldsymbol{X})=(x_n-x)+g_y'(x_n)(y_n-y)+g_z'(x_n)(z_n-z)=0 \tag{5.27}$$

将式(5.2)添加到方程式(5.27),获得了一个非线性方程组,其数值解将能够确定所需点 $\boldsymbol{X}_n$ 的坐标。但这样非常麻烦。考虑到 $\|\boldsymbol{\varepsilon}_n(t)\|$ 比轨迹的曲率半径小得多,并且使用控制系统提供的 $\boldsymbol{X}_n$ 点相对于 $\boldsymbol{X}^*(t)$ 滞后较小,因此可以非常精确地确定 $\|\boldsymbol{\varepsilon}_n(t)\|$。在这种情况下向量 $\boldsymbol{\varepsilon}_n(t)$ 可以由向量 $\widetilde{\boldsymbol{\varepsilon}}_n(t)$ 代替,该向量与直线 N 垂直且在点 $\boldsymbol{X}^*(t)$ 处和无人潜航器的轨迹相切(图 5.4)。

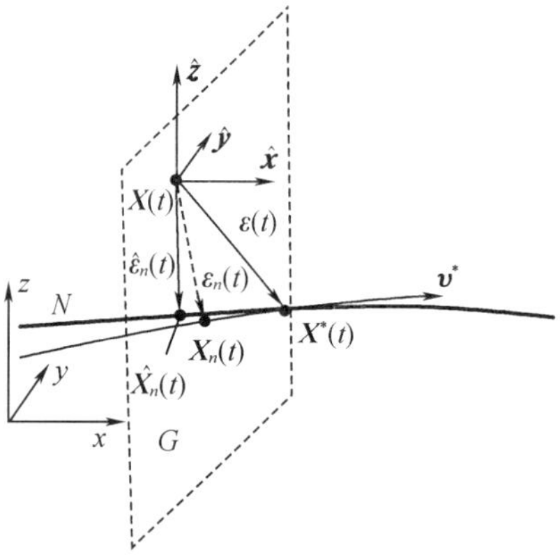

图 5.4 用于计算向量 $\hat{\boldsymbol{\varepsilon}}_n$ 的元素的图

点 $\hat{\boldsymbol{X}}_n(t)$ 的坐标是在与无人潜航器固连的坐标系中确定的,该坐标系单位矢量 $\hat{\boldsymbol{x}}$、$\hat{\boldsymbol{y}}$、$\hat{\boldsymbol{z}}$ 平行于绝对坐标 x、y、z 轴,其中心与无人潜航器质心 $\boldsymbol{X}(t)$ 点重合。在该坐标系中,点 $\boldsymbol{X}^*(t)$ 由向量 $\boldsymbol{\varepsilon}(t)=(\varepsilon_{\hat{x}},\varepsilon_{\hat{y}},\varepsilon_{\hat{z}})^{\mathrm{T}}$ 的坐标定义,点 $\hat{\boldsymbol{X}}_n(t)$ 由向量 $\hat{\boldsymbol{\varepsilon}}_n(t)$ 的坐标定义。

在点 $\boldsymbol{X}^*(t)$ 处的切线 N 的方程与向量 $\boldsymbol{v}^*$ 重合,其形式为[61]

$$\frac{\hat{\boldsymbol{x}}-\varepsilon_{\hat{x}}}{f_1}=\frac{\hat{\boldsymbol{y}}-\varepsilon_{\hat{y}}}{f_2}=\frac{\hat{\boldsymbol{z}}-\varepsilon_{\hat{z}}}{f_3} \tag{5.28}$$

式中 f_1、f_2、f_3——向量 $\boldsymbol{f}_v(x^*)$(式(5.2))的元素。

坐标系 $\hat{\boldsymbol{x}}\hat{\boldsymbol{y}}\hat{\boldsymbol{z}}$ 中穿过点 $\boldsymbol{X}(t)$ 且与线 N 垂直的平面 G 的方程式为[61]

$$f_1\hat{\boldsymbol{x}}+f_2\hat{\boldsymbol{y}}+f_3\hat{\boldsymbol{z}}=0 \tag{5.29}$$

一起求解方程式(5.28)和式(5.29),得到表达式[178]

$$\hat{\boldsymbol{\varepsilon}}_n(t)=\begin{bmatrix} f_2^2+f_3^2 & -f_1f_2 & -f_1f_3 \\ \dfrac{f_2^3+f_2f_3^2-f_1}{f_1} & 1-f_2^2 & -f_2f_3 \\ \dfrac{f_3^3+f_2^2f_3-f_1}{f_1} & -f_2f_3 & 1-f_3^2 \end{bmatrix}\boldsymbol{\varepsilon}(t)\approx\boldsymbol{\varepsilon}_n(t) \tag{5.30}$$

这样就轻松准确地形成了向量 $\boldsymbol{\varepsilon}_n(t)$。

2. 以样条曲线的形式计算无人潜航器与其运动轨迹的偏差方法

传统上,绝大多数现有无人潜航器控制系统都是针对位置操作而开发的,这包括绕过给定顺序的一定数量的基点。在这种情况下,指定无人潜航器运动轨迹的更方便的方法是使用三阶贝塞尔样条曲线,这可以根据无人潜航器在任务期间通过的给定数量的基点形成平滑的空间曲线。与式(5.2)相比,此方法是设置无人潜航器运动的空间轨迹最简单的方法。

使用贝塞尔样条曲线形成无人潜航器运动随时间变化的设定信号包括两个阶段[127]。

首先,提供通过给定参考点的样条曲线参数。使用位于运动轨迹上的两个控制点和确定这些控制点在轨迹切线方向上的两个附加控制点坐标来定义描述这些样条线的表达式(图5.5)。

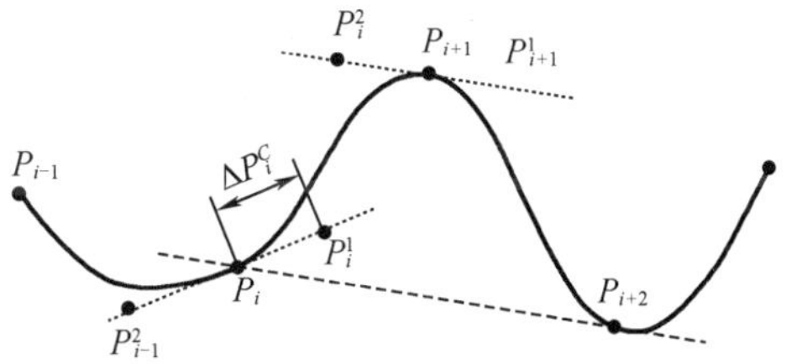

图 5.5　在给定点形成样条曲线的过程

样条曲线控制点的坐标的计算使用以下表达式:

$$\Delta P_i=\frac{P_i-P_{i-1}}{\|P_i-P_{i-1}\|},\Delta P_{i+1}=\frac{P_{i+1}-P_i}{\|P_{i+1}-P_i\|}$$

$$\Delta P_i^C=k_{pi}\|P_i-P_{i-1}\|\frac{k_{ci}\Delta P_i+(1-k_{ci})\Delta P_{i+1}}{\|k_{ci}\Delta P_i+(1-k_{ci})\Delta P_{i+1}\|}$$

$$P_i^1=P_i+\Delta P_i^C,P_i^2=P_{i+1}-\Delta P_{i+1}^C \tag{5.31}$$

式中　P_i——运动轨迹应通过的参考点的坐标,为(x_i,y_i,z_i);

$P_i^j(j=1,2)$——样条控制点的坐标;

k_{pi}、k_{ci}——样条的起点和终点之间定位控制点的系数。

从式(5.31)可以看出,样条的控制点的坐标是使用系数 k_{pi}、k_{ci} 设置的。此外,系数 $0\leqslant k_{ci}\leqslant 1$ 定义了参考点处轨迹的切线的斜率。通常 $k_{ci}=0.5$。系数 $k_{pi}\geqslant 0$ 决定样条的长度并影响所得轨迹的曲率(对于 $k_{pi}=0$,轨迹将是直线)。

图 5.6(a)显示了在系数 k_{pi} 不同值时形成的轨迹。图 5.6(b)显示了在系数 k_{ci} 不同值时形成的轨迹。

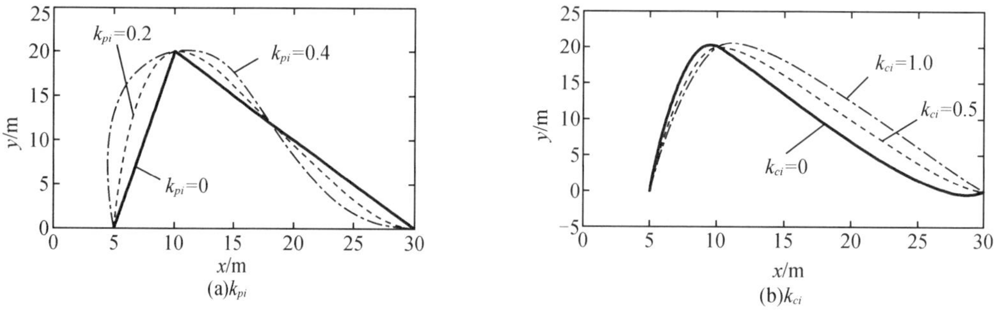

图 5.6　在系数 k_{pi} 和 k_{ci} 不同值时形成的无人潜航器轨迹

其次,在计算样条曲线参数之后,在无人潜航器控制系统操作的每个步骤中确定按照给定速度沿该样条曲线运动的点 $\boldsymbol{X}^*$ 的位置。描述点 $\boldsymbol{X}^*$ 沿着样条曲线运动的表达式具有以下形式[218]:

$$\boldsymbol{X}^*(\delta)=(1-\delta)^3P_i+3\delta(1-\delta)^2P_i^1+3\delta^2(1-\delta)P_i^2+\delta^3P_{i+1}=f_B(\delta) \tag{5.32}$$

式中　δ——点 $\boldsymbol{X}^*$ 沿着点 P_i 和 P_{i+1} 之间的样条运动的标准时间,$\delta\in[0,1]$。

点 $\boldsymbol{X}^*$ 的速度由标准时间的变化率确定。如使用变量 δ 的值与 $\boldsymbol{X}^*$ 沿样条曲线运动的时间线性相关,则此运动的速度沿样条曲线将不均匀并且难以预测。为了确保点 $\boldsymbol{X}^*$ 沿样条线以给定速度运动,已研发出一种迭代算法,即通过逐渐增加变量 δ 的值,可以确定在系统采样时间 $\boldsymbol{\tau}$ 内点 $\boldsymbol{X}^*$ 按照速度 $\boldsymbol{v}^*$ 沿着样条曲线运动的坐标。该算法的形式如下[128,181]。

(1)$i=0$:

$$T^*=\boldsymbol{v}^*\boldsymbol{\tau},\boldsymbol{X}_i^*=\boldsymbol{X}^*(t),\delta_i=\delta(k)$$

(2)$i>0$:

$$\delta_{i+1}=\delta_i+\Delta\delta,\boldsymbol{X}_{i+1}^*=f_B(\delta_{i+1})$$
$$T_{i+1}=T_i+\|\boldsymbol{X}_{i+1}^*-\boldsymbol{X}_i^*\|,i=i+1,\text{如果 } T_{i+1}<T^* \tag{5.33}$$

(3)

$$\boldsymbol{X}^*(t+\tau)=f_B\left(\delta_i+\frac{T^*-T_i}{T_{i+1}-T_i}\Delta\delta\right),\text{如果 } T_{i+1}\geqslant T^*$$

式中　T^*——点 $\boldsymbol{X}^*(t)$ 在系统离散化 $\boldsymbol{\tau}$ 期间以速度 $\boldsymbol{v}^*$ 移动的轨迹;

$\Delta\delta$——算法每次迭代时标准时间的增量;

$\delta(k)$——与点 $\boldsymbol{X}^*(t)$ 的先前位置相对应的标准时间的值。

图 5.7 显示了使用提出的算法,$\boldsymbol{v}^*$ 沿着描述的贝塞尔样条运动的轨迹变化。

研究结果表明,所提出的算法(请参见式(5.32)、式(5.33))允许进行 2~3 次迭代,以确定点 $\boldsymbol{X}^*$ 在给定轨迹上的下一个位置,并确保将给定速度保持在 0.004 m/s。

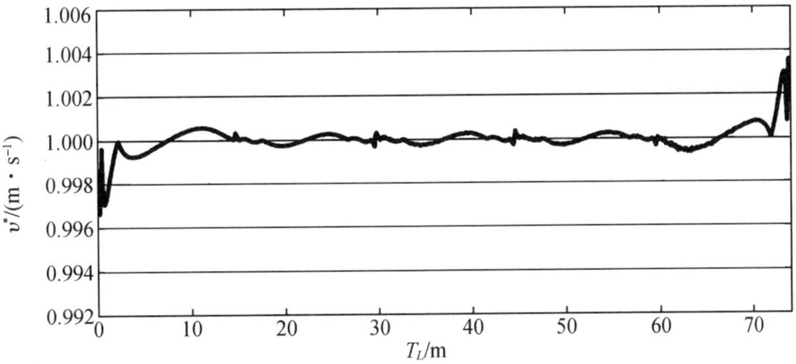

图 5.7　使用提出的算法，v^* 沿着描述的贝塞尔样条运动的轨迹变化
(T_L 是沿着轨迹由点 X^* 穿过的路径)

当使用式(5.32)、式(5.33)来生成无人潜航器设定运动信号时，很难使用式(5.27)或式(5.30)确定 $\|\boldsymbol{\varepsilon}_n(t)\|$ 的值，因为它选择使用式(5.2)设置设定信号。因此为了确定 $\|\boldsymbol{\varepsilon}_n(t)\|$，当基于样条曲线形成无人潜航器沿该轨迹运动的设定信号时，有必要使用图 5.8 中说明的算法。

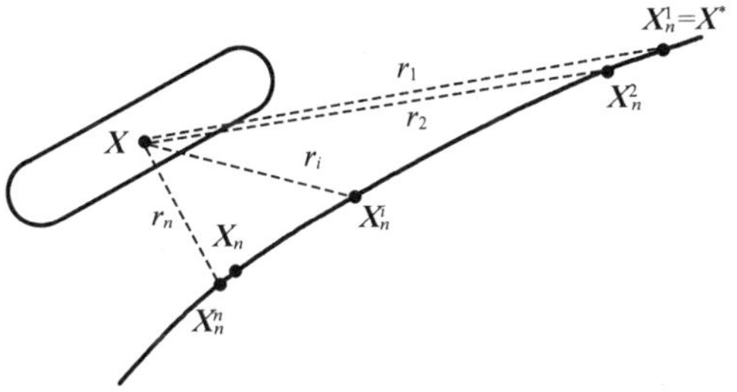

图 5.8　计算点 X_n 坐标的算法

该算法的实质如下。点 $\boldsymbol{X}_n$ 的位置搜索是通过沿着样条曲线从 $\boldsymbol{X}^*$ 到与 $\boldsymbol{X}^*$ 运动的相反方向进行的，其中一些中间点的坐标是在变量 δ 的值减小少量 Δs 时形成的。这种情况一直发生到算法的下一步中无人潜航器(从点 $\boldsymbol{X}$)到点 $\boldsymbol{X}_n^n$ 的距离增加为止。

所提出的搜索算法具有以下形式[129,181]：

步骤 1：$\delta_1=\delta(k)$，$\boldsymbol{X}_n^1=\boldsymbol{X}^*$，$r_1=\|\boldsymbol{X}_n^1-\boldsymbol{X}\|$；

步骤 2：$\delta_2=\delta_1-\Delta s$，$\boldsymbol{X}_n^2=f_B(\delta_2)$，$r_2=\|\boldsymbol{X}_n^2-\boldsymbol{X}\|$，如果 $r_1>r_2$，则转到下一步，否则退出算法；

⋮

步骤 i：$\delta_i=\delta_{i-1}-\Delta s$，$\boldsymbol{X}_n^i=f_B(\delta_i)$，$r_i=\|\boldsymbol{X}_n^i-\boldsymbol{X}\|$，如果 $r_{i-1}>r_i$，则进行下一步，否则退出算法；

⋮

步骤 n：$\delta_n=\delta_{n-1}-\Delta s$，$\boldsymbol{X}_n^n=f_B(\delta_n)$，$r_n=\|\boldsymbol{X}_n^n-\boldsymbol{X}\|$，如果 $r_{n-1}\leqslant r_n$，则退出算法。

退出指示的算法后，将 $r_n=\|\boldsymbol{X}_n^n-\boldsymbol{X}\|$ 作为无人潜航器与其运动轨迹的偏差。

该算法具有较低的计算复杂度，并且可以分几步以给定轨迹来计算最接近无人潜航器的点，其准确度取决于 Δs。

5.2.4 设定运动速度形成系统的研究

为了测试研发系统的可操作性和有效性,该系统用于形成控制无人潜航器的设定运动信号,因此对其操作进行了建模。假定无人潜航器(图 5.2)已经包括分散控制系统(即式(3.18)、式(3.28)、式(3.56)),该系统可以使用与式(5.22)类似的方程式描述其动态特性;三个自由度:沿绝对坐标系水平轴 x、y 移动以及绕其垂直轴 z 旋转。此外,假定无人潜航器具有相同的推进器,这些推进器具有非周期性环节描述,其牵引力和扭矩是针对无人潜航器每个自由度独立创建的。这些推进器产生的牵引力和扭矩受到以下限制:$|\tau_{\sigma x}|\leqslant 200$ N, $|\tau_{\sigma y}|\leqslant 100$ N, $|M_{\sigma z}|\leqslant 10$ N·m。

在仿真中,使用了无人潜航器的数学模型式(3.1)至式(3.6)。该模型的参数具有以下值:

无人潜航器的质量:$m_a=100$ kg;

无人潜航器相对于惯性主轴的惯性矩:$J_{xx}=2$ kg·m^2,$J_{yy}=10$ kg·m^2,$J_{zz}=10$ kg·m^2;

无人潜航器运动过程中的水动力阻力系数:$d_{2x}=50$ kg/m, $d_{2y}=100$ kg/m, $d_{2z}=100$ kg/m, $d_{1x}=25$ kg/s,$d_{1y}=50$ kg/s, $d_{1z}=50$ kg/s,$d'_{2x}=8$ N·m/s^2, $d'_{2y}=15$ N·m/s^2, $d'_{2z}=15$ N·m/s^2, $d'_{1x}=4$ N·m/s, $d'_{1y}=7.5$ N·m/s, $d'_{1z}=7.5$ N·m/s;

周围流体的附着质量和惯性矩:$\lambda_1=20$ kg,$\lambda_2=40$ kg,$\lambda_3=40$ kg,$\lambda_4=0.5$ kg·m^2,$\lambda_5=1$ kg·m^2,$\lambda_6=1$ kg·m^2;

稳心高度:$Y_c=0.02$ m;

推进器时间常数:$T_\sigma=0.1$ s。

选择控制器每个控制通道的控制系统参数,以使它们在移动自由度和旋转自由度方面的动态特性都相同。此外方程式(5.22)中的矩阵 $\boldsymbol{C}_U$ 和 $\boldsymbol{K}_U$ 的元素具有以下值:$k_{ui}=1$,$c_{ui}=0.3$, $i=1,2,3$;控制器 R 的参数——$k_r=10$,$T_i=0.5$ s,$k_\varepsilon=0.2$,$\varepsilon_{on}=0.2$ m。

在建模过程中,无人潜航器沿着指定的表达为 $y^*(t)=10\sin[\pi x^*(t)/20]$ 的轨迹水平运动,其中 $x^*(t)$ 使用的表达式为

$$\dot{x}^*(t)=\frac{v^*(t)}{\left\{1+\left[\frac{\pi}{2}\cos\left(\frac{\pi x^*(t)^2}{20}\right)\right]\right\}^{\frac{1}{2}}}$$

是在式(5.2)的基础上构建。假设 $x_0^*=0$ 和 $y_0^*=0$,并且当无人潜航器移动时,其纵轴始终指向运动的设定点。考虑到后者,使用式(4.18)计算了无人潜航器航向的所需角度。

图 5.9 显示了在图 5.2 所示的系统中更改量 $\dot{x}^*(t)$、$\dot{x}(t)$、$\dot{y}^*(t)$、$\dot{y}(t)$,以及 $v^*(t)$ 和 $v(t)=[\dot{x}(t)^2+\dot{y}(t)^2]^{1/2}$ 的变化过程[163,176]。从该图中可以看出,当无人潜航器的推进器推力进入饱和状态时,为了保持其沿设定轨迹运动的所需精度,无人潜航器沿该轨迹运动的设定速度 $v^*(t)$ 自动降低。在这种情况下,设定速度 $v^*(t)$ 从 0.85 m/s 变为 2.2 m/s,而实际的 $v(t)$ 从 0.9 m/s 变为 2 m/s,这是由于存在相应的推进限制以及无人潜航器和其控制系统的阻尼。

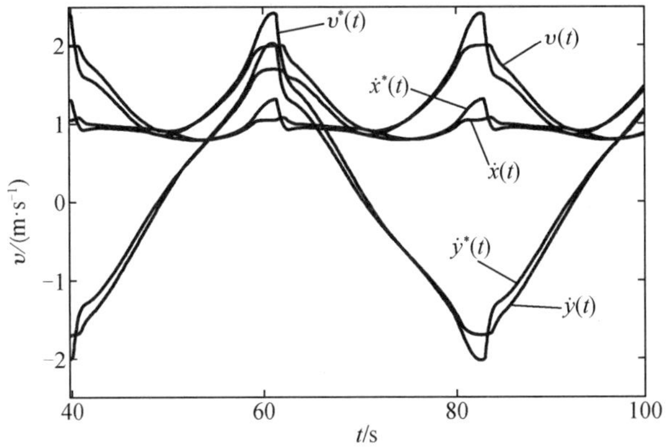

图 5.9　在图 5.2 所示的系统中更改量 $\dot{x}^*(t)$、$\dot{x}(t)$、$\dot{y}^*(t)$、$\dot{y}(t)$，以及 $\boldsymbol{v}^*(t)$ 和 $\boldsymbol{v}(t)=[\dot{x}(t)^2+\dot{y}(t)^2]^{1/2}$ 的变化过程

图 5.10 显示了在无人潜航器沿着所考虑的轨迹运动时 $\boldsymbol{v}^*(t)$、$\boldsymbol{v}(t)$、$\|\boldsymbol{\varepsilon}_n(t)\|$、$E(t)$ 和 $y(t)$ 的变化过程。从该图中可以看出，当无人潜航器分别沿着具有最大和最小曲率的轨迹部分运动时，形成了 $\boldsymbol{v}^*(t)$ 的最小值和最大值（请参见曲线 $y(t)$）。同时，在接近 K 直线的轨迹部分，$\boldsymbol{\varepsilon}_n\to 0$，$\boldsymbol{v}^*(t)$ 值增大，并且无人潜航器运动的实际速度 $\boldsymbol{v}(t)$ 达到最大值，因为其推进器推力进入饱和状态，这导致 ε_m 急剧增加并增加 $E(t)$。结果 $E(t)$ 变得比 ε_{on} 大，并且 $\boldsymbol{v}^*(t)$ 开始减小。应当指出，不等式 $\|\boldsymbol{\varepsilon}_n(t)\|<\varepsilon_{on}$ 在轨迹的所有部分都得到满足，即对于所考虑的情况，可以选择 $\varepsilon_{on}=\varepsilon_{\sigma on}$。

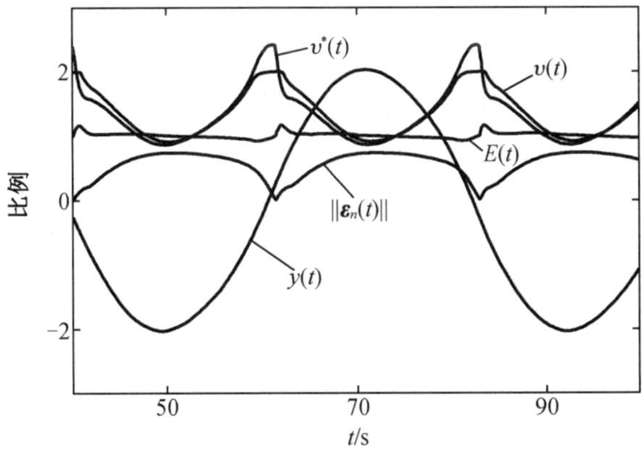

图 5.10　在无人潜航器沿着所考虑的轨迹运动 $\boldsymbol{v}^*(t)$、$\boldsymbol{v}(t)$、$\|\boldsymbol{\varepsilon}_n(t)\|$、$E(t)$ 和 $y(t)$ 的变化过程[$\boldsymbol{v}^*(t)$ = scale(m/s)；$\boldsymbol{v}(t)$ = scale(m/s)；$y(t)$ = scale · 5(m)；$\|\boldsymbol{\varepsilon}_n(t)\|$ = scale · 0.2(m)；$E(t)$ = scale · 0.2(m)]

为了进行比较，图 5.11 显示了对无人潜航器沿相同轨迹运动进行建模的结果，但未使用自动形成 $\boldsymbol{v}^*(t)$ 的系统。在这种情况下，选择 $\boldsymbol{v}^*(t)=0.9$ m/s＝常数的值，使无人潜航器运动在所示轨迹的任何部分中始终满足条件 $\|\boldsymbol{\varepsilon}_n(t)\|<\varepsilon_{on}$。从图 5.11 中可以看出，当无人潜航器以选定的恒定速度 $\boldsymbol{v}^*(t)$ 沿指示的轨迹运动时，$\|\boldsymbol{\varepsilon}_n\|$ 值也不超过 0.2 m。但是对于通

过一个自动选择 $\boldsymbol{v}^*(t)$ 的无人潜航器系统而言,通过轨迹段的一个周期并不会耗费 45 s,而是已经耗费了 66 s。同时,具有指定的自动系统的无人潜航器可以更快、更准确地遵循相同的轨迹。

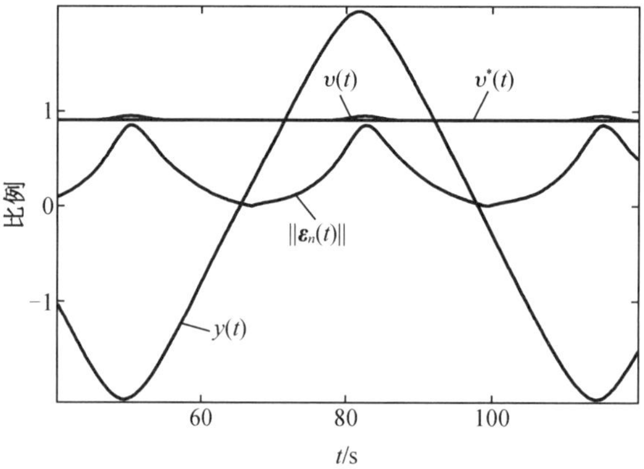

图 5.11　对无人潜航器沿相同轨迹运动进行建模的结果

[$\boldsymbol{v}^*(t)$ = scale(m/s);$\boldsymbol{v}(t)$ = scale(m/s);

$y(t)$ = scale · 5(m);$\|\boldsymbol{\varepsilon}_n(t)\|$ = scale · 0.2(m)]

因此,仿真结果不仅充分证实了当无人潜航器沿弯曲轨迹运动时自动生成 $\boldsymbol{v}^*(t)$ 的系统的可操作性,而且还证实了其高效率。

5.3　无人潜航器自动校正设定运动参考轨迹的方法

在上一节中研究的自动调整 $\boldsymbol{v}^*(t)$ 的方法可以提高无人潜航器沿给定空间轨迹运动的精度。但这是在推进器的动力储备仍然存在的情况下,降低无人潜航器运动速度而实现的。对于具有简单控制系统的无人潜航器,这种情况很常见,其动态精度会随着无人潜航器速度的提高而显著降低。因此,基于提出的新的控制原理,有必要提出一种方法,用于在给定的空间轨迹上增加无人潜航器运动的精度,而在无人潜航器推进器具有动力储备的情况下不降低该运动的设定速度。

提出这种方法的任务将表述如下。让无人潜航器具有式(5.1)的典型跟踪控制系统(可能非常简单),以确保其沿给定的平滑空间轨迹稳定运动。向量 $\boldsymbol{X}^*(t)$ 使用式(5.2)形成。有必要提出一种生成此类设定信号以控制无人潜航器运动的方法,该方法将允许使用所示的简单控制系统式(5.1)来计算该给定空间轨迹的所有部分,并始终确保满足式(5.6)。

5.3.1　使用虚拟点运动轨迹校正设定信号的特性

如前所述,解决问题的方法将是连续形成图像(设定)点 $\widetilde{\boldsymbol{X}}^*(t)$ 的新(虚拟)轨迹,这将生成无人潜航器控制系统的设定信号,从而允许该无人潜航器带有不超过预定值的动态误差沿着真实设定轨迹移动。

显然,考虑到式(5.3)、式(5.4),可写出以下等式:

$$\|\boldsymbol{\varepsilon}_n(t)\| = \|F_n[\boldsymbol{X}(t), g_y(\cdot), g_z(\cdot), \boldsymbol{F}_\varepsilon(\widetilde{\boldsymbol{X}}^*(t), F_u(\cdot), \boldsymbol{Q}_{UV})]\| = 0 \qquad (5.34)$$

关于 $\widetilde{\boldsymbol{X}}^*(\mathrm{t})$ 的精确解保证了无人潜航器的运动可以达到任何速度,并且与任意(平滑)空间轨迹的偏差很小。然而,只有在极少数简单描述无人潜航器及其控制系统的特殊情况下,才能根据 $\widetilde{\boldsymbol{X}}^*(t) \in \mathbf{R}^3$ 点在空间中的当前位置对方程进行解析解,而在实际时间尺度中方程的数值解只能使用强大的计算设备,但该设备无法在无人潜航器上安装。因此,用近似解代替方程式(5.34)的精确解是可能的,但经常不能满足式(5.6)。

结合上述内容,将使用新的控制原理来寻求解决问题的方法。该解决方案将包括连续形成图像(设定)点 $\widetilde{\boldsymbol{X}}^*(t)$ 的新(虚拟)轨迹,这将允许生成用于无人潜航器控制系统的设定信号,从而确保该无人潜航器沿着真实设定轨迹运动,而不会产生超过预定值的动态误差。

设定点 $\widetilde{\boldsymbol{X}}^*(t)$ 的当前新的期望位置定义为[178,229]

$$\widetilde{\boldsymbol{X}}^*(t) = \boldsymbol{X}^*(t) + \Delta\boldsymbol{X}^*(t) \qquad (5.35)$$

式中　$\Delta\boldsymbol{X}^*(t)$——从无人潜航器的规定轨迹移开设定点 $\boldsymbol{X}^*(t)$ 的附加设定信号的矢量,$\Delta\boldsymbol{X}^*(t) \in \mathbf{R}^3$。

信号 $\Delta\boldsymbol{X}^*(t)$ 的选择可以基于以下考虑进行。在处理确定无人潜航器的所需(设定)轨迹(图 5.12 中的 1)的设定信号 $\boldsymbol{X}^*(t)$ 时,与无人潜航器实际位置相对应的点 $\boldsymbol{X}(t)$ 沿某个距离设定轨迹 $\|\boldsymbol{\varepsilon}_n(t)\|$ 值的轨迹(图 5.12 中的 2)运行。如果用信号 $\widetilde{\boldsymbol{X}}^*(t)$ 代替信号 $\boldsymbol{X}^*(t)$,其空间轨迹由图 5.12 中的 3 表示,3 与 2 重复并且相对于设定信号的轨迹 1 对称,那么无人潜航器 $\widetilde{\boldsymbol{X}}(t)$ 的实际运动已经沿着图 5.12 中的 4 通过,而与轨迹 $\boldsymbol{X}^*(t)$ 的距离要小得多。在这种情况下:

$$\boldsymbol{\varepsilon}(t) = \boldsymbol{X}^*(t) - \boldsymbol{X}(t) \approx \widetilde{\boldsymbol{X}}^*(t) - \widetilde{\boldsymbol{X}}(t) = \widetilde{\boldsymbol{\varepsilon}}(t)$$

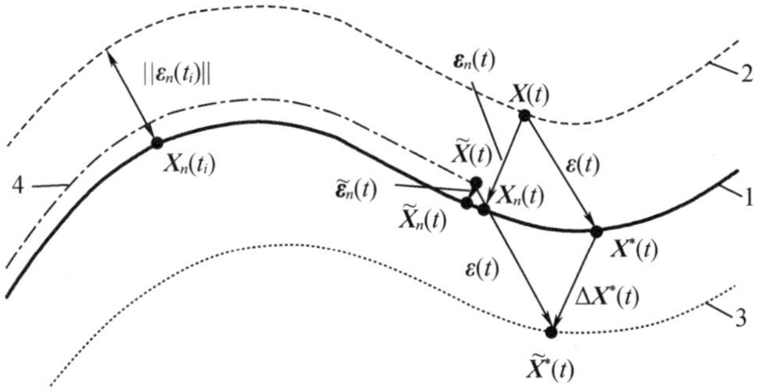

1—所需运动轨迹;2—$\|\boldsymbol{\varepsilon}_n(t)\|$ 值的轨迹;3—$\widetilde{\boldsymbol{X}}^*(t)$ 代替 $\boldsymbol{X}^*(t)$ 的空间轨迹;4—实际运动轨迹。

图 5.12　确定无人潜航器在真实设定轨迹附近移动的方案

不可能预先确定$\|\boldsymbol{\varepsilon}_n(t)\|$的值,因为它们取决于轨迹 $\boldsymbol{X}^*(t)$ 的参数、无人潜航器沿该轨迹的运动方式、其与周围黏滞环境相互作用的参数、无人潜航器的动力学特性以及其他因素,即仅在无人潜航器的移动过程中可以形成信号轨迹 $\widetilde{\boldsymbol{X}}^*(t)$。

用以下形式定义向量 $\Delta\boldsymbol{X}^*(t)$:

$$\Delta\boldsymbol{X}^*(t)=\boldsymbol{X}_n(t)-\boldsymbol{X}(t)=\boldsymbol{\varepsilon}_n(t) \tag{5.36}$$

然后,考虑式(5.35)和式(5.36),得出[105,178]

$$\widetilde{\boldsymbol{X}}^*(t)=\boldsymbol{X}^*(t)+\boldsymbol{\varepsilon}_n(t) \tag{5.37}$$

应该注意的是,当使用附加信号 $\Delta\boldsymbol{X}^*(t)$时,在点 $\widetilde{\boldsymbol{X}}^*(t)$后面的无人潜航器跟踪动态误差仍然很大,但是两者之间的距离$\|\widetilde{\boldsymbol{\varepsilon}}_n(t)\|$(图 5.12 中的点 $\widetilde{\boldsymbol{X}}(t)$)以及由点 $\boldsymbol{X}^*(t)$规定的运动轨迹将显著减小(图 5.12 中的向量 $\widetilde{\boldsymbol{\varepsilon}}_n$)。在这种情况下,无人潜航器永远不会在信号 $\Delta\boldsymbol{X}^*(t)$的影响下越过轨迹 $\boldsymbol{X}^*(t)$,因为当它接近该轨迹时,信号 $\Delta\boldsymbol{X}^*(t)$趋于零,当无人潜航器在该轨迹上时为零。

然而当产生信号 $\widetilde{\boldsymbol{X}}^*(t)$时,会出现这样的问题,即在没有信号 $\Delta\boldsymbol{X}^*(t)$的情况下,已经不可能确定在空间中找到无人潜航器的信号 $\boldsymbol{X}(t)$,因为如果输入了信号 $\Delta\boldsymbol{X}^*(t)$,则无人潜航器在其作用下处于由连续移动点 $\boldsymbol{X}^*(t)$确定的轨迹附近的 $\widetilde{\boldsymbol{X}}(t)$点处。也就是说,在这种情况下至少要近似地形成信号 $\Delta\boldsymbol{X}^*(t)$,从而使无人潜航器使用相对于指定轨迹的实际当前位置信号 $\widetilde{\boldsymbol{X}}(t)$,将无人潜航器始终保持在指定轨迹附近(图 5.12)。

将借助图 5.13 所示的控制系统解决上述问题。

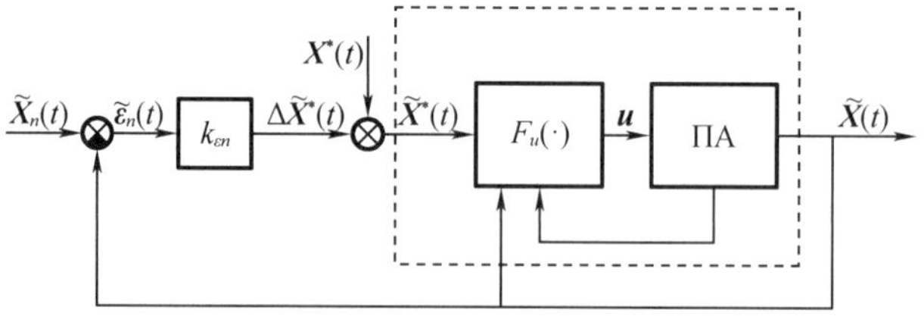

图 5.13 基于新的控制原理而构建的无人潜航器运动控制系统的框图

从图 5.13 中可以看出,所使用的控制系统具有两个输入。信号 $\boldsymbol{X}^*(t)$施加到一个输入,而另一个输入是无人潜航器在实际运动过程中在指定轨迹附近确定的信号 $\widetilde{\boldsymbol{X}}_n(t)$,但同时,在生成信号 $\widetilde{\boldsymbol{X}}^*(t)$(式(5.35))的过程中,不是使用信号$\Delta\boldsymbol{X}^*(t)$(式(5.36)),而是使用下列表达式确定的信号$\Delta\widetilde{\boldsymbol{X}}^*(t)$:

$$\Delta\widetilde{\boldsymbol{X}}^*(t)=k_{\varepsilon n}[\widetilde{\boldsymbol{X}}_n(t)-\widetilde{\boldsymbol{X}}(t)]=k_{\varepsilon n}\widetilde{\boldsymbol{\varepsilon}}_n,(\widetilde{\boldsymbol{\varepsilon}}_n\ll\boldsymbol{\varepsilon}_n) \tag{5.38}$$

其中,$k_{\varepsilon n}=\text{const}>1$,是一个系数,通过自动控制理论的标准方法选择其值,以便在给定轨迹的所有部分中满足无人潜航器的不等式(5.6),并且始终保持控制系统的稳定性。在无人潜航器运动的初步建模过程中可以随时检查 $k_{\varepsilon n}$ 的选择。

应该注意的是,所提出的用于形成对无人潜航器沿轨迹运动进行程序控制的方法,对于已经安装在其中的任何类型控制系统(式(5.1))都是有效的,这些控制系统的特征仅影响 $k_{\varepsilon n}$ 的选择。在这种情况下,可以使用式(5.27)或式(5.30)来确定无人潜航器与初始轨迹的当前偏差信号 $\tilde{\boldsymbol{\varepsilon}}_n$。

5.3.2　无人潜航器设定运动轨迹的修正方法研究

为了测试所开发系统的可操作性和有效性,以修正无人潜航器程序的运动轨迹,并对其运行进行仿真。建模时使用与上一节相同的无人潜航器数学模型参数。

无人潜航器已经在每个通道中包含一个控制系统,该系统包含最简单的典型控制器,其传递函数为

$$W(s)=K\frac{T_1S+1}{T_2S+1}$$

用于控制该无人潜航器的位置和方向,并具有以下参数值:$K=20$,$T_1=2.51$ s,$T_2=0.01$ s。

控制系统的其他参数:$k_{\varepsilon n}=8$,$k_e=0.1$,$\varepsilon_{on}=0.12$ m。

在仿真中,沿着方程 $y^*(t)=10\sin[\pi x^*(t)/20]$ 描述的轨迹研究了无人潜航器的水平平面运动。此运动始于零初始值 $x_0^*=0$ 和 $y_0^*=0$。无人潜航器在其移动过程中的纵轴始终指向移动点 $\tilde{\boldsymbol{X}}^*(t)$,而 $\boldsymbol{v}^*(t)$ 是恒定的。使用式(4.18)计算无人潜航器航向的所需角度。

图 5.14 显示了在无人潜航器沿着考虑的轨迹使用式(5.35)、式(5.38)的 $\tilde{\boldsymbol{X}}^*(t)$ 和 $\boldsymbol{v}^*=\text{const}=1$ m/s 进行运动时,$v(t)$、$\|\tilde{\boldsymbol{\varepsilon}}(t)\|$、$\|\tilde{\boldsymbol{\varepsilon}}_n(t)\|$及 $y(t)$ 的变化过程。从该图中可以看出$\|\tilde{\boldsymbol{\varepsilon}}_n(t)\|$的最大值为 0.13 m。

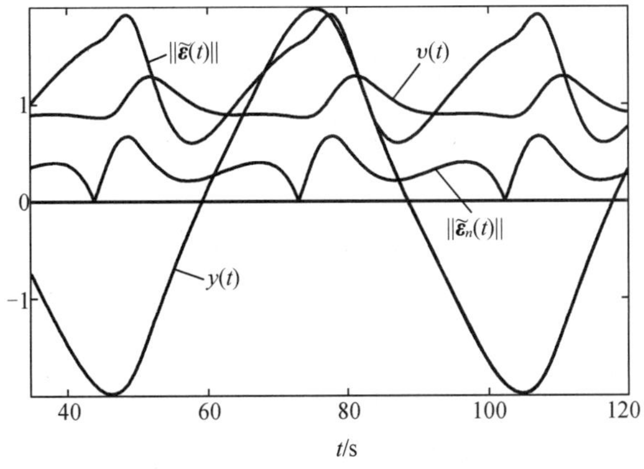

图 5.14　在无人潜航器沿着考虑的轨迹使用式(5.35)、式(5.38)的 $\tilde{\boldsymbol{X}}^*(t)$ 和 $\boldsymbol{v}^*=\text{const}=1$ m/s 时,$v(t)$、$\|\tilde{\varepsilon}(t)\|$、$\|\tilde{\varepsilon}_n(t)\|$及 $y(t)$ 的变化过程

[$v(t)$=scale(m/s);$y(t)$=scale·5(m);

$\|\tilde{\varepsilon}_n(t)\|$=scale·0.2(m);$\|\tilde{\varepsilon}(t)\|$=scale·2(m)]

为了进行比较,图 5.15 显示了在 $\boldsymbol{v}^* = \text{const} = 1\ \text{m/s}$ 时改变相同量的过程,但传统上使用信号 $\boldsymbol{X}^*(t)$,它对应于无人潜航器运动的规定轨迹上的一个点,并使用式(5.2)形成。

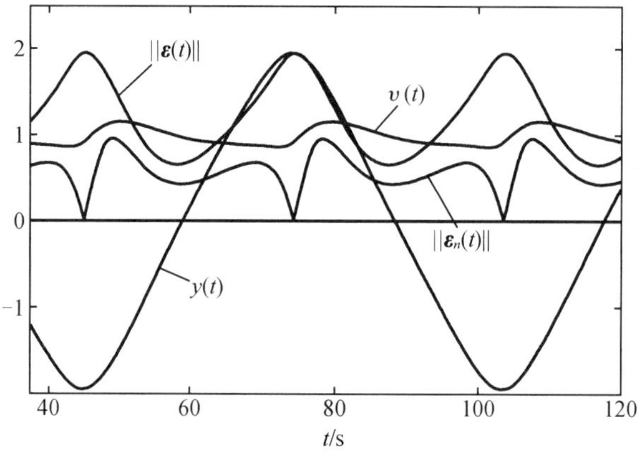

图 5.15 使用式(5.2)和 $\boldsymbol{v}^* = \text{const} = 1\ \text{m/s}$ 的设定信号时,
$\boldsymbol{v}(t)$、$y(t)$、$\|\boldsymbol{\varepsilon}_n(t)\|$、$\|\boldsymbol{\varepsilon}(t)\|$的变化过程
[$\boldsymbol{v}(t)$ = scale(m/s);$y(t)$ =) = scale · 5(m);
$\|\boldsymbol{\varepsilon}_n(t)\|$= scale(m);$\|\boldsymbol{\varepsilon}(t)\|$= scale · 2(m)]

从图 5.15 中可以看出,在这种情况下,无人潜航器与轨迹的最大偏差达到 0.95 m。也就是说,使用信号 $\widetilde{\boldsymbol{X}}^*(t)$(式(5.35)、式(5.38)),无人潜航器沿着规定轨迹运动的精度可以提高 7 倍,而不会改变其控制系统。在这种情况下,使用上述两种生成设定信号的不同方法(图 5.14 和图 5.15)运行系统的实际动态误差$\|\widetilde{\boldsymbol{\varepsilon}}(t)\|$和$\|\boldsymbol{\varepsilon}(t)\|$(图 5.12)几乎保持不变。

5.4 无人潜航器沿空间轨迹高速高精度运动的方法研究

在 5.2 节中,提出了一种用于生成无人潜航器设定运动速度的方法,该方法可使其沿给定的空间轨迹按照指定精度以最大可能速度运动。而在 5.3 节中,提出的一种用于生成虚拟设定轨迹的方法可提高无人潜航器沿初始轨迹的运动精度。

本节将讲述在无人潜航器控制系统中同时使用这些方法可以较全面地考虑推进系统的功能,即便使用简单的线性控制系统,也可以使无人潜航器沿给定的空间轨迹以极高的速度进行高精度运动[176]。

如上所述,设定信号(式(5.35)、式(5.38))确保无人潜航器沿着指定轨迹运动,并具有由条件$\|\widetilde{\boldsymbol{\varepsilon}}_n(t)\| \leqslant \varepsilon_{\sigma\text{on}}$ 确定的可接受偏差,类似于不等式(5.6)。但同时,应考虑到无人潜航器推进系统的能力,确保无人潜航器的最大可能速度(沿轨迹运动的最大可能速度)。为此,必须考虑到无人潜航器运动轨迹的当前参数以及其推进器推力可能进入的饱和状态,

来自动调整 $\boldsymbol{v}^*$ 值。要解决此问题可以使用前面提出的方法。在这种情况下，$\boldsymbol{v}^*(t)$ 应使用以下表达式：

$$\boldsymbol{v}^*(t)=R(p)(\boldsymbol{\varepsilon}_{\sigma\text{on}\sigma}-k_\varepsilon)\|\widetilde{\boldsymbol{\varepsilon}}(t)\| \tag{5.39}$$

式中　$R(p)$——无人潜航器所需速度控制器的传递函数；

$\boldsymbol{\varepsilon}_{\sigma\text{on}\sigma}$——无人潜航器控制的允许动态误差。

在所考虑的情况下，$\boldsymbol{v}^*(t)$ 的值不是为了保证无人潜航器按指定精度沿着轨迹运动（已经通过适当选择信号 $\widetilde{\boldsymbol{X}}^*(t)$ 来保证），而是为了防止无人潜航器的推进器推力进入饱和状态而偏离轨迹。

用于生成设定信号 $\widetilde{\boldsymbol{X}}^*(t)$ 的系统总体框图如图 5.16 所示。该设定信号同时保证了无人潜航器沿着指定轨迹的高速度运动。在图 5.16 中，引入了以下符号：

R——无人潜航器所需的速度控制器；

БФО——偏差形成单元，形成向量 $\boldsymbol{\varepsilon}_n(t)$；

S——停止无人潜航器运动的信号。

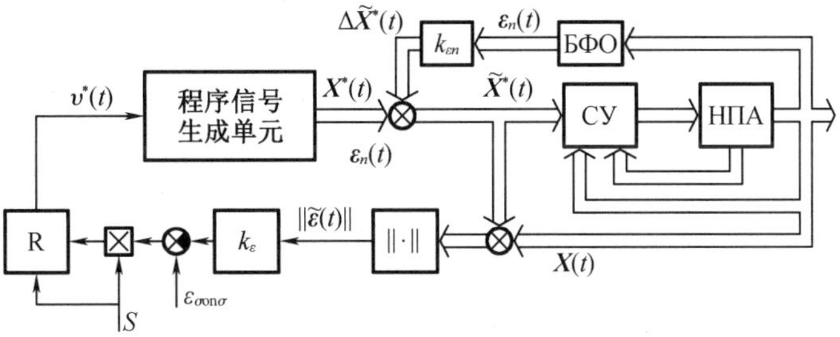

图 5.16　用于生成设定信号 $\widetilde{\boldsymbol{X}}^*(t)$ 的系统总体框图

为了测试该方法的可操作性和有效性进行了建模，其中无人潜航器的参数、控制系统和设定运动轨迹的类型与第 5.3.2 节中的相同，设定速度控制器 $R(p)=\dfrac{k_r(T_rp+1)}{p}$ 的参数值为 $k_r=5$，$T_r=0.4$ s。

图 5.17 显示了在同时使用信号 $\widetilde{\boldsymbol{X}}^*(t)$ 和 $\boldsymbol{v}^*(t)$ 自动调节回路的情况下，$\boldsymbol{v}^*(t)$、$y(t)$、$\|\widetilde{\boldsymbol{\varepsilon}}_n(t)\|$、$\|\widetilde{\boldsymbol{\varepsilon}}(t)\|$ 值的变化过程。

从图 5.17 中可以看出，使用所提出的方法可以使无人潜航器沿着轨迹所有部分的运动速度 $\boldsymbol{v}$ 从 0.9 m/s 增加到 1.4 m/s。同时，无人潜航器与轨迹的偏差不超过 0.13 m。在不使用调节回路 $\boldsymbol{v}^*(t)$ 的情况下，沿轨迹的一个周期行进所需的时间为 46 s，而不是系统中的 62 s（图 5.14）。也就是说，使用设计的 $\widetilde{\boldsymbol{X}}^*(t)$ 形成系统不仅可以使无人潜航器沿着规定轨迹运动精度提高 7 倍以上，而且还可以使该运动速度提高 1.35 倍，而无须使无人潜航器控制系统复杂化。

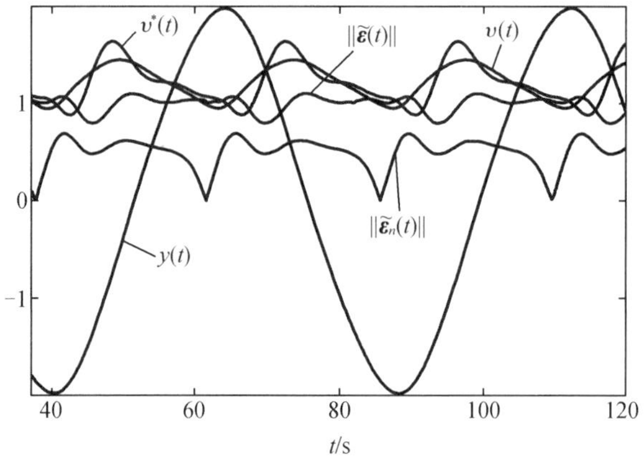

图 5.17　在同时使用信号 $\widetilde{X}^*(t)$ 和 $v^*(t)$ 自动调节回路的情况下，

$v^*(t)$、$y(t)$、$\|\widetilde{\varepsilon}_n(t)\|$、$\|\widetilde{\varepsilon}(t)\|$值的变化过程

[$v^*(t)$ = scale(m/s)；$v(t)$ = scale(m/s)；$y(t)$ = scale · 5(m)；

$\|\widetilde{\varepsilon}_n(t)\|$= scale · 0.2(m)；$\|\widetilde{\varepsilon}(t)\|$= scale · 2(m)]

图 5.18 显示了无人潜航器沿弯曲轨迹运动的特征。

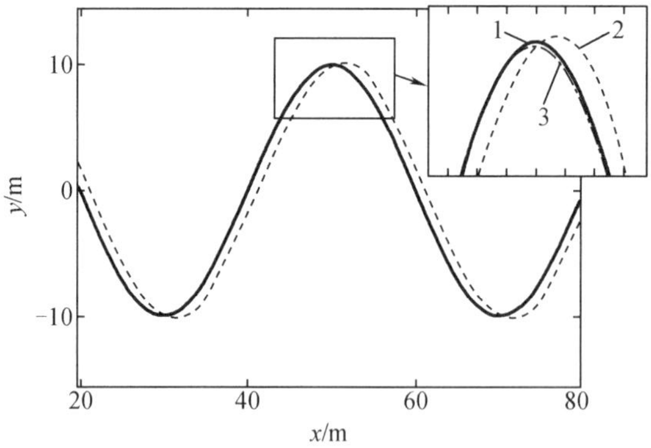

1—规定轨迹；2—$\widetilde{X}^*(t)$信号形成的轨迹；3—真实轨迹。

图 5.18　无人潜航器沿弯曲轨迹运动的特征

因此，仿真结果完全证实了该方法的高效率。借助该方法，可以设计自动生成信号 $\widetilde{X}^*(t)$的系统，并以极高的速度控制无人潜航器沿着复杂空间轨迹的运动。

5.5　无人潜航器高精度运动控制系统的实验研究

为了测试所提出的高精度控制无人潜航器沿着空间轨迹高速运动方法的有效性，使用两种不同的自主无人潜航器进行了实验研究：台湾大学的自主无人潜航器 HM-2 和远东联邦大学的自主无人潜航器 MAPK。

5.5.1　自主无人潜航器 HM-2 设定信号形成系统的实验研究

自主无人潜航器 HM-2(图 5.19)有 4 个推进器，它们提供 3 个自由度的运动：沿 x 轴向前(向后)、沿 z 轴向上(向下)以及改变航向角度——绕 z 轴旋转[169]。自主无人潜航器质量为 400 kg，推进系统在所示的自由度下产生的牵引力和力矩的最大值为 $\tau_{\sigma x}=400$ N，$\tau_{\sigma y}=200$ N，$M_{\sigma z}=10$ N · m。

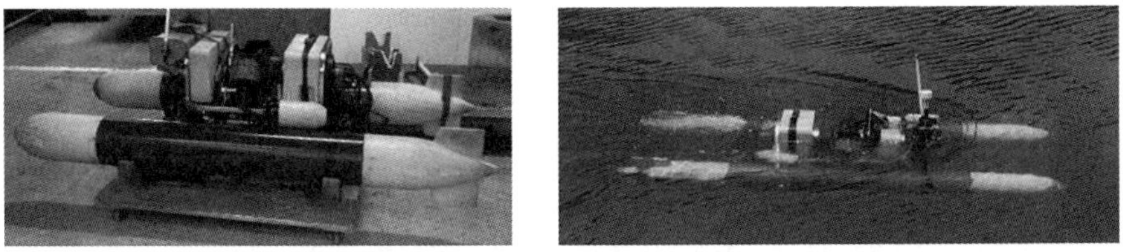

(a)外观　　(b)实验期间

图 5.19　实验中使用的自主无人潜航器 HM-2

每个自主无人潜航器自由度的控制系统都包含典型的 PD 控制器，并且它们的设定信号是使用式(5.32)、式(5.35)至式(5.39)生成的。该设备的设定轨迹位于水平面中，并通过以下基点序列：(0, 0, 0)-(15,10, 0)-(30,0,0)-(45,10, 0)-(60,0,0)-(75,10,0)。

自主无人潜航器的反馈信号是使用器载导航系统形成的，该系统包含以下传感器集：多普勒测速仪、GPS 接收器、指南针和三轴角速度传感器。关于自主无人潜航器运动的位置、方向和速度的信息是使用扩展的卡尔曼滤波器在其器载计算机中生成的。进入自主无人潜航器推进器的控制信号形成的离散度时间为 0.65 s。该值由多普勒的工作频率决定，而多普勒的工作频率又决定了反馈信号形成的频率。

在实验过程中，对仅包含自主无人潜航器所有自由度的运动控制器的传统控制系统和包含自动生成设定信号的控制系统(图 5.16)的运行效率进行了比较分析。设定运动信号的控制器参数(式(5.38)、式(5.39))具有以下值：$k_{\varepsilon n}=4$，$k_{\varepsilon}=0.065$，$\varepsilon_{\sigma\mathrm{on}}=0.5$ m。

图 5.20 和图 5.21[169]显示了使用典型控制系统的自主无人潜航器沿给定轨迹在水平面中移动的结果。图 5.20 显示了自主无人潜航器实际和所需运动轨迹，图 5.21 显示了自主无人潜航器与给定轨迹的偏差。沿给定轨迹运动的自主无人潜航器的速度设置为恒定且等于 0.6 m/s。从这些图中可以看出，自主无人潜航器与给定轨迹的最大偏差接近

0.8 m。在这种情况下(图5.20),即使在直线段中,自主无人潜航器运动的实际轨迹也与设定值有很大偏差。

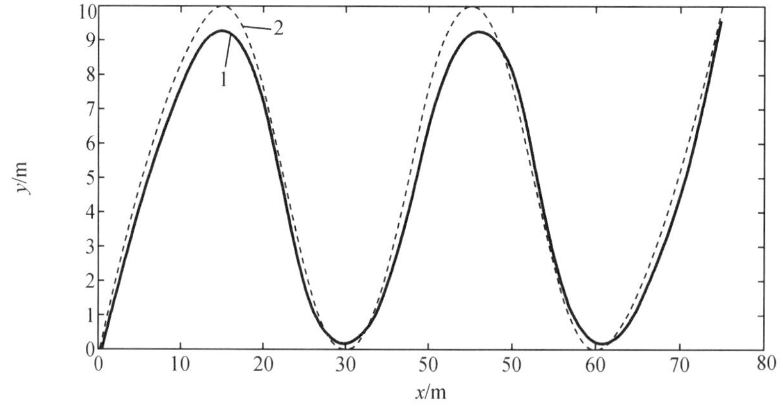

1—实际轨迹;2—所需轨迹。

图5.20 使用典型控制系统时自主无人潜航器实际和所需运动轨迹

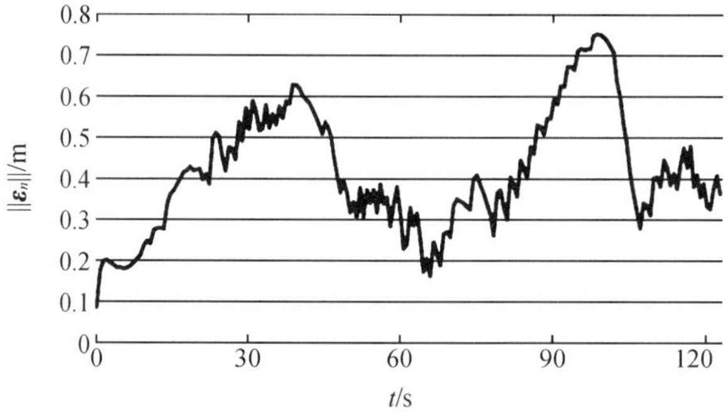

图5.21 使用典型控制系统时自主无人潜航器与给定轨迹的偏差

包含控制信号调整电路(式(5.35)、式(5.38)和式(5.39))的自主无人潜航器控制系统运行实验研究结果如图5.22至图5.24所示。

从这些图中可以看出,使用包含设定信号调整电路的控制系统,可以提供自主无人潜航器沿给定轨迹运动所需的精度。此外自主无人潜航器与给定轨迹的最大偏差(小于允许值0.5 m)仅在其曲率较大的部分中出现。在这些区域中,所使用的控制系统会自动降低无人潜航器的设定速度,从而提供所需的运动精度。

因此,使用自主无人潜航器HM-2进行的实验证实了研发的控制系统的高效率。该控制系统按照给定的精度自动调整了自主无人潜航器设定运动信号的参数。此外,自主无人潜航器的运动速度相对较低,这是由于所使用的推进器相对于设备质量和尺寸来说,其功率较小。

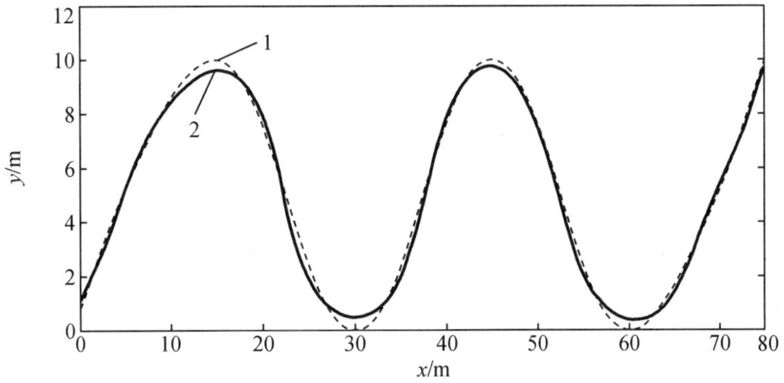

1—期望轨迹;2—真实轨迹。

图 5.22　使用可调整运动信号参数的控制系统时无人潜航器的轨迹

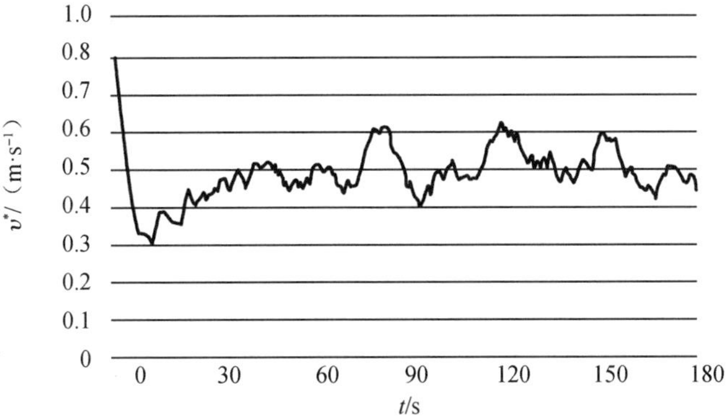

图 5.23　更改无人潜航器设定速度的过程

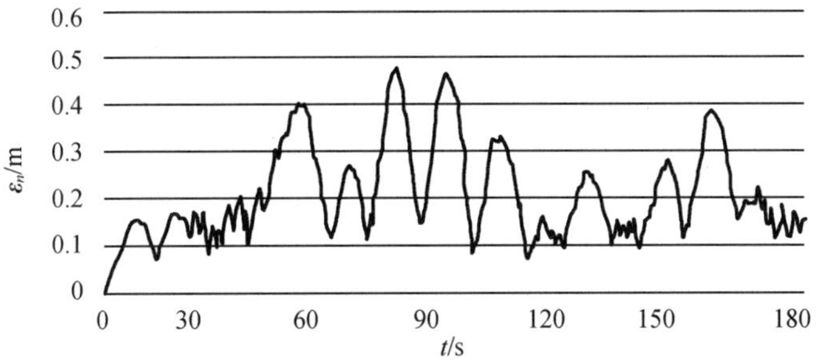

图 5.24　使用设定信号自动调整系统时无人潜航器与给定轨迹的偏差变化

5.5.2　自主无人潜航器 MAPK 自动生成设定信号系统的实验研究

自主无人潜航器 MAPK 是在远东联邦大学创建的。其外观如图 5.25 所示[181]。该自主无人潜航器具有三个自由度:沿其纵轴的移动以及沿横倾角和纵倾角的旋转。在表 5.1 中列出了该自主无人潜航器的特性参数。

(a)

(b)

图 5.25　自主无人潜航器 MAPK 的外观

表 5.1　自主无人潜航器 MAPK 的特性参数

最大工作深度/m	200
质量/kg	50
艇体长度/mm	1 800
艇体直径/mm	230
最高速度/($m \cdot s^{-1}$)	3
续航时间(航速为 1 m/s)/h	18

在实验中,研究了自主无人潜航器 MAPK 在其控制系统的各种操作模式下沿平滑设定轨迹的运动(图 5.16)。该控制系统的参数具有以下含义。

(1)在包含纵向运动控制器的位置控制环中:

$$\tau_{dx}=100E_{LX}+200\dot{E}_{LX}$$

式中　E_{LX}——动态误差矢量在与自主无人潜航器相关的坐标系的 x 轴上的投影。

横倾角调节器:

$$M_{dz}=90\Delta\Psi^{*}+200\Delta\dot{\Psi}^{*}$$

式中　$\Delta\Psi^{*}$——通过式(4.18)计算的自主无人潜航器期望值和当前横倾角之间的差值。

纵倾角调节器:

$$M_{dy}=40\Delta\theta^{*}+100\Delta\dot{\theta}^{*}+0.5\int\Delta\theta^{*}\,dt$$

式中　$\Delta\theta^{*}$——自主无人潜航器使用式(4.16)计算的期望角度与当前角度之间的差值。

(2)形成点 $\widetilde{X}^{*}(t)$ 在绝对坐标系中位置的回路(图 5.16):$k_{\varepsilon n}=2$, $\Delta s=0.01$。

(3)在形成 v^{*} 的回路(图 5.16)时:$\varepsilon_{\sigma on}=0.6$ m,$k_{\varepsilon}=0.12$,$R(p)=(k_i+k_p p)/p$,$k_p=4$,$k_i=2$。

在设计的实验中,自主无人潜航器的运动轨迹由式(5.31)至式(5.33)设置,参数 $k_{pi}=0.3$,$k_{ci}=0.5$,并通过点(0,0,0)-(20,0,0)-(20,-20,0)-(0,-20,0)-(0,0,0)。

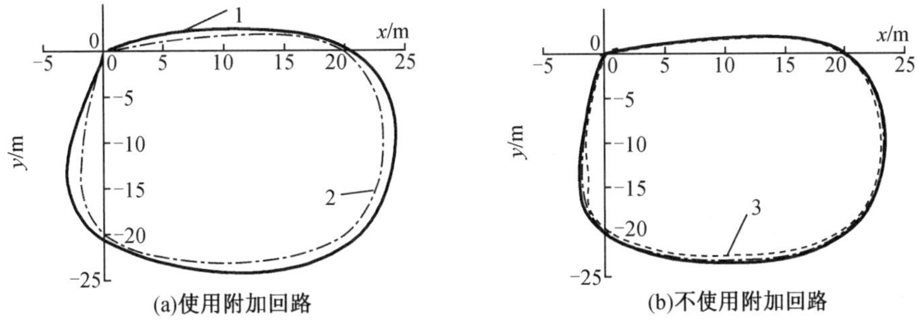

1—使用附加回路时沿给定轨迹以 1 m/s 的恒定速度运动的轨迹；

2—给定轨迹；3—通过式(5.35)、式(5.38)形成的点 $\widetilde{X}^*$ 的运动轨迹。

图 5.26　不使用和使用附加回路形成点 $\widetilde{X}^*$ 位置时自主无人潜航器的运动轨迹

图 5.27 显示了使用典型控制系统和使用包含形成点 $\widetilde{X}^*$ 的运动轨迹回路的控制系统来改变自主无人潜航器在运动过程中与设定轨迹之间的偏差(图 5.2)的过程。从该图中可以看出，在自主无人潜航器控制系统中使用连续形成点 $\widetilde{X}^*$ 位置的合成回路可以将其沿给定轨迹的运动精度提高近 5 倍(从 0.28~1.30 m)。此外，自主无人潜航器与给定轨迹的最大偏差要比允许值 $\varepsilon_n^* = 0.6$ m 小 1/2 以上，这表明有可能提高其速度。

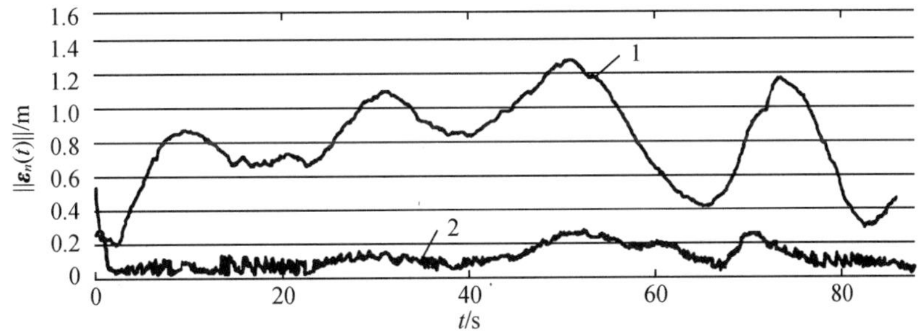

1—使用典型控制系统时的运动轨迹；2—使用包含形成点 $\widetilde{X}^*$ 的运动轨迹回路。

图 5.27　使用典型控制系统和使用包含形成点 $\widetilde{X}^*$ 的运动轨迹回路的控制系统来改变自主无人潜航器在运动过程中与设定轨迹之间的偏差(图 5.2)的过程

请注意，在显示的运动过程中，由自主无人潜航器的每个控制通道中的控制系统生成的控制信号值具有与由其推进装置生成的推力(力矩)的最大模量值相对应的限制。

图 5.28 和图 5.29 显示了当使用具有包含控制其位置和速度的合成回路的控制系统(图 5.16)时，自主无人潜航器沿光滑轨迹以给定的动态精度进行实验研究的结果。

从这些图中可以看出，自主无人潜航器沿曲线轨迹运动时设定速度在 0.2~1.5 m/s 的范围内变化。当自主无人潜航器与设定轨迹的偏差增大时，曲率较大的区域会减小，反之弯曲较小的区域则增大，但是指示的偏差始终在 0.6 m 以内。

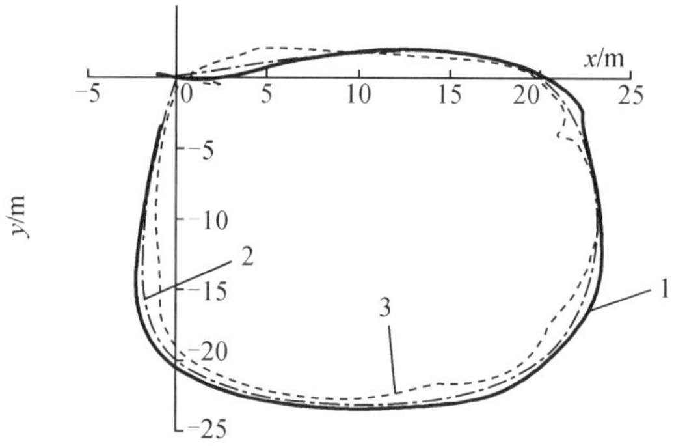

1—实际轨迹;2—设定轨迹;3—式(5.35)、式(5.38)确定的点 $\widetilde{X}^*$ 的虚拟轨迹。

图 5.28 自动调整设定速度时自主无人潜航器的运动轨迹

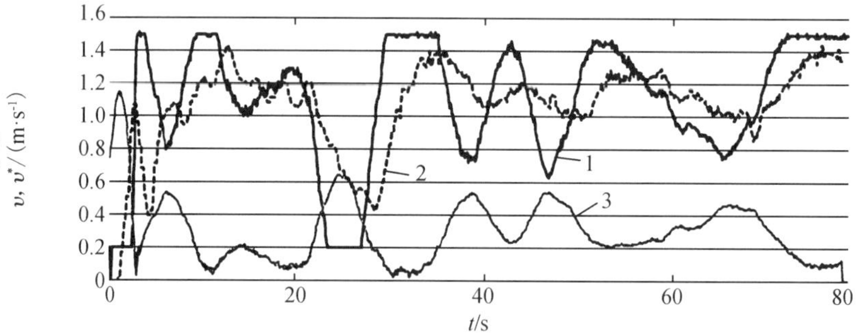

1—设定速度;2—实际速度;3—给定轨迹的偏差值。

图 5.29 更改自主无人潜航器运动的设定速度和实际速度的变化过程及其与给定轨迹的偏差

另外,从图 5.29 中可以看出,自主无人潜航器运动的实际速度值相对于设定速度具有一定的动态延迟。这是由于自主无人潜航器的阻尼和设定速度并未指定自主无人潜航器本身的速度而是目标点 $\widetilde{X}^*$ 的速度。设定速度的减小导致自主无人潜航器与该点之间的距离减小,但是当自主无人潜航器接近点 $\widetilde{X}^*$ 时,其实际速度将比设定速度减小得慢。

图 5.30 显示了当自主无人潜航器沿纵向运动通道 τ_{dx} 和控制航向角通道 M_{dz} 运动时控制信号的变化过程。在这些图中,纵轴对应于相应通道上的控制信号的最大值。当自主无人潜航器沿着轨迹的曲率较小的部分运动时,沿纵向通道形成控制信号的最大值,从而增加自主无人潜航器的速度。在曲率较大时这些信号会减少。

使用自主无人潜航器控制系统中的所有设计回路,其运动时间为 78 s,以 1 m/s 的恒定速度经过相同的轨迹所需要的时间为 85 s。时间减少得不多,是由于在该轨迹上没有曲率小的可以增加自主无人潜航器速度的部分所引起的。显然,当使用包含自动调节自主无人潜航器的设定速度的控制系统时,与仅具有 $\widetilde{X}^*$ 轨迹形成的控制相比,自主无人潜航器与设定轨迹的偏差略有增加,但偏差是恒定的,在轨迹的所有部分与不等式(5.6)一致。也就是说,引入自动形成设定速度回路的功能,可以更充分地利用自主无人潜航器的功能来提高其性能。

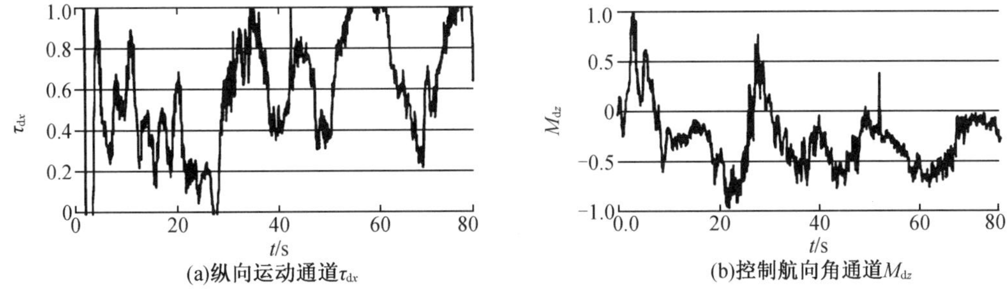

图 5.30　当自主无人潜航器沿纵向运动通道 τ_{dx} 和控制航向角通道 M_{dz} 运动时更改控制信号的变化过程

因此,实验研究的结果证实了在本章中提出的用于生成无人潜航器设定运动信号的方法,可以设计一个控制系统,该系统既提供高动态控制精度,又提供了无人潜航器沿任意平滑空间轨迹运动的高速度。

5.6　小　　结

本章解决了综合系统的研发方法问题。该系统可以自动调整无人潜航器沿着复杂空间轨迹的设定运动信号的参数,从而在保持给定精度(偏离轨迹)的同时,使无人潜航器沿着这些轨迹快速地运动。这些系统具有简单的实现方式,并且可以与已经存在的无人潜航器控制系统一起使用,从而确保了它们在现有设备现代化改造以及创造具有新功能特性的无人潜航器中得到了广泛应用。

在研究过程中,获得了以下新结果。

(1)已经研究出一种方法,用于合成系统以自动生成无人潜航器沿着预定轨迹的设定运动速度的方法。该方法甚至可以使用典型的控制系统来生成这些速度的极高值,同时确保无人潜航器在轨迹的所有部分中的既定运动精度。这些系统考虑了无人潜航器相应自由度的推进器推力进入饱和状态的可能性。

(2)已经研究出一种系统合成方法,用于自动形成设定点的虚拟轨迹。当使用最简单的器载控制系统时,该方法可以显著提高无人潜航器沿指定空间轨迹的运动精度。该方法的实施不需要准确了解无人潜航器的参数、运动过程中作用于其上的外部干扰以及推进系统的局限性。

(3)已经研究出一种用于合成多回路系统的方法。该方法用于调节无人潜航器沿任意平滑空间轨迹运动的设定信号,同时使用局部系统自动调节无人潜航器的设定速度,以及生成用于设定点运动的虚拟轨迹。在使用最简单的线性控制器的情况下,该系统可以在保持给定控制精度的同时,确保无人潜航器的推进系统推力不进入饱和状态。

(4)对提出的各种无人潜航器在复杂空间轨迹上的高精度、高速度控制系统进行数学建模和综合实验研究,并证实了与传统控制系统相比,已开发的控制系统具有很高的效率。

第6章　控制系统的反馈信号形成方法研究

本章提出了处理无人潜航器载传感器信息的方法，以解决两个问题：形成所有必要的控制系统反馈和识别无人潜航器的参数，以设计这些控制系统。

6.1　器载传感器数据综合方法研究

如前所述，如果不形成能够以所需的精度确定无人潜航器的所有必要运动参数的反馈信号，则无人潜航器的控制系统不可能实现高精度操作。但是，这些信号的形成是非常困难的任务。这是由于以下事实：首先，无人潜航器导航航行传感器组通常由于质量、尺寸的指标以及成本而受到限制；其次，来自这些传感器的数据非常复杂，并且会定期生成间断和不准确的数据；最后，来自各种传感器的信息常常以不同的频率到达，这可能比无人潜航器控制系统所使用的采样频率小得多。因此在该控制系统的每个操作步骤中，无人潜航器从传感器接收的信息可能不可用。

当前，这个问题不仅与无人潜航器有关，而且与许多类型的移动载体有关，人们使用了各种方法来解决该问题。比如，在文献[52]中获得了用于基于角速度和直线加速度的测量结果确定方向的解析表达式。但是所使用的方法没有考虑噪声和器载传感器数据的不同采样周期。有一些使用最小二乘法[290]集成各种载体的器载传感器信息的方法，但是这仅对线性动态对象有效，对于无人潜航器是不适用的。

当前，解决用于提高各种用途的移动载体的导航系统准确性问题的主要方法是使用卡尔曼滤波器[258,304]。这些滤波器可以很好地控制噪声，并提供无法测量的动态对象的状态向量的分量信息。在文献[96]中考虑了使用卡尔曼滤波器来解决惯性导航系统和全球导航系统的不同频率数据集成问题，从而解决载体导航问题。使用非线性卡尔曼滤波器，描述了载体的惯性导航系统，这在文献[197]中有描述。但是，尽管现有方法对来自许多载体的导航传感器的信息进行复杂处理的效率很高，但由于其较高的复杂性，它们在无人潜航器中的使用仍然很困难。此外，许多无人潜航器传感器具有不同的（通常是较大的）采样周期，并且其输出的精度受环境变量的影响很大。

因此，目标是研究一种方法，其任务是有效组合无人潜航器导航航行传感器的数据，以提高获取这些数据的准确性，同时确定其运动的不可测量参数，并且确保在控制系统的每个采样步骤中形成所有反馈信号的高精度，这仍然是一个悬而未决和紧迫的问题。实践经验表明，可以在卡尔曼滤波器的基础上研究此方法，但必须要考虑到无人潜航器的特殊性。

6.1.1 确定集成无人潜航器传感器信号的任务

为了研究出一种用于集成来自特定无人潜航器各种传感器的信号的方法，首先要描述其数学模型。考虑到水下流动的影响，以矩阵形式来表示无人潜航器空间运动的最完整动力学模型是很方便的[243]（此模型对应于已经存在的方程式（3.1）至式（3.6））：

$$\boldsymbol{M}\dot{\boldsymbol{v}}+\boldsymbol{C}(\boldsymbol{v})+\boldsymbol{g}(\boldsymbol{x})+\boldsymbol{D}(\boldsymbol{v}-\widetilde{\boldsymbol{v}}_c)(\boldsymbol{v}-\widetilde{\boldsymbol{v}}_c)=\boldsymbol{\tau} \tag{6.1}$$

$$\dot{\boldsymbol{x}}=\boldsymbol{J}(\boldsymbol{x})\boldsymbol{v} \tag{6.2}$$

$$\boldsymbol{J}(\boldsymbol{x})=\begin{bmatrix} \cos\psi\cos\theta & \sin\psi\sin\varphi-\cos\psi\sin\theta\cos\varphi & \cos\psi\sin\theta\sin\varphi+\sin\psi\cos\varphi & 0 & 0 & 0 \\ \sin\theta & \cos\theta\cos\varphi & -\cos\theta & 0 & 0 & 0 \\ -\sin\psi\cos\theta & \sin\psi\sin\theta\cos\varphi+\cos\psi\sin\varphi & \cos\psi\cos\varphi-\sin\psi\sin\theta\sin\varphi & 0 & 0 & 0 \\ 0 & 0 & 0 & 1 & -\tan\theta\cos\varphi & \tan\theta\sin\varphi \\ 0 & 0 & 0 & 0 & \cos\varphi/\cos\theta & -\sin\varphi/\cos\theta \\ 0 & 0 & 0 & 0 & \sin\varphi & \cos\varphi \end{bmatrix} \tag{6.3}$$

式中　$\widetilde{\boldsymbol{v}}_c$——流速在随体坐标系轴上的投影矢量，为$(\widetilde{v}_{cx},\widetilde{v}_{cy},\widetilde{v}_{cz},0,0,0)^{\mathrm{T}}\in\mathbf{R}^6$。

无人潜航器器载导航系统的传感器组成取决于其类型和目的。设计用于自主执行各种任务的大多数无人潜航器具有以下导航航行传感器组。

（1）加速度计：测量沿随体坐标系三个轴的线加速度$[\dot{v}_x,\dot{v}_y,\dot{v}_z]$。

（2）多普勒测速仪：测量无人潜航器相对于环境沿随体坐标系三个轴的线速度$[\boldsymbol{v}_{\mathrm{dx}},\boldsymbol{v}_{\mathrm{dy}},\boldsymbol{v}_{\mathrm{dz}}]$。

（3）角速度传感器：测量沿随体坐标系三个轴的角速度$[\omega_x,\omega_y,\omega_z]$；

（4）定位传感器：用于测量无人潜航器在绝对坐标系中的横倾角，纵倾角和航向角$[\varphi,\theta,\psi]$。

（5）水声导航系统：测量绝对坐标系中无人潜航器的直线坐标$[x,y]$。

（6）深度传感器：测量无人潜航器在绝对坐标系中的 z 坐标。

由于存在电磁干扰和设计特性，这些传感器的信号包含噪声。此外，从这些传感器接收的数据的更新周期可能会变化数十倍，并且其中一些可能会超过无人潜航器生成控制信号的周期数倍，这会大大降低其控制精度，尤其是在高速航行时。因此，来自无人潜航器的导航航行传感器的数据集成系统的主要任务之一是生成所有必需的数据，以生成控制信号的周期等于其控制系统采样周期。

应该注意的是，为了校正无人潜航器器载传感器的当前读数并计算其运动的未测量参数，所有数据集成算法必须使用该无人潜航器运动的数学模型。这些可以（并且合理）仅考虑采用运动学模型（式（6.2）、式（6.3））来完成，因为它可以连接无人潜航器的所有运动参数以及由其导航航行传感器测量的变量。同时，该模型不包含可变或不确定的系数，从而确保了积分算法的高精度。

因此，在本节中，基于式（6.2）、式（6.3）描述的无人潜航器运动模型提出并解决了以下问题，即研究一种算法，用于将从导航航行传感器接收的数据与无人潜航器进行组合；确定其运动的所有必需参数(包括未测量的参数),并在对控制系统的输入信号的每个采样步骤中提供指定数据的更新。此外,该算法必须具有计算能力,能够通过无人潜航器的典型器载计算机实时地生成所有控制信号。

6.1.2 导航航行传感器数据综合方法和算法

在构造数据集成的方法和算法时,将使用卡尔曼滤波器,这很容易解决所提出的问题[314]。借助该滤波器,还可以解决减小传感器噪声和确定不可测的无人潜航器运动参数的问题。由于数学模型(式(6.2)、式(6.3))本质上是非线性的,因此建议使用点迹卡尔曼滤波器[258,270],该模型允许在非线性化的情况下使用。

基于点迹卡尔曼滤波器,提出的从无人潜航器导航航行传感器获取的数据进行组合的方法如下。最初,形成一个测量向量,仅包含从这些传感器接收的相关数据。实际数据应理解为从更新时刻开始,经过了不超过控制系统输入信号一个采样周期的数据。由于在不同传感器的输出处更新数据的周期不同,因此指定的测量向量具有可变大小。该向量的元素被反馈送到点迹卡尔曼滤波器输入,其参数根据测量向量的数值动态变化。在点迹卡尔曼滤波器的输出中,基于式(6.2)、式(6.3),形成了无人潜航器运动的所有必要参数的期望值。

在更具体地组合来自无人潜航器导航航行传感器的数据时,需要考虑点迹卡尔曼滤波器的工作。该过滤器适用于以下形式的非线性模型:

$$\boldsymbol{Z}_{k+1}=F_{UKF}(\boldsymbol{Z}_k)+\boldsymbol{\xi}_k \tag{6.4}$$

$$\boldsymbol{Y}_K=H(\boldsymbol{Z}_k)+\boldsymbol{\zeta}_k \tag{6.5}$$

式中 $\boldsymbol{Z}$——滤波器的状态向量,为$(\boldsymbol{a}^{\mathrm{T}},\boldsymbol{v}^{\mathrm{T}},\boldsymbol{x}^{\mathrm{T}})^{\mathrm{T}}\in\mathbf{R}^{18}$,其中$\boldsymbol{a}=(\dot{v}_x,\dot{v}_y,\dot{v}_z,\dot{\omega}_x,\dot{\omega}_y,\dot{\omega}_z)^{\mathrm{T}}$,是随体坐标系中无人潜航器的直线和角速度的向量;

$\boldsymbol{Y}_k$——观测向量,$\boldsymbol{Y}_k\in\mathbf{R}^m$;

$F(\boldsymbol{Z}_k)$——向量函数,描述系统从状态 $\boldsymbol{Z}_k$ 到 $\boldsymbol{Z}_{k+1}$ 的转换,$F(\boldsymbol{Z}_k)\in\mathbf{R}^n$,$n$ 为系统的阶数;

$H(\boldsymbol{Z}_k)$——向量测量函数,$H(\boldsymbol{Z}_k)\in\mathbf{R}^m$,$m$ 为测量维数;

$\boldsymbol{\xi}_k$、$\boldsymbol{\zeta}_k$——系统与测量的噪声矢量,被认为是高斯随机过程,$\boldsymbol{\xi}_k\in\mathbf{R}^n$ 和 $\boldsymbol{\zeta}_k\in\mathbf{R}^m$。

由于所提出的方法使用了无人潜航器运动学模型(式(6.2)、式(6.3)),因此向量函数$F_{UKF}(\boldsymbol{Z}_k)$具有以下形式:

$$F_{UKF}(\boldsymbol{Z}_k)=\begin{bmatrix}\boldsymbol{a}_k\\ \boldsymbol{a}_k\Delta t+\boldsymbol{v}_k\\ \boldsymbol{J}(\boldsymbol{x}_k)\boldsymbol{a}_k\Delta t^2/2+\boldsymbol{J}(\boldsymbol{x}_k)\boldsymbol{v}_k\Delta t+\boldsymbol{x}_k\end{bmatrix} \tag{6.6}$$

式中 $\boldsymbol{a}_k$、$\boldsymbol{v}_k$、$\boldsymbol{x}_k$——状态 $\boldsymbol{Z}_k$ 对应向量(式(6.6));

Δt——控制系统输入信号的采样周期。

仅当水下水流的速度为零时才能使用模型式(6.6)。这是由于以下事实:多普勒测速仪测量的无人潜航器运动速度是相对于环境的,而不是相对于绝对坐标系的。因此,在存在水下水流的情况下,式(6.6)必须根据以下形式重写[130,166]:

$$F_{UKF}(\overline{\boldsymbol{Z}}_k)=\begin{bmatrix}\boldsymbol{a}_k\\ \boldsymbol{a}_k\Delta t+\boldsymbol{v}_k\\ \boldsymbol{J}(\boldsymbol{x}_k)\boldsymbol{a}_k\Delta t^2/2+\boldsymbol{J}(\boldsymbol{x}_k)\boldsymbol{v}_k\Delta t+\boldsymbol{x}_k\\ \boldsymbol{v}_{ck}\end{bmatrix} \tag{6.7}$$

式中　$\overline{\boldsymbol{Z}}$——系统的状态向量，为$(\boldsymbol{a}^{\mathrm{T}},\boldsymbol{v}^{\mathrm{T}},\boldsymbol{x}^{\mathrm{T}},\boldsymbol{v}_c^{\mathrm{T}})^{\mathrm{T}}\in\mathbf{R}^{21}$，包括无人潜航器的状态向量 $\boldsymbol{Z}$ 和水下水流速度 $\boldsymbol{v}_c=(v_{cx},v_{cy},v_{cz})\in\mathbf{R}^3$ 在绝对坐标系轴上的投影向量。

对于模型式(6.7)，不仅可以使用多普勒测速仪读数，而且可以估算流速，这对无人潜航器运动实施高精度控制很重要。

在一般情况下，向量函数 $H(\boldsymbol{Z}_k)$（式(6.5)）描述了传感器测量值与无人潜航器状态向量的元素之间的非线性关系。该设备的所有导航航行传感器，除了多普勒测速仪，都直接测量其运动参数。因此等式(6.5)可以表示如下[166]：

$$\boldsymbol{Y}_k=H(\overline{\boldsymbol{Z}}_k)+\boldsymbol{\zeta}_k=\overline{\boldsymbol{H}}(\boldsymbol{x}_k)\overline{\boldsymbol{Z}}_k+\boldsymbol{\zeta}_k \tag{6.8}$$

式中　$\overline{\boldsymbol{H}}(\boldsymbol{x}_k)$——等于$\begin{bmatrix}\boldsymbol{A}\\ \boldsymbol{V}(\boldsymbol{x}_k)\\ \boldsymbol{\Omega}\\ \boldsymbol{S}\\ \boldsymbol{D}\\ \boldsymbol{\Phi}\end{bmatrix}\in\mathbf{R}^{15\times21}$，其中 $\boldsymbol{A}=[\boldsymbol{I}_{3\times3}\quad\boldsymbol{O}_{3\times18}]\in\mathbf{R}^{3\times21}$，$\boldsymbol{V}=[\boldsymbol{O}_{3\times6}\quad\boldsymbol{I}_{3\times3}\quad\widetilde{\boldsymbol{J}}_k(\boldsymbol{x}_k)]\in\mathbf{R}^{3\times21}$，$\boldsymbol{\Omega}=[\boldsymbol{O}_{3\times9}\quad\boldsymbol{I}_{3\times3}\quad\boldsymbol{O}_{3\times9}]\in\mathbf{R}^{3\times21}$，$\boldsymbol{S}=[\boldsymbol{O}_{2\times12}\quad\boldsymbol{I}_{2\times2}\quad\boldsymbol{O}_{2\times7}]\in\mathbf{R}^{2\times21}$，$\boldsymbol{D}=[\boldsymbol{O}_{1\times14}\quad 1\quad\boldsymbol{O}_{1\times6}]\in\mathbf{R}^{1\times21}$，$\boldsymbol{\Phi}=[\boldsymbol{O}_{3\times15}\quad\boldsymbol{I}_{3\times3}\quad\boldsymbol{O}_{3\times3}]\in\mathbf{R}^{3\times21}$，$\boldsymbol{O}$ 和 $\boldsymbol{I}$ 是相应维度的零和单位矩阵，$\widetilde{\boldsymbol{J}}_k(\boldsymbol{x}_k)=-\boldsymbol{J}_1(\boldsymbol{x}_k)^{-1}\in\mathbf{R}^{3\times3}$；

$\boldsymbol{Y}_k$——步骤 k 中的测量向量，为$[\dot{v}_x(k),\dot{v}_y(k),\dot{v}_z(k),v_{dx}(k),v_{dy}(k),v_{dz}(k),\omega_x(k),\omega_y(k),\omega_z(k),x(k),y(k),z(k),\varphi(k),\theta(k),\psi(k)]^{\mathrm{T}}$，其中 $v_{dx}(k)$、$v_{dy}(k)$、$v_{dz}(k)$ 是从多普勒测速仪接收的数据。

如前所述，建议在系统运行期间更改测量向量 $\boldsymbol{Y}_k$ 的大小，以使其仅包含来自这些传感器的相关数据。在这种情况下，矩阵 $\overline{\boldsymbol{H}}(\boldsymbol{x})$ 的元素也应该改变。

需要说明的是，如果在控制系统当前的采样步骤 k 中，无人潜航器的加速度计、角速度传感器和方向传感器的数据变得切合可行，则向量 $\boldsymbol{Y}_k$ 将为以下形式：

$$\boldsymbol{Y}_k=[\dot{v}_x(k),\dot{v}_y(k),\dot{v}_z(k),\omega_x(k),\omega_y(k),\omega_z(k),\varphi(k),\theta(k),\psi(k)]^{\mathrm{T}}$$

相应块矩阵 $\overline{\boldsymbol{H}}_k$ 如下：

$$\overline{\boldsymbol{H}}_k=\begin{bmatrix}\boldsymbol{A}\\ \boldsymbol{\Omega}\\ \boldsymbol{\Phi}\end{bmatrix}$$

在使用点迹卡尔曼滤波器形成向量 $\boldsymbol{Y}_k$ 和矩阵 $\overline{\boldsymbol{H}}_k$ 之后，可以使用以下算法评估无人潜航器运动所需的参数[258]。

(1)初始化 $k=0$:

$$\hat{\boldsymbol{Z}}_0=E[\overline{\boldsymbol{Z}}_0]$$

$$\boldsymbol{P}_0=E[(\overline{\boldsymbol{Z}}_0-\hat{\boldsymbol{Z}}_0)(\overline{\boldsymbol{Z}}_0-\hat{\boldsymbol{Z}}_0)^{\mathrm{T}}] \tag{6.9}$$

式中 $\hat{\boldsymbol{Z}}_k$——向量 $\overline{\boldsymbol{Z}}$ 的期望,$\hat{\boldsymbol{Z}}_k\in\mathbf{R}^n$;

$\boldsymbol{P}_k$——向量 $\overline{\boldsymbol{Z}}$ 的估计误差的协方差矩阵,$\boldsymbol{P}_k\in\mathbf{R}^{n\times n}$,$n=21$,为系统状态向量的维度;

$E[\cdot]$——数学期望的符号。

(2)计算步骤 $k\in\{1,\cdots,\infty\}$ 的 σ 点的值:

$$\boldsymbol{\chi}_{k-1}=(\hat{\boldsymbol{Z}}_{k-1},\hat{\boldsymbol{Z}}_{k-1}+\gamma\sqrt{\boldsymbol{P}_{k-1}},\hat{\boldsymbol{Z}}_{k-1}-\gamma\sqrt{\boldsymbol{P}_{k-1}})$$

$$\boldsymbol{W}_0^{(a)}=\frac{\mu}{n+\mu},\boldsymbol{W}_0^{(c)}=\frac{\mu}{n+\mu}+1-\sigma^2+\vartheta$$

$$\boldsymbol{W}_i^{(a)}=\boldsymbol{W}_i^{(c)}=\frac{\mu}{2(n+\mu)},i=1,2,\cdots,2n \tag{6.10}$$

式中 $\boldsymbol{\chi}$——σ 向量的矩阵,$\boldsymbol{\chi}\in\mathbf{R}^{n\times(2n+1)}$;

$\boldsymbol{W}^{(a)}$、$\boldsymbol{W}^{(c)}$——权重系数的向量,$\boldsymbol{W}^{(a)}\in\mathbf{R}^{2n+1}$、$\boldsymbol{W}^{(c)}\in\mathbf{R}^{2n+1}$;

ϑ——一个常数,包含向量 $\overline{\boldsymbol{Z}}$ 的元素的分布规律的初步信息(对于高斯分布 $\vartheta=2$)[270];

σ——一个点,它确定向量 $\hat{\boldsymbol{Z}}_k$ 的元素周围 σ 点的分散范围;

γ——等于 $n+\mu$;

μ——比例因子。

(3)在下一步 $k\in\{1,\cdots,\infty\}$ 更新相应的表达式:

$$\boldsymbol{\chi}^*_{k|k-1}=F_{UKF}\boldsymbol{\chi}_{k-1}$$

$$\hat{\boldsymbol{Z}}_k^-=\sum_{i=0}^{2n}\boldsymbol{W}_i^{(a)}\boldsymbol{\chi}^*_{i,k|k-1}$$

$$\boldsymbol{P}_k^-=\sum_{i=0}^{2n}\boldsymbol{W}_i^{(c)}(\boldsymbol{\chi}^*_{i,k|k-1}-\hat{\boldsymbol{Z}}_k^-)(\boldsymbol{\chi}^*_{i,k|k-1}-\hat{\boldsymbol{Z}}_k^-)^{\mathrm{T}}+\boldsymbol{Q}_{UKF}$$

$$\boldsymbol{\chi}_{k|k-1}=(\boldsymbol{\chi}^*_{k|k-1},\boldsymbol{\chi}^*_{0,k|k-1}+\gamma\sqrt{\boldsymbol{P}_k^-},\boldsymbol{\chi}^*_{0,k|k-1}-\gamma\sqrt{\boldsymbol{P}_k^-})$$

$$\boldsymbol{Y}^*_{k|k-1}=\boldsymbol{H}\boldsymbol{\chi}_{k|k-1}$$

$$\hat{\boldsymbol{Y}}_k^-=\sum_{i=0}^{2n}\boldsymbol{W}_i^{(a)}\boldsymbol{Y}^*_{i,k|k-1} \tag{6.11}$$

式中 $\boldsymbol{\chi}_k^*$——使用向量函数 $F_{UKF}(\cdot)$转换的 σ 向量的矩阵,$\boldsymbol{\chi}_k^*\in\mathbf{R}^{n\times(2n+1)}$;

$\hat{\boldsymbol{Z}}_k^-$——状态向量的后验估计,$\hat{\boldsymbol{Z}}_k^-\in\mathbf{R}^n$;

$\boldsymbol{Y}_k^*$——使用向量函数 $H(\cdot)$转换的 σ 向量矩阵,$\boldsymbol{Y}_k^*\in\mathbf{R}^{m\times(2n+1)}$;

$\hat{\boldsymbol{Y}}_k^-$——测量向量的后验估计,$\hat{\boldsymbol{Y}}_k^-\in\mathbf{R}^m$;

$\boldsymbol{P}_k^-$——状态向量估计误差的协方差矩阵的后验估计,$\boldsymbol{P}_k^-\in\mathbf{R}^{n\times n}$;

$\boldsymbol{Q}_{UKF}$——系统噪声协方差矩阵,$\boldsymbol{Q}_{UKF}\in\mathbf{R}^{n\times n}$。

(4)测量更新：

$$P_{\hat{y}_k\hat{y}_k}=\sum_{i=0}^{2n}W_i^{(c)}(Y_{i,k|k-1}-\hat{Y}_k^-)(Y_{i,k|k-1}-\hat{Y}_k^-)^{\mathrm{T}}+R_{UKF}$$

$$P_{x_ky_k}=\sum_{i=0}^{2n}W_i^{(c)}(\chi_{i,k|k-1}-\hat{Z}_k^-)(Y_{i,k|k-1}^*-\hat{Y}_k^-)^{\mathrm{T}}$$

$$K_k=P_{x_ky_k}P_{\hat{y}_k\hat{y}_k}^{-1}$$

$$\hat{Z}_k=\hat{Z}_k^-+K_k(Y_k-\hat{Y}_k^-)$$

$$P_k=P_k^--K_kP_{\hat{y}_k\hat{y}_k}K_k^{\mathrm{T}} \tag{6.12}$$

式中　$P_{\hat{x}_k\hat{y}_k}$、$P_{x_ky_k}$——具有可变元素的中间矩阵，$P_{\hat{x}_k\hat{y}_k}\in\mathbf{R}^{m\times m}$、$P_{x_ky_k}\in\mathbf{R}^{m\times n}$；

K_k——增益矩阵，$K_k\in\mathbf{R}^{n\times m}$；

R_{UKF}——测量噪声的协方差矩阵，其大小根据测量向量 Y_k 的大小而变化，$R_{UKF}\in\mathbf{R}^{m\times m}$。

上述算法中的式(6.9)至式(6.12)可获得向量 $\hat{Z}_k$ 的估计值，该估计值可用于生成控制信号。此外，从这些表达式可以看出，当计算值 Y_k^*、$\hat{Y}_k^-$、$P_{\hat{y}_k\hat{y}_k}$、$P_{x_ky_k}$ 和 K_k 随着测量向量 Y_k 维度减小而减小时，测量向量的维数会显著影响运算次数。因此，在仅从无人潜航器传感器的一部分获得的数据切合实际的情况下，建议的向量 Y_k 的维数自动减小可以显著降低整个复杂过程的计算复杂度。在这种情况下，在无人潜航器控制系统的每个采样步骤中都更新反馈矢量，而不管其所有导航航行传感器输出中的数据更新周期如何。

6.1.3　器载传感器数据综合算法的数学仿真结果

为了测试所提方法的可操作性和有效性，该方法结合了从无人潜航器的导航航行传感器获得的数据，进行了数值仿真。在此仿真过程中，假设 $\Delta t=0.1$ s，比无人潜航器的时间常数小几倍。对角矩阵 R_{UKF} 和 Q_{UKF} 的元素具有以下值：

$$R_{UKF}=\mathrm{diag}(6.0\times10^{-5},\ 6.0\times10^{-5},\ 6.0\times10^{-5},\ 6.0\times10^{-3},\ 6.0\times10^{-3},\ 6.0\times10^{-3},\ 2.0\times10^{-3},\ 2.0\times10^{-3},2.0\times10^{-3},\ 0.4,\ 0.4,\ 0.03,\ 2.0\times10^{-3},\ 2.0\times10^{-3},2.0\times10^{-3})$$

$$Q_{UKF}=10^{-5}\times I^{2l\times21}$$

器载导航航行传感器的参数见表 6.1。从该表可以看出，安装在无人潜航器中的 3 个传感器以小于 Δt 的周期更新输出信息。因此，该信息与控制系统离散化的每个步骤都相关。其他 3 个传感器的输出处的信息更新周期显著超过 Δt 值，这可能会大大降低无人潜航器高速运动时的控制精度。

传感器信号中的噪声被建模为附加的白噪声，其幅度等于相应传感器的读数误差(表 6.1)。无人潜航器运动是在其推力系统产生的牵引力 $\tau_{\sigma x}=50$ N，$\tau_{\sigma y}=0$，$\tau_{\sigma z}=10$ N 和力矩 $M_{\sigma x}=0$，$M_{\sigma y}=2$ N·m，$M_{\sigma z}=3\sin(0.2t)$ N·m 的作用下进行的。当前速度矢量取为：$v_c=(0.3\ \mathrm{m/s},-0.4\ \mathrm{m/s},\ 0.2\ \mathrm{m/s})$。

表 6.1　器载导航航行传感器的参数

参数	加速度计	多普勒测速仪	角速度传感器	水声导航系统	深度传感器	定位传感器
更新周期/s	0.005	1.5	0.005	3.5	0.6	0.005
误差	0.04 m/s^2	0.15 m/s	0.02 rad/s	2 m	0.2 m	0.02 rad

图 6.1 显示了估算无人潜航器线性加速度向量的结果。

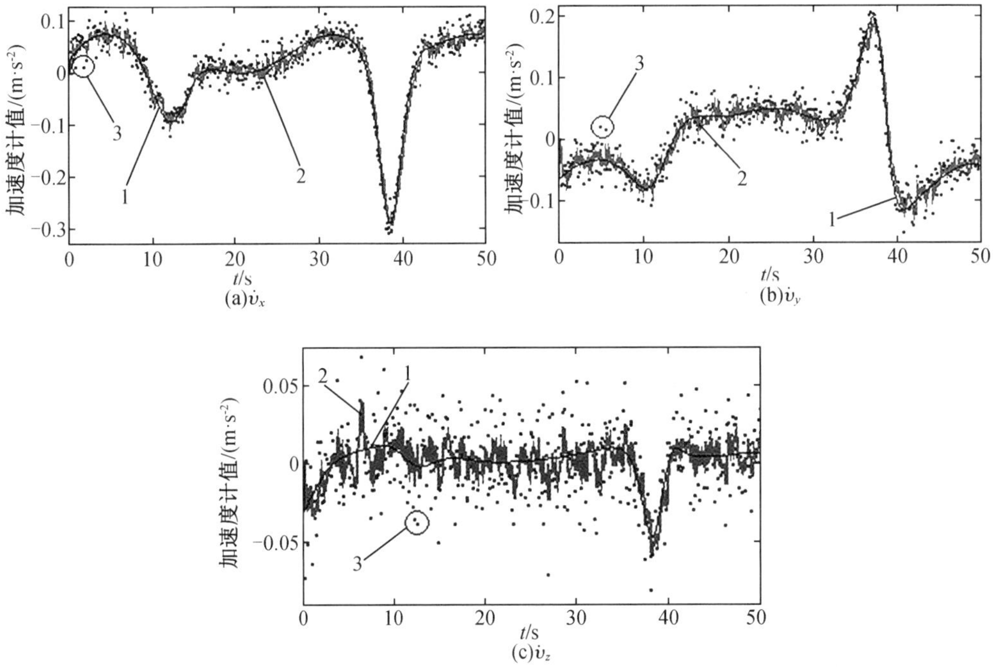

1—与加速度向量所有分量的实际值相对应的曲线;

2—与点迹卡尔曼滤波器输出处形成的分量值相对应的曲线;

3—从加速度计接收到的数据。

图 6.1　估算无人潜航器线性加速度向量的结果

如上所述,从加速度计接收到的信号(图 6.1)在无人潜航器控制系统操作的每个步骤中都会更新。因此处理这些信号的主要任务是控制干扰。从图 6.1 中可以看出,所提出的组合算法非常有效地控制了所考虑的来自加速度计信号中的噪声。从点迹卡尔曼滤波器接收的信号与无人潜航器线性加速度向量的相应分量实际值的最大偏差不超过 0.02 m/s^2,比相应的加速度计工作的平均误差小 1/2。

当使用所提出的算法对无人潜航器的角加速度向量分量进行组合时,观察到由点迹卡尔曼滤波器形成的值相对于它们的实际值会有显著延迟。这是由于所指定的点迹卡尔曼滤波器具有一定惯性所致。因此如果需要控制无人潜航器,则应使用适当的传感器(如 MTAA 2033)来形成角加速度向量[299]。

图 6.2 显示了评估无人潜航器运动的线速度和角速度的向量分量时组合算法的结果。

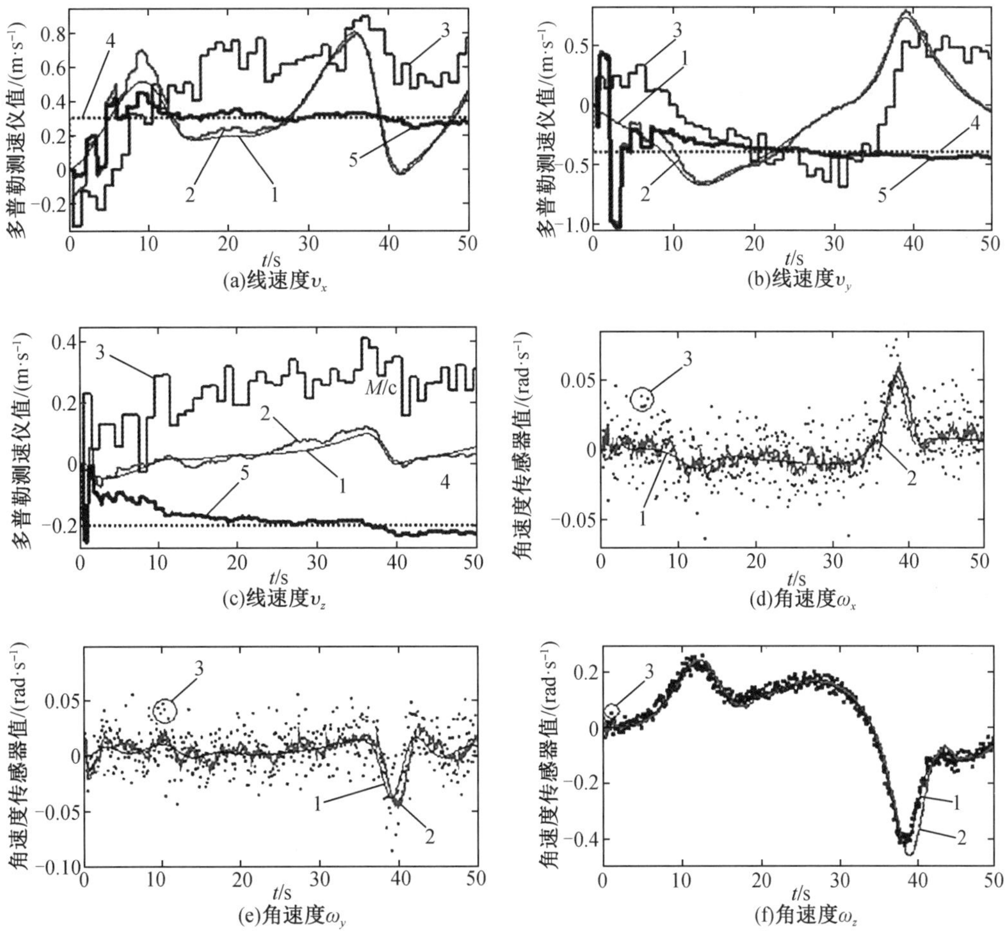

1—与所指示向量的相应分量的实数值相对应的曲线；

2—在点迹卡尔曼滤波器的输出上形成的线速度或角速度向量的分量值相对应的曲线；

3—来自多普勒测速仪的线速度信号和来自角速度传感器的角速度信号；

4—水下水流速度真实值的曲线；5—使用点迹卡尔曼滤波器确定的这些分量相对应的曲线。

图 6.2　评估无人潜航器运动的线速度和角速度的向量分量时组合算法的结果

从图 6.2 中可以看出，从多普勒测速仪获得的相应数据包含了不可接受的较大的无人潜航器速度测量误差，这主要是由于先前未知水流的存在。这些误差不允许使用此滞后的读数来实现综合控制系统。然而，使用所提出的算法将来自其他传感器的数据与无人潜航器相结合，可以准确地识别绝对坐标系中水流的当前速度，然后确定随体坐标系中无人潜航器的速度。

从图 6.2 中还可以看出，所使用的组合算法可以确定误差小于 0.015 m/s 的流速以及无人潜航器的速度（考虑到确定的流速）误差小于 0.028 m/s。这几乎比使用多普勒测速仪产生的误差少 1/6。注意，使用点迹卡尔曼滤波器估计的线速度信号的更新周期为 0.1 s，而不是测速仪的 1.5 s。点迹卡尔曼滤波器（图 6.2（a）至图 6.2（c））中的瞬变可在不到 10 s 的时间内完成，从而消除了开始工作时的一些误差。

由于从角速度传感器接收的信号的更新周期比无人潜航器控制系统的采样周期短得

多,因此在评估无人潜航器角速度时,复杂算法面临的主要任务是控制相应传感器信号中包含的噪声。图 6.2 显示,在点迹卡尔曼滤波器输出处形成的信号与其实际值的最大偏差不超过 0.008 s^{-1},这几乎比角速度传感器输出的信号与角速度的实际值之差小 2/5。

图 6.3 显示了确定无人潜航器的位置和方向的结果。从图 6.3(a)和 6.3(b)中可以看出,在点迹卡尔曼滤波器输出上形成的和 x、y 坐标相对应的信号与实际值的偏差不超过 0.35 m。这几乎比从水声导航系统接收的信号与实际值的偏差少 1/6。在这种情况下,在更新了来自水声导航系统的数据之后,信号也会在点迹卡尔曼滤波器输出处进行校正,并且在更新指示数据之间的间隔中,基于从其他导航航行传感器接收到的信息来估算无人潜航器的坐标。

从图 6.3(c)可以看出,在评估无人潜航器的浸入深度时(z 坐标),在某些地方与点迹卡尔曼滤波器输出端形成的此估计信号存在明显的误差。这可以通过 z 坐标的较小变化范围来解释(相对于无人潜航器的初始位置,其变化范围为-0.5~0.5 m)。但是,提出的集成算法将无人潜航器深度信息更新周期缩短了 1/6,从而可以将深度测量误差降低到在很多情况下都令人满意的水平——0.1m。这比使用深度传感器获得的指示误差值减小了 1/2。

图 6.3(d)至图 6.3(f)显示了集成算法在评估无人潜航器方向时的操作结果。在设计情况下,其主要目的还在于控制无人潜航器方向传感器的信号干扰。从这些图中可以看出,点迹卡尔曼滤波器输出处的信号与无人潜航器方位角实际值的偏差不超过 0.005 rad。这比该传感器信号中的干扰幅度小了 1/4。

因此,仿真结果不仅证实了所提算法用于组合从无人潜航器导航航行传感器接收的数据的可操作性,而且还证实了该算法的高效率。同时,提出的算法可显著控制测量干扰,无论无人潜航器所有导航航行传感器的数据更新周期如何,都可在控制系统的采样周期内更新无人潜航器状态向量信息。

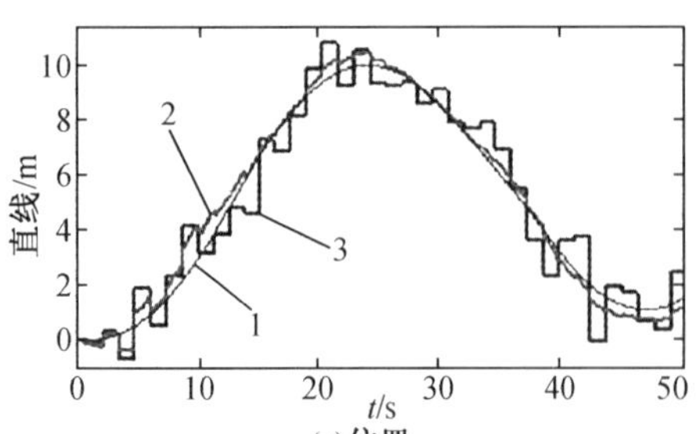

(a)位置x

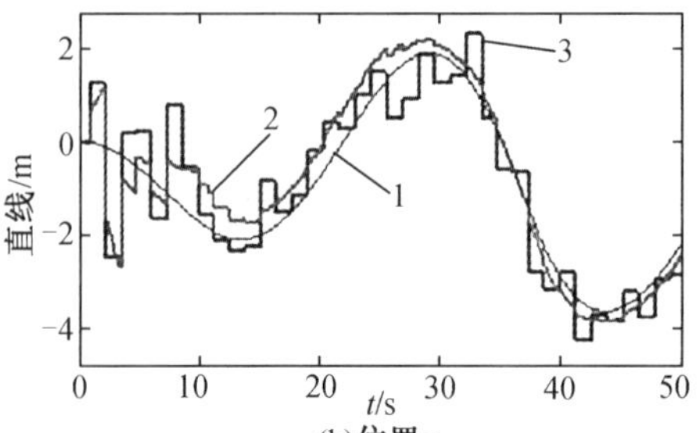

(b)位置y

1—与无人潜航器的特定直线或角坐标的实际值相对应的曲线;
2—与在点迹卡尔曼滤波器的输出处形成的无人潜航器的直线或角坐标的值相对应的曲线;
3—从水声导航系统(对于直线 x 和 y 坐标)、深度传感器(对于 z 坐标)和无人潜航器的方向角传感器接收的数据。

图 6.3　确定无人潜航器的位置和方向的结果

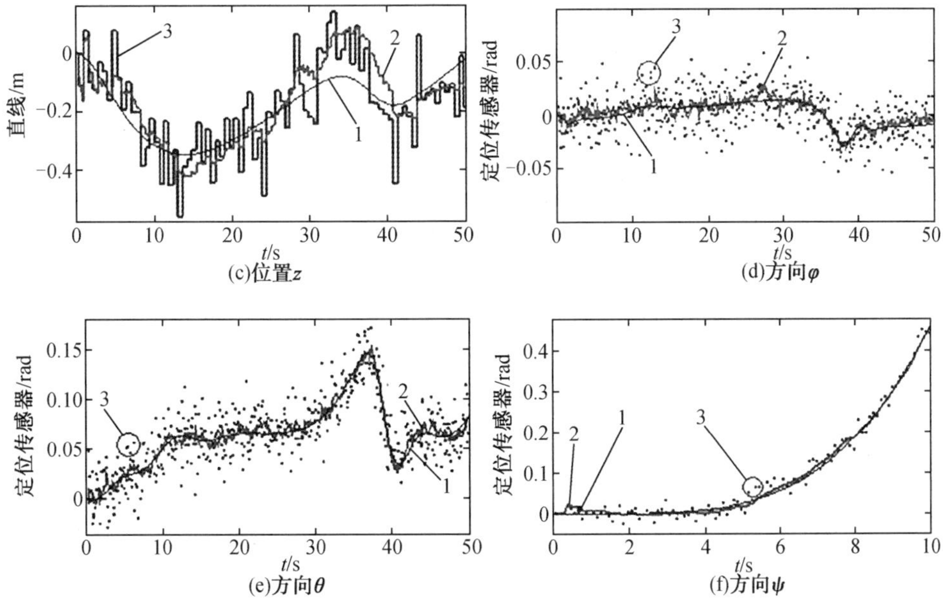

(c)位置z　(d)方向φ

(e)方向θ　(f)方向ψ

图 6.3(续)

6.2 无人潜航器参数识别方法研究

当前,研究控制系统质量的最有效方法之一是数学建模。在设计无人潜航器时,使用数学模型尤为重要,因为进行全面测试需要大量的材料成本,而且往往会造成尚未完成的设备的损失。此外,仿真结果的准确性取决于无人潜航器所使用的数学模型的准确性。但是很难确定其参数,因为大多数参数无法解析计算,并且需要复杂且昂贵的实验。

用于解决识别无人潜航器参数的问题,可以区分出三大类方法。第一类方法是基于对无人潜航器的真实样本或实体模型进行的全面实验,包括在风洞中吹气。第二类方法是涉及使用复杂的专用软件和计算机模型。然而,尽管存在复杂且昂贵的设备以及高昂的人工成本,但是这些方法经常不能以给定的精度来识别无人潜航器的所需参数,特别是当它们在工作过程中发生变化时。第三类方法是允许在无人潜航器的真实运动过程中识别其参数。在这种情况下,经常使用最小二乘法的各种修改形式[250,266,303]以及无人潜航器运动的简化线性化模型。在文献[303]中描述的方法中,基于来自外部摄像机的图像处理以生成识别数据。但是仅仅使用这些方法来有效地确定无人潜航器线性描述模型的参数,只有在极少数特殊情况下才有可能。

神经网络通常用于识别非线性动力学模型的参数[350]。在文献[207]中提出了一种使用径向基神经网络来识别无人潜航器水动力阻力的方法。但是借助于神经网络获得的"黑箱"类型的模型在合成过程中极难用于无人潜航器的控制系统。

应当指出,在总体上,有限数量的器载传感器限制了无人潜航器的参数识别。这不允许获得实现大多数识别方法所必需的数据,并且基于状态向量的不完整测量来识别复杂动态对象的参数的方法[257]一般计算很复杂,且很少适用于无人潜航器。因此减少这些算法的计算复杂度,能够实时确定无人潜航器参数当前值的任务是重要和迫切的。

为了研究出一种识别无人潜航器参数的有效方法,首先必须确定哪些参数需要识别。从式(3.1)至式(3.6)可以看出,无人潜航器的数学模型具有 33 个要识别的参数。这是矩阵 $\boldsymbol{M}_{\Pi}$ 的 21 个元素和黏滞流体力学系数的 12 个元素:d_1、d_2——对应于无人潜航器的 3 个直线自由度;d_1'、d_2'——对应于无人潜航器的 3 个旋转自由度。

基于上述内容,本节的任务是研究出一种用于识别无人潜航器参数的新方法和算法,该方法和算法由非线性微分方程式(3.1)至式(3.6)描述。这种方法和算法应使用来自导航航行传感器的最少数据集,并在无人潜航器的运动过程中使用典型的器载计算机实时地实现。

6.2.1 无人潜航器参数识别方法

如已经指出的,确定无人潜航器的参数识别算法的计算复杂度和在器载计算机实时实施参数识别算法的可能性,其主要因素均是无人潜航器模型的尺度。因此希望在不影响识别精度的情况下减小该尺度。

由式(3.1)至式(3.6)描述的识别无人潜航器参数所需的数据向量的形式为

$$\boldsymbol{Z}=(\dot{v}_x,\dot{v}_y,\dot{v}_z,\dot{\omega}_x,\dot{\omega}_y,\dot{\omega}_z,v_x,v_y,v_z,\omega_x,\omega_y,\omega_z,x,y,z,\varphi,\theta,\psi)^{\mathrm{T}}\in\mathbf{R}^{18} \tag{6.13}$$

该向量不可能由无人潜航器导航航行传感器直接测量。复杂动态对象参数识别的已知方法是基于其状态向量的不完全测量,它使用扩展的数据向量,包括完整的状态向量和附加的参数向量[257]。对于无人潜航器此类扩展向量的维数以及借助其构建的模型太大,因此用于识别无人潜航器参数的算法计算复杂性不允许使用典型的器载计算机,故应寻求其他识别方法。

无人潜航器的完整数学模型由动力学方程式(3.1)至(3.5)和运动学式(3.6)组成。此外,方程式(3.6)彼此相关,向量 $\boldsymbol{Z}$ 的所有元素都不包含要识别的未知参数,这些参数仅存在于动力学方程中。因此,对向量 $\boldsymbol{Z}$ 的元素进行不完全测量来确定无人潜航器参数的任务可以分为两个连续的阶段:形成该向量;无人潜航器参数的标识。同时在每个阶段,只能使用无人潜航器完整模型的一部分,这大大降低了用于识别的模型维数和所用算法的计算复杂性。

用于识别无人潜航器数学模型参数的算法框图如图 6.4 所示[165,230]。

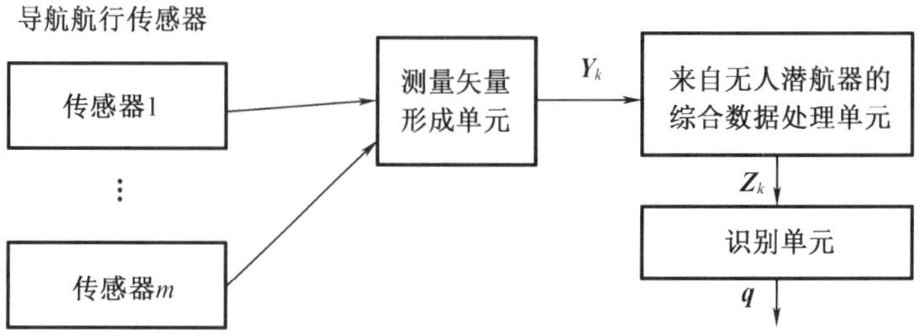

图 6.4 用于识别无人潜航器数学模型参数的算法框图

在该算法工作开始时，使用需要识别的无人潜航器向量 $\boldsymbol{Z}_0$ 和向量 $\boldsymbol{q}_0$ 的初始值，对无人潜航器状态向量的元素及其数学模型的参数进行初始化。然后，使用来自导航航行传感器的数据形成测量矢量 $\boldsymbol{Y}_k$，该测量矢量被反馈送到无人潜航器传感器数据综合处理单元的输入。为了实现该功能模块，使用了第 6.1 节中描述的方法。这种使用点迹卡尔曼滤波器和无人潜航器运动学模型的方法，即使在其导航航行传感器的数据周期不同的情况下，也可以形成向量 $\boldsymbol{Z}_k$。

结果，在来自无人潜航器器载传感器的数据综合处理单元的输出处，形成了向量 $\boldsymbol{Z}_k \in \mathbf{R}^{18}$ 的估计，基于该估计识别了无人潜航器参数。同时无人潜航器参数识别过程中的动力学模型应描述为[258]

$$\boldsymbol{q}_{k+1}=\boldsymbol{q}_k$$

$$\widetilde{\boldsymbol{H}}_k=F_{IUV}(\boldsymbol{Z}_k,\boldsymbol{q}_k)+\boldsymbol{\vartheta}_k \tag{6.14}$$

式中　$\boldsymbol{q}_k$——需要识别的无人潜航器参数的向量，形式为

$$\boldsymbol{q}_k=(\lambda_{11},\lambda_{12},\lambda_{13},\lambda_{14},\lambda_{15},\lambda_{16},\lambda_{22},\lambda_{23},\lambda_{24},\lambda_{25},\lambda_{26},\lambda_{33},\lambda_{34},\lambda_{35},\lambda_{36},\lambda_{44},\lambda_{45},\lambda_{46},\lambda_{55},\\ \lambda_{56},\lambda_{66},d_{1x},d_{2x},d_{1y},d_{2y},d_{1z},d_{2z},d'_{1x},d'_{2x},d'_{1y},d'_{2y},d'_{1z},d'_{2z})^{\mathrm{T}} \tag{6.15}$$

$F_{IUV}(\boldsymbol{Z}_k,\boldsymbol{q}_k)$——描述无人潜航器动态模型的向量函数，$F_{IUV}(\boldsymbol{Z}_k,\boldsymbol{q}_k)\in\mathbf{R}^6$；

$\widetilde{\boldsymbol{H}}_k$——测量变量的向量，$\widetilde{\boldsymbol{H}}_k\in\mathbf{R}^6$；

$\boldsymbol{\vartheta}_k$——具有协方差矩阵 $\boldsymbol{R}_{LKF}\in\mathbf{R}^6$ 的附加高斯白噪声测量向量，$\boldsymbol{\vartheta}_k\in\mathbf{R}^6$。

为了使无人潜航器动力学模型的方程式(3.1)至式(3.5)变为式(6.14)的形式，所有与无人潜航器未知参数无关的项都移到左侧，结果得到

$$\boldsymbol{\tau}-\boldsymbol{M}_{\mathrm{A}}\dot{\boldsymbol{v}}-\boldsymbol{C}_{\mathrm{A}}(\boldsymbol{v})\boldsymbol{v}-\boldsymbol{g}(\boldsymbol{x})=\boldsymbol{M}_{\Pi}\dot{\boldsymbol{v}}+\boldsymbol{C}_{\Pi}(\boldsymbol{v})\boldsymbol{v}+\boldsymbol{D}(\boldsymbol{v})\boldsymbol{v} \tag{6.16}$$

矩阵方程式(6.16)可以用以下包含 6 个微分方程式的系统表示：

$$\begin{cases}S_1=\lambda_{11}\dot{v}_x+\lambda_{12}\dot{v}_y+\lambda_{13}\dot{v}_z+\lambda_{14}\dot{\omega}_x+\lambda_{15}\dot{\omega}_y+\lambda_{16}\dot{\omega}_z+\alpha_3\omega_y-\alpha_2\omega_z+d_{1x}v_x+d_{2x}|v_x|v_x\\ S_2=\lambda_{12}\dot{v}_x+\lambda_{22}\dot{v}_y+\lambda_{23}\dot{v}_z+\lambda_{24}\dot{\omega}_x+\lambda_{25}\dot{\omega}_y+\lambda_{26}\dot{\omega}_z-\alpha_3\omega_x+\alpha_1\omega_z+d_{1y}v_y+d_{2y}|v_y|v_y\\ S_3=\lambda_{13}\dot{v}_x+\lambda_{23}\dot{v}_y+\lambda_{33}\dot{v}_z+\lambda_{34}\dot{\omega}_x+\lambda_{35}\dot{\omega}_y+\lambda_{36}\dot{\omega}_z+\alpha_2\omega_x-\alpha_1\omega_y+d_{1z}v_z+d_{2z}|v_z|v_z\\ S_4=\lambda_{14}\dot{v}_x+\lambda_{24}\dot{v}_y+\lambda_{34}\dot{v}_z+\lambda_{44}\dot{\omega}_x+\lambda_{45}\dot{\omega}_y+\lambda_{46}\dot{\omega}_z+\alpha_3v_y-\alpha_2v_z+\beta_3\omega_y-\beta_2\omega_z+d'_{1x}\omega_x+d'_{2x}|\omega_x|\omega_x\\ S_5=\lambda_{15}\dot{v}_x+\lambda_{25}\dot{v}_y+\lambda_{35}\dot{v}_z+\lambda_{45}\dot{\omega}_x+\lambda_{55}\dot{\omega}_y+\lambda_{56}\dot{\omega}_z-\alpha_3v_x+\alpha_1v_z-\beta_3\omega_x+\beta_1\omega_z+d'_{1y}\omega_y+d'_{2y}|\omega_y|\omega_y\\ S_6=\lambda_{16}\dot{v}_x+\lambda_{26}\dot{v}_y+\lambda_{36}\dot{v}_z+\lambda_{46}\dot{\omega}_x+\lambda_{56}\dot{\omega}_y+\lambda_{66}\dot{\omega}_z+\alpha_2v_x-\alpha_1v_y+\beta_2\omega_x-\beta_1\omega_y+d'_{1z}\omega_z+d'_{2z}|\omega_z|\omega_z\end{cases} \tag{6.17}$$

式中　α_i、$\beta_i(i=1,2,3)$——由式(3.2)计算的中间变量；

$\boldsymbol{S}$——向量，为$(S_1,S_2,S_3,S_4,S_5,S_6)^{\mathrm{T}}\in\mathbf{R}^6$，由以下表达式计算：

$$S_1=T_x-(W-B)\sin\theta-[(\dot{\omega}_y+\omega_x\omega_z)Y_{\mathrm{c}}+\dot{v}_x-v_y\omega_z+v_z\omega_y]m_{\mathrm{a}}$$

$$S_2=T_y+(W-B)\cos\theta\sin\varphi-[(\omega_y\omega_z-\dot{\omega}_x)Y_{\mathrm{c}}+\dot{v}_y-v_z\omega_x+v_x\omega_z]m_{\mathrm{a}}$$

$$S_3=T_z+(W-B)\cos\theta\cos\varphi-[-(\omega_x^2+\omega_y^2)Y_{\mathrm{c}}+\dot{v}_z+v_y\omega_x-v_x\omega_y]m_{\mathrm{a}}$$

$$S_4=M_x-y_BB\cos\theta\cos\varphi-(Y_{\mathrm{c}}W-z_BB)\cos\theta\sin\varphi-\dot{\omega}_xJ_{xx}+\omega_y\omega_zJ_{yy}-\omega_y\omega_zJ_{zz}-\\(\omega_x\omega_z-\dot{\omega}_y-\omega_y^2)J_{xy}+(\dot{\omega}_z+\omega_x\omega_y)J_{xz}-\omega_z^2J_{yz}+(\dot{v}_y+v_x\omega_z-v_z\omega_x)m_{\mathrm{a}}Y_{\mathrm{c}}$$

$$S_5=M_y+x_B B\cos\theta\cos\varphi-(Y_c W-z_B B)\sin\theta-\omega_x\omega_z J_{xx}-\dot{\omega}_y J_{yy}+\omega_x\omega_z J_{zz}+$$
$$(\dot{\omega}_x+\omega_y\omega_z)J_{xy}+(\omega_z^2-\omega_x^2)J_{xz}+(\dot{\omega}_z-\omega_x\omega_y)J_{yz}-(\dot{v}_x-v_y\omega_z+v_z\omega_y)m_a Y_c$$
$$S_6=M_z-x_B B\cos\theta\sin\varphi-y_B B\sin\theta+\omega_x\omega_y J_{xx}-\omega_x\omega_y J_{yy}-\dot{\omega}_z J_{zz}+(\omega_x^2-\omega_y^2)J_{xy}+ \tag{6.18}$$
$$(\dot{\omega}_x-\omega_y\omega_z)J_{xz}+(\dot{\omega}_y+\omega_x\omega_z)J_{yz}$$

从式(3.2)可以看出,中间变量 α_i、$\beta_i(i=1,2,3)$ 的值线性地取决于无人潜航器的参数。因此系统的方程式(6.17)相对于这些参数也是线性的,并且以式(6.14)编写的无人潜航器动力学的数学模型也将相对于无人潜航器的参数(矢量 $\boldsymbol{q}$)呈线性。故可以用以下的形式表示[165]:

$$\boldsymbol{q}_{k+1}=\boldsymbol{q}_k$$
$$\boldsymbol{S}(\boldsymbol{Z}_k)=\boldsymbol{\Phi}_I(\boldsymbol{Z}_k)\boldsymbol{q}_k+\boldsymbol{\vartheta}_k \tag{6.19}$$

式中 $\boldsymbol{\Phi}_I(\boldsymbol{Z}_k)$——在式(6.17)的基础上形成的矩阵,$\boldsymbol{\Phi}_I(\boldsymbol{Z}_k)\in\mathbf{R}^{33\times6}$。

由于式(6.19)相对于向量 $\boldsymbol{q}$ 是线性的,因此可以使用线性卡尔曼滤波器来识别其元素,其计算复杂度较低。

无人潜航器参数识别单元的工作方式如下[258,266]。首先初始化向量 $\hat{\boldsymbol{q}}_0=\boldsymbol{q}_0$ 和矩阵 $\boldsymbol{P}_{I0}=\boldsymbol{P}_I(0)$ 的元素($\boldsymbol{P}_{Ik}\in\mathbf{R}^{33\times33}$ 是估计无人潜航器数学模型参数向量 $\hat{\boldsymbol{q}}_k\in\mathbf{R}^{33}$ 时,误差的协方差矩阵),然后使用以下表达式在步骤 $k\in[1,\cdots,\infty)$ 中更新所有这些元素:

$$\boldsymbol{K}_{Ik}=\frac{\boldsymbol{P}_{I(k-1)}\boldsymbol{\Phi}_{Ik}^{\mathrm{T}}}{\boldsymbol{R}_{LKF(k-1)}+\boldsymbol{\Phi}_{Ik}\boldsymbol{P}_{I(k-1)}\boldsymbol{\Phi}_{Ik}^{\mathrm{T}}}$$
$$\hat{\boldsymbol{q}}_k=\hat{\boldsymbol{q}}_{k-1}+\boldsymbol{K}_{Ik}(\boldsymbol{S}_k-\boldsymbol{q}_{k-1\boldsymbol{\Phi}_{Ik}}^{\uparrow})$$
$$\boldsymbol{P}_{Ik}=\boldsymbol{P}_{I(k-1)}-\boldsymbol{K}_{Ik}\boldsymbol{\Phi}_{Ik}^{\mathrm{T}}\boldsymbol{P}_{I(k-1)} \tag{6.20}$$

在式(6.20)进行计算的过程中,线性卡尔曼滤波器接收无人潜航器器载传感器数据处理单元输出的向量估计值 $\boldsymbol{Z}_k$,并在其输出处形成无人潜航器数学模型参数向量的估计值。

与传统算法相比,在评估所提出的识别算法的计算复杂度时,假设在恢复无人潜航器完整状态向量的第一阶段,使用了第 6.1 节中所述的算法。

所提出的识别算法的计算复杂度由点迹卡尔曼滤波器和线性卡尔曼滤波器实现的计算复杂度组成。对于点迹卡尔曼滤波器,它是 $O(L^3)$($L=18$ 是向量 $\boldsymbol{Z}$ 的维数(参见式(6.13))[258]。线性卡尔曼滤波器的计算虚假性取决于矩阵求逆运算和矩阵乘法的次数,可以如下估算[51]:矩阵求逆运算的次数 $O(G^3)$,乘法运算的次数 $O(N^2G)$,其中 $N=33$ 是可识别参数向量的维数,$G=6$ 是测量函数的维数,它等于描述无人潜航器动力学的微分方程数量。因此,所提算法的计算复杂度等于:

$$O(L^3)+5\cdot O(N^2G)+O(G^3)=O(18^3)+5\cdot O(33^2\cdot 6)+O(6^3)=O(32\ 886)$$

使用传统算法时,状态向量的维数为 $L=18+33=51$ 的数学模型用于识别无人潜航器的参数,因为它由向量 $\boldsymbol{Z}$ 的维数和可识别参数的向量组成。因为该模型基本上是非线性的,故在识别过程中使用点迹卡尔曼滤波器。因此传统算法的计算复杂度等于 $O(L_T^3)=O(51^3)=O(132\ 651)$,几乎比所提出的能在器载计算机上实时实现的算法计算复杂度高 5 倍。

6.2.2　无人潜航器参数识别算法研究结果

为了验证所提出的用于确定无人潜航器参数的方法的可操作性和有效性，进行了数值仿真，在此期间使用了无人潜航器数学模型，由方程式(3.1)至式(3.6)描述，参数如下：

$m_a = 300$ kg，$Y_c = 0.02$ m，$J_{xx} = 9$ kg · m^2，$J_{yy} = 30$ kg · m^2，$J_{zz} = 30$ kg · m^2；$\lambda_{11} = 80$ kg，$\lambda_{22} = 140$ kg，$\lambda_{33} = 140$ kg，$\lambda_{44} = 5$ kg · m^2，$\lambda_{55} = 30$ kg · m^2，$\lambda_{66} = 30$ kg · m^2，$\lambda_{ij} = 0[i \neq j, i, j = (1, 2, \cdots, 6)]$；$d_{1x} = 30$ kg/s，$d_{2x} = 10$ kg/m，$d_{1y} = 60$ kg/s，$d_{2y} = 30$ kg/m，$d_{1z} = 60$ kg/s，$d_{2z} = 30$ kg/m；$d'_{1x} = 20$ N · m/s，$d'_{2x} = 10$ N · m/s^2，$d'_{1y} = 40$ N · m/s，$d'_{2y} = 20$ N · m/s^2，$d'_{1z} = 40$ N · m/s，$d'_{2z} = 20$ N · m/s^2；$\boldsymbol{R}_{LKF} = 0.05\boldsymbol{I}_{6\times 6}$。

在来自无人潜航器导航航行传感器的数据处理单元中，使用了基于点迹卡尔曼滤波器并在 6.1 节中介绍的算法。无人潜航器器载传感器的组成和特性在表 6.1 中进行了描述。

用于识别无人潜航器参数的算法的建模工作是在其推进器产生牵引力和力矩的作用下的运动过程中进行的，其表达式如下：$\tau_{\sigma x} = 50\sin(0.03t)$，$\tau_{\sigma y} = 50\sin(0.02t)$，$\tau_{\sigma z} = 50\sin(0.01t)$，$M_{\sigma x} = 0$，$M_{\sigma y} = 5\mathrm{sign}[\sin(0.2t)]$，$M_{\sigma z} = 22\sin(0.1t+\pi)$。选择无人潜航器模式最困难的是要考虑到可以识别其所有参数。在更简单的无人潜航器运动模式下，其数学模型得以简化(因为各个项变为零)，从而减少了要识别的参数数量。

图 6.5 显示了无人潜航器附着质量和惯性矩的识别结果。从这些图中可以看出，无人潜航器附着质量的识别过程大约需要 60 s，而惯性矩则大约需要 200 s。在这种情况下，确定附着质量的误差为 2%，附着惯性矩为 10%～15%。

这些参数的相对较长的识别时间由无人潜航器的数学模型的复杂性和对重构状态向量的强烈干扰来解释。与使用附加质量相比，附加惯性矩的时间和误差明显增大，这是由需要使用角加速度的恢复值而引起的，由于点迹卡尔曼滤波器的惯性，该值明显滞后于其实际值。

无人潜航器直线和旋转自由度的流体力学系数识别结果如图 6.6 所示。

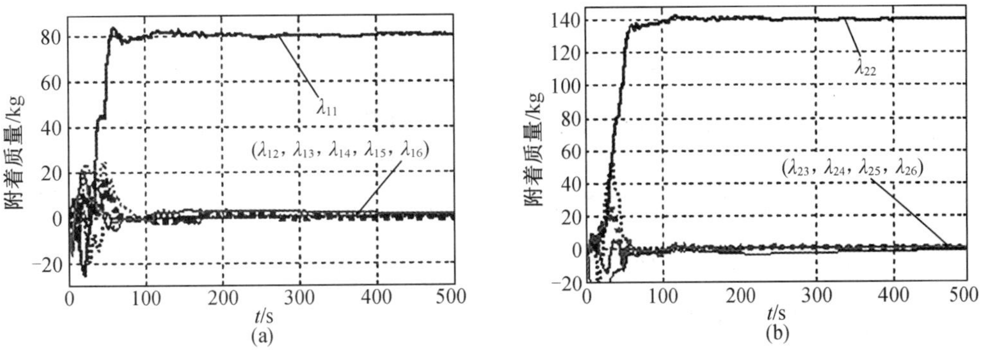

图 6.5　无人潜航器附着质量和惯性矩的识别结果

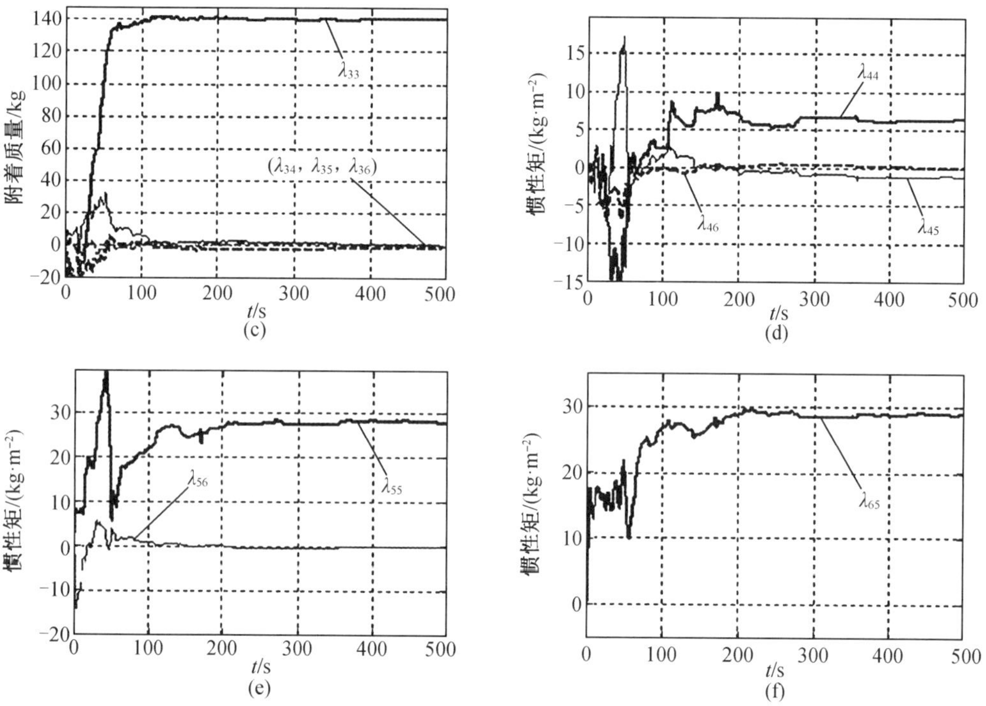

图 6.5(续)

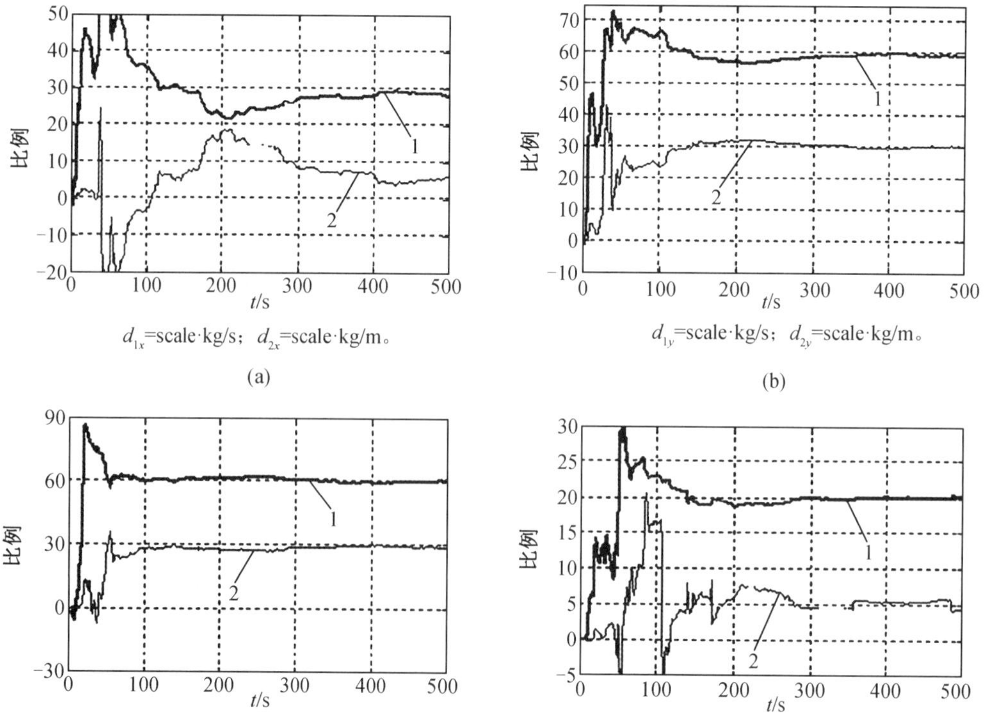

d_{1x}=scale·kg/s；d_{2x}=scale·kg/m。

(a)

d_{1y}=scale·kg/s；d_{2y}=scale·kg/m。

(b)

d_{1z}=scale·kg/s；d_{2z}=scale·kg/m。

(c)

d'_{1x}=scale·(N·m)/s；d'_{2x}=scale·(N·m)/s^2。

(d)

1—与线性系数的识别过程相对应的曲线；2—流体动力(力矩)对无人潜航器运动速度的二次相关性。

图 6.6　无人潜航器直线和旋转自由度的流体力学系数识别结果

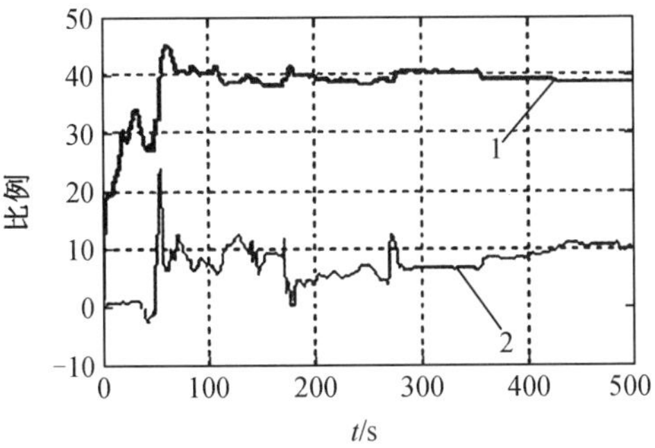

d'_{1y}=scale·(N·m)/s；d'_{2y}=scale·(N·m)/s²。

(e)

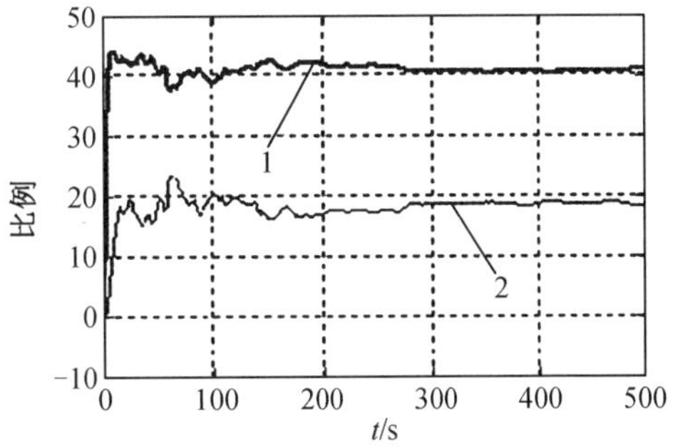

d'_{1z}=scale·(N·m)/s；d'_{2z}=scale·(N·m)/s²。

(f)

图 6.6(续)

从给出的图中可以看出,针对无人潜航器不同自由度的流体力学系数的识别时间为50~200 s,此外确定这些参数的误差为 2%~10%。通过无人潜航器不同自由度下的运动模式差异,可以解释流体力学系数识别时间的巨大分散。自由度之间的干扰越小,确定这些系数就越快、越准确。

因此,仿真结果表明,所提出的识别方法具有较低的计算复杂度,可以相当准确和快速地评估无人潜航器所需的参数。

6.3　小　　结

本章介绍了处理来自无人潜航器器载导航航行传感器数据的方法,这些方法能够形成实现其控制系统所需的所有必要反馈。基于这些数据,还可以确定无人潜航器的参数,这些参数在构建用于指定控制系统设计和仿真的数学模型时是必需的。

在本章中,获得了以下结果。

(1)已经研究出一种方法,用于集成从无人潜航器器载传感器接收的数据,这使得可以从不完整的噪声数据中恢复其运动的所有参数。在此基础上研发的算法可以以所需的频率来更新无人潜航器的运动参数数据,而与器载传感器输出信号的更新频率无关。仅考虑相关数据可以显著提高所使用算法的效率。

(2)提出了一种用于无人潜航器参数的有效算法,该算法适用于具有有限的器载导航航行传感器。其计算复杂度低,可以在典型的器载计算机上实现。该算法分两个阶段实现。首先,使用无人潜航器运动的运动学模型,对其识别所必需的所有数据参数进行恢复,然后在线性卡尔曼滤波器的基础上,提供对无人潜航器参数的识别。在这两个阶段中的每一个阶段,仅使用无人潜航器运动的完整数学模型的一部分,与传统算法相比可以多次降低所提出算法的计算复杂性。

第7章　无人潜航器控制系统的半实物建模方法

当前,计算机仿真被广泛用于开发和设计无人潜航器控制系统。在这些控制系统开发的初始阶段,无须使用真实设备即可进行复杂且昂贵的大规模实验,并且可以加快开发无人潜航器的过程。计算机建模的主要目标是测试无人潜航器的控制算法和信息处理,随后将其用于控制系统的实现过程。最著名的两个通用建模环境:Matlab 和 Matcad,可用于研究特定的无人潜航器模型。

这些通用环境的优势在于其组成中包含的大量工具,这些工具可为各种动态对象实现各种控制系统设计方法,并提供用于建模结果的可视化和分析工具。但是它们的主要缺点是缺乏评估无人潜航器实际器载设备上创建的控制算法的运行质量。另外,在通用建模环境中,很难引入特殊的算法和模型。

使用专门的建模系统可以消除这些问题,其中可以使用计算机仿真来检查无人潜航器的各种器载控制系统的实施质量,并可以模拟特定的环境条件。在文献[365]中设计了一个专门的软件包,用于在检测和调查海洋化学污染区域时,对无人潜航器控制系统的运行进行建模。它的特点是同时使用不同的无人潜航器动力学数学模型,模拟污染与水下暗流的扩散。在基于网络技术的建模系统中[211],可以研究用于生成无人潜航器运动轨迹的系统。

专用建模系统解决的另一个重要问题是在半实物模式("硬件在回路")下通过使用其数学模型对无人潜航器器载控制系统的工作质量进行研究。在文献[341]中描述了一种解决此问题的方法,其中使用半实物建模技术来研究避障算法。通过这种方法,将无人潜航器及其控制系统数学模型的描述从 Simulink 图形语言转换为专用程序,该程序可以在专用控制器上实时执行。在文献[353]中提出了一种针对无人潜航器的半实物仿真方法,以创建一个特殊的分布式建模复合体,如果模型是无人潜航器,则其传感器和环境的模型在计算机网络中实现,而控制系统在器载控制器上实现。控制器与这些模型的交互是通过网络接口进行的。

但是众所周知的专业建模系统有重要的缺点,其中的困难在于要引入附加软件来创建无人潜航器模型,以及显示和分析在建模过程中获得的数据,但这些在通用建模环境中已经有效地实现了。

结合上述情况,需要研究出一种结合通用和专用建模系统优点的建模系统构造新方法。

7.1　无人潜航器运动建模的软件包描述

构造用于研究无人潜航器控制系统建模的基本原理是模块化。据此，系统的结构由独立的单元模块组成，每个模块都可解决给定的任务。图7.1显示了基于模块化原理开发的综合系统的功能图[144]。

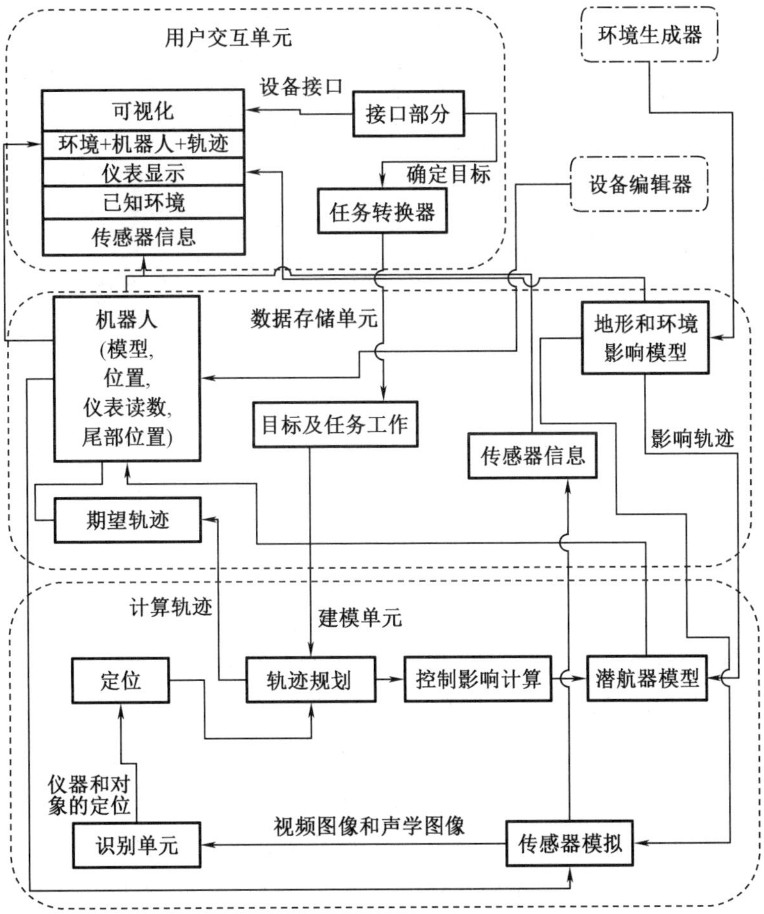

图7.1　基于模块化原理开发的综合系统的功能图

图7.1显示了三个主要模块：用户交互单元（БВП）、数据存储单元（БХД）和建模单元（БМ），并且还显示了在组合系统的各个功能部分之间主要数据流的交换。每个主要模块均分为局部块。这种结构避免了在复杂性改善的情况下改变主单元，而仅替换负责解决特定问题、协调其输入和输出信息的特定本地单元模块。例如，如果有必要检查各种类型的无人潜航器运动控制系统的工作质量，那么更改包含在单元模块的相应本地模块中这些控制系统的描述就足够了，而不必更改软件建模系统的其他部分。

这个复合体的主要模块执行以下功能。

(1)用户交互单元,以用户友好的形式提供数据输入和信息输出。它使操作人员可以为无人潜航器设置运动任务,实时监视其仪表和传感器的读数,并以交互模式监视任务的执行。建模复合体的用户界面外观如图 7.2 所示[145]。

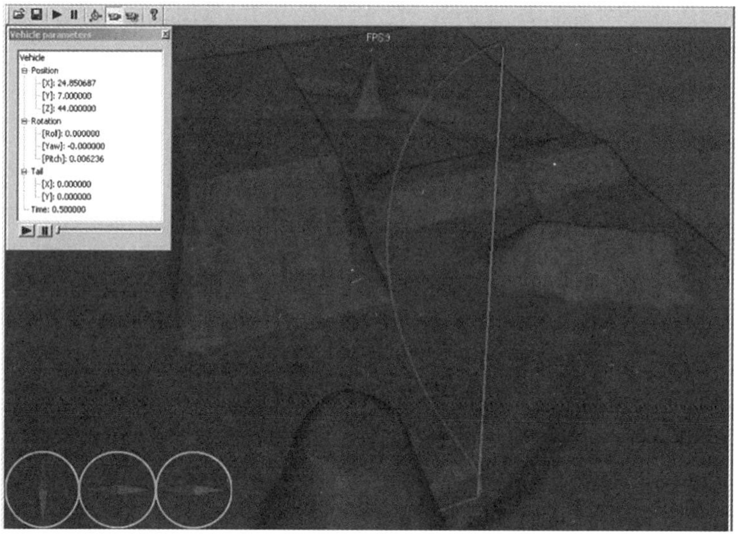

图 7.2　建模复合体的用户界面的外观

(2)建模单元,用于计算具有指定参数的无人潜航器在水环境中沿着形成的空间轨迹的运动。同一模块可模拟无人潜航器上的传感器及其操作,以及其运动控制系统和轨迹形成算法。而且当存在一个自动同步模型综合体与通用环境的算法时,作为模型块的综合体的模块化结构允许使用这个通用建模环境。这将在下面进行更详细的讨论。

(3)数据存储单元,在综合体的主要单元之间提供存储和数据传输。为此使用了一个专用接口,该接口允许指定的组成单元和模块交换所需的数据。

系统运行期间,单元之间的数据交换是通过数据储存单元进行的。

为了可视化无人潜航器的运动,用户交互单元通过数据存储单元接收设备在空间中的真实位置和姿态、三维地形模型、规划轨迹和实际轨迹以及传感器数据的信息。用户输入的关于环境参数和无人潜航器的数据在数据存储单元中通过用户交互单元接收。另外,用户交互单元向用户提供针对无人潜航器任务的输入,并且将该任务以正式形式传输到数据存储单元。

从建模单元到数据存储单元可以接收到以下内容。

——空间中无人潜航器计算位置的信息、导航装置和运动参数传感器的读数,以及无人潜航器运动部件(操作器、矢量推进器等)的运动学参数信息;

——无人潜航器的运动轨迹;

——从安装在无人潜航器上的传感器接收的数据。

建模单元通过数据存储单元接收关于无人潜航器目的和任务的数据、关于环境和设备参数的信息,以及环境对无人潜航器的影响参数(海流等)。

除三个主要模块外,该软件包还包括两个附加辅助模块:环境生成器(ГС)和设备编辑器(PA)。

环境生成器旨在创建一个虚拟的试验场,无人潜航器将在该试验场中运动。环境生成器允许加载地形数据,在测试区域中布置各种附加对象,设置环境的物理参数(水下暗流、水密度、盐度以及底部照明度等),将纹理应用于地形以实现更真实的可视化,形成海底地形和各种海底物体的声波吸收图及声波反射图。在这种情况下,使用常规网格设置环境参数,并使用三线性插值法计算它们在多边形中任意点的值[145]。

设备编辑器旨在创建各种类型的无人潜航器的模型,这些模型在传感器的配置、组成和布置以及推进系统的类型方面有所不同。设备编辑器界面的外观如图 7.3 所示[145]。

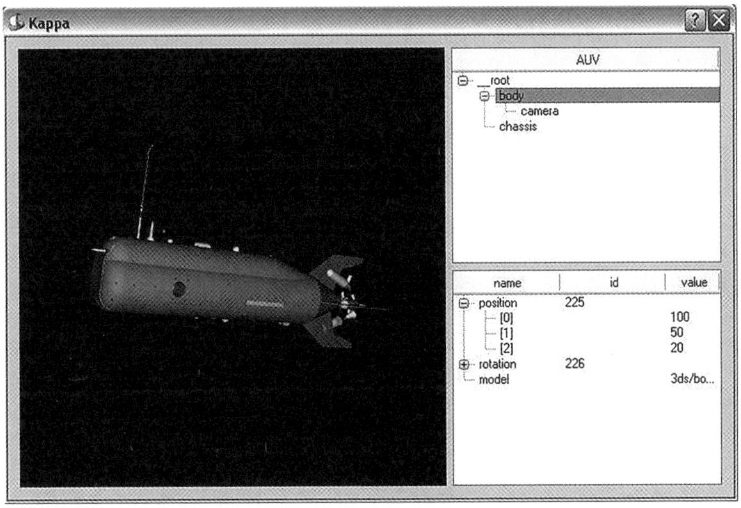

图 7.3　设备编辑器界面的外观

操作人员为了测验无人潜航器的任务,使用了一个模块-任务验证器,它逐步模拟了构成特定任务的所有无人潜航器命令的执行,并在建模复合体的界面中显示结果[164,168]。

总体而言,所提出的建模复合体结构可解决无人潜航器控制系统的综合和测试过程中出现的所有问题,使用通用建模环境创建方便的界面来编辑这些无人潜航器模块的模型并分析仿真结果。

7.2　无人潜航器半实物运动仿真模式

如果将建模单元替换为两个交互的组件:无人潜航器控制系统的软件实现和通用建模环境,则建模复合体的模块化结构(图 7.1)可方便地实现半实物建模模式。在无人潜航器控制系统测试阶段使用通用建模环境,可以快速显示有关这些无人潜航器运动的所有数据,而无须更改建模复合体本身。

建模单元在半实物建模模式下运行期间的框图如图 7.4 所示。在此方案中,无人潜航器控制系统可以作为程序在局域网计算机上实现,也可以直接在器载处理器上实现。在第一种情况下,全面仿真可以验证无人潜航器控制系统的软件实现的正确性;在第二种情况下,可以根据器载处理器的实际速度和数据传输的延迟来调整电子调节器的参数。

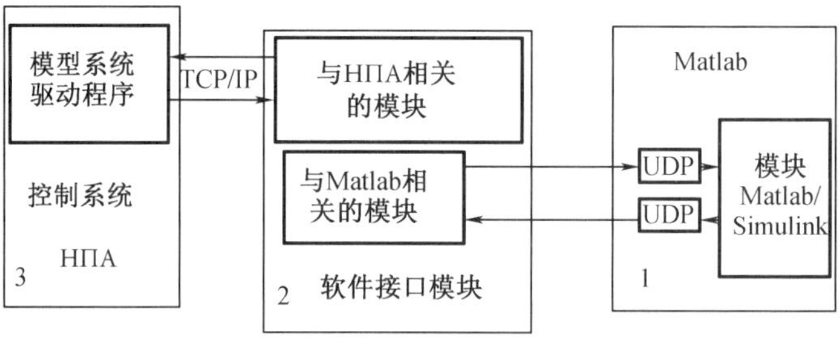

图 7.4　建模单元在半实物建模模式下运行期间的框图

为了协调无人潜航器数学模型和控制系统软件实现之间的数据传输接口,使用了软件接口模块(图 7.4)。该模块接收以数学模型计算的无人潜航器运动数据。该模块将该数据转换为无人潜航器控制系统所需的格式,并通过通信通道将其传输到该控制系统。规定的中间软件模块同时从控制系统接收控制信号的信息,经过适当的转换后,将它们放入无人潜航器的数学模型中,协调数据传输的格式和接口,并确保具有不同采样周期的建模复合体各个部分的运行。

为了使通用建模环境(Matlab)和无人潜航器控制系统共同起作用,必须实时同步其工作。自动同步的算法描述如下。

7.3　通用建模环境 Matlab 与建模综合体的自动同步方法

无人潜航器的动力学仿真在计算机时间为 τ_s、积分步长为 h_i 的 Matlab 环境中进行。由于具有较高建模精度时 h_i 的值较小,因此在每个积分步骤中将数据从 Matlab 传输到无人潜航器控制系统以及建模复合体的其他模块都是不切实际的。从模型到这些单元的数据传输应按照步骤 $\Delta\tau_s = m_s h_i$ 进行组织,其中 m_s 是用于积分模型的指定步骤数。同时将具有 $\boldsymbol{S}_s = \{\tau_{si}, G\}$ 格式的数字双精度矢量从 Matlab 转移到建模复合体,其中 τ_{si} 是计算机时间 τ_s 的当前时刻;$G = (g_1, \cdots, g_m)$ 是无人潜航器运动参数的数据,用于可视化其运动并在控制系统中形成反馈。无人潜航器控制系统的数据在 Matlab 中以浮点数矢量的形式出现,格式为 $\boldsymbol{R}_s = \{\tau_{sv}, \{\overline{P_1, P_n}\}\}$,其中 τ_{sv} 是计算数据传输到模型的计算机时间;$\overline{P_1, P_n}$ 是传输到 Matlab 的无人潜航器推进器控制信号。

为了方便组织 Matlab/Simulink 模块与外部软件环境之间的数据交换过程,开发了两个附加的 Simulink 子模块[167,237]。为了在这些子模块中接收数据,设置了应该向其发送数据的 IP 地址和端口号、所发送的数据向量中的元素数以及接收间隔 $\Delta\tau_s$。在传输数据时,除了这组信息之外,还设置了一个用于同步计算过程的附加参数。它的选择将在下面讨论。

所指示的 Simulink 子模块中的主要元素是使用 UDP 协议接收和传输数据 s 函数的。在创建 UDP 类型的对象时,这些功能中指定协议的初始化发生在建模过程的开始时,该对象的参数是用户指定的数据交换参数。使用 Matlab 库函数 fwrite(·)和 fread(·)进行 UDP 协议发送与接收数据,其参数是所创建的 UDP 类的实例,以及已传输数据的矢量(对于函数 fwrite(·))和在一个数据中传输的字节数(对于函数 fread(·))。

所构建的建模模块的主要特征是在两个不同的应用程序中以不同的速度存在两个并行计算的过程。这应该考虑传输数据块的过程(包括使用本地网络时)需要一定的时间。因此在 Matlab 计算的当前步骤中,经常会出现无人潜航器控制系统计算出的控制信号数据过时。这不可避免地导致无人潜航器的动力学建模及其控制系统的运行不匹配。为了消除这种情况,有必要使这些计算过程的运行速度同步。该问题将在下面详细讨论并解决。

7.3.1　无人潜航器控制系统中 Matlab 计算与动力学建模的同步特性

在 Matlab 中对无人潜航器进行建模的计算机时间,以及从建模过程开始经过的实时时间间隔 t 可以通过以下关系式确定:

$$\tau_s = k_t t \tag{7.1}$$

式中　k_t——确定仿真速度的系数,$k_t>0$。

有一种使用 UDP 协议在 Matlab 交换数据中同步计算过程的已知方法[132]。它假设在所有这些过程中都采用相同的系数 k_t 值,这确保了相同的计算速率,并因此确保了它们的同步。但是,对于实际系统,很难预先确定复杂系统各个部分的计算速度并精确选择 k_t 的值。因此应该使用另一种方法,该方法可以自动确保 Matlab 和外部程序的同步运行。

为了在计算机时间 τ_{si} 的某个时刻遵守同步条件,必须将数据从 Matlab 发送到外部程序。这些数据在 t_{mp} 时间内传输到指定程序,在指定程序经过 t_v 时间对其进行处理,然后在 t_{pm} 时间内将结果发送回 Matlab。结果,考虑到式(7.1),在计算机时间的时刻 τ_r^{si} 之后,外部程序进行处理后获得的数据将早于 τ_{si} 时刻返回到 Matlab,该时间等于:

$$\tau_r^{si} = \tau_{si} + k_t(t_{mp} + t_v + t_{pm}) \tag{7.2}$$

如果 τ_r^{si} 和 τ_{si} 差异大,那么在 Matlab 中从外部程序接收的数据将在当前计算机时间过时,以致无法使用,并且仿真结果将是错误的。为了消除这种情况,考虑到式(7.2),必须满足条件:

$$\tau_r^{si} - \tau_{si} = k_t(t_{mp} + t_v + t_{pm}) = \tau_\varepsilon < \tau_{\sigma\mathrm{on}} \tag{7.3}$$

式中　$\tau_{\sigma\mathrm{on}}$——从外部程序接收 Matlab 环境中的数据时允许的延迟值。

$\tau_{\sigma\mathrm{on}}$ 的值取决于模型的动态特性以及外部影响的可能变化率。在这种情况下,应始终满足不等式 $\tau_{\sigma\mathrm{on}} \geqslant \Delta\tau$。

从式(7.3)中可以得出,仅通过减小系数 k_t(即 Matlab 中的建模速度)就可以减小 τ_ε 的值。如果在某些时间点(例如,当接收数据时)在短时间段 t_p 内停止仿真过程,则可以减慢仿真过程的速度。因此出现了选择这样的 t_p 值的问题,该值将确保满足式(7.3),但不会导致建模过程的过度减慢。由于不可能预先确定 t_p,因此建议采用一种方法,其实质是使用以下表达式根据差值 $\tau_\varepsilon - \tau_{\sigma\mathrm{on}}$ 的当前值来形成 t_p 值:

$$t_p=\begin{cases}k_p(\tau_\varepsilon-\tau_{\sigma\text{on}}),\text{如果 }\tau_\varepsilon>\tau_{\sigma\text{on}}\\0,\text{如果 }\tau_\varepsilon\leqslant\tau_{\sigma\text{on}}\end{cases}\tag{7.4}$$

式中　k_p——正系数。

可以使用 Matlab 库函数 pause(·)在一段时间 t_p 内暂停仿真过程。

显然,为了使 Matlab 中的建模过程与外部程序执行的计算过程同步,从 Matlab 发送数据到处理后接收数据之间的实时间隔 Δt 必须等于时间 $t_{mp}+t_v+t_{pm}$。只有在这种情况下,才能假定建模复杂系统中的所有计算过程都以相同的速度进行。如果 $\Delta t>t_{mp}+t_v+t_{pm}$,则由于式(7.3)始终满足 $\tau_{\sigma\text{on}}\geqslant\Delta\tau$,因此不需要这些过程的额外同步。当仿真复杂的动态系统或建模步骤足够少时,这种情况是可能的。

如果 Matlab 中的仿真时间短于外部程序中的计算时间,即不等式 $\Delta t<t_{mp}+t_v+t_{pm}$ 成立,也就是不满足式(7.3)。在这种情况下,引入额外的延迟 t_p 会增加时间间隔 Δt,这往往趋于 $t_{mp}+t_v+t_{pm}$,也就是说,确保了计算过程的同步。

所提出同步算法的可操作性的必要条件是将计算它们的当前计算机时间与 Matlab 的主要数据一起传输,以及将该值从外部程序传回 Matlab。提供所有计算过程的自动同步操作不会导致传输数据量的显著增加。

所提出的同步算法的一个重要特征是,在建模过程中,当在 Matlab 中接收数据时可能会出现 UDP 端口缓冲区中包含多个数据的情况。在这种情况下,应仅使用针对计算机时间计算的最接近当前数据的那些数据。基于此,当在 Matlab 中接收数据时,需要执行以下操作[131]。

(1)检查 UDP 端口缓冲区中包含的字节数。它存储在用于接收数据的 UDP 对象 ByteAvailable 字段中。

(2)确定可读取的数据包数量:

$$n=\text{UDP. ByteAvaildble div}(\text{Count\_rec}+1)\cdot 8$$

式中　Count_rec——Matlab 中使用的传入数据包中的变量数;

div——从除法中取整数部分的运算。

(3)从给定的 UDP 端口读取 n 个数据包,并将最后一个数据包传输到 Matlab。

也可以通过使用 UDP 对象的 InputBufferSize 字段将 UDP 端口缓冲区大小减小为接收到的数据的大小来获取程序正常工作所需的数据。相应减小之后,UDP 端口缓冲区将仅包含最"最新"的数据,但是这将丢失在 Matlab 中进行其他计算可能需要的信息。

7.3.2　仿真结果

为了验证所提出的同步算法的可操作性,进行了计算实验,其中使用了连接到同一局域网的两台个人计算机。在一台计算机上,建模过程是在 Matlab/Simulink 中执行的,而在第二台计算机上使用半实物程序,它从 Matlab 接收数据并将其返回。

在 Matlab 模型中测试信号被指定为谐波函数,并以 0.01 s 的计算机时间周期传输到外部半实物程序。该程序以两种模式工作。首先,模拟最小的计算负载(接收数据并立即将其发送回去);其次,模拟了大量的计算,当接收到数据后,外部程序以 3 ms 的延迟发送数据。假设 $\tau_{\sigma on}=0.01$ s，$k_p=0.1$。

图 7.5 显示了在 Matlab 中与以模拟最小计算负荷模式工作的外部程序之间没有同步的情况下，无人潜航器的运动仿真过程。从图中可以看出，在没有同步的情况下，即使外部程序中的计算量很小，τ_ε 的值(图 7.5(b))也可以达到 0.7 s。这导致原始信号和整个仿真结果的严重失真。

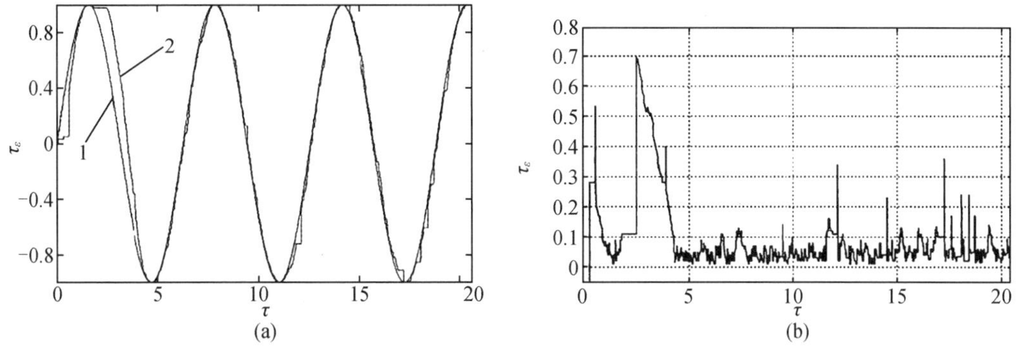

1—从 Matlab 传输到外部程序的测试信号；2—已发送到 Matlab 的信号。

图 7.5　在 Matlab 中与以模拟最小计算负荷模式工作的外部程序之间没有同步的情况下，无人潜航器的运动仿真过程

图 7.6 显示了当外部程序处于模拟最小计算量的模式时，使用建议的同步方法进行的仿真过程。从该图中可以看出，使用所提出的同步算法可以将 τ_ε 减少 1/15 以上。而且式(7.4)允许使 τ_ε 的值更接近 $\tau_{\sigma on}$，但不能保证在整个建模过程中都满足式(7.3)(图 7.6(b))。这可以通过以下事实来解释：使用式(7.4)、违反式(7.3)时建模过程会变慢。但是如有必要，可以始终将 $\tau_{\sigma on}$ 的值设置为小于实现特定建模过程所需的值。这将确保在整个仿真过程中式(7.3)都满足。

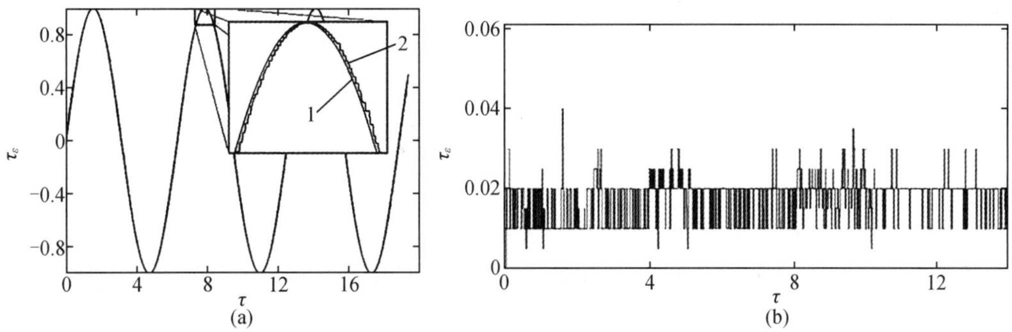

1—从 Matlab 传输到外部程序的测试信号；2—已发送到 Matlab 的信号。

图 7.6　当外部程序处于模拟最小计算量的模式时，使用建议的同步方法进行的仿真过程

图 7.7 和 7.8 分别显示了不使用和使用同步算法时外部程序模拟大量计算负载(延迟为 3 ms)时的仿真过程。从图 7.7 可以看出，在没有同步的情况下，来自外部程序的数据以超过 1 s 的机器时间延迟进入 Matlab。对于大多数无人潜航器来说这是不可接受的。

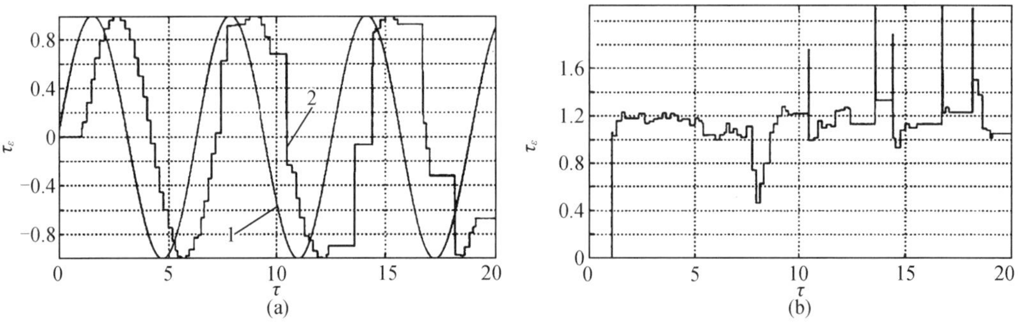

1—从 Matlab 传输到外部程序的测试信号;2—已发送到 Matlab 的信号。

图 7.7　在不使用同步算法时外部程序模拟大量计算负载(延迟为 3 ms)时的仿真过程

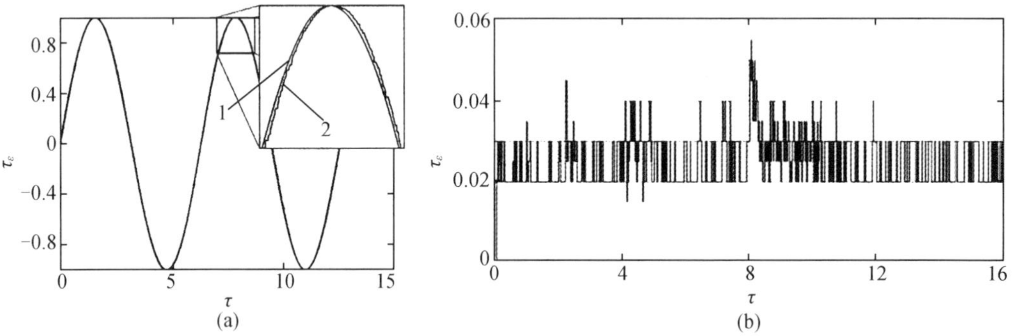

1—从 Matlab 传输到外部程序的测试信号;2—已发送到 Matlab 的信号。

图 7.8　在使用同步算法时外部程序模拟大量计算负载(延迟为 3 ms)时的仿真过程

但是在相同的计算负荷下,所提出的同步算法(图 7.8)可以将接收必要数据的延迟减少 1/25 以上(主要是计算机时间最多为 0.04 s)。同时外部程序中的计算时间虽然稍有增加,但仍会增加 τ_ε(图 7.6(b)和 7.8(b))。出现的不利影响可以通过增加系数 k_p 来消除。

因此,仿真计算的实验结果不仅证实了所提出的 Matlab 与外部程序自动同步方法的性能和高效率,而且还需要引入这种同步。

7.4　小　　结

在所讨论的章节中,研究出了一种构建建模复合体的方法,该复合体可以对无人潜航器在未知环境中运动进行计算机仿真模拟,并在半实物模式中测试所创建的控制系统的运行情况。

在本章中获得了以下结果。

(1)已经开发出基于模块化的建模复合体方案,并确定其模块组成,从而可以实现研究和测试无人潜航器的控制系统所需的所有功能。根据需要该复合体的建议结构允许替换和修改其中包含的某些模块的组成,而无须更改其他模块。

(2)已经研究出一种无人潜航器控制系统工作的半实物建模方法,其中该控制系统的软件实现采用在通用建模环境(Matlab)中定义的无人潜航器的数学模型,从而创建了用户友好的界面以及使用大量 Matlab 工具的能力。

(3)已经研究出一种方法,用于与通用建模环境(Matlab)和其他复杂模块自动同步的计算过程。这极大地扩展了对无人潜航器各种运动进行建模的可能性。

第8章　潜航器在水下作业中稳定控制方法的研究

正如引言中所述的那样，目前，配备有水下机械手的潜航器被积极地用于世界海洋研究和开发。在它们的帮助下，可以在任何潜入深度执行许多复杂的技术操作。现在，由于水下潜航器系统的新型性能，包括复杂的工作和操作类型，水下潜航器系统的应用领域不断扩展。高质量执行水下操作作业要求为潜航器和水下机械手创建全新的控制系统，该系统能够确保潜航器保持在水环境给定空间中，以给定方向靠近工作对象而无须将其降落在其表面上，并且可以在这种情况下实现对这些水下机械手工作机构快速运动的高精度控制。

本章所述内容用于对装备多关节水下机械手（многозвенными ПМ）的潜航器创建控制系统，该系统能够在水下环境中以潜航器悬停模式自动执行相当复杂的工作。

8.1　潜航器在水中悬停模式下稳定系统综合方法的分析

本节将对技术操作进行调查和分析。为了有效控制水下机械手，必须在水中以潜航器悬停模式操作水下机械手。本节介绍了确保潜航器在给定空间中稳定其位置和方向的现有方法的分析结果，并阐明了这些方法的优点和缺点，以及这些方法在潜航器悬停期间执行操作作业时不能确保有效的使用。

8.1.1　配备多关节机械手的潜航器的工作分析

配备有多关节水下机械手的现代潜航器旨在取代潜水员辛苦和危险的工作。同时，它们能够在穿着潜水设备的人类无法触及的深度下长时间地执行多种作业。大量文献致力于实现潜航器的工作。其中，在文献[32，44，45，124，192，194，216，224，245，247，331]中提到，配备有操作器的潜航器可以用于执行多种类型的工作，包括以下一些领域。

（1）在水文地质、水生生物、地球物理和水化学研究领域中，对土壤和地质岩石样品进行了选择性采样；机械分离并钻探整块岩石；收集某些类型的生物体；安装和维护各种设备；用特殊的探针和钻头测定土壤的成分和密度；用专门水样采集器抽取底层水和沉积物悬浮液；通过土壤密封管对沉积物进行采样；使用热敏电阻传感器测量沉积土各层的参数。

（2）在石油和天然气生产领域，配备有水下机械手的潜航器可用于协助钻头进入井中；采集石油和天然气样品；液压通信的安装和维修；扭转阀门；清洁钢结构以免结垢；切割绳、电缆等。

(3)在水下机械手的帮助下进行紧急救援时,螺旋桨转向组可以摆脱盘绕的网和电缆、剪断螺栓、打开舱口、切割金属皮等。在军事领域,可以放置和移走水雷、在网络障碍中创造通道、安装爆炸装置等。

(4)带有水下机械手的潜航器可以执行水下技术操作,比如清洁水域底部的石头和碎屑、安装和拆除水声信标,用于在水下设施焊接,固定绳索、电缆和其他设备,铺设海底电缆,组装和拆卸各种水下设备,检查船舶的水下部分、水力结构等。

显然,以上所有水下工作只有在水下空间中自由运动的潜航器的帮助下才能进行,这些潜航器能够以所需的空间方向接近工作或研究对象,并固定在空间的给定点而不会着陆,也不会搅浑底层水。在水环境中的悬停模式是潜航器的最重要操作模式,因为如果不将潜航器固定在工作对象附近,则几乎不可能执行任何操作。而且,潜航器执行操作任务的成功取决于其悬停在工作对象附近的精度。

为了较好地实现这些复杂技术操作,固定在潜航器上的水下机械手必须至少具有六个自由度,以使其工作工具以任何空间方向运动到这些水下机械手操作区域中的任何点。同时,潜航器和水下机械手必须具有所需的功率和承载能力。

潜航器以给定姿势保持在工作对象附近的给定空间位置处,这对于有效执行操作是必要的,这可以当将潜航器降落在海底时用附加的机械手——夹爪锚定,以及在这些潜航器推进器的帮助下稳定其在空间给定位置的直线和角位移。

由于植被或突出物体的存在,以及海底部地形的复杂性,将潜航器降落在海底通常很复杂。此外,在大多数情况下潜航器降落在海底部时,底层会被搅动,从而导致工作对象周围的可见性降低,因此在水下作业开始之前,必须经过足够长的时间才能恢复可见性。此外,如果要执行的操作任务需要海底的潜航器相对于工作物体的位置经常变化,则使用这种定位方法会导致大量的工作时间被浪费。

有许多工作需在距海底部相当远的距离处进行。在这种情况下,可以将潜航器牢固地固定在工作物体上,为此使用了特殊的操作设备。但只有在极少数情况下,当工作对象的形状允许固定时才可以使用这些设备。

在工作对象附近进行刚性固定的另一个实例是锚定潜航器。锚固系统需要安装专用设备,因此会大大增加潜航器的质量和尺寸,同时,将潜航器锚定在空间给定点的过程需要大量时间,并且,用锚固定的潜航器几乎完全失去了其在水平面上的机动性。

因此,进行的分析表明,潜航器在工作物体上方或附近的悬停模式非常重要,可用于许多水下操作作业。在这种操作模式下,潜航器能够以任何空间方向接近工作对象,并且还可以相对于该物体轻松运动,从而选择进行操作作业最方便的位置,且不会搅浑水的底层。这不需要安装额外仪器和机械设备。

当水下机械手作业时,潜航器悬停在水环境中的模式应配备特殊的稳定系统,以使潜航器能够以给定的方向保持在空间中的给定点,不受周围水环境的任何干扰影响,以及水下机械手高速作业时产生的力和力矩影响。许多研究人员都指出了解决这些系统综合问题的重要性和相关性[44,192,194,196]。

8.1.2 机械手工作时的潜航器在悬停模式下稳定系统的方法分析

在文献[69,143,159,281,284,296,322,339]中指出,当水下机械手在水环境运动的过程中,不仅由于惯性和重力,还由于运动的机械手与周围黏滞环境的相互作用所产生的力,使得在潜航器上作用有很大的力和力矩。这导致潜航器对于初始位置发生位移,且影响了许多操作作业的高精度执行。因此出现了实时自动补偿这些有害力和力矩对潜航器影响的问题。

在文献[327]中,提出了一种用于协调潜航器和安装在其上的水下机械手运动的算法。该算法形成了潜航器和水下机械手的理想运动轨迹以最小化减少流体动力的影响。为此进行了数值建模,其结果证实了所提方法的有效性。但它在大多数海底技术作业中不是很有效,并且它需要大量时间来执行许多操作任务。

在文献[295]中,描述了一种使用典型的自适应算法来稳定水下机械手运行时的潜航器位置。该算法可确保在来自水下机械手的外部干扰下,稳定系统的错误能够得到处理。在这种情况下,仅在水平面内考虑水下机械手和潜航器的位移。机械手的动力学方程也只考虑其在一个平面的运动。此外,在不使用特殊导航系统的情况下,潜航器在工作空间任何位置中形成定位误差的问题仍未解决。

在文献[283,322]中,为了确定机械手对潜航器的作用力和力矩影响,使用了安装在潜航器和机械手之间的力矩传感器。假定应该通过桨或鳍板来补偿测得的机械手产生的不利影响,桨或鳍板的运动会在潜航器上施加力和力矩,其方向和强度与机械手工作时产生的影响相反。但是,仅在垂直平面上考虑了机械手和鳍板的位移。这显然使所提出的解决方案的实际使用复杂化。同时,使用这种有限的补偿装置会使潜航器的设计复杂化。

为了确定工作的机械手对潜航器的影响,当在它们之间无法安装力矩传感器时,在文献[322]中提出了一种构建特殊观察者和控制系统的方法。但是在文献[295,322]中进行的建模结果显示,运行中的机械手对潜航器的影响非常大,所提出的解决方案并未得到很好的结果。

在文献[120,159,285,288,296,297,348]中显示,为了确保在机械手运行时潜航器的高精度稳定,有必要实时准确地计算所产生的力和力矩作用的大小,这又需要确定水环境对在其中运动的机械手连杆的影响。在文献[288,297]中尝试描述多关节机械手的动态模型。但是在这些模型中,机械手连杆在水环境中运动期间产生的附加质量和黏滞摩擦是恒定的。在文献[297]中,提出了一种计算和估计附加质量系数的方法,但没有给出这些系数的值和黏滞摩擦系数。

在文献[348]中尝试获得机械手连杆的黏滞摩擦系数对输入流体的倾斜角度的解析相关性,但是,没有给出实验来证明这种相关性。此外,没有提出已经实验测试的模型。

在文献[296]中,研究了单关节机械手的高速平面运动。在该平面上,由于黏滞效应对这些机械手连杆速度的二次相关性,所有力作用在该机械手连杆上的叠加原理不再有效。为了确定这些力效应,建议使用有限元方法,将机械手连杆划分为有限数量的线段,并将作用在这些连杆上的黏滞摩擦力表示为作用在其每个线段上的力的总和。文中描述了通过实验确定的附加质量系数和黏滞摩擦系数的实验结果,该附加质量系数和黏滞摩擦系数是在水环境中机械手运动时,正常的流体流动时产生的。这些系数与连杆运动的轨迹及其直径之比有关。但是文中没有给出这种相关性的理由。在这种情况下,进行实验的方法并没有得到证实,而且仅基于其工作模型来计算机械手对潜航器力和力矩效应的值,同时假设机械手的实际位移与指定的位移相对应。此外,在计算这些影响时,没有考虑潜航器的速度和加速度对机械手运动参数的影响。因此,所做的假设在确定机械手对潜航器产生力和力矩影响时可能会出现重大错误。

在文献[285]中介绍了一种方法,用于通过实验确定黏滞摩擦系数对机械手连杆与入水流倾斜角的相关性。但是,这些系数的获得值只能用来描述特定的两关节机械手的动力学。在这种情况下,用于计算期望系数的表达式仅包括垂直于这些机械手圆柱连杆的轴线指向的线速度分量。即借助这些表达式,可以计算当机械手连杆垂直于流体流动方向运动时的黏滞摩擦系数,而对于其他倾斜角度,这些表达式无效。

在文献[324]中构建了一个通用模型,其中包括潜航器以及固定在其上的机械手。该模型可以引入推进器的时间常数、功率和饱和度,以及潜航器传感器的频率和噪声。为了验证模型,对不固定的潜航器上的机械手操作进行了仿真建模。仿真结果能够分析水环境中潜航器的空间位移对机械手运动性质的相关性。提出的广义模型的缺点包括使用机械手的简化描述,它没有考虑黏滞环境对其中运动的机械手连杆的重要影响,以及使用了黏滞摩擦系数的恒定值,这是非常简化的。在这项工作中使用的具有预测模型的控制系统不适用于解决在水中悬停时潜航器的稳定问题。

在文献[143]中,基于实时计算这些影响的大小,仅设计了潜航器推进器对机械手工作时产生的力和力矩的影响进行补偿的开环系统。潜航器推进器的布局以确保在空间任何方向上形成主矢量和补偿力主力矩的方式进行设计。为了计算这些向量,提出了一种高效紧凑的递归算法,该算法考虑了黏滞环境对在其中运动的机械手连杆的影响,从而解决了多关节机械手的逆动力学问题。该算法的缺点是它仅适用于较小的雷诺数,即用于多连杆的低速运动,但是安装在潜航器上的现代机械手可以高速运动。对于它们而言,这违反了力和力矩叠加的原理,提出的算法将不能正确计算任意运动的机械手连杆上的力和力矩影响。

为了潜航器能够按照给定方向在指定空间点上保持精度,在文献[143,159,296]中表明,有必要使用基于导航信息的位置自动跟踪系统。这是由于运动的水下机械手的数学描述的复杂性及其与水环境的相互作用,因此在某些情况下可以近似计算出该机械手对潜航器所需力和力矩效应,从而降低了其在空间中稳定的准确性。

因此,对用于稳定水环境中潜航器的现有系统和设备进行的分析表明,对于实际应用很重要的问题仍没有解决,因此有必要寻找新的有效方法。

8.1.3　水下机械手控制系统现有方法的特征及功能分析

潜航器在工作对象附近的悬停模式下,可以使用特殊的设定机构或目标指示器以手动、半自动或监督模式控制水下机械手。在文献[38,41,56,70,115,148,149,151,152,153]中描述了此类控制方法和设备的功能。特别是在文献[148,149]中,开发了多连杆机械手的半自动遥控方法,该方法使用最简单的驱动装置(其运动图不同于相应机械手的运动图)

执行复杂的技术操作,并自动检测用于查看工作区的电视摄像机的光轴在操作过程中发生变化的空间方向。然而,在这些工作中,仅提出了用于生成设定控制信号的方法和算法,并未考虑机械手和黏滞环境之间相互作用的特殊性。

在文献[54]中对现有的水下机械手进行了分析,在文献[201]中研究了计算机遥控的示例,并确定了使用已开发的操作系统可以执行的工作类型。

在文献[272]中,对安装在潜航器上的机械手的工作区域进行了分析,并给出了用于执行水下技术操作以减轻操作人员负担的这种多关节的最佳配置。

迄今为止,已经研究出了许多方法[24,25,31,59,64~68,85,119,142,146,190,244,268,289,309,330],使通过机械手的执行器来合成高精度控制系统成为可能。但是这些方法的主要缺点是在生成控制信号的过程中没有考虑机械手在黏滞环境中作业的特殊性。

在文献[142]中提出了一种方法,用于开发为水下机械手每个自由度的电驱动器合成自适应校正设备,从而为所有自由度之间的相互影响提供所需的动态精度并保证其性能指标不变。由于校正后的电驱动器控制信号是根据用于解决机械手逆动力学问题的算法形成的,因此该方法也可用于机械手电驱动器的自适应校正。但是,只有在处理这些系统生成控制信号,且所有放大器和执行器未达到饱和状态时,才能在复杂的空间轨迹所有部分中保留指定的机械手动态精度。此外,即使在使用高质量控制系统的情况下,随着机械手关节运动速度的增加,动态控制精度也会下降,这通常是由于潜航器沿着复杂轨迹的各个部分高速运动引起的。

在文献[146]中,提出了一种基于多连杆运动驱动器的幅频特性来调整设定信号参数的方法,该方法在不降低指定的动态控制精度的情况下提供了最大可能的工作体速度。然而,当水环境中的机械手在操作过程中使用该方法时,需要准确地确定这些振幅-频率特性的参数,这是相当困难的任务。此外,使用描述这些特征的精确分析表达式会使该方法的使用复杂化。

在文献[260]中提出了一种算法,用于稳定潜航器上机械手的位置,该算法基于安装有机械手的潜航器模型的观测器来预测潜航器位移的原理。潜航器的假定位移必须由操作系统在正确的时间进行补偿。这种方法的缺点在于构造观测器时需用水下机械手的动态模型,该模型没有考虑这些机械手的运动连杆与周围水环境相互作用的特殊性。另外,所提出的算法实际上实现起来很复杂。

一般而言,对现有的用于合成水下机械手控制系统方法的分析表明,即便使用现代控制系统,这些机械手也无法确保在潜航器在空间给定位置发生非计划位移的情况下进行高质量的操作。因此,开发用于自动控制这些机械手工作体的运动模式以更准确、快速地执行各种水下技术操作的任务仍很迫切。

8.1.4 潜航器在水下空间中的稳定性问题具体化

在前文分析的基础上,确定了可以使用众所周知的方法来解决在水下机械手运行时保证潜航器在悬停模式下高精度稳定的问题,该方法通过水下机械手逆动力学问题递归算法来实现。借助该算法,可以通过潜航器推进器构造一个在机械手运行期间[143]实时连续计算力和力矩效应的开环补偿系统。但是如前所述,使用此递归算法在稳定的潜航器上计算运动机械手的力和力矩效应仅适用于较小的雷诺数,在这种情况下,由于它们对这些机械手连杆运动速度的线性相关性,这些影响从黏滞环境的侧面作用于连杆的叠加原理仍然有效。

因此,为了更准确地计算和之后用潜航器推进器补偿机械手工作时造成的不利影响,下面建议使用递归算法的更高级版本来解决机械手在水环境中高速运动的逆动力学问题。该算法已经考虑了所产生的影响对机械手连杆运动速度的二次相关性。为了实施用于求解逆动力学问题的新算法,建议将所有机械手连杆拆分为小元素[159,285,296],然后从黏滞环境中计算所有这些元素上的总作用力。

为了确保更精确地计算这些影响,有必要准确确定在水环境中机械手连杆在实际运动过程中产生的黏滞摩擦系数,以及这些系数对连杆和进入流体流动的倾斜角度的相关性。

但是,由于近似确定了水下机械手与周围水环境相互作用的参数以及机械手本身的机械参数,因此常常无法准确地计算运动的机械手对潜航器的力和力矩的影响。使用开环控制系统时,这会导致潜航器的稳定精度显著降低。因此,为了提高这种稳定的精度,有必要引入组合控制系统,其中包括上述开环系统,以及所有使用了高精度导航器载传感器与仪器的直线和角度运动的其他闭环自动系统。

由于导航设备不可避免的错误,潜航器的惯性及其推进器运行的动态延迟,即使是组合的稳定系统也无法准确地将潜航器固定在空间中,即使它距初始位置的小位移,也会导致机械手工作体偏离规定的空间轨迹。为了保持这些工作体位移的指定精度,建议使用一种合成系统的方法,该系统连续自动校正其运动的编程轨迹,并考虑潜航器从初始位置的意外位移。这种校正可提供机械手工作体的额外运动,这应基于相应潜航器相对于初始位置的实际角度和线性位移信息,而且该信息应使用高精度导航和陀螺仪系统以及连续测量机械手外形的传感器来形成。

另外,为了提高执行水下技术操作的速度,有必要研究一种通过水下机械手工作体的运动模式来综合控制系统的方法,该方法会自动形成工作体沿着复杂空间轨迹的当前设定的最大运动速度,并且工作体在这种速度下不会偏离指定轨迹以及移动距离不会超出允许范围。

下面,在文献[176]提出的方法基础上进行该方法的研究,并考虑到水下机械手驱动器可能进入饱和状态,从而设置这些工作体沿着空间轨迹所有部分的最大可能运动速度。为了生成这些设定信号,建议引入一个附加回路,该回路基于当前机械手沿着给定空间轨迹运动精度的信息,设置该运动期望速度的最大可能值。在这种情况下,将考虑水下机械手的运动学动态特征以及执行机构的形状不断变化。

下面将讨论,所提出的集成方法将为潜航器的高精度稳定问题提供定性解决方案,该问题是将其悬停在工作对象附近的水环境中,以及在该环境中准确而快速地执行各种操作。

8.2 确定水环境对多关节机械手运动特征的影响

如前所述,没有一种已知方法能够高精度地计算潜航器上的机械手工作时对潜航器的作用力和力矩。在本节中,为了解决从任意运动的机械手侧计算潜航器上的力和力矩影响的问题,建议使用递归算法求解逆动力学问题,这可以更准确地考虑此机械手与黏滞环境之间相互作用的所有主要特征。该算法采用在文献[143,159]中描述的关系。

为了更准确地计算黏滞摩擦力的值,本章介绍了通过实验确定摩擦力可变系数的特性,这些特性取决于机械手连杆参数与进入的流体流动的倾斜角度数值。

8.2.1 确定在水中任意运动的机械手的均质圆柱连杆上的力和力矩影响

在文献[143]中已经解决了机械手的均质圆柱连杆在水环境中低速运动时力作用的问题,在该速度下可以使用叠加原理。后面,当该原理不适用,即机械手连杆高速运动时,将考虑这些影响的特征[159]。

下面研究使用五级关节的水下机械手。几乎所有现代机械手都是这种情况,机械手连杆的数量将始终与其运动性(自由度)的数量一致。考虑机械手的第 $i(i=1,2,\cdots,n)$ 个均质圆柱连杆(图 8.1),在水环境中以驱动器能力决定的任意速度进行任意运动,其中 n 是机械手的连杆数(移动度)。而且 i 连杆的每个基本部分相对于静止的流体,不仅在大小上而且在方向上都可以具有不同的运动速度。在文献[69,143]中提到,从黏滞环境一侧作用到基本部分 δh_i^* 上的力可以是线性,或根据二次定律取决于该部分速度的大小。因此,使用文献[143]中描述的方法并假设不将机械手的所有连杆都划分为基本部分,这仅在机械手低速运动时正确,且当将连杆的线速度和角速度分为纵向与横向分量时叠加原理才有效。在机械手高速运行时[159,285,296],必须将机械手的每个连杆划分为 N 个基本部分,长度为 δh_i^*(图 8.1)。在这种情况下,N 的值由相应机械手连杆的长度确定。

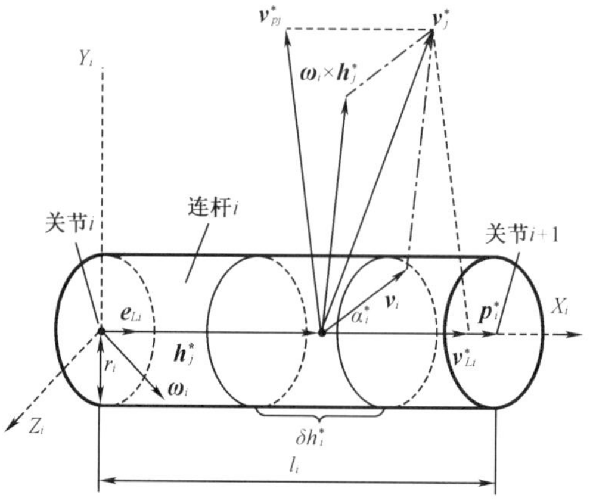

图 8.1 任意空间运动的机械手的 i 连杆基本部分的速度矢量位置示意图

在图 8.1 中引入了以下名称：

X_i、Y_i、Z_i——与连杆 i 关联的右手坐标系，它是基于 D-H 方法[244]构建的；

$\boldsymbol{v}_i$——关节 i 的直线运动速度，$\boldsymbol{v}_i \in \mathbf{R}^3$；

$\boldsymbol{\omega}_i$——连杆 i 的旋转角速度，$\boldsymbol{\omega}_i \in \mathbf{R}^3$；

$\boldsymbol{p}_i^*$——与连杆 i 纵轴重合的向量，它确定关节(i+1)相对于关节 i 的位置，$\boldsymbol{p}_i^* \in \mathbf{R}^3$；

$\boldsymbol{e}_{Li}$——沿连杆 i 的纵轴指向的单位矢量，$\boldsymbol{e}_{Li} \in \mathbf{R}^3$；

$\boldsymbol{h}_j^*$——定义连杆 i 长度，为 δh_i^* 的基本部分 j 相对于关节 i 的质心矢量，$\boldsymbol{h}_j^* \in \mathbf{R}^3$；

α_i^*——向量 $\boldsymbol{v}_i$ 和 $\boldsymbol{p}_i^*$ 之间的夹角，为 $\arccos \dfrac{\boldsymbol{v}_i \cdot \boldsymbol{p}_i^*}{|\boldsymbol{v}_i||P_i^*|}$，(·)为向量的标量积；

l_i 和 r_i——连杆 i 的圆形横截面的长度和半径；

(×)——向量的矢量积。

可以使用递归关系确定向量 $\boldsymbol{v}_i$ 和 $\boldsymbol{\omega}_i$[143,244]：

$$\boldsymbol{v}_i = \boldsymbol{A}_i^{i-1}(\boldsymbol{v}_{i-1} + \boldsymbol{\omega}_{i-1} \times \boldsymbol{p}_{i-1}^*), \boldsymbol{v}_1 = \boldsymbol{v}_0, i = 2, 3, \cdots, n$$

$$\boldsymbol{\omega}_i = \boldsymbol{A}_i^{i-1}\boldsymbol{\omega}_{i-1} + \boldsymbol{e}_i \cdot \dot{\boldsymbol{q}}_i, \boldsymbol{\omega}_0 = \boldsymbol{\omega}_0^*, i = 1, 2, \cdots, n$$

式中　$\boldsymbol{A}_i^{i-1}$——将向量从第(i-1)个坐标系转换到第 i 个坐标系的矩阵；

$\boldsymbol{e}_i$——沿关节 i 轴定义的单位矢量，$\boldsymbol{e}_i = (001)^{\mathrm{T}}$；

$\boldsymbol{v}_0$——水下机械手与潜航器连接点的线速度，$\boldsymbol{v}_0 \in \mathbf{R}^3$；

$\boldsymbol{\omega}_0^*$——潜航器的旋转角速度，$\boldsymbol{\omega}_0^* \in \mathbf{R}^3$；

$\boldsymbol{q}_i$——机械手 i 的广义坐标。

连杆 i 的每个元素 j 的质心线速度向量由表达式 $\boldsymbol{v}_j^* = \boldsymbol{v}_i + \boldsymbol{\omega}_i \times \boldsymbol{h}_j^*$，$j = 1, 2, \cdots, N$ 确定，其中 $\boldsymbol{h}_j^* = \dfrac{1}{2}(2j-1)\delta h_i^* \boldsymbol{e}_{Li}$。

向量 $\boldsymbol{v}_j^*$ 可分为横向 $\boldsymbol{v}_{pj}^* \in \mathbf{R}^3$ 和纵向 $\boldsymbol{v}_{Li}^* \in \mathbf{R}^3$ 分量(图 8.1)。在这种情况下，向量 $\boldsymbol{v}_{Li}^*$ 是向量 $\boldsymbol{v}_i$ 在向量 $\boldsymbol{p}_i^*$ 上的投影，对于连杆 i 的所有基本部分都是相同的，并由表达式 $\boldsymbol{v}_{Li}^* = |\boldsymbol{v}_i|\boldsymbol{e}_{Li}\cos\alpha_i^*$ 决定，每个基本部分 j 的向量 $\boldsymbol{v}_{pj}^*$ 可以通过公式 $\boldsymbol{v}_{pj}^* = \boldsymbol{v}_j^* - \boldsymbol{v}_{Li}^*$ 确定。

文献[69,143]指出，对于较小的雷诺数($Re \leqslant 10^3$)，从黏滞环境侧面作用到移动的圆柱体上的作用力与运动速度大小是线性关系，对于较大值($10^3 < Re \leqslant 2\times10^5$)的依存关系是二次的。实际上，当水下机械手工作时，总是满足不等式 $Re < 2\times10^5$。

使用通用公式确定数量 Re[69]：

$$Re = \frac{\rho v D}{\eta}$$

式中　ρ、η——流体的密度和黏度；

v、D——线速度和物体的特征尺寸。

对于平行于 $Re_{Li} = \dfrac{\rho \boldsymbol{v}_{Li}^* l_i}{\eta}$ 且垂直于 $Re_{pj} = \dfrac{2\rho \boldsymbol{v}_{pi}^* l_i}{\eta}$ 的纵轴分别以速度 $\boldsymbol{v}_{Li}^*$ 和 $\boldsymbol{v}_{pi}^*$ 运动的水下机械手的圆柱连杆(或其截面)来确定。

对于 $Re_{Li} \leqslant 10^3$，沿着机械手连杆纵轴的黏滞摩擦力分量由公式 $\boldsymbol{F}_{RLi} = k_{Li}\eta\boldsymbol{v}_{Li}^*$ 确定。对

于 $10^3<Re_{Li}\leqslant 2\times 10^5$——根据公式 $\boldsymbol{F}_{RLi}=\dfrac{1}{2}\rho k_{Li}s_i\,\boldsymbol{v}_{Li}^{*2}$ 确定，其中 k_{Li} 是实验确定的系数；$s_i=\pi r_i^2$，为圆柱连杆 i 的截面积。

当 $Re_{pj}\leqslant 10^3$ 时，作用在连杆 i 的相应基本部分 j 上的黏滞摩擦力的剪切力由公式 $\boldsymbol{F}_{Rpj}=k_{pi}^*\eta\boldsymbol{v}_{pj}^*$ 确定，当 $10^3<Re_{pj}\leqslant 2\times 10^5$ 时，根据公式 $\boldsymbol{F}_{Rpj}=\rho k_{pi}^* r_i\delta h_i^*\,\boldsymbol{v}_{pj}^{*2}$ 确定，其中 k_{pi}^* 是实验确定的系数。

可将作用在连杆 i 上的总力 $\boldsymbol{F}_{Rpi}=\sum\limits_{j=1}^{N}\boldsymbol{F}_{Rpj}$ 定义为施加到该连杆的每个基本部分 j 的力之和。由于力 $\boldsymbol{F}_{Rpi}$ 对连杆 i 的作用点未知，因此连杆 i 中来自此力的力矩 $\boldsymbol{M}_{Rpi}$ 最好由力 $\boldsymbol{F}_{Rpj}$ 产生的力矩 $\boldsymbol{M}_{Rpj}=\boldsymbol{h}_j^*\times\boldsymbol{F}_{Rpj}$ 总和 $\boldsymbol{M}_{Rpi}=\sum\limits_{j=1}^{N}\boldsymbol{M}_{Rpj}$ 来定义。

在确定水下机械手每个运动连杆上的黏滞环境侧面的力和力矩影响后，可着手寻求一种求解逆动力学问题的算法，该算法可以确定多连杆的每个关节中的力和力矩效应，从而确定机械手整个工作中对潜航器的力和力矩影响。

8.2.2 解决多关节水下机械手逆动力学问题的递归算法

用于求解多关节机械手的逆动力学问题的递归算法是基于众所周知的两阶段计算方案。根据该方案，首先从机械手的第一个连杆到最后一个连杆，使用递归关系依次计算其连杆质点的角速度和加速度。之后，还可以使用递归公式以相反的顺序确定作用在其所有关节中的力和力矩。

考虑到前文所获得的关系，用于求解机械手的逆动力学问题的算法将按照以下公式计算：

$$\boldsymbol{\omega}_i=\boldsymbol{A}_i^{i-1}\cdot\boldsymbol{\omega}_{i-1}+\boldsymbol{e}_i\cdot\dot{\boldsymbol{q}}_i\cdot\overline{\sigma}_i,\boldsymbol{\omega}_0=\boldsymbol{\omega}_0^*,i=1,2,\cdots,n$$

$$\dot{\boldsymbol{\omega}}_i=\boldsymbol{A}_i^{i-1}\cdot\dot{\boldsymbol{\omega}}_{i-1}+[(\boldsymbol{A}_i^{i-1}\cdot\boldsymbol{\omega}_{i-1})\times\boldsymbol{e}_i\cdot\dot{\boldsymbol{q}}_i+\boldsymbol{e}_i\cdot\ddot{\boldsymbol{q}}_i]\cdot\overline{\sigma}_i,\dot{\boldsymbol{\omega}}_0=\dot{\boldsymbol{\omega}}_0^*,i=1,2,\cdots,n$$

$$\ddot{P}_i'=\boldsymbol{A}_i^{i-1}\cdot(\ddot{P}_{i-1}'+\delta_{i-1}\cdot\boldsymbol{p}_{i-1}^*)+(2\dot{\boldsymbol{q}}_i\cdot\boldsymbol{\omega}_i\times\boldsymbol{e}_i+\ddot{\boldsymbol{q}}_i\cdot\boldsymbol{e}_i)\cdot\sigma_i,\ddot{P}_0'=P_0^*,i=1,2,\cdots,n$$

$$\ddot{\boldsymbol{r}}_{mi}=\ddot{P}_i'+\delta_i\cdot\boldsymbol{r}_i^*,i=1,2,\cdots,n$$

$$\boldsymbol{v}_i=\boldsymbol{A}_i^{i-1}\cdot(\boldsymbol{v}_{i-1}+\boldsymbol{\omega}_{i-1}\times\boldsymbol{p}_{i-1}^*),\boldsymbol{v}_1=\boldsymbol{v}_0,i=2,3,\cdots,n$$

$$\boldsymbol{v}_{Ai}=\boldsymbol{v}_i+\boldsymbol{\omega}_i\times\boldsymbol{r}_i^*,\Psi_i=\arccos\frac{\boldsymbol{v}_{Ai}\cdot\boldsymbol{p}_i^*}{|\boldsymbol{v}_{Ai}|\cdot|\boldsymbol{p}_i^*|},i=1,2,\cdots,n$$

$$\alpha_i^*=\arccos\frac{\boldsymbol{v}_i\cdot\boldsymbol{p}_i^*}{|\boldsymbol{v}_i|\cdot|\boldsymbol{p}_i^*|},\beta_i^*=\arccos\frac{\boldsymbol{\omega}_i\cdot\boldsymbol{p}_i^*}{|\boldsymbol{\omega}_i|\cdot|\boldsymbol{p}_i^*|},i=1,2,\cdots,n$$

$$\boldsymbol{r}_{pi}=\boldsymbol{r}_i^*+K_{Ai}\cdot\boldsymbol{v}_{Ai},i=1,2,\cdots,n$$

$$\boldsymbol{v}_j^*=\boldsymbol{v}_i+\boldsymbol{\omega}_i\times\boldsymbol{h}_i^*,\boldsymbol{\omega}_{Li}=|\boldsymbol{\omega}_i|\boldsymbol{e}_{Li}\cos\beta_i^*,i=1,2,\cdots,n,j=1,2,\cdots,N$$

$$\boldsymbol{v}_{Li}^*=|\boldsymbol{v}_i|\boldsymbol{e}_{Li}\cos\alpha_i^*,\boldsymbol{v}_{pj}^*=\boldsymbol{v}_j^*-\boldsymbol{v}_{Li}^*,i=2,3,\cdots,n,j=1,2,\cdots,N$$

$$Re_{Li}=\frac{\rho\boldsymbol{v}_{Li}^*l_i}{\eta},i=n,n-1,\cdots,1$$

如果 $Re_{Li}\leqslant 10^3$，则

$$F_{RLi}=k_{Li}\eta v_{Li}^{*}, i=n,n-1,\cdots,1$$

如果 $Re_{Li}>10^3$,则

$$F_{RLi}=\frac{1}{2}\rho k_{Li}s_i v_{Li}^{*2}, i=n,n-1,\cdots,1$$

$$Re_{pi}=\frac{2\rho v_{pi}^{*}r_i}{\eta}, i=n,n-1,\cdots,1,j=1,2,\cdots,N$$

如果 $Re_{pj}\leqslant 10^3$,则

$$F_{Rpj}=k_{pi}^{*}\eta v_{pj}^{*}, i=n,n-1,\cdots,1,j=1,2,\cdots,N \tag{8.1}$$

如果 $Re_{pj}>10^3$,则

$$F_{Rpj}=\frac{1}{2}\rho k_{pi}^{*}r_i\delta h_i^{*}v_{pj}^{*2}, i=n,n-1,\cdots,1,j=1,2,\cdots,N$$

$$F_{Rpi}=\sum_{j=1}^{N}F_{Rpj}, i=n,n-1,\cdots,1,j=1,2,\cdots,N$$

$$M_{Rpj}=h_j^{*}\times F_{Rpj}, j=1,2,\cdots,N$$

$$M_{Rpi}=\sum_{j=1}^{N}M_{Rpj}, i=n,n-1,\cdots,1,j=1,2,\cdots,N$$

$$M_{Li}=k_{Li}^{*}\eta r_i\omega_{Li}, i=n,n-1,\cdots,1$$

$$F_i=A_i^{i-1}\cdot F_{i+1}+(m_i+\Pi_{mi})\cdot\ddot{r}_{mi}+F_{RLi}+F_{Rpi}, F_{n+1}=0, i=n,n-1,\cdots,1$$

$$M_i=A_i^{i-1}\cdot M_{i+1}+p_i^{*}\times(A_i^{i-1}\cdot F_{i+1})+r_i^{*}\times(m_i\cdot\ddot{r}_{mi})+r_{pi}\times(\Pi_{mi}\cdot\ddot{r}_{mi})+(\tau_i+T_i)\cdot\dot{\omega}_i+$$
$$\omega_i\times[(\tau_i+T_i)\cdot\omega_i]+M_{Rpi}+M_{Li}, M_{n+1}=0, i=n,n-1,\cdots,1$$

式中　δ_i——为 $\begin{bmatrix}-(\omega_{i(2)}^2+\omega_{i(3)}^2) & \omega_{i(1)}\cdot\omega_{i(2)}-\dot{\omega}_{i(3)} & \omega_{i(1)}\cdot\omega_{i(3)}+\dot{\omega}_{i(2)}\\ \omega_{i(1)}\cdot\omega_{i(2)}+\dot{\omega}_{i(3)} & -(\omega_{i(1)}^2+\omega_{i(3)}^2) & \omega_{i(2)}\cdot\omega_{i(3)}-\dot{\omega}_{i(1)}\\ \omega_{i(1)}\cdot\omega_{i(3)}-\dot{\omega}_{i(2)} & \omega_{i(2)}\cdot\omega_{i(3)}+\dot{\omega}_{i(1)} & -(\omega_{i(1)}^2+\omega_{i(2)}^2)\end{bmatrix}$,括号中的下标表示它们在相应向量中的编号;

v_{Ai}——连杆 i 的尺寸中心线速度,$v_{Ai}\in\mathbf{R}^3$;

σ_i——等于 1,如果关节 i 是移动关节,等于 0,如果关节 i 是转动关节($\overline{\sigma}_i=1-\sigma_i$);

m_i——连杆 i 的质量;

$\dot{\omega}_i$——角加速度,$\dot{\omega}_i\in\mathbf{R}^3$;

ω_{Li}——平行于连杆 i 纵轴的角速度 ω_i 的分量,$\omega_{Li}\in\mathbf{R}^3$;

Π_{mi}——附加到连杆 i 的液体质量;

$\ddot{r}_{mi}$——连杆 i 的质心的直线加速度,$\ddot{r}_{mi}\in\mathbf{R}^3$;

r_{pi}——指定 Π_{mi} 质心相对于关节 i 位置的向量,$r_{pi}\in\mathbf{R}^3$;

r_i^{*}——指定连杆质心相对于关节 i 位置的向量,$r_i^{*}\in\mathbf{R}^3$;

k_{Li}^{*}——实验确定的系数;

K_{Ai}——取决于 $|v_{Ai}|$ 和角度 Ψ_i 的参数;

τ_i——连杆 i 相对于其质心的惯性张量,$\tau_i\in\mathbf{R}^{3\times3}$;

T_i——附加到连杆 i 的流体质量的惯性张量,$T_i\in\mathbf{R}^{3\times3}$;

$\boldsymbol{F}_i$、$\boldsymbol{M}_i$——作用在关节 i 上的力和力矩，$\boldsymbol{F}_i$、$\boldsymbol{M}_i \in \mathbf{R}^3$；

P_0^*——等于$-g+\ddot{\boldsymbol{P}}_{\Pi A}$，如果机械手连杆的尺寸中心与它们的重心不重合，等于 $g(\frac{w_i}{m_i}-1)+\ddot{\boldsymbol{P}}_{\Pi A}$，如果机械手连杆的尺寸中心与它们的重心一致；

$\ddot{\boldsymbol{P}}_{\Pi A}$——水下机械手与潜航器连接点的直线加速度，$\ddot{\boldsymbol{P}}_{\Pi A} \in \mathbf{R}^3$；

g——自由落体的加速度；

w_i——置换到连杆 i 的液体质量。

因此，上述求解水下机械手逆动力学问题的递归算法(8.1)允许计算力 $\boldsymbol{F}_1$ 和力矩 $\boldsymbol{M}_1$，这是坐标系 $X_1Y_1Z_1$ 下运转的水下机械手对自身潜航器的力和力矩。所指示的力和力矩必须由推进系统的适当推力补偿，以使其在悬停模式下在水下空间给定点以给定方向精确地稳定。

8.2.3 可变黏滞摩擦系数的实验确定

在水下机械手连杆的运动过程中，由于黏滞摩擦系数对这些连杆运动参数和其他物理因素的复杂相关性，使得无法分析确定它们，因此为了精确计算运行中的水下机械手对潜航器产生的力和力矩影响的值，必须通过实验确定这些系数。

在这些系数的确定实验中，机械手的每个连杆以均质圆柱体的形式表示，水流以 $\boldsymbol{v} \in \mathbf{R}^3$ 的速度流动。假定当这些连杆在水中移动时雷诺数为 $10^3<Re\leqslant 2\times10^5$。在这种情况下，从黏滞环境方面来看，连杆上受到力的作用与其运动速度的大小有二次相关性[69]：

$$F_v = \frac{1}{2}\rho k^* \hat{s}\boldsymbol{v}^2 \tag{8.2}$$

式中　k^*——黏滞摩擦系数；

$\hat{s}$——水下机械手连杆的侧面在垂直于矢量 $\boldsymbol{v}$ 的平面上的投影面积。

文献[60]指出，在所示雷诺数范围内，圆柱体周围有严格横向流动时 $k^*=\text{const}$。

由于水下机械手每个连杆的端面都与相邻连杆或其工作体或潜航器连接，因此这些连杆的末端将不会影响 k^* 的值，这与机械手连杆的长度无关。因此，在实验确定 k^* 值时，应将机械手连杆视为无限长。但是，根据式(8.2)，当连杆倾斜面对流体流动时，F_v 的值将与指定连杆的长度成比例地变化。

可以使用空气动力学实验确定无限长的均质圆柱形水下机械手连杆的 k^* 值，同时根据雷诺数观察机械手连杆及其物理模型的相似性[187]。当确定 k^* 值时，最可接受的脉冲方法(根据琼斯的观点)[84]，其特点是执行实验的准确性高且简单易行。使用此方法时，长圆柱形机械手连杆的系数 k^* 值可以通过以下公式计算[84]：

$$k^* = \frac{2}{D}\int_a^b \sqrt{\frac{\hat{P}_1-\hat{p}_1}{\hat{P}_0-\hat{p}_0}}\left(1-\sqrt{\frac{\hat{P}_1-\hat{p}_1}{\hat{P}_0-\hat{p}_0}}\right)d\hat{Z} = \frac{2}{D}\int_a^b \varphi(\hat{Z})\,d\hat{Z} = \frac{2S}{D} \tag{8.3}$$

式中　$\hat{P}_0$ 和 $\hat{p}_0$——总压力和静压力的值，由位于无扰动流中水下机械手连杆模型前面的气压计确定；

$\hat{P}_1$ 和 $\hat{p}_1$——机械手连杆后面尾流中总压力和静压力的值(它们由特殊的气压计确

定，当垂直连杆距其表面固定距离为 L' 时，该气压计沿着 $\hat{Z}$ 轴在尾流中移动，垂直于进入气流的速度矢量 $\boldsymbol{v}$ 并位于水平面中）；

a 和 b——沿 $\hat{Z}$ 轴的尾流边界；

S——由实验曲线 $\varphi(\hat{Z})$ 界定的区域。

当水下机械手连杆与输入气流成角度 Q 时：

$$D=\hat{d}/\sin Q,\hat{s}=\hat{l}\hat{d}\sin Q$$

式中　$\hat{d}$ 和 $\hat{l}$——连杆的直径和长度。

8.2.4　气体动力学实验装置的描述

确定黏滞摩擦系数的实验研究是在全联盟科学中心的分部“海军学院”的 AC-1 风洞中进行的。图 8.2 示意性地显示了使用的实验装置。

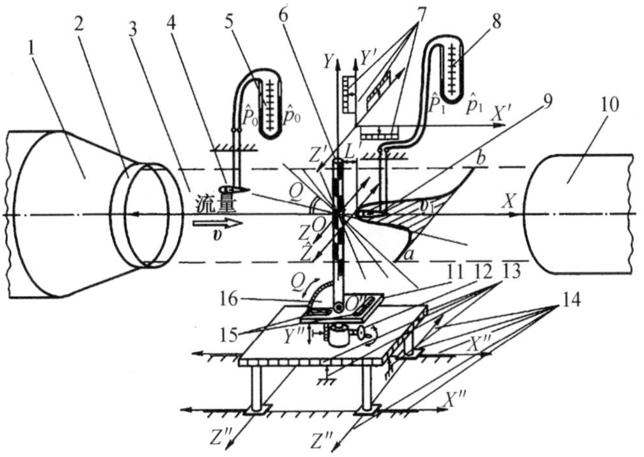

1—渐缩管；2—喷嘴；3—工作部分；4 和 9—总压力和静压力接收器；5 和 8—U 形差动液体压力计；6—圆柱形机械手连杆模型；7—坐标架；10—进气口；11—工作台；12—工作台升降机；13—具有坐标刻度的移动平台；14—平台导轨；15—调节桌面的设备；16—角坐标的比例尺。

图 8.2　实验装置图

在流动中心的 AC-1 工作段，有一个由铝镁合金制成的圆柱形机械手连杆模型 6，其几何形状类似于直径为 $\hat{d}=0.05$ m 的机械手的真实连杆。在任何角度 Q 值下，圆柱形机械手连杆模型 6 的端面都不会进入气流中，以免在风洞工作区域中产生干扰和涡流。连杆和测量装置的所有运动都在直角坐标系 XYZ 中进行，其 X 轴与气流速度矢量 $\boldsymbol{v}$ 的方向一致，Y 轴为垂直方向，Z 轴与 X 和 Y 轴成右手定则。坐标系 XYZ 的中心位于风洞测试部分的中心，在那里速度场是已知且恒定的。

在实验研究中使用了气压测量方法，使用该压力的接收器 4 和 9 测量流量中的总压力与静压力。这些值的测量是通过实验室的 U 形差动液体压力计 5 和 8 进行的。记录 $\hat{P}_1$ 和 $\hat{p}_1$ 的压力接收器的位置是在模型后面尾流中使用坐标刻度为 $X'Y'Z'$ 的坐标器 7 进行的，对于所有角度 Q 时，为通过 $\hat{z}$ 轴的水平面，$\hat{z}$ 轴平行于 XYZ 坐标系的 Z 轴且与其距离为 $L'=0.02$ m $=$ const。为了提高测量精度，圆柱形机械手连杆模型 6 的轴为任何角度 Q 时都始终

穿过点 O(图 8.2)。当此连杆在 O''关节中心以角度 Q 倾斜时,它使用具有 $X''Y''Z''$坐标刻度的可移动平台在水平面和垂直平面中移动,直到圆柱轴与点 O 重合。使用角坐标的比例尺 16 控制角度 Q。工作台 11 在水平面中的位置由调节桌面的设备 15 控制。

对于每个研究的角度 Q,在将水下机械手安装到所需位置后,总压力和静压力接收器 4 与 9 测量 $\hat{P}_1$、$\hat{p}_1$ 的值,圆柱形机械手连杆模型 6 从初始位置沿 $\hat{Z}$ 轴以 0.005 m 的步长移动到+(-)0.07 m,再用步长 0.01 m 移动到+(-)0.17 m。

空气动力学实验装置的总体视图如图 8.3 所示。该图显示了圆柱形机械手连杆模型相对于进入气流的角度 $Q=90°$的位置。图 8.4 显示了圆柱形机械手连杆模型在 $Q=45°$时的位置。

图 8.3　空气动力学实验装置的总体视图(Q=90°)

图 8.4　圆柱形机械手连杆模型在 Q=45°时的位置

8.2.5　气体动力学实验结果

对于气流中圆柱形机械手连杆模型 6 的每个位置,在使用公式 $v_1=\sqrt{\dfrac{2g\xi(\hat{P}_1-\hat{p}_1)}{\rho}}$ 实时测量 $\hat{P}_0$、$\hat{P}_1$、$\hat{p}_0$ 和 $\hat{p}_1$ 的值之后,在尾流处绘制速度图 v_1,其中 $g=9.81$,为压力单位(水柱 mm)到单位 N/m^2 的换算系数;$\xi=0.9\sim1$,为压力接收器的校正系数。在开始测量之前确定介质的大气及其气压 ρ,并在测量期间保持不变。

风洞中不受干扰的流速 v 为 26 m/s。因此在 $Q=12°\sim90°$时,雷诺数在 $9\times10^4<Re\leqslant4.3\times10^5$ 的范围内。使用式(8.3)计算圆柱形机械手连杆模型 6 每个位置的 k^* 值,并通过已开发的计算机程序中的图形积分方法计算以实验曲线 $\varphi(\hat{Z})$ 为边界的面积 S。

图 8.5 显示了圆柱形机械手连杆模型后方尾流处的速度分布实验曲线($Q=12°\sim90°$)。从该图中可以看出,在 $Q=38°\sim90°$时,轨迹的侧边界是曲线的,并且由于与圆柱形机械手连杆模型的侧表面之间存在强烈的流动分离,因此可以看到形成反向流动的趋势。在低于 35°的 Q 值处,逆流消失,随着 Q 的减小,观察到了图的面积减小。这表明在圆柱形机械手连杆模型气体动力学轨迹中"速度缺陷"减少了。实验曲线证实了湍流尾流的总体情况,这与泰勒流动湍流的假设相对应[1]。

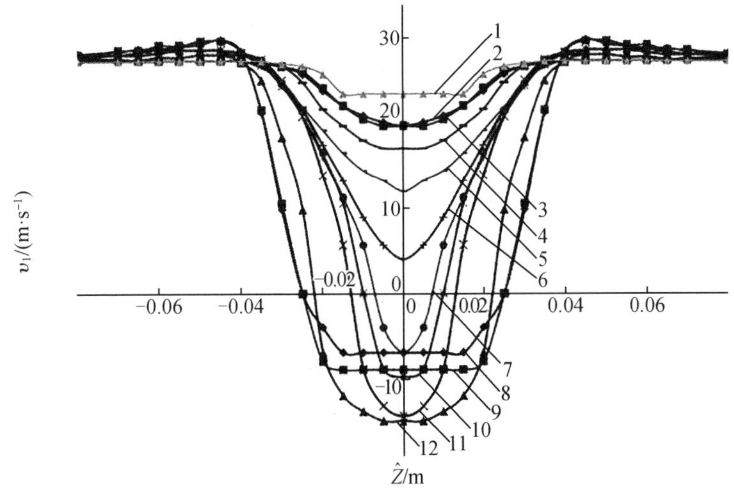

1—$Q^0=12°$；2—$Q^0=17°$；3—$Q^0=22°$；4—$Q^0=27°$；5—$Q^0=30°$；6—$Q^0=35°$；

7—$Q^0=38°$；8—$Q^0=90°$；9—$Q^0=75°$；10—$Q^0=40°$；11—$Q^0=45°$；12—$Q^0=60°$。

图 8.5　圆柱形机械手连杆模型后方尾流处的速度分布实验曲线($Q=12°\sim90°$)

表 8.1 显示了在圆柱形机械手连杆模型相对于进入气流的各种倾角 Q 下，通过实验获得的系数 k^* 的值。图 8.6 显示了系数 k^* 值对角度 Q 的相关性。

表 8.1　在圆柱形机械手连杆模型相对于进入气流的各种倾角 Q 下，通过实验获得的系数 k^* 的值

Q	90°	75°	60°	45°	40°	38°	35°	30°	27°	22°	17°	12°
k^*	0.523	0.519	0.568	0.327	0.235	0.192	0.186	0.163	0.108	0.069	0.054 8	0.026 3

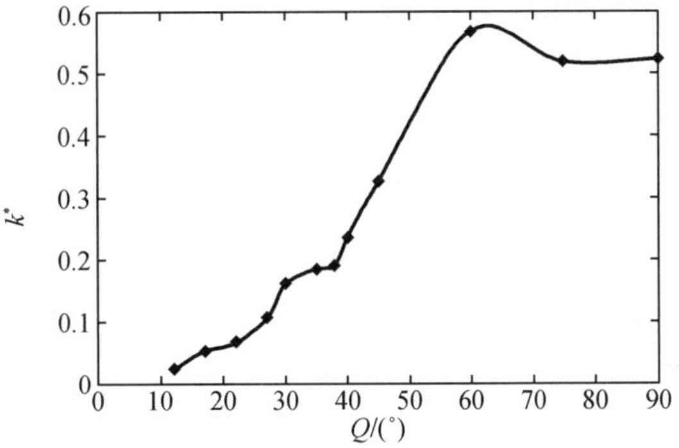

图 8.6　系数 k^* 值对角度 Q 的相关性

在进行空气动力学实验时，测量误差由测量仪器的误差和目视观察的误差确定。第一个是系统误差，第二个是随机误差[21]。测量仪器(总压力和静压力接收器 4 与 9)的一般误差不超过 5%，而对于差动液体压力计为 5%和 3%~8%。这些测量误差范围符合 ГОСТ(全苏国家标准)16263-70、ГОСТ 8.009-84 和 ГОСТ 8.505-84 中规定的方法和测量仪器的要求。

实验结果表明,借助所创建的装置,可以非常简单地确定在水环境中任何机械手连杆平移运动期间的黏滞摩擦系数。知道这些系数可以确定所提出的求解机械手逆动力学问题算法(式(8.1))的缺失参数,并可以正确计算在水环境中运动的多关节机械手对潜航器产生的力和力矩影响。

8.3 给定空间下潜航器组合自动稳定系统的综合方法研究

由于在确定机械手连杆的运动与周围水环境相互作用的参数时存在实际误差和不准确之处,以及使用8.2.2节中研究的解决逆动力学问题的算法计算出的多连杆结构力学参数,因此该机械手对潜航器产生的力和力矩影响无法通过潜航器推进器实时精确补偿。仅使用指定的开环控制系统时,可能会导致潜航器稳定精度的显著降低。结果,有必要对潜航器系统使用附加的位置跟踪和方向跟踪系统,以补偿这些计算的不准确性。

下面,将讨论解决组合式自动系统综合问题的解决方案。该系统包括一个开环,该开环提供与来自运行的机械手所计算出的力和力矩作用成比例的信号,以及设备的所有直线和旋转运动的附加闭环自动系统,这些系统使用了高精度器载导航传感器和设备。

8.3.1 考虑运动学时潜航器的推进器牵引力形成的特殊性

为了形成主矢量和主力矩以补偿水下机械手对潜航器的不利影响,使用研究的求解逆动力学问题的算法来计算该主矢量和主力矩,提出了该设备的推进器布局,如图8.7所示,该布局可确保其在六个自由度上的运动。在该图中,引入了以下名称:

$\boldsymbol{P}_i(i=1,2,\cdots,6)$——潜航器推进装置的推力,其方向与相应推进器的纵轴重合;

l、h、k、d——潜航器的几何参数和推进器的布局。

潜航器的空间位移发生在绝对坐标系 XYZ 中。第一个机械手转动关节安装在点 O 处,即刚性连接到潜航器的右手坐标系 $X_1Y_1Z_1$ 的原点。在此控制系统中,使用用于求解逆动力学问题的算法(式(8.1)),计算从运动的水下机械手一侧作用于潜航器的力 $\boldsymbol{F}_1$ 和力矩 $\boldsymbol{M}_1$。求解每个推进器为补偿力 $\boldsymbol{F}_1$ 和力矩 $\boldsymbol{M}_1$ 而产生的推力在右手坐标系 $X_cY_cZ_c$ 中很容易实现,该坐标系与潜航器连接并且坐标原点 C 与设备重心(对称点)重合。坐标系 $X_cY_cZ_c$ 的轴平行于坐标系 $X_1Y_1Z_1$ 的轴,并且是潜航器的对称轴。在这种情况下,X_c 和 X_1 轴重合。

从图8.7中可以看出,对于潜航器的直线运动,必须沿一个方向旋转每个推进器对应的螺旋桨,并且为了使其相对于坐标系 $X_cY_cZ_c$ 的轴线进行旋转运动,相对于螺旋桨的旋转必须沿不同的方向发生。显然,在图8.7中所示的推进器位置可以在潜航器推力产生的主矢量和主力矩空间中实现任何方向。

考虑到潜航器的几何参数,可以为每个推进器(6个)获得所需的推力 $\boldsymbol{P}_i$,以补偿工作的机械手对潜航器产生的力和力矩影响:

$$\boldsymbol{P}_1=-\frac{F_{x1}}{2}-\frac{M_{z1}+dF_{y1}}{2l}$$

$$\boldsymbol{P}_2=-\frac{F_{x1}}{2}+\frac{M_{z1}+dF_{y1}}{2l}$$

$$\boldsymbol{P}_3=-\frac{F_{z1}}{2}+\frac{-M_{y1}+dF_{z1}}{2k}$$

$$\boldsymbol{P}_4=-\frac{F_{z1}}{2}+\frac{M_{y1}-dF_{z1}}{2k}$$

$$\boldsymbol{P}_5=-\frac{F_{y1}}{2}+\frac{M_{x1}}{2h}$$

$$\boldsymbol{P}_6=-\frac{F_{y1}}{2}-\frac{M_{x1}}{2h} \tag{8.4}$$

式中　F_{x1}、F_{y1} 和 F_{z1}——力 $\boldsymbol{F}_1$ 的投影；

M_{x1}、M_{y1} 和 M_{z1}——力矩 $\boldsymbol{M}_1$ 在坐标系 $X_1Y_1Z_1$ 相应轴上的投影。

式(8.4)确定了潜航器的相应推进器必须产生的推力。

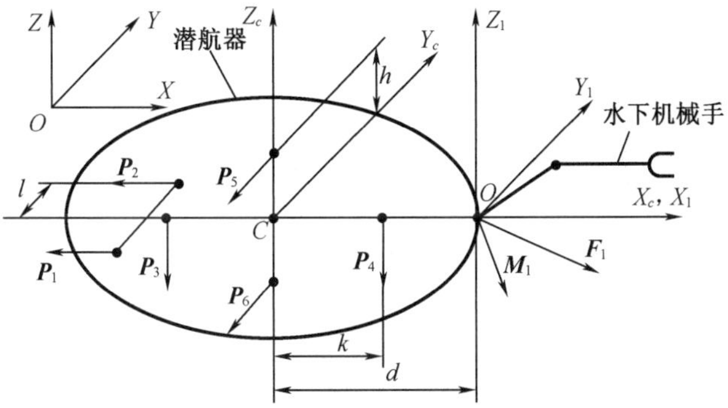

图 8.7　潜航器上的推进器和机械手的布局

8.3.2　用于潜航器的直线和旋转运动的闭环自动稳定系统的开发

接下来，将考虑设计闭环自动稳定系统以稳定潜航器的位置和方向。该系统以潜航器在水中悬停在工作对象上的方式为基础，同时考虑已经计算出与补偿来自工作的多关节水下机械手对该设备的力和力矩影响。

潜航器的真实位置和方向在坐标系 XYZ 中由矢量 $\boldsymbol{\eta}=(x,y,z,\gamma,\alpha,\beta)^{\mathrm{T}}\in\mathbf{R}^6$ 给出，其中 x、y、z 是潜航器的点 C 位置坐标；γ、α、β 是潜航器的横倾角、纵倾角和偏航角。x_0、y_0、z_0、γ_0、α_0、β_0 是矢量 $\boldsymbol{\eta}$ 的元素的设定值，该矢量属于需要稳定的潜航器。

对于采用的潜航器推进装置的布置方案（图 8.7），通过推力 $\boldsymbol{P}_1$ 和 $\boldsymbol{P}_2$ 对矢量 $\boldsymbol{\eta}$ 的直线 x、角度 β 坐标进行控制，而坐标 z、α 由推力 $\boldsymbol{P}_3$ 和 $\boldsymbol{P}_4$ 控制，坐标 y、γ 由推力 $\boldsymbol{P}_5$ 和 $\boldsymbol{P}_6$ 控制。在这方面，潜航器的闭环自动稳定系统应由三个类似的同时运行的跟踪子系统组成，每个子系统都相应地控制三对推进器之一。

在坐标系 $X_cY_cZ_c$ 中，推进器的合力 $\boldsymbol{T}_c=(T_{xc},T_{yc},T_{zc})^{\mathrm{T}}\in\mathbf{R}^3$ 用在潜航器上，其中 $T_{xc}=\boldsymbol{P}_1+\boldsymbol{P}_2$，$T_{yc}=\boldsymbol{P}_5+\boldsymbol{P}_6$，$T_{zc}=\boldsymbol{P}_3+\boldsymbol{P}_4$。力矩 $\boldsymbol{M}_c=(M_{xc},M_{yc},M_{zc})^{\mathrm{T}}\in\mathbf{R}^3$，其中 $M_{xc}=(\boldsymbol{P}_6-\boldsymbol{P}_5)h$，$M_{yc}=$

$(\boldsymbol{P}_3-\boldsymbol{P}_4)k, M_{zc}=(\boldsymbol{P}_1-\boldsymbol{P}_2)l$，借助它可以在空间给定点上稳定潜航器的位置和方向。

图 8.8 为潜航器两个坐标的自动稳定系统曲型子系统的框图。该子系统使用一对推进器 Д1 和 Д2 沿着矢量 $\boldsymbol{\eta}$ 的直线 x、角度 β 坐标使潜航器稳定，分别产生推力 $\boldsymbol{P}_1$ 和 $\boldsymbol{P}_2$。其他两个跟踪子系统具有类似的方案。在图 8.8 中，R_x、R_β 分别是潜航器直线位移和角位移稳定回路中的调节器；$\boldsymbol{P}_{0x}$、$\boldsymbol{P}_{0\beta}$ 分别是控制潜航器运动时，直线 x 和角度 β 坐标所需的推力期望值。

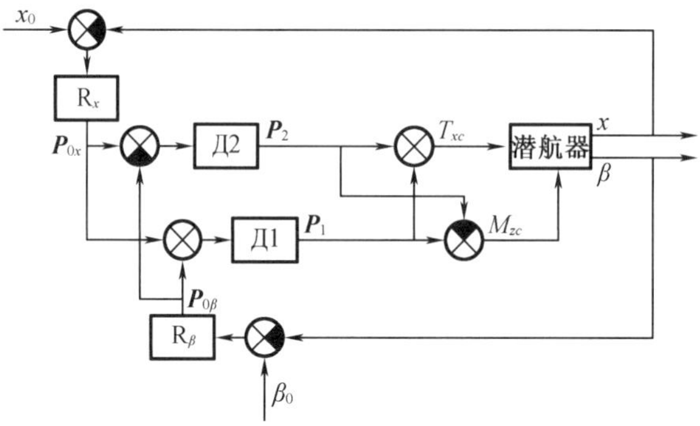

图 8.8　潜航器两个坐标的自动稳定系统典型子系统的框图

由于潜航器沿着坐标系 XYZ 的 X 轴直线运动，因此需要推进器 Д1 和 Д2 沿一个方向旋转，所以信号 $\boldsymbol{P}_{0x}$ 被发送到这些推进器。对于潜航器相对于绝对坐标系的 Y 轴的旋转运动，这些推进器的旋转必须沿不同的方向发生，因此必须分别将信号 $\boldsymbol{P}_{0\beta}$ 和 $-\boldsymbol{P}_{0\beta}$ 提供给推进器 Д1、Д2。由于潜航器的相应直线位移和角位移是在一对指定推进器的帮助下同时进行的，因此应分别向它们发送信号 $\boldsymbol{P}_{0x}+\boldsymbol{P}_{0\beta}$ 和 $\boldsymbol{P}_{0x}-\boldsymbol{P}_{0\beta}$。这些信号分别形成推力 $\boldsymbol{P}_1$ 和 $\boldsymbol{P}_2$（图 8.8），它们对潜航器施加力 T_{xc} 和力矩 M_{zc}，从而使其在空间中的位置和方向稳定。

8.3.3　潜航器及其上安装的多关节水下操作器的数学模型描述

为了研究具有工作机械手的潜航器的合成双回路稳定系统（图 8.8）的功能和效率特征，使用了一个数学模型，该模型由一个包含 12 个非线性微分方程的系统表示[243]。该系统以矩阵表示，具有以下形式：

$$\boldsymbol{M}\boldsymbol{v}+[\boldsymbol{C}(\tilde{\boldsymbol{v}})+\boldsymbol{D}(\tilde{\boldsymbol{v}})]\tilde{\boldsymbol{v}}+\boldsymbol{g}(\boldsymbol{\eta})=\boldsymbol{\tau}_c$$

$$\dot{\boldsymbol{\eta}}=\boldsymbol{J}(\boldsymbol{\eta})\tilde{\boldsymbol{v}} \tag{8.5}$$

式中　$\boldsymbol{M}$——惯性矩阵（包括流体的附加质量和附加惯性矩），$\boldsymbol{M}\in\mathbf{R}^{6\times6}$；

$\boldsymbol{D}(\tilde{\boldsymbol{v}})$——流体动力和力矩的矩阵，$\boldsymbol{D}(\tilde{\boldsymbol{v}})\in\mathbf{R}^{6\times6}$；

$\boldsymbol{\tau}_c$——由潜航器的推进器产生的推力和力矩沿坐标系 $X_cY_cZ_c$ 轴的投影矢量，为$(T_{xc}, T_{yc}, T_{zc}, M_{xc}, M_{yc}, M_{zc})^{\mathrm{T}}\in\mathbf{R}^6$；

$\boldsymbol{C}(\tilde{\boldsymbol{v}})$——科氏加速度和离心力的矩阵，$\boldsymbol{C}(\tilde{\boldsymbol{v}})\in\mathbf{R}^{6\times6}$；

$\boldsymbol{g}(\boldsymbol{\eta})$——静水压力和力矩的矢量，$\boldsymbol{g}(\boldsymbol{\eta})\in\mathbf{R}^6$；

$\tilde{\boldsymbol{v}}$——潜航器直线和角速度沿坐标系 $X_cY_cZ_c$ 轴的投影矢量，为$(\tilde{v}_x, \tilde{v}_y, \tilde{v}_z, \omega_x, \omega_y,$

$\omega_z)^{\mathrm{T}} \in \mathbf{R}^6$；

$\boldsymbol{J}(\boldsymbol{\eta})$——从坐标系 $X_cY_cZ_c$ 到绝对坐标系的转换矩阵。

在文献[165]中详细描述的该潜航器模型的所有元素参数如下：

$m_{\mathrm{a}}=300$ kg——潜航器质量；

$\lambda_{11}=80$ kg, $\lambda_{22}=140$ kg, $\lambda_{33}=140$ kg, $\lambda_{44}=5$ kg·m^2, $\lambda_{55}=30$ kg·m^2, $\lambda_{66}=30$ kg·m^2 ($\lambda_{ij}=0, i\neq j, i,j=(1,2,\cdots,6)$)——液体的相应附着质量和附加惯性矩；

$Y_{\mathrm{c}}=0.02$ m——潜航器的稳心高度；

$J_{xx}=9$ kg·m^2, $J_{yy}=30$ kg·m^2, $J_{zz}=30$ kg·m^2——潜航器相对于其惯性主轴的惯性矩；

$d_{1x}=30$ kg/s, $d_{2x}=10$ kg/m, $d_{1y}=60$ kg/s, $d_{2y}=30$ kg/m, $d_{1z}=60$ kg/s, $d_{2z}=30$ kg/m；$d'_{1x}=$ 20 N·m/s, $d'_{2x}=10$ N·m/s^2, $d'_{1y}=40$ N·m/s, $d'_{2y}=20$ N·m/s^2, $d'_{1z}=40$ N·m/s, $d'_{2z}=$ 20 N·m/s^2——黏滞摩擦系数，对应于流体动力(力矩)对潜航器所有自由度速度的线性和二次相关性；

$d=0.7$ m；$l=h=k=0.5$ m。

当使用自适应校正的特殊方法[143,158]时，所有潜航器的推进器都可以通过具有时间常数 $T_{\mathrm{d}}=0.1$ s 和增益 $K_{\mathrm{d}}=2$ 的一阶非周期性环节来描述。在使用的模型中，这些推进器由相应的一阶微分方程描述。

使用 Matlab Simulink Response Optimization 软件包综合了用于伺服控制系统的所有控制器，包括 R_x 和 R_β(图 3.2)，这些控制器可稳定潜航器的所有直线位移和角位移。所有这些控制器均具有 PID 控制器的结构，并通过以下形式的传递函数进行描述：

$$R_\iota(s)=k_{p\iota}+\frac{k_{i\iota}}{s}+\frac{k_{d\iota}s}{0.01s+1}, \iota=x,y,z,\gamma,\alpha,\beta$$

由于所使用的软件包不允许同时合成一个子系统的两个控制器(图 8.8)，因此对于潜航器三个子系统中的每个子系统，首先在伺服系统中合成指定类型的控制器以稳定角度坐标，然后考虑该合成控制器，在伺服系统中对用于稳定线性坐标的控制器进行合成。然后考虑相应线性坐标稳定回路中的合成控制器，再次在角坐标稳定回路中合成控制器，之后考虑使用旨在稳定相应角度坐标的控制器参数的新值，并将线性坐标稳定回路中的控制器考虑在内。此过程包括两次迭代，此后所有潜航器子系统回路中的所有控制器参数均已稳定。结果，为所有综合稳定子系统获得了所有控制器的以下参数：

$k_{px}=41$，$k_{ix}=25$，$k_{dx}=568$；$k_{py}=4$，$k_{iy}=1$，$k_{dy}=686$；$k_{pz}=35$，$k_{iz}=2$，$k_{dz}=539$；$k_{p\gamma}=153$，$k_{i\gamma}=24$，$k_{d\gamma}=237$；$k_{p\alpha}=78$，$k_{i\alpha}=13$，$k_{d\alpha}=380$，$k_{p\beta}=35$，$k_{i\beta}=1$，$k_{d\beta}=878$。

确保跟踪系统的稳定性和给定的操作质量，甚至要考虑到稳定潜航器位置和方向的所有电路中的相互影响。

在建模过程中，仅考虑了 PUMA 型水下机械手的前三个自由度(坐标 $\boldsymbol{q}_i(i=1,2,3)$)，其运动示意图如图 8.9 所示。该水下机械手的参数具有以下含义：

$l_1=l_2=0.5$ m——机械手连杆的长度；

$m_1=m_2=3.9$ kg——连杆的质量。

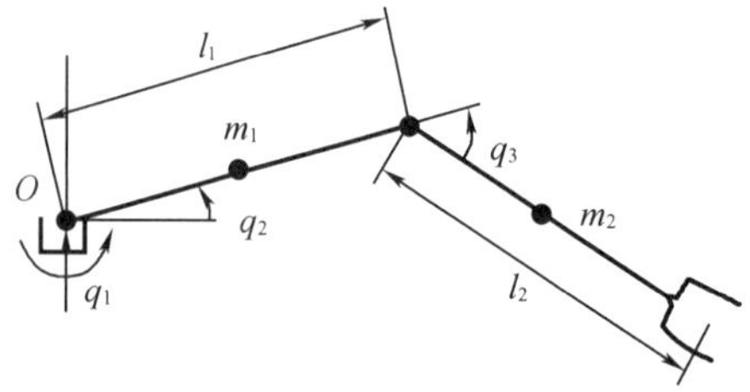

图 8.9　水下机械手结构示意图

此外,机械手连杆的重心与圆柱体的质量中心重合,圆柱体的基本半径为 $r_1=r_2=0.05$ m 并具有中性浮力。这些连杆相对于其质心的惯性张量具有对角线形式,并且 $\tau_{1_{11}}=\tau_{2_{11}}=5\times10^{-3}$ kg · m^2,$\tau_{1_{22}}=\tau_{1_{33}}=\tau_{2_{22}}=\tau_{2_{33}}=8.4\times10^{-2}$ kg · m^2,分别是第一 $\boldsymbol{\tau}_1$ 和第二 $\boldsymbol{\tau}_2$ 连杆的惯性张量的元素。

另外,$\Pi_1=\Pi_2=1.075$ kg;

$|r_1^*|=|r_2^*|=0.25$ m;

$\rho=1\times10^3$ kg/m^3——水的密度;

$T_{1_{11}}=T_{2_{11}}=1.4\times10^{-3}$,$T_{1_{22}}=T_{1_{33}}=T_{2_{22}}=T_{2_{33}}=2.6\times10^{-2}$ kg · m^2——附加在机械手相应连杆上的液体质量的惯性张量对角元素;

$k_{p1}^*=k_{p2}^*=0.523$;$K_{A2}=\sin\ \Psi_2$;$k_{L1}=k_{L2}=0.012$;

$\boldsymbol{A}_2^1=\begin{bmatrix}\cos\ q_1 & 0 & \sin\ q_1\\ 0 & 1 & 0\\ \sin\ q_1 & 0 & -\cos\ q_1\end{bmatrix}$,$\boldsymbol{A}_3^2=\begin{bmatrix}\cos\ q_2 & \sin\ q_2 & 0\\ -\sin\ q_2 & \cos\ q_2 & 0\\ 0 & 0 & 1\end{bmatrix}$——水下机械手的运动学方案的方向余弦矩阵;

$J=10^{-4}$ kg · m^2——电动机转子和齿轮箱旋转部件的惯性矩;

$i_p=100$——机械手每个自由度下变速箱的传动比。

应当注意的是,在文献[142]中描述的自适应校正设备已经包含在水下机械手每个自由度的电驱动器控制系统中,这些驱动器提供了所需的动态精度和其他性能指标的不变性,以适应运动的水下机械手的所有自由度之间的相互影响。结果,对于在运动过程中广义坐标的任何变化定律,水下机械手每个自由度的校正电驱动器的传递函数将具有以下形式:

$$W_n(s)=\frac{\boldsymbol{q}_i(s)}{\boldsymbol{q}_i^*(s)}=\frac{k_n}{(T_1s+1)s}$$

式中　k_n——等于$\dfrac{1}{i_pk_\omega}$;

T_1——等于$\dfrac{R_aJ}{k_mk_\omega}s$,其中 $R_a=0.2\ \Omega$,为直流电动机电枢电路的有功电阻,$k_\omega=0.02$ V · s,为它的反电动势(ЭДС)系数,$k_m=0.02$ N · m/A,为扭矩系数。

8.3.4　悬停模式下潜航器综合稳定系统的研究

为了研究合成系统的工作,首先当水下机械手在水平面中移动时,对潜航器在特定空间点的稳定模式进行数学建模。假设 $q_1(t)$ 按照 $q_1(t)=0.5\sin(2t)$ 变化，而 $q_2(t)=q_3(t)=0$。此外，假设在初始时间绝对坐标系 XYZ 轴和关联坐标系的 $X_cY_cZ_c$ 轴重合，并且向量 $\boldsymbol{P}^*(t)=(x^*,y^*,z^*)\in\mathbf{R}^3$ 设置为水下机械手在绝对坐标系 XYZ 中特征抓取点的当前期望位置。

图 8.10 和 8.11 显示了在水下机械手指定运动期间更改潜航器的坐标 $\beta(t)$、$x(t)$ 和 $y(t)$ 的过程。图 8.10(a)为未配备任何稳定系统的潜航器的运动。图 8.10(b)为潜航器仅使用闭环自动系统来稳定其直线和角度运动时的运动。图 8.11(a)为仅使用开环稳定系统进行运动，该系统可确保推进器计算出工作机械手作用在潜航器上的力和力矩影响。图 8.11(b)为潜航器在使用完全组合的稳定系统时的运动。在上述所有情况下，在初始时间 $z(t_0)=\alpha(t_0)=\gamma(t_0)=0$ 时，当水下机械手运动时，其工作体的移动速度达到 1 m/s。

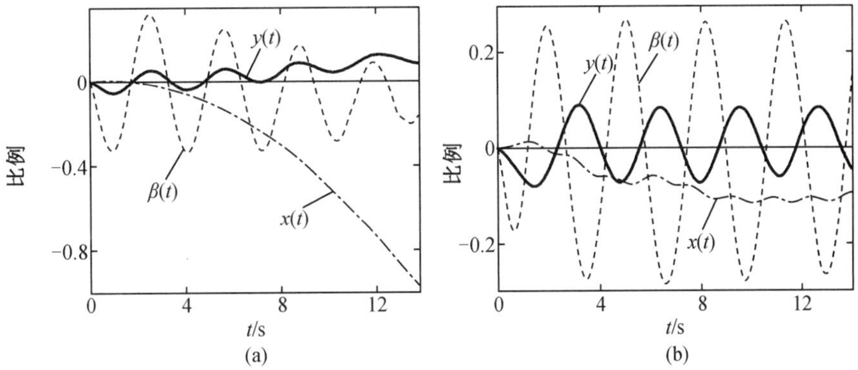

图 8.10　在水下机械手指定运动期间更改潜航器的坐标 $\boldsymbol{\beta}(t)$、$\boldsymbol{x}(t)$ 和 $\boldsymbol{y}(t)$ 的过程(一)

[$\boldsymbol{\beta}(t)$ = scale rad, $\boldsymbol{y}(t)$ = scale m, $\boldsymbol{x}(t)$ = scale m]

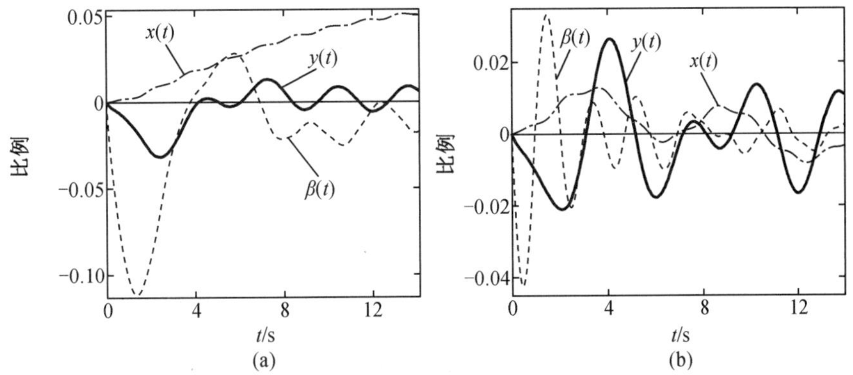

图 8.11　在水下机械手指定运动期间更改潜航器的坐标 $\boldsymbol{\beta}(t)$、$\boldsymbol{x}(t)$ 和 $\boldsymbol{y}(t)$ 的过程(二)

[$\boldsymbol{\beta}(t)$ = scale rad, $\boldsymbol{y}(t)$ = scale m, $\boldsymbol{x}(t)$ = scale m]

从图 8.10 和图 8.11 中可以看出，潜航器仅使用闭环稳定系统可以减少直线位移的 1/8 和减少角位移的 5/6。潜航器仅使用开环稳定系统时可减少直线位移的 1/20，减少角位移的 5/16。但是，这些系统(单独工作)的准确性仍不能使潜航器在工作对象上的悬停模式下执行关键操作。使用已开发的组合稳定系统(图 8.11)会使潜航器的直线位移和角位移降低 1/37、1/9。这种稳定精度已经可以有效地执行许多海底技术操作。

图 8.12 至图 8.14 显示了在水下机械手工作体的直线运动期间更改潜航器的所有直线和角坐标的过程，由方程式(8.6)在空间中以恒定速度 0.5 m/s 的常数进行描述。水下机械手工作体的运动轨迹的起点坐标为：$x_0^*=0.7$ m；$y_0^*=-1$ m；$z_0^*=0$。

$$\begin{cases}\dot{x}^*=0.5/\sqrt{3}\\ y^*=x^*-1\\ z^*=x^*\end{cases}\tag{8.6}$$

在同一图中，除潜航器位移外，还显示了在坐标系 XYZ 中沿上述空间轨迹以给定速度运动的机械手工作体的设定点的动态跟踪误差矢量的欧几里得范数 $\|\boldsymbol{\varepsilon}(t)\|$。

图 8.12 显示了 $\|\boldsymbol{\varepsilon}(t)\|$ 和未配备任何稳定系统的潜航器的偏差。图 8.13(a)显示了当仅使用闭环自动稳定系统时潜航器相同的偏差，图 8.13(b)显示了仅使用带有精确计算参数的开环稳定系统进行运动。图 8.14 显示了使用已开发的组合稳定系统所进行的潜航器运动。

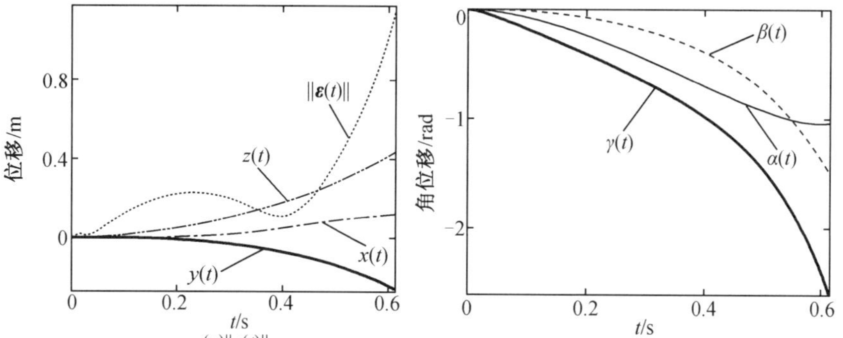

(a)$\|\boldsymbol{\varepsilon}(t)\|$　　(b)未配备任何稳定系统下

图 8.12　在无稳定系统时机械手沿着空间轨迹移动的仿真结果

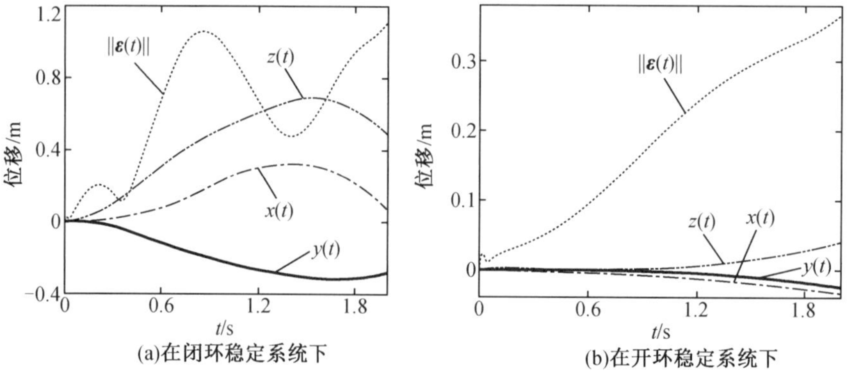

(a)在闭环稳定系统下　　(b)在开环稳定系统下

图 8.13　机械手沿着空间轨迹移动的建模结果

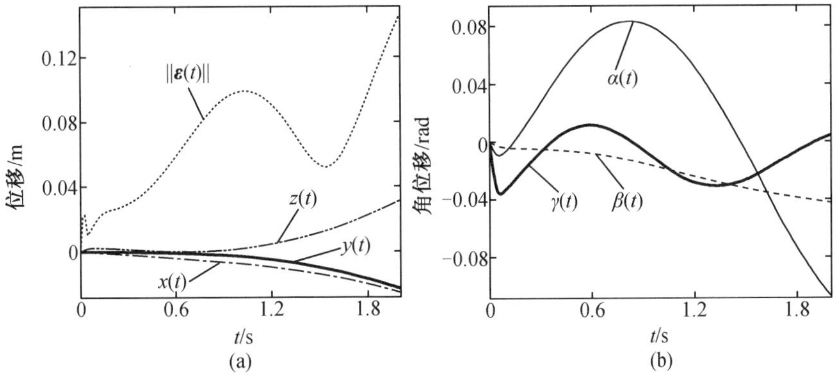

图 8.14　在综合稳定系统下机械手沿空间轨迹运动时的建模结果

从图 8.12 可以看出,在水下机械手操作过程中,在没有稳定系统的情况下,仅在 0.6 s 内,潜航器的角位移达到 2 rad,并且$\|\boldsymbol{\varepsilon}(t)\|$值为 1 m,即潜航器被翻转,因此无法执行操作。仅使用闭环自动稳定系统(图 8.13(a))不允许潜航器倾覆,但是由于系统中实际的动态延迟,其稳定的精度对于机械手操作仍然不可接受。

仅借助其优化修整的推进器,就可以连续准确地计算出力和力矩(来自工作时的水下机械手)的影响来稳定潜航器(图 8.13(b)),从而可以将潜航器的直线位移和角位移分别稳定在 0.05 m 和 0.33 rad 之内,但同时$\|\boldsymbol{\varepsilon}(t)\|$值仍达到 0.37 m。

与开环稳定系统(图 8.13(b))相比使用合成的组合稳定系统(图 8.14)使得潜航器的直线位移和角位移减小了 5/8 和 1/3,以及$\|\boldsymbol{\varepsilon}(t)\|$减小了 5/12。同时,即使在自动模式下,潜航器的稳定精度也足以执行许多操作。

但是,如前所述,由于不可避免地要确定机械手设计本身的机械参数以及其与周围黏滞环境相互作用的参数,因此实际上不可能对运动的机械手产生的力和力矩效应进行精确计算。为了全面评估所研究方法的有效性和在其基础上设计的稳定系统质量,在计算运动机械手对该潜航器的不利影响值时,对潜航器的稳定进行了模拟,并带有各种误差。

图 8.15 显示了当水下机械手沿空间直线轨迹(式(8.5))运动时,使用开环稳定系统对潜航器在空间给定点的稳定进行数值仿真的比较结果。在计算此机械手对潜航器的力和力矩影响时误差为 10%(图 8.15(a))和 15%(图 8.15(b))。

图 8.16 显示了当机械手工作体沿着相同轨迹运动时,对潜航器的稳定系统进行建模的结果,同时使用已开发的组合稳定系统在误差为 10%(图 8.16(a))和 15%(图 8.16(b))时计算水下机械手对潜航器的指定影响值。

从这些图中可以看出,当机械手沿着空间轨迹(式(8.5))以相同速度运动时,借助组合系统使潜航器稳定,并且在计算机械手对潜航器的力和力矩影响时,误差不超过 10%,$\|\boldsymbol{\varepsilon}(t)\|$值仅增加到 0.17 m,误差为 15%时达到 0.18 m。当使用潜航器的开环稳定系统时,机械手的运动规律相同,在计算其对潜航器的力和力矩影响时误差为 10%,$\|\boldsymbol{\varepsilon}(t)\|$值达到 0.5 m,误差为 15%时达到 0.58 m。

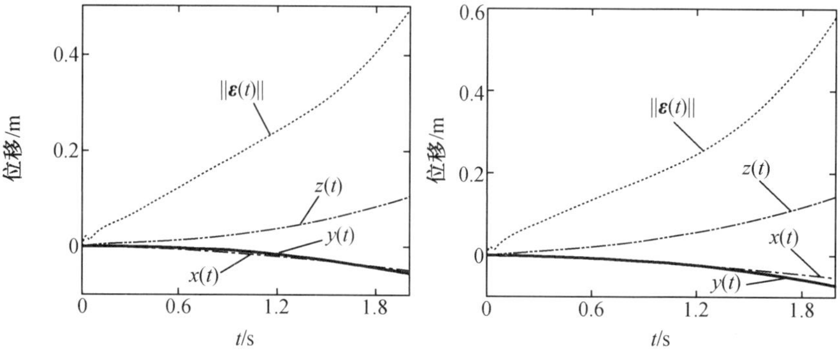

(a)误差为10%　　(b)误差为15%

图 8.15　当水下机械手沿空间直线轨迹(式(8.5))运动时使用开环稳定系统对潜航器在空间给定点的稳定进行数值仿真的比较结果

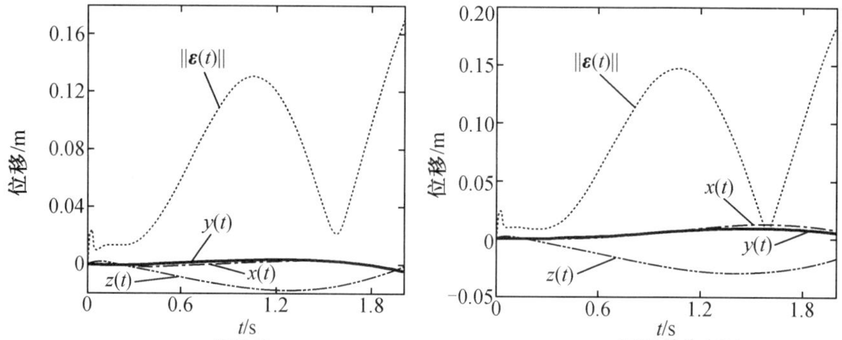

(a)误差为10%　　(b)误差为15%

图 8.16　当机械手工作体沿着相同轨迹运动时对潜航器的稳定系统进行建模的结果

显然,在使用指示值具有 10% 误差的开环系统进行潜航器稳定运动的过程中,$\|\boldsymbol{\varepsilon}(t)\|$值增加了 35%,而在使用组合稳定系统和相同计算误差的情况下,该值减少了 17%。这证实了在空间给定点必须使用潜航器组合系统的必要性。

仿真结果完全证实了潜航器在悬停模式下合成的组合稳定系统的效率,包括推进器的直接控制通道(基于计算水下机械手对该潜航器的力和力矩影响的基础上)和一个闭环系统,可以“优化”这些计算的不准确性。所提出的稳定系统的使用可以显著扩展水下操作系统在高速下定性执行的工作范围。

8.4　水下机械手工作机构运动方式的自动控制系统综合方法研究

在上一章研究的方法的基础上,可以合成并实际实现在特定位置将带有工作机械手的潜航器进行稳定的高精度组合自动系统,从而解决水下技术操作快速且高精度的问题,以减少操作人员的疲劳感。但是,即使在悬停模式下有自动稳定系统的情况下,潜航器也会从给定位置发生计划外的运动,这是由于导航装置不可避免的错误,以及潜航器的惯性和推进器操作的动态延迟,即使是组合的稳定系统也无法将潜航器准确地固定在空间中。结果,该设备从其初始位置的微小位移不可避免地导致机械手工作体与规定的空间轨迹的偏离。这就降低了许多水下作业的准确性。

为了保持机械手工作体在潜航器上运动的指定精度,建议考虑潜航器在运动过程中从其初始位置的非计划位移,合成一个连续自动校正该工作体设定运动轨迹的系统。此校正系统应基于高精度导航和陀螺仪系统获得的潜航器从其初始位置的实际角度和直线位移的信息,以及有关机械手连续变化外形的信息(以提供其工作体的附加运动)。

此外,为了提高执行水下技术作业的速度,有必要研究一种通过水下机械手工作体的运动方式来综合控制系统的方法,该方法会自动形成该工作体沿着复杂空间轨迹的当前最大可能设定运动速度。工作体在该速度下不会偏离这些轨迹且运动距离不超过允许范围。

8.4.1　水下操作系统工作简介

图 8.17 显示了一个潜航器,该潜航器在 O 点上连接了 n 阶水下机械手,它可以在该设备前面的前半球中移动。水下机械手的每个自由度的运动都由相应的驱动器实现。潜航器配备有高精度导航系统,可在机械手工作区域[19,47,261,262,360]中以不小于 0.01 m 的精度确定此潜航器的位置;还配有可精确测量潜航器横倾角、纵倾角和偏航角的器载陀螺仪;前文所研究的一种在空间上自动稳定的组合系统,由于推进器的相应推力,该组合系统可以为运行中的机械手对潜航器产生的力和力矩影响提供可接受的补偿。

在潜航器质心与其大小中心重合的初始位置 3 中,绝对坐标系 XYZ 的原点和刚性连接到潜航器的坐标系 $X_cY_cZ_c$ 的原点对齐,其轴线在潜航器初始位置中重合。随体坐标系的轴与潜航器的对称轴重合。Y_c 轴为其纵轴。向量 $\boldsymbol{P}_c^*(t)\in\mathbf{R}^3$ 指定机械手工作体的特征点 A 在 $X_cY_cZ_c$ 坐标系中的当前期望位置,即其工作位置,向量 $\boldsymbol{P}_c(t)\in\mathbf{R}^3$ 是点 C 在 XYZ 坐标系中的位移。

目前,绝对坐标系中 A 点坐标的期望值由向量 $\boldsymbol{P}^*(t)$ 给出,并由下面表达式确定[79]:

$$\begin{cases}\dot{x}^*=\upsilon^*(t)/\Phi(x^*)\\ y^*=g_y(x^*)\\ z^*=g_z(x^*)\end{cases}\tag{8.7}$$

$$\Phi(x^*)=\sqrt{\left[\frac{\partial g_y(x^*)}{\partial x^*}\right]^2+\left[\frac{\partial g_z(x^*)}{\partial x^*}\right]^2+1}=\sqrt{g_y'(x^*)^2+g_z'(x^*)^2+1}$$

式中 $v^*(t)$——点 A 沿轨迹的期望移动速度矢量的模数；

$g_y(x^*)$、$g_z(x^*)$——描述点 A 在 XYZ 坐标系轴上运动轨迹的相应投影的函数。

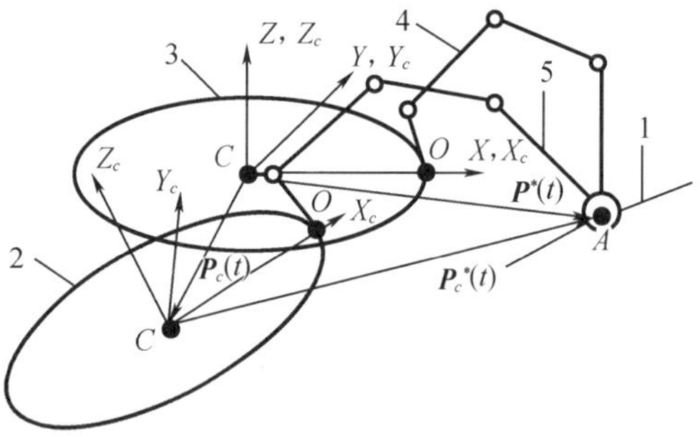

1—机械手工作体在绝对坐标系 XYZ 中的期望运动空间轨迹（不变），通常在工作开始之前确定并设定，并且必须在潜航器以给定方位到达给定空间点后（可能以手动模式）被该工作体准确地计算出来；

2—潜航器偏离原始位置；3—潜航器处于初始位置；4—多关节机械手处于初始位置；

5—机械手的新位置，可确保工作体沿着轨迹 1 准确通过。

图 8.17 潜航器和机械手的坐标示意图

图 8.17 显示了当潜航器从初始位置 3 偏移到位置 2 时，$x^* \neq x_c^*$，$y^* \neq y_c^*$，$z^* \neq z_c^*$，使用式(8.7)确定机械手工作体在 $X_cY_cZ_c$ 坐标系中的运动轨迹不再可行。因此，有必要开发这样一种系统，即考虑到潜航器的当前位移（连同 $X_cY_cZ_c$ 坐标系相对于其初始位置），将自动计算 $X_cY_cZ_c$ 坐标系中的点 A 的当前位置（矢量 $\boldsymbol{P}_c^*(t)$）并因此控制工作体，使它在 XYZ 坐标系中继续沿着式(8.7)连续计算的轨迹运动。在这种情况下，根据机械手的功能，使用合成自动稳定系统时，潜航器相对于其初始位置的角度和直线位移不应超过某些限制。也就是说，在水下机械手设计中必须能够计算出跟踪点 A 时出现的潜航器位移。

8.4.2 建立一个用于自动校正水下机械手工作轨迹的系统

假设在水下机械手运行期间的某个时间点上，潜航器的点 C 相对 XYZ 坐标系的起点发生了位移，并且在坐标系中存在一些任意旋转。器载陀螺仪将测量由潜航器的纵轴 Y_c 与水平面 XY（图 8.18）形成的俯仰角 α，由纵轴 Y_c 在水平面上的投影 Y_c' 和 Y 轴方向形成的偏航角 β、当潜航器绕其纵轴 Y_c 旋转时形成的侧倾角 γ [114,184]。在这种情况下，通过高精度导航系统来测量矢量 $\boldsymbol{P}_c(t) \in \mathbf{R}^3$ 的坐标 $\Delta x(t)$、$\Delta y(t)$ 和 $\Delta z(t)$，该坐标确定 XYZ 坐标系中点 C 相对于潜航器的初始位置的直线位移（图 8.7）。

在知道向量 $\boldsymbol{P}^*(t)$ 和 $\boldsymbol{P}_c(t)$ 在 XYZ 坐标系中的元素的情况下，在 $X_cY_cZ_c$ 坐标系中定义 $\boldsymbol{P}_c^*(t)$ 的元素。显然（图 8.17），可以使用两个向量 $\boldsymbol{P}^*(t)-\boldsymbol{P}_c(t)$ 的差和 $X_cY_cZ_c$ 坐标系中该向量的元素来获得 XYZ 坐标系中向量 $\boldsymbol{P}_c^*(t)$ 的元素，使用表达式

$$\boldsymbol{P}_c^*(t) = \boldsymbol{R}^{\mathrm{T}}[\boldsymbol{P}^*(t)-\boldsymbol{P}_c(t)] \tag{8.8}$$

式中 $\boldsymbol{R}$——$X_cY_cZ_c$ 坐标系相对于 XYZ 坐标系的旋转矩阵[244]，$\boldsymbol{R} \in \mathbf{R}^{3\times 3}$。

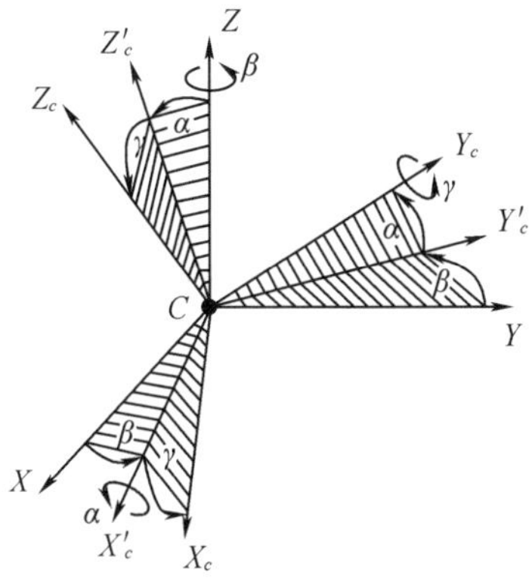

图 8.18　机械手坐标系的角位移

为了组成矩阵 $\boldsymbol{R}$，有必要以一系列基本旋转形式来一同表示潜航器和 $X_cY_cZ_c$ 坐标系的旋转。对于 $X_cY_cZ_c$ 坐标系的相应旋转角度所相对的轴，并且应当选择这些旋转的顺序，以使所产生的角度 α、β 和 γ 实际上对应于将由器载陀螺仪测量的角度。通过 $X_cY_cZ_c$ 坐标系的以下基本旋转顺序（图 8.18）满足此条件：首先，围绕 Z 轴旋转角度 β（它对应于基本旋转矩阵 $\boldsymbol{R}_{Z,\beta}$）；然后围绕旋转轴 X'_c 旋转角度 α（对应于基本旋转矩阵 $\boldsymbol{R}_{X'_c,\alpha}$）；最后，绕 Y_c 轴旋转角度 γ（它对应于基本旋转矩阵 $\boldsymbol{R}_{Y_c,\gamma}$）。所示的旋转矩阵具有标准格式[61]：

$$\boldsymbol{R}_{X'_c,\alpha}=\begin{bmatrix}1 & 0 & 0\\ 0 & C\alpha & -S\alpha\\ 0 & S\alpha & C\alpha\end{bmatrix},\boldsymbol{R}_{Y_c,\gamma}=\begin{bmatrix}C\gamma & 0 & S\gamma\\ 0 & 1 & 0\\ -S\gamma & 0 & C\gamma\end{bmatrix},\boldsymbol{R}_{Z,\beta}=\begin{bmatrix}C\beta & -S\beta & 0\\ S\beta & C\beta & 0\\ 0 & 0 & 1\end{bmatrix} \tag{8.9}$$

其中，$S\alpha=\sin\alpha$；$S\beta=\sin\beta$；$S\gamma=\sin\gamma$，$C\alpha=\cos\alpha$；$C\beta=\cos\beta$；$C\gamma=\cos\gamma$。考虑到式（8.9），为 $X_cY_cZ_c$ 坐标系和潜航器的所述旋转序列组成矩阵 $\boldsymbol{R}$：

$$\boldsymbol{R}=\boldsymbol{R}_{Z,\beta}\boldsymbol{R}_{X'_c,\alpha}\boldsymbol{R}_{Y_c,\gamma}=\begin{bmatrix}C\beta C\gamma-S\alpha S\beta S\gamma & -S\beta C\alpha & S\gamma C\beta+S\alpha S\beta C\gamma\\ S\beta C\gamma+S\alpha S\gamma C\beta & C\alpha C\beta & S\beta S\gamma-S\alpha C\beta C\gamma\\ -S\gamma C\alpha & S\alpha & C\alpha C\gamma\end{bmatrix} \tag{8.10}$$

注意，仅式（8.10）可以用于式（8.8）中来确定向量 $\boldsymbol{P}_c^*(t)$ 的元素，因为通过不同的基本旋转序列组成的任何其他元素都是错误的。

将旋转矩阵 $\boldsymbol{R}$ 代入式（8.8）之后，将得到

$$\boldsymbol{P}_c^*(t)=\begin{bmatrix}(C\beta C\gamma-S\alpha S\beta S\gamma)(x^*-\Delta x)+(S\beta C\gamma+S\alpha S\gamma C\beta)(y^*-\Delta y)-S\gamma C\alpha(z^*-\Delta z)-\\ S\beta C\alpha(x^*-\Delta x)+C\alpha C\beta(y^*-\Delta y)+S\alpha(z^*-\Delta z)\\ (S\gamma C\beta+S\alpha S\beta C\gamma)(x^*-\Delta x)+(S\beta S\gamma-S\alpha C\beta C\gamma)(y^*-\Delta y)+C\alpha C\gamma(z^*-\Delta z)\end{bmatrix}$$

自动校正多关节机械手工作体设定轨迹的系统通用框图如图 8.19 所示。

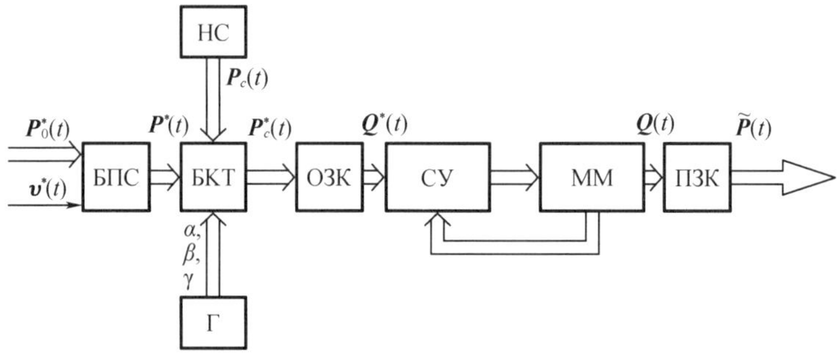

图 8.19　自动校正多关节机械手工作体设定轨迹的系统通用框图

在图 8.19 中引入了以下名称：

СУ——机械手驱动器的控制系统；

ММ——多关节水下机械手；

БПС——工作体的设定运动信号形成单元；

БКТ——用于校正工作体运动轨迹的单元；

НС——潜航器导航系统；

Г——陀螺仪单元；

$\boldsymbol{P}_0^*(t)$——机械手的工作体在 XYZ 坐标系中的初始位置向量，为$(x_0^*,y_0^*,z_0^*)^{\mathrm{T}}\in\mathbf{R}^3$；

$\widetilde{\boldsymbol{P}}(t)$——指定点 A 在 XYZ 坐标系中的实际位置向量，为$(\widetilde{x},\widetilde{y},\widetilde{z})^{\mathrm{T}}\in\mathbf{R}^3$；

ОЗК——用于解决机械手运动学逆问题的单元；

ПЗК——用于解决机械手运动学正问题的单元；

$\boldsymbol{Q}(t)$、$\boldsymbol{Q}^*(t)$——水下机械手广义坐标向量 $\boldsymbol{q}_i$ 和 $\boldsymbol{q}_i^*$，$\boldsymbol{Q}(t)=(q_1,q_2,\cdots,q_n)^{\mathrm{T}}$，$\boldsymbol{Q}^*(t)=(q_1^*,q_2^*,\cdots,q_n^*)^{\mathrm{T}}$，分别确定点 A 的实际位置和所需位置。

8.4.3　水下机械手工作轨迹自动校正系统的研究

为了研究在第 8.3.3 节中给出参数的 PUMA 型多关节机械手的综合控制系统（图 8.19）的运行，对其工作体在水平面（$z^*=g_z(x^*)=\mathrm{const}$）中的运动轨迹进行数学建模，所描述的方程为

$$y^*=-0.4\sin(25x^*)-0.1$$

此时考虑式(8.7)，使用如下表达式形成 $x^*(t)$ 的值：

$$\dot{x}^*=\frac{0.7}{\sqrt{1+[-10\cos(25x^*)]^2}}$$

在这种情况下，$v^*(t)=0.7\ \mathrm{m/s}=\mathrm{const}$，并且工作体运动轨迹的起始点的坐标为：$x_0^*=0.7\ \mathrm{m}$，$y_0^*=-0.1\ \mathrm{m}$，$z_0^*=0$。

在研究合成系统的过程中，潜航器运动工作体本身会根据谐波定律改变其直线和角度坐标：$\boldsymbol{P}_c(t)=[0.04\sin(1.5t),0.05\sin(2t),0.03\sin(2t)]^{\mathrm{T}}$；$\alpha=0.06\sin(2.5t)$；$\beta=0.04\cos(2t)$；$\gamma=0.06\cos(2t)$。

图 8.20(a)显示了使用校正工作体轨迹的自动系统以后，在水下机械手工作体沿着给

定空间轨迹运动时，$\tilde{x}(t)$、$\tilde{y}(t)$、$\tilde{z}(t)$和$\|\boldsymbol{\varepsilon}(t)\|$的变化过程(图 8.19)。图 8.20(b)显示了当工作体沿着相同的轨迹运动但不使用此系统时$\|\boldsymbol{\varepsilon}(t)\|$的变化。

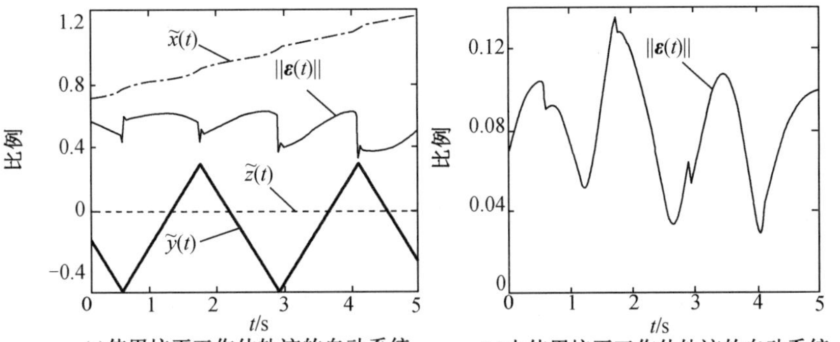

(a)使用校正工作体轨迹的自动系统 (b)未使用校正工作体轨迹的自动系统

图 8.20 $\tilde{x}(t)$、$\tilde{y}(t)$、$\tilde{z}(t)$和$\|\boldsymbol{\varepsilon}(t)\|$的变化过程

[$\tilde{y}(t)$ = scale m, $\tilde{x}(t)$ = scale m, $\tilde{z}(t)$ = scale m, $\|\boldsymbol{\varepsilon}(t)\|$ = scale · 0.02 m]

从这些图中可以看出，合成的控制系统使机械手产生了额外运动，从而可以将工作体的运动精度提高近 10 倍。

图 8.21 显示了使用组合稳定系统将设备保持在悬停模式的过程中，$\|\boldsymbol{\varepsilon}(t)\|$值和潜航器直线坐标的变化过程。该组合稳定系统具有与图 8.20(a)相同的机械手运动规律(式(8.5))，但是已经使用综合系统来校正水下机械手工作体的设定轨迹。

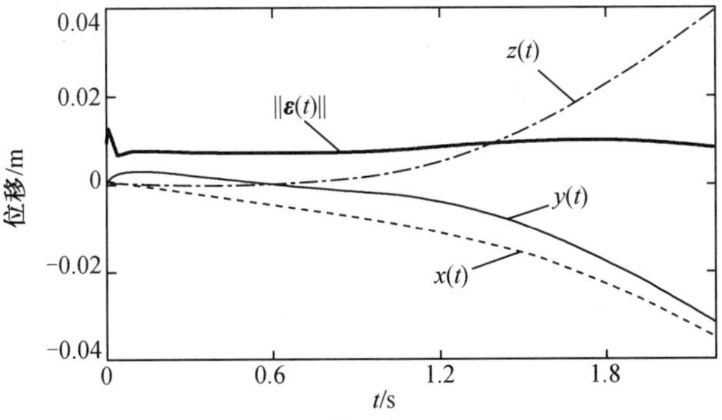

图 8.21 使用组合稳定系统将设备保持在悬停模式的过程中，$\|\boldsymbol{\varepsilon}(t)\|$值和潜航器直线坐标的变化过程

把获得的结果(图 8.21)和图 8.14 所示的未对水下机械手工作体的轨迹进行额外校正的仿真结果进行比较，不难看出，在潜航器从初始位置开始的相同位移下，所开发的系统可在水下机械手工作体沿着相同空间轨迹(式(8.5))运动时，使$\|\boldsymbol{\varepsilon}(t)\|$值降低 1/15 以上。

在需要通过多关节机械手沿着任何其他空间轨迹连续运动来显著提高动态精度的情况下，也会发生同样的情况。

仿真结果充分证实了所提出的方法在解决潜航器空间稳定问题以及机械手工作体轨迹自动校正的综合解决方案中的有效性。提出的自动稳定潜航器位置和方向的多级系统[58,153,159,262]允许在机械手操作过程中在给定的空间点实现足够精确的保持力,并且可以对工作体轨迹进行连续校正的合成系统[107,108]提供所需的动态控制精度,该精度足以执行许多水下作业。

8.4.4 生成用于多关节水下操作器的设定控制信号的系统描述

水下操作系统进行技术工作的速度在很大程度上取决于多关节机械手进行相应操作作业的速度,而机械手的工作体可以沿着复杂的空间轨迹运动。同时,在将潜航器刚性固定在工作对象附近的情况下,或者在悬停模式下将潜航器高精度稳定的过程中,当潜航器几乎没有从初始位置偏移并且不影响执行这些操作的准确性时,机械手的速度尤为重要。

目前,已经研究了多种方法[121,142,268,289等],这些方法可以为机械手提供综合高精度控制系统(自适应、自调节、最优等)。但是,正如研究表明的那样,只有在处理由这些系统生成的控制信号、所有放大器和执行元件未进入饱和状态时,机械手的操作才会在复杂空间轨迹的所有部分保持指定动态精度。当它们进入饱和状态时,机械手工作体与给定轨迹可能会出现偏离,这会使操作任务的执行显著复杂化。

通过使用功能更强大的放大器和执行元件可以避免进入饱和状态,但这不可避免地导致连杆的质量和惯性显著增加,并因此导致多关节自由度之间的相互影响增加。因此,即使所有机械手驱动器都使用了高质量控制系统,这也降低了动态控制精度。

但是在设定轨迹曲率较大的部分中,通常可以降低机械手工作体的运动速度来保持指定的控制精度。这将允许并排除驱动器的饱和。

在第5章中,提出了一种自动生成潜航器的设定运动信号的方法,该方法允许在考虑到推进力可能进入饱和的情况下,设置其沿着空间轨迹所有部分的最大运动速度。为了形成设定运动信号,引入了一个附加回路,该回路基于潜航器沿着给定空间轨迹运动的当前精度信息,设置了该运动所需的最大速度可能值。该方法也可以用于合成多关节机械手设定运动信号的系统,但是,必须考虑到这些复杂的多关节动态控制对象的运动学和动态特征,以及执行主体的外形不断变化。

考虑一个 n 阶水下机械手(图8.22)。它由 n 个驱动器驱动,并具有以下形式的控制系统:

$$\boldsymbol{u}(t)=\boldsymbol{F}_u[\boldsymbol{\varepsilon}_q(t),\boldsymbol{Q}^*(t)]\in\mathbf{R}^n \tag{8.11}$$

式中 $\boldsymbol{\varepsilon}_q(t)$——矢量,为 $\boldsymbol{Q}^*(t)-\boldsymbol{Q}(t)\in\mathbf{R}^n$,其元素是相应的潜航器驱动器的动态误差。

向量 $\boldsymbol{Q}(t)$ 与水下机械手工作体在绝对坐标系 XYZ 中的实际位置向量 $\widetilde{\boldsymbol{P}}(t)=(x,y,z)^{\mathrm{T}}$ 有关,相关性如下式所示[244,330]:

$$\boldsymbol{Q}(t)=F_I(\widetilde{\boldsymbol{P}}(t)),\widetilde{\boldsymbol{P}}(t)=F_D(\boldsymbol{Q}(t)) \tag{8.12}$$

式中 $F_D(\cdot)$、$F_I(\cdot)$——向量函数,$F_D(\cdot)\in\mathbf{R}^3$,$F_I(\cdot)\in\mathbf{R}^n$,描述了水下机械手的运动学正向和逆向问题的解。

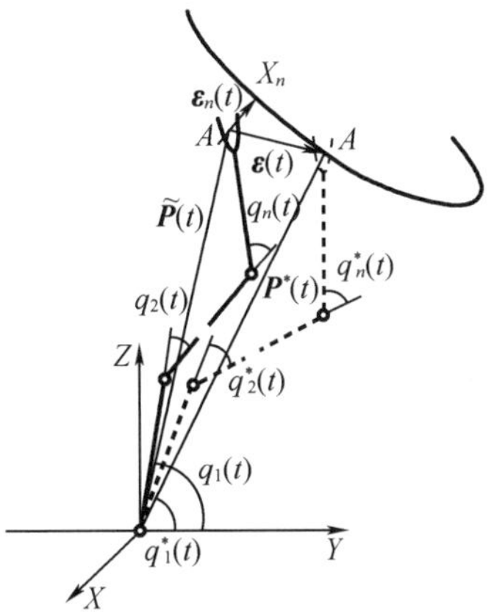

图 8.22　水下机械手的工作体沿着给定轨迹的运动方案

假定使用式(8.7)在绝对坐标系中确定水下机械手工作体沿着所需空间轨迹运动,然后可以得到

$$\dot{\boldsymbol{P}}^*(t)=\boldsymbol{F}_X^*(x^*)v^*(t) \tag{8.13}$$

其中,$\boldsymbol{F}_X^*(x^*)=[1/\Phi(x^*),g_y'(x^*)/\Phi(x^*),g_z'(x^*)/\Phi(x^*)]^{\mathrm{T}}$。

参考式(8.12)和式(8.13),可以得到

$$\dot{\boldsymbol{Q}}^*(t)=\frac{\partial F_I}{\partial \boldsymbol{P}^*}\dot{\boldsymbol{P}}^*(t)=\frac{\partial F_I}{\partial \boldsymbol{P}^*}\boldsymbol{F}_X^*(x^*)v^*(t) \tag{8.14}$$

参考式(8.14),很容易证明向量 $\boldsymbol{\varepsilon}_q(t)$ 由函数关系式决定:

$$\boldsymbol{\varepsilon}_q(t)=f_\varepsilon[v^*(t),F_I(\boldsymbol{P}^*),\boldsymbol{F}_X^*(x^*),F_u(\cdot)] \tag{8.15}$$

但是,在 $\boldsymbol{\varepsilon}_q(t)\neq 0$ 的情况下,向量 $\boldsymbol{\varepsilon}(t)\neq 0\in\mathbf{R}^3$ 出现在 XYZ 坐标系中,这确定了机械手工作体特征点的位置向量 $\widetilde{\boldsymbol{P}}(t)$ 与其期望位置向量 $\boldsymbol{P}^*(t)$ 之间的偏差, 以及该点与给定运动轨迹的偏差向量 $\boldsymbol{\varepsilon}_n(t)\neq 0\in\mathbf{R}^3$(图 8.22)。应该指出的是,水下机械手的基部(其与潜航器的连接点)被认为是固定的,这种情况下,$\|\boldsymbol{\varepsilon}_n(t)\|$取决于$\|\boldsymbol{\varepsilon}_q(t)\|$以及机械手工作体的给定轨迹参数:

$$\boldsymbol{\varepsilon}_n(t)=f_n[\boldsymbol{\varepsilon}_q(t),\boldsymbol{F}_X^*(x^*)] \tag{8.16}$$

从式(8.15)和式(8.16)可以看出,仅通过减小 $v^*(t)$就能在不改变控制系统式(8.11)的情况下减小$\|\boldsymbol{\varepsilon}_n(t)\|$。

参考本节中所述的内容,提出并解决了一种系统合成方法,该系统用于自动形成机械手工作体 A 点(图 8.22)沿着给定空间轨迹的期望速度 $v^*(t)$,在存在稳定控制系统式(8.11)的情况下,将确保以最大可能的速度保证点 A 在该轨迹上的运动,并保证不等式成立:

$$\boldsymbol{\varepsilon}_n(t)\leqslant\boldsymbol{\varepsilon}_{n\max} \tag{8.17}$$

式中　$\boldsymbol{\varepsilon}_{n\max}$——点 A 与指定轨迹的最大允许偏差。

水下机械手工作体沿着轨迹各个部分的运动模式(速度)选择可以在该轨迹的规划阶段通过变量 v^* 解方程 $\boldsymbol{\varepsilon}_n=0$(式(8.16))来实现。但是该方程式没有解析解,其数值解法需

要使用功能强大的计算机,这将导致控制系统的复杂化。要解决此问题,可以使用第 5 章[176]中提出的方法。该方法包括创建附加的控制回路,用于根据点 A 与指定轨迹的当前偏差 ε_n 自动形成机械手工作体的期望运动速度。在这种情况下,所需速度的当前数值需要确保不等式(8.17)成立。这可以通过降低工作体在机械手自由度相互影响的最明显的那些部分轨迹中的移动速度来实现,这需要存在较大的补偿信号以确保机械手控制精度。

生成多关节水下机械手工作体的设定运动信号系统的通用框图如图 8.23 所示。在此图中引入了以下名称:

Rg——机械手工作体期望移动速度的控制器;

ОЗК——用于解决运动学逆问题的单元;

СУ——机械手驱动器的控制系统;

БФО——形成点 A 与给定轨迹的偏差的单元;

ММ——多关节机械手;

ПЗК——用于解决运动学正问题的单元;

$e_{\text{on}}=\text{const}(e_{\text{on}}\leqslant\varepsilon_{n\max})$ 是确保满足不等式(8.17)的值。

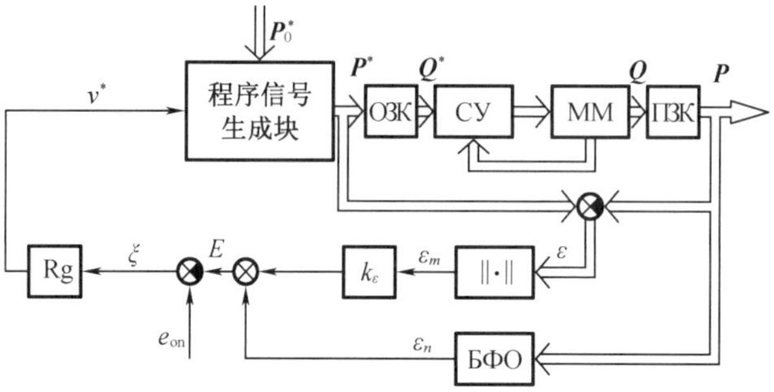

图 8.23　生成多关节水下机械手工作体的设定运动信号系统的通用框图

使用下式计算的复数值 $E(t)$ 估算机械手工作体的运动动态精度[176]:

$$E(t)=k_\varepsilon\varepsilon_m(t)+\varepsilon_n(t) \tag{8.18}$$

式中　k_ε——使用表达式 $k_\varepsilon=e_{\text{on}}/\varepsilon_m^{\sigma\text{on}}$ 确定的正系数,$k_\varepsilon=\text{const}$,$\varepsilon_m^{\sigma\text{on}}$ 为 $\varepsilon_m(t)$ 的允许值,$\varepsilon_m^{\sigma\text{on}}=\text{const}$;

ε_m——绝对坐标系中机械手工作体动态跟踪误差矢量的欧式范数,有

$$\varepsilon_m(t)=\|\boldsymbol{\varepsilon}(t)\|=\|\boldsymbol{P}^*(t)-\widetilde{\boldsymbol{P}}(t)\|=\sqrt{\varepsilon_x^2(t)+\varepsilon_y^2(t)+\varepsilon_z^2(t)} \tag{8.19}$$

式中　ε_x、ε_y、ε_z——点 A 与设定点沿 XYZ 坐标系相应轴的当前偏差值。

式(8.18)中的第一项允许当点 A 沿给定轨迹精确运动时限制 $v^*(t)$ 的值,但相对于沿同一轨迹运动的设定点有一些延迟,第二项限制 $v^*(t)$ 将考虑到 БФО 输出端所形成的 $\varepsilon_n(t)$ 当前值,并确定从点 A 的当前位置到设定轨迹上最近点 $X_n=[x_n,g_y(x_n),g_z(x_n)]$ 的距离(图 8.22)。再用变量 x_n 解如下方程之后确定点 X_n 的坐标。

$$(x_n-\widetilde{x})+g_y'(x_n)[g_y(x_n)-\widetilde{y}]+g_z'(x_n)[g_z(x_n)-\widetilde{z}]=0$$

$v^*(t)$ 值由 Rg 控制器(图 8.23)形成,其输入接收信号 $\xi(t)=e_{\text{on}}-E(t)$。该控制器的工

作原理如下：如果 $\xi(t)<0$，则不等式 $E(t)>e_{\text{on}}$ 为真，Rg 将减小 $v^*(t)$，这将导致 $\|\boldsymbol{\varepsilon}_q(t)\|$ 值减小，因此导致 $\varepsilon_n(t)$、$\varepsilon(t)$ 和 $E(t)$ 的值减小；如果 $\xi(t)>0$，则 $E(t)<e_{\text{on}}$ 且 $v^*(t)$ 将增加，这时 v^* 值不为负。

8.4.5　系统不可变部分的描述

在合成控制器 Rg 时，有必要描述系统的不可变部分，该部分位于信号 $v^*(t)$ 和 $E(t)$ 之间（图 8.23），并且受其控制。该部分由方程式（8.12）、式（8.14）、式（8.16）、式（8.18）以及 n 个 m 阶微分方程描述：

$$\varepsilon_i^{(m)}=F_{\varepsilon i}(\varepsilon_i^{(m-1)},\cdots,\dot{\varepsilon},\varepsilon,\boldsymbol{q}_i^{*(p)},\cdots,\dot{\boldsymbol{q}}_i^*,\boldsymbol{q}_i^*),i=1,2,\cdots,n,p\leqslant m \tag{8.20}$$

确定所有机械手伺服驱动器的动力学，并考虑其控制系统式（8.11）。

指定的不变部分太复杂，无法直接用于控制器 Rg 的合成。因此，将采用在文献[176]中使用的方法，从而简化这一部分。该方法用具有可变系数的线性相关性代替式（8.12）、式（8.14）、式（8.16）和式（8.18）中包含的非线性变换。在这种情况下，控制器 Rg 必须确保这些系数的所有可能组合始终满足式（8.17）。

在文献[176]中，证明了等式 $\varepsilon_n=k_e\varepsilon_m$ 的有效性，并用式 $\varepsilon_m=\tilde{k}_m(|\varepsilon_x|+|\varepsilon_y|+|\varepsilon_z|)=\tilde{k}_m\tilde{\varepsilon}_m$ 替换式（8.19），其中 $0\leqslant k_e\leqslant 1$，$1/\sqrt{3}\leqslant\tilde{k}_m\leqslant 1$。参考这个替换，式（8.18）可以重写为

$$E=k_\varepsilon\varepsilon_m+\varepsilon_n=k_\varepsilon\tilde{k}_m\tilde{\varepsilon}_m+k_e\varepsilon_m=k_\varepsilon\tilde{k}_m\tilde{\varepsilon}_m+k_e\tilde{k}_m\tilde{\varepsilon}_m=(k_\varepsilon+k_e)\tilde{k}_m\tilde{\varepsilon}_m=\tilde{k}_e\tilde{k}_m\tilde{\varepsilon}_m \tag{8.21}$$

其中，$k_\varepsilon\leqslant\tilde{k}_e<k_\varepsilon+1$。

根据式（8.12），可以得到

$$\varepsilon=F_D(\boldsymbol{Q}^*)-F_D(\boldsymbol{Q}) \tag{8.22}$$

控制系统式（8.11）确保 $\boldsymbol{Q}^*$ 和 $\boldsymbol{Q}$ 接近。因此，在点 $\boldsymbol{Q}_0=(\boldsymbol{Q}^*+\boldsymbol{Q})/2$ 的附近对函数 $F_D(\cdot)$ 进行线性化，将它们扩展为泰勒级数。将这个扩展的线性项代入式（8.22），得到

$$\begin{aligned}\varepsilon&=F_D(\boldsymbol{Q}^*)-F_D(\boldsymbol{Q})\\&\approx\left[F_D(\boldsymbol{Q}_0)+\left.\frac{\partial F_D(\boldsymbol{Q})}{\partial\boldsymbol{Q}}\right|_{\boldsymbol{Q}=\boldsymbol{Q}_0}(\boldsymbol{Q}^*-\boldsymbol{Q}_0)\right]-\left[F_D(\boldsymbol{Q}_0)+\left.\frac{\partial F_D(\boldsymbol{Q})}{\partial\boldsymbol{Q}}\right|_{\boldsymbol{Q}=\boldsymbol{Q}_0}(\boldsymbol{Q}-\boldsymbol{Q}_0)\right]\\&=\left.\frac{\partial F_D(\boldsymbol{Q})}{\partial\boldsymbol{Q}}\right|_{\boldsymbol{Q}=\boldsymbol{Q}_0}(\boldsymbol{Q}^*-\boldsymbol{Q})\\&=\left.\frac{\partial F_D(\boldsymbol{Q})}{\partial\boldsymbol{Q}}\right|_{\boldsymbol{Q}=\boldsymbol{Q}_0}\boldsymbol{\varepsilon}_q\\&=\tilde{\boldsymbol{F}}_{FD}\,\boldsymbol{\varepsilon}_q\end{aligned} \tag{8.23}$$

根据式（8.23），式（8.21）中的元素 $\tilde{\varepsilon}_m$ 可以表示为

$$\tilde{\varepsilon}_m=\sum_{i=1}^{3}\left|\sum_{j=1}^{n}k_{FDij}\varepsilon_j\right|$$

式中　k_{FDij}——矩阵 $\tilde{\boldsymbol{F}}_{FD}$ 元素的当前值。

此外，将使用其最大估计值 $\tilde{\tilde{\varepsilon}}_m$ 代替 $\tilde{\varepsilon}_m$：

$$\tilde{\varepsilon}_m \leqslant 3\tilde{k}_{FD}\sum_{j=1}^{n}|\varepsilon_j| = \tilde{\tilde{\varepsilon}}_m \tag{8.24}$$

式中　$\tilde{k}_{FD}$——矩阵 $\tilde{\boldsymbol{F}}_{FD}$ 元素的最大可能模量值，即 $\tilde{k}_{FD}=\max|k_{FDij}|, i=1,2,3, j=1,2,\cdots,n$。

$\tilde{\tilde{\varepsilon}}_m$ 的使用可以显著简化系统不可变部分的描述。

控制系统已经在机械手驱动器中使用，这使得能够使用常线性微分方程来描述其动力学[142]。在这种情况下，方程式(8.20)可以用运算符形式表示：

$$\varepsilon_i(s)=\boldsymbol{\Phi}_{\varepsilon i}(s)\boldsymbol{q}_i^*(s) \tag{8.25}$$

式中　$\boldsymbol{\Phi}_{\varepsilon i}(s)$——一个误差传递函数，描述了第 i 个机械手驱动器的动力学，并以单位负反馈闭合。

参考式(8.21)、式(8.24)和式(8.25)以及等式 $|a|=a\operatorname{sign} a$，可这样写：

$$E(s)=3\tilde{k}_{FD}\tilde{k}_m\tilde{k}_e\sum_{i=1}^{n}\boldsymbol{\Phi}_{\varepsilon i}(s)\boldsymbol{q}_i^*(s)\operatorname{sign}\varepsilon_i \tag{8.26}$$

对于不同的机械手自由度，传递函数 $\boldsymbol{\Phi}_{\varepsilon i}(s)$ 可能具有不同的参数，但是在合成控制器 Rg 的过程中，将假定所有这些传递函数都具有相同的参数。这些参数对应于在最恶劣条件下运行的驱动器的自由度 m 的传递函数 $\boldsymbol{\Phi}_{\varepsilon i}(s)$。结果，式(8.26)可以重写为

$$E(s)=3\tilde{k}_{FD}\tilde{k}_m\tilde{k}_e\boldsymbol{\Phi}_{\varepsilon m}(s)\sum_{i=1}^{n}\boldsymbol{q}_i^*(s)\operatorname{sign}\varepsilon_i \tag{8.27}$$

写在图像区域中的向量方程式(8.14)具有以下形式：

$$\boldsymbol{Q}^*(s)=\left[\frac{\partial F_I}{\partial \boldsymbol{P}^*}\boldsymbol{F}_X^*(x^*)\right]\frac{v^*(s)}{s}=\frac{\tilde{\boldsymbol{k}}_v v^*(s)}{s} \tag{8.28}$$

式中　$\tilde{\boldsymbol{k}}_v$——相应函数的当前值的向量，为 $(\tilde{k}_{v1},\tilde{k}_{v2},\cdots,\tilde{k}_{vn})^{\mathrm{T}}$，在每个机械手驱动器发生瞬态过程期间，其变化被认为是无关紧要的。

参考式(8.28)，式(8.27)可以重写为

$$E(s)=3\tilde{k}_{FD}\tilde{k}_m\tilde{k}_e\boldsymbol{\Phi}_{\varepsilon m}(s)\frac{v^*(s)}{s}\sum_{i=1}^{n}\tilde{k}_{vi}\operatorname{sign}\varepsilon_i \tag{8.29}$$

系数 $\tilde{k}_{vi}$ 确定广义坐标 $\boldsymbol{q}_i^*$ 的变化率。但是由于第 i 级机械手自由度的驱动是一个惯性物体，故如文献[176]所述，其已编程的运动信号位于当前输出值之前。因此，对应坐标的动态误差符号将与该坐标的期望变化率符号一致。唯一的例外是，在短时间内违反指示条件的情况下，$v^*(t)$ 的符号突然变化的极少数情况。基于上述内容，式(8.29)可以重写为

$$E(s)=3\tilde{k}_{FD}\tilde{k}_m\tilde{k}_e\boldsymbol{\Phi}_{\varepsilon m}(s)\frac{v^*(s)}{s}\sum_{i=1}^{n}|\tilde{k}_{vi}| \tag{8.30}$$

参考式(8.30)，系统所考虑部分的传递函数(图 8.23)将以以下形式编写：

$$W(s)=\frac{E(s)}{v^*(s)}=3\tilde{k}_{FD}\tilde{k}_m\tilde{k}_e\left(\sum_{i=1}^{n}|\tilde{k}_{vi}|\right)\frac{\boldsymbol{\Phi}_{\varepsilon m}(s)}{s} \tag{8.31}$$

式(8.31)包含系数 $\widetilde{k}_{FD}$、$\widetilde{k}_m$、$\widetilde{k}_e$、$\widetilde{k}_{vi}(i=1,2,\cdots,n)$，其值事先未定义，并且可以在已知范围内变化。因此有必要确定这些系数的边界值，以使针对这些值合成的控制器为给定范围内所有可能变化提供所需的精度。

在确定了由式(8.31)描述的控制对象模型的参数之后，可以通过任何已知的方法来合成控制器 Rg。该控制器在通过单位负反馈闭环系统后保证系统的稳定性，并提供给定的控制质量。接下来，进行控制器 Rg 的综合设计。

8.4.6　基于生成的控制对象模型控制器 Rg 的综合设计

考虑 PUMA 类型的水下机械手(图 8.9)，并假设 $l_1=l_2=0.5$ m，仅考虑其运动的前 3 个自由度；$m_1=m_2=3$ kg，$m_\Gamma=0.5$ kg，是机械手工作体的质量；$J_{s1}=0.007$ kg · m，$J_{s2}=0.005$ kg · m，是相应的机械手连杆相对于其纵轴的惯性矩；$J_{n1}=0.14$ kg · m，$J_{n2}=0.2$ kg · m，是这些连杆相对于其中心轴(垂直于纵轴)的惯性矩。

假设所有机械手运动都使用带有直流电动机的相同驱动器，这些驱动器由下面传递函数描述：

$$W_n(s)=\frac{\boldsymbol{q}_i(s)}{\boldsymbol{q}_i^*(s)}=\frac{k_n}{(T_1s+1)s} \tag{8.32}$$

具有以下参数：$k_n=\dfrac{1}{i_pk_\omega}=0.5$；$T_1=\dfrac{R_aJ}{k_mk_\omega}=0.05$ s；$R_a=0.2\ \Omega$，是电枢电路的有功电阻；$k_\omega=0.02$ V/s，是反电动势系数；$k_m=0.02$ N · m/A，是扭矩系数；$J=10^{-4}$ kg · m^2，是电动机转子和齿轮箱旋转部件的转动惯量；$i_p=100$，是变速箱的传动比。

假设此机械手的广义坐标的变化范围具有以下值：

$$-\pi<q_1<\pi;\frac{-\pi}{2}<q_2<\frac{\pi}{2};\frac{-\pi}{2}<q_3<\frac{\pi}{2} \tag{8.33}$$

描述所用机械手的正向运动学问题和逆向运动学问题的向量函数分别具有以下形式[87]：

$$F_D(\boldsymbol{Q})=\begin{bmatrix} c_1(l_2c_\theta+l_1c_2) \\ s_1(l_2c_\theta+l_1c_2) \\ l_1s_2+l_2s_\theta \end{bmatrix} \tag{8.34}$$

$$F_I(\widetilde{\boldsymbol{P}})=\begin{bmatrix} q_1=\arctan(\widetilde{y}/\widetilde{x}) \\ \arccos\dfrac{\widetilde{z}l_2s_3+(l_1+l_2c_3)\widetilde{x}/c_1}{2l_2l_1c_3+l_1^2+l_2^2} \\ -\arccos\dfrac{\widetilde{z}^2+(\widetilde{x}/c_1)^2-l_1^2-l_2^2}{2l_1l_2} \end{bmatrix} \tag{8.35}$$

其中，$s_\theta=\sin\theta$，$c_\theta=\cos\theta$，$s_i=\sin\boldsymbol{q}_i$，$c_i=\cos\boldsymbol{q}_i$，$\theta=q_2+q_3$。

根据式(8.23)和式(8.34)，矩阵 $\widetilde{\boldsymbol{F}}_{FD}$ 的元素具有以下形式：

$$\widetilde{\boldsymbol{F}}_{FD}=\begin{bmatrix} -s_1(l_2c_\theta+l_1c_2) & -c_1(l_2s_\theta+l_1s_2) & -c_1l_2s_\theta \\ c_1(l_2c_\theta+l_1c_2) & -s_1(l_2s_\theta+l_1s_2) & -s_1l_2s_\theta \\ 0 & l_1c_2+l_2c_\theta & l_2c_\theta \end{bmatrix} \tag{8.36}$$

根据机械手的参数,以及不等式(8.33)和式(8.36)的值,确定矩阵 $\widetilde{\boldsymbol{F}}_{FD}$ 元素的变化范围为

$$\widetilde{\boldsymbol{F}}_{FD}=\begin{bmatrix} -1\leqslant k_{FD11}\leqslant 1 & -1\leqslant k_{FD12}\leqslant 1 & -0.5\leqslant k_{FD13}\leqslant 0.5 \\ -1\leqslant k_{FD21}\leqslant 1 & -1\leqslant k_{FD22}\leqslant 1 & -0.5\leqslant k_{FD23}\leqslant 0.5 \\ 0 & -1\leqslant k_{FD32}\leqslant 1 & -0.5\leqslant k_{FD33}\leqslant 0.5 \end{bmatrix}$$

并考虑式(8.24)在式(8.31)中选择系数值 $\widetilde{k}_{FD}=1$。

根据式(8.28)和式(8.35),找到向量 $\widetilde{\boldsymbol{k}}_v$ 的元素为

$$\widetilde{\boldsymbol{k}}_v=\frac{\partial F_I}{\partial \boldsymbol{P}^*}\boldsymbol{F}_X^*(x^*)=\begin{bmatrix} \dfrac{-y^*+x^*g_y'(x^*)}{(x^{*2}+y^{*2})\boldsymbol{\Phi}(x^*)} \\ -\dfrac{l_1+l_2c_3+l_2s_3c_1g_z'(x^*)}{\sqrt{1-\left[\dfrac{z^*l_2s_3+(l_1+l_2c_3)x^*/c_1}{2l_1l_2c_3+l_1^2+l_2^2}\right]^2}(2l_1l_2c_3+l_1^2+l_2^2)c_1\boldsymbol{\Phi}(x^*)} \\ \dfrac{x^*+z^*c_1{}^2g_z'(x^*)}{\sqrt{1-\left(\dfrac{z^{*2}+(x^*/c_1)^2-l_1^2-l_2^2}{2l_1l_2}\right)^2}l_1l_2c_1^2\boldsymbol{\Phi}(x^*)} \end{bmatrix} \tag{8.37}$$

为了计算向量 $\widetilde{\boldsymbol{k}}_v$ 的元素,必须设置机械手工作体 A 点的运动轨迹。让 A 点沿着以下等式描述的轨迹在水平面[$z^*=g_z(x^*)=\text{const}$]中移动:

$$y^*=-0.3\sin(14x^*)-0.1 \tag{8.38}$$

然后可以在考虑方程式(8.7)的情况下使用以下表达式形成 $x^*(t)$ 的值:

$$\dot{x}^*=\frac{v^*(t)}{\sqrt{1+[-4.2\cos(14x^*)]^2}} \tag{8.39}$$

在这种情况下,水下机械手工作体的轨迹起点坐标为:$x_0^*=0$ m,$y_0^*=-0.1$ m,$z_0^*=0.5$ m。

使用式(8.37)至式(8.39)并考虑机械手的几何尺寸,找到向量 $\widetilde{\boldsymbol{k}}_v$ 元素的最大绝对值:$|\widetilde{k}_{v1}|=3.9$,$|\widetilde{k}_{v2}|=6$,$|\widetilde{k}_{v3}|=5.4$。结果,有 $\sum_{i=1}^{n}|\widetilde{k}_{vi}|=15.3$。

将文献[3,4,5]中所述的自适应校正设备引入机械手每个自由度电动驱动器的控制系统中,并为它们提供所需的动态精度和质量指标不变性,以适应所有自由度之间的相互影响。结果,在机械手运动过程中所有广义坐标的变化规律下,校正后的每个机械手自由度的电驱动器传递函数将具有式(8.32)形式,其参数为 $k_n=70$,$T_1=0.006$ s。

这三个驱动器的误差传递函数为

$$\Phi_{\varepsilon m}(s)=\frac{1}{1+W_n(s)}=0.014\ 3\frac{(0.006s+1)s}{(0.014\ 22s+1)(0.000\ 08s+1)} \tag{8.40}$$

结果，考虑到式(8.40)，系数 $\tilde{k}_{FD}$、$\sum_{i=1}^{n}|\tilde{k}_{vi}|$ 和系数 $\tilde{k}_m=1$，$\tilde{k}_e=1.3$ 的值，合成控制器 Rg 的控制对象式(8.31)可写为

$$W(s)=0.853\frac{0.006s+1}{(0.014\ 22s+1)(0.000\ 08s+1)} \tag{8.41}$$

由于具有传递函数式(8.41)的系统在不同增益下不会失去稳定性，因此控制器 Rg(图 8.23)可以采用增益为 $k_r=1\ 000$ 的最简单形式比例的控制器。另外在仿真中，假设 $e_{on}=4.9\times10^{-4}$ m，$e_{on}=0.02$ m(图 8.23)。

下一节将研究合成系统(图 8.23)在整体中的效率。

8.4.7　沿给定空间轨迹形成机械手最大可能设定速度的系统研究

为了研究具有上述参数的机械手的运行情况(图 8.9)，使用图 8.23 所示的综合控制系统对机械手沿着式(8.38)、式(8.39)确定的运动轨迹进行了数学建模。

图 8.24 显示了使用控制系统(图 8.23)时，水下机械手工作体上 A 点沿着式(8.38)、式(8.39)确定轨迹的移动速度 $v(t)$ 和 $\tilde{x}(t)$、$\tilde{y}(t)$、$\varepsilon_n(t)$ 的变化过程。从该图可以看出，当点 A 沿着最大曲率的轨迹部分(请参见曲线 $\tilde{y}(t)$)移动时，$v(t)$ 可达到最小值。在同一部分中，水下机械手工作体的运动方向发生变化，观察到 $\varepsilon_n(t)$ 增大，但条件式(8.17)保持不变。

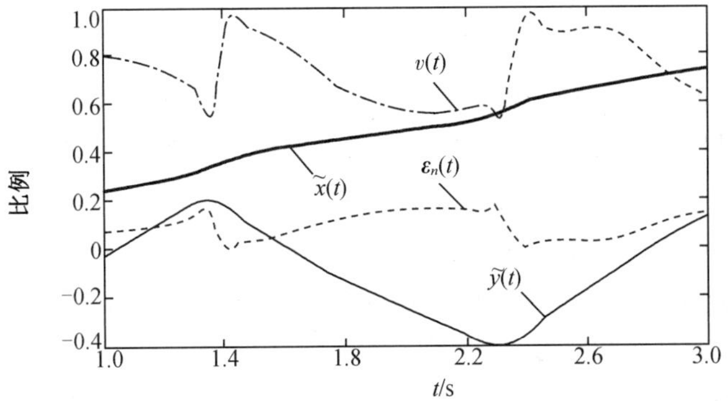

图 8.24　使用控制系统(图 8.23)时，水下机械手工作体上 A 点沿着式(8.38)、式(8.39)确定轨迹的移动速度 $v(t)$ 和 $\tilde{x}(t)$、$\tilde{y}(t)$、$\varepsilon_n(t)$ 的变化过程

[$v(t)$ = scale m/s; $\tilde{y}(t)$ = scale m; $\tilde{x}(t)$ = scale m; $\varepsilon_n(t)$ = scale · 0.002 5 m]

为了进行比较，图 8.25 显示了在未使用控制系统的情况下，模拟点 A 以 $v^*(t)=0.51$ m/s=const 的速度沿相同轨迹运动的结果(图 8.23)。这也在工作体运动轨迹的所有部分中提供了条件式(8.17)。该图还显示了轨迹弯曲部分的 ε_n 大幅增加，其中水下机械

手工作体的运动方向发生了变化。

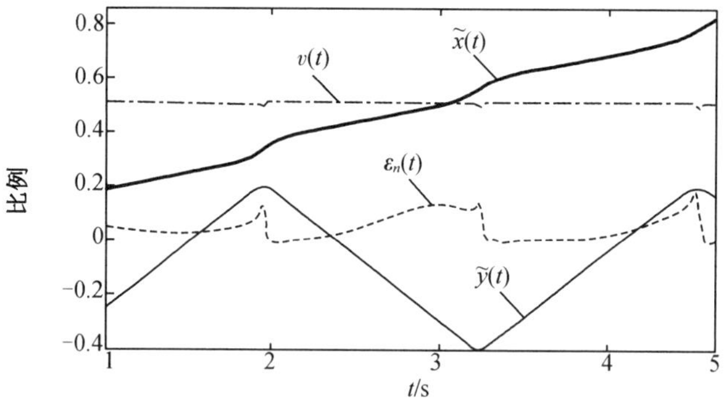

图 8.25　在未使用控制系统的情况下,模拟点 A 以 $v^*(t)=0.51$ m/s=const 的速度沿相同轨迹运动的结果(图 8.23)

[$v(t)$=scale m/s; $\tilde{y}(t)$=scale m; $\tilde{x}(t)$=scale m; $\varepsilon_n(t)$=scale · 0.002 5 m]

图 8.25 表明,使用控制系统(图 8.23)可以使机械手以 1.5 倍的速度通过相同的轨迹段,从而在曲率较小的部分将水下机械手工作体的速度提高 2 倍。如果存在更多具有较小曲率的轨迹部分,并且在少见但困难的部分的曲率较大,则合成控制系统的效率会提高。

因此,仿真结果充分证实了安装在潜航器多关节机械手工作体上的自动速度控制合成系统的高效率。

8.5　小　　结

在本章中,基于对水下技术操作的执行分析,发现进行任何操作作业的最有效模式是潜航器精确稳定地悬停在工作对象附近给定空间点的模式。然而,现有的方法不能解决该问题,这对于实际使用很重要。为了解决本章中的这个问题,获得了以下结果。

(1)为了精确确定周围黏滞环境在水下机械手的每个运动连杆上的作用力和力矩效应,建议将该连杆分解成有限个相同长度的基本部分,并考虑到每个基本部分的雷诺数,计算作用在这些部分上的黏滞摩擦力。

(2)为了更精确地实时计算移动的多关节机械手对潜航器的作用力和力矩影响,考虑到黏滞环境对机械手连杆影响的所有主要特征,提出了一种求解逆动力学问题的循环算法。

(3)为了在实验中确定水下机械手位移过程中出现的黏滞摩擦系数,在 AC−1 风洞的基础上创建了一个装置,该装置可以确定黏滞摩擦系数值与这些连杆的长度无关,而与连杆和流体流动方向的倾斜角度存在相关性。

(4)已经研究出一种合成组合式闭环自动系统的方法,该系统以悬停在工作对象附近的水环境中的模式稳定潜航器的位置和方向。在这种情况下,借助其螺旋桨推力可以确保潜航器对由高速运行的机械手产生的外力效应的不变性。该推力与所指示的外部影响成比例,而外部影响是通过求解水下机械手逆动力学问题的算法实时计算得出的。

(5)为了对所提出控制方法的可操作性和效率进行研究,创建了安装有 PUMA 型机械手的潜航器数学模型,并在闭环子系统的通道中合成了控制器,以稳定潜航器的直线和角位移。

(6)进行的数学建模充分证实了在水下机械手的各种运行模式下,合成的潜航器稳定系统的效率和高质量。

(7)由于潜航器在悬停模式下从其初始位置不可避免地发生微小位移,为了保持水下机械手工作体的指定运动精度,有必要使用系统综合研究的方法来自动校正工作体的设定运动轨迹。该系统与潜航器在悬停模式下的自动稳定系统相结合,使用有关从给定位置开始的潜航器直线和角位移的当前值信息,可以控制水下机械手,使其工作体继续沿指定轨迹高精度地移动。

(8)提出了一种利用水下机械手工作体的特征点的运动速度来合成控制系统的方法,该方法可以自动形成该工作体沿着复杂空间轨迹的当前最大可能设定运动速度。在该速度下,指定点不会偏离这些轨迹超出允许范围。同时,在没有专门识别控制信号的情况下,将自动考虑这些水下机械手电驱动器进入饱和的可能性。

(9)对综合系统进行建模的结果充分证实了所提出的方法对解决潜航器稳定性问题及自动校正水下机械手工作体运动的解决方案的有效性。同时,自动稳定潜航器的方向和位置的多级系统可以使其在机械手操作过程中在给定空间点实现足够准确的保持力,并且将连续校正工作体运动的综合系统引入该机械手的控制回路以提供所需的精度,这对于进行许多操作作业来说已经足够了。

参考文献[①]

1. *Абрамович Г. Н.* Теория турбулентных струй. –М. : ЭКОЛИТ, 2011. –720 с.

2. Автономные подводные роботы: системы и технологии/ под ред. М. Д. Агеева. –М. : Наука, 2005. –398 с.

3. Авторское свидетельство СССР №2063866. Устройство для управления приводом робота / В. Ф. Филаретов. БИ №20, 1996.

4. Авторское свидетельство СССР №2066626. Устройство для управления приводом робота / В. Ф. Филаретов. БИ №26, 1996.

5. Авторское свидетельство СССР №2115539. Устройство для управления приводом робота / В. Ф. Филаретов. БИ №20, 1998.

6. *Агеев М. Д.* и др. Автоматические подводные аппараты / М. Д. Агеев, Б. А. Касаткин, Л. В. Кисилев и др. –Л. : Судостроение, 1981. –224 с.

7. *Агеев М. Д.* Автономные необитаемые подводные аппараты. – Владивосток: Дальнаука, 2000. –272 с.

8. *Агеев М. Д.* , *Киселев Л. В.* , *Рылов Н. И.* Автоматический подводный аппарат для исследования шельфа. // Судостроение. –1977. –№1. –С. 12.

9. *Агеев М. Д.* , *Молоков Ю. Г.* , *Рылов Н. И.* Модульный принцип конструирования подводных технических средств // В сб. Подводные роботы и их системы. –Владивосток: ИАПУ ДВНЦ АН СССР, 1987. –С. 10–17.

10. *Агеев М. Д.* и др. Океанология. –М. : Наука, 2006. –476 с.

11. *Агеев М. Д.* Упрощенная методика расчета движителей для АПА. Подводные роботы и их системы / Отв. ред. Л. В. Киселев. Под общ. ред. М. Д. Агеева. –Владивосток: Дальнаука, 1995. –С. 33–49.

12. *Алексеев Ю. К.* , *Болдырева Е. И.* , *Костенко В. В.* Введение в подводную робототехнику. История, современное состояние и перспективы. –LAMBERT Academic Publishing, 2012. –317 с.

13. *Алексеев Ю. К.* , *Болдырева Е. И.* и др. Уроки бухты Берёзовой. –Владивосток: ДВГТУ, 2006. –51 с.

14. *Алексеев Ю. К.* Введение в подводную робототехнику. (Учебное пособие). –Владивосток: Изд-во ДВГТУ, 2008. –296 с.

---

① 为原著参考文献。

15. *Алексеев Ю. К.* , *Герман Д. А.* Управление движением необитаемого подводного аппарата в горизонтальной плоскости // В сб. Подводные аппараты и роботы. – Институт океанологии им. П. П. Ширшова АН СССР, 1986. –С. 64–68.

16. *Алексеев Ю. К.* , *Никифоров В. В.* К применению информационных подводных роботов в чрезвычайных техногенных ситуациях // Материалы Всероссийской конференции《Использование робототехнических систем в чрезвычайных техноген–ных ситуациях》. С. –Петербург. –1998. –С. 38–49.

17. *Баландин Д. В.* , *Коган М. М.* Синтез законов управления на основе линейных матричных неравенств. –Нижний Новгород: НГУ, 2006. –93 с.

18. *Барабанов Н. В.* , *Лизько Ю. П.* Боевые роботы: планы и реальность // Техника и вооружение. –1989. –№1. –С. 4–6.

19. *Бобков В. А.* , *Борисов Ю. С.* Навигация подводного аппарата на малых дистанциях по оптической информации // Мехатроника, автоматизация, управление. – 2010. –№2. –С. 75–78.

20. *Боровиков П. А.* Техника и методы выполнения подводно–технических работ // Итоги науки и техники. Серия《Водный транспорт》. –1980. –Том 8. Освоение ресурсов океана. –С. 17–40.

21. *Брянский Л. Н.* , *Дойников А. С.* Краткий справочник метролога: Справочник. – М. : Изд. стандартов, 1991. –79 с.

22. *Васильев В. А.* , *Васильев Ю. С.* , *Потехин Ю. П.* Исследование динамики и управляемости глубоководных аппаратов // Изв. ВУЗов. Судостроение. –1975. –№12. – С. 6–11.

23. *Васильев К. К.* , *Аникин А. А.* Калмановское комплексирование и моделирование навигационных систем // Электронная техника: Межвузовский сборник научных трудов. – Ульяновск: УлГТУ, 2005. –С. 18–22.

24. *Воробьев Е. Н.* , *Письменная Е. В.* Синтез алгоритма управления движением манипулятора по заданной траектории на основе динамической модели исполнительного механизма // Машиностроение. –1983. –№2. –С. 50–54.

25. *Вукобратович М.* , *Стокич Д.* Управление манипуляционными роботами. –М. : Наука, 1985. –384 с.

26. *Гетьман А. В.* , *Филаретов В. Ф.* , *Коноплин А. Ю.* Итоги аэродинамических исследований сопротивления звена манипулятора подводного аппарата. Материалы 10-й международной научно-практической конференции《Проблемы транспорта Дальнего востока》, Владивосток. –2013. –С. 17–21.

27. *Гетьман А. В.* , *Филаретов В. Ф.* , *Коноплин А. Ю.* Силы и моменты, действующие на манипулятор подводного аппарата в морской среде. Материалы 10-й международной научно-практической конференции《Проблемы транспорта Дальнего востока》, Владивосток. –2013. –С. 9–11.

28. *Гетьман А. В.* , *Филаретов В. Ф.* , *Коноплин А. Ю.* Экспериментальный метод измерения сопротивления звена манипулятора подводного аппарата // Материалы 56-й Всероссийской научной конференции. Фундаментальные и прикладные вопросы естествознания, Владивосток: Филиал ВУНЦ ВМФ "ВМА им. Н. Г. Кузнецова". -2013. -Т. III. -С. 52-59.

29. *Громыко В. Д.* , *Санковский Е. А.* Самонастраивающиеся системы с моделью. -М. : Энергия, 1974. -80 с.

30. *Гузев М. А.* , *Филаретов В. Ф.* , *Юхимец Д. А.* Оценка амплитуды квантования непрерывного задающего сигнала адаптивной системы с переменной структурой // Информационно измерительные и управляющие системы. -2009. -Т. 7. -№6. -С. 9-19.

31. Динамика управления роботами / В. В. Козлов, В. П. Макарычев, А. В. Тимофеев и др. Под ред. Е. И. Юревича. -М. : Наука, 1984. -334 с.

32. *Дорин В. С.* Системы технических средств освоения океана, проблемы их создания // Тез. докл. V Всесоюзной конф. Технические средства изучения и освоения океана, Лениград, Кораблестроительный институт. -1985. -Вып. 1. -С. 4.

33. *Дыда А. А.* , *Филаретов В. Ф.* Адаптивные системы с переменной структурой для управления электроприводом робота // Изв. АН СССР. Техническая кибернетика. -1987. -№1. -С. 219-230.

34. *Дыда А. А.* Синтез адаптивного и робастного управления исполнительными устройствами подводных роботов. Диссертационная работа на соискание ученой степени доктора технических наук. -Владивосток: ИАПУ ДВО РАН, 1998. -346 с.

35. *Дыда А. А.* , *Лебедев А. В.* Нелинейная адаптивная коррекция движителя подводного робота // Известия ВУЗов. Электромеханика. -1996. -№1-2. -С. 83-87.

36. *Дыда А. А.* , *Лебедев А. В.* , *Филаретов В. Ф.* Синтез системы с переменной структурой для управления движением подводного робота // Известия РАН. Теория и системы управления. -2000. -№1. -С. 155-162.

37. *Дыда А. А.* , *Филаретов В. Ф.* Самонастраивающаяся система с переменной структурой для управления электроприводами манипулятора // Известия ВУЗов. Электромеханика. -1989. -№2. -С. 102-106.

38. *Евлахов О. В.* , *Косырев Е. В.* Управление манипуляционными устройствами подводных обитаемых и телеуправляемых аппаратов // Тез. докл. V Всесоюзной конф. Технические средства изучения и освоения океана, Ленинград, Кораблестроительный институт. -1985. -Вып. 2-С. 84.

39. *Емельянов С. В.* Системы автоматического управления с переменной структурой. -М. : Наука, 1967. -336 с.

40. *Емельянов С. В.* , *Уткин В. И.* , *Таран В. А.* и др. Теория систем с переменной структурой/Под ред. С. В. Емельянова. -М. : Наука, 1970. -592 с.

41. *Захаров М. М.* , *Ремезов И. О.* Телеуправляемый подводный манипулятор // Тез.

докл. первой Всесоюзной конф. по исследованию и освоению ресурсов мирового океана. Владивосток. –1976. –С. 78–81.

42. *Зенкевич С. Л.*, *Ющенко А. С.* Основы управления манипуляционными роботами. –М.: Издво МГУ им. Баумана, 2004. –480 с.

43. *Илларионов Г. Ю.*, *Карпачёв А. А.* Исследовательское проектирование необитаемых подводных аппаратов. Теория. Методы. Результаты. – Владивосток: Дальнаука, 1998. –270 с.

44. *Илларионов Г. Ю.* Необитаемые подводные аппараты и их системы. – Владивосток: Дальневосточный государственный технический университет, 1990. –56 с.

45. *Илларионов Г. Ю.*, *Сидоренков В. В.*, *Потапов А. С.* Противоминные необитаемые подводные аппараты. – Владивосток: Дальневосточный государственный технический университет, 1991. –115с.

46. *Илларионов Г. Ю.*, *Сидоренко В. В.*, *Смирнов С. В.* Автономные необитаемые подводные аппараты для поиска и уничтожения мин // Подводные исследования и робототехника. –2006. –№1. –С. 31–39.

47. *Инзарцев А. В.*, *Киселев Л. В.*, *Матвиенко Ю. В.*, *Рылов Н. И.* Навигационно–управляющий комплекс многоцелевого автономного подводного робота и особенности его применения в высоких широтах Арктики // Материалы всероссийской научно-технической конференции《Научное и техническое обеспечение исследований и освоения шельфа Северного Ледовитого океана》, Новосибирск. –2010. –С. 13–18.

48. *Кавалло Э.*, *Миккелини Р.*, *Юхимец Д. А.*, *Филаретов В. Ф.* Особенности конструкции и системы управления автономного подводного аппарата с одним движителем для его точного перемещения в пространстве // Проблемы машиностроения и надежности машин. –2005. –№6. –С. 98–107.

49. *Кавалло Е.*, *Микелини Р.*, *Филаретов В. Ф.*, *Юхимец Д. А.* Особенности создания и управления автономным подводным аппаратом с одним маршевым движителем // Мехатроника, автоматизация, управление. –2005. –№11. –С. 21–36.

50. *Кадец В. М.* Курс функционального анализа: Учебное пособие для студентов механико-математического факультета. –Х.: ХНУ имени В. Н. Каразина, 2006. –607 с.

51. Кибернетический сборник. Новая серия. Вып. 25. Сб. статей 1983 – 1985 гг.: Пер. с англ. –М.:Мир. –1988. –237 с.

52. *Кизимов А. Т.*, *Березин Д. Р.*, *Карабаш Д. М.*, *Летунов Д. А.* Бесплатформенная инерциальная курсовертикаль для легкого беспилотного летательного аппарата // Датчики и системы. –2011. –№4. –С. 37–42.

53. *Киселев Л. В.* О точности стабилизации автономного подводного аппарата. Подводные роботы и их системы/ Отв. ред. Л. В. Киселев. Под общ. ред. М. Д. Агеева. –Владивосток: Дальнаука, 1995. –С. 84–93.

54. *Кихней Г. П.*, *Филаретов В. Ф.*, *Юрчик Ф. Д.* Разработка и испытание

подводного осмотрового комплекса. //Тез. докл. Всесоюзной школы. Технические средства и методы освоения океанов и морей, Москва, Институт океанологии АН СССР. – 1989. –Т. 1–С. 95.

55. *Козлов В. И.* Самонастраивающиеся системы с релейными элементами. – М.: Энергия, 1974. –88 с.

56. *Ковальчук А. К.* Полуавтоматическое управление подвижным манипуляционным роботом вблизи объекта работ // Тез. докл. V Всесоюзной конф. Технические средства изучения и освоения океана, Ленинград, Кораблестроительный институт. – 1985. – Вып. 2. –С. 85.

57. *Коноплин А. Ю.* Метод синтеза системы автоматического управления режимом движения схвата манипулятора по сложным пространственным траекториям // Сб. работ победителей отборочного тура Всероссийского конкурса научно-исследовательских работ студентов, аспирантов и молодых ученых по нескольким междисциплинарным направлениям. / Мин-во образования и науки РФ, Юж.-Рос. гос. техн. ун-т. (НПИ). – Новочеркасск: Лик, 2011. –С. 186–188.

58. *Коноплин А. Ю.* Система автоматической коррекции программной траектории движения многозвенного манипулятора, установленного на подводном аппарате // Сб. трудов 4-ой Всероссийской конференции молодых ученых и специалистов《Будущее машиностроения России》, Москва. –2011. –С. 257–259.

59. *Коренев Г. В.* Целенаправленная механика управляемых манипуляторов. – М.: Наука, 1979. –447 с.

60. *Корпачев В. П.* Теоретические основы водного транспорта леса: Учебное пособие для вузов. –М.: Издательство "Академия Естествознания", 2009. –237 с.

61. *Корн Т.*, *Корн Г.* Справочник по математике. –М.: Наука, 1973. –832 с.

62. *Красовский В. П.*, *Евтушенко В. В.*, *Гусарова И. С.* Опыт гидробиологических исследований с использованием телеуправляемого и автономного подводных аппаратов. // Владивосток: ИПМТ ДВО РАН сборник《Морские технологии》. – 1998. – Вып. 2. – С. 219–229.

63. *Крутько П. Д.* Алгоритмы адаптивного управления исполнительными системами манипуляторов // Изв. АН СССР. Техническая кибернетика. –1988. –№4. –С. 3–13.

64. *Крутько П. Д.*, *Лакота Н. А.* Конструирование алгоритмов управления движением манипуляционных роботов на основе решения обратной задачи динамики // Изв. АН. СССР. Техническая кибернетика. –1981. –№1. –С. 52–58.

65. *Крутько П. Д.*, *Лакота Н. А.* Синтез алгоритмов управления движением роботов по методу обратных задач динамики. Координатная форма задания траекторий // Изв. АН. СССР. Техническая кибернетика. –1982. –№1. –С. 154–159.

66. *Крутько П. Д.* Обратные задачи динамики управляемых систем. – М.: Наука, 1987. –307 с, 1988. –328 с.

67. *Крутько П. Д.*, *Лакота Н. А.* Метод обратных задач динамики в теории конструирования алгоритмов управления манипуляционных роботов. Задача стабилизации // Изв. АН. СССР. Техническая кибернетика. –1987. –№3. –С. 82–91.

68. *Крутько П. Д.*, *Лакота Н. А.* Метод обратных задач динамики в теории конструирования алгоритмов управления манипуляционных роботов. Осуществление назначенных траекторий // Изв. АН. СССР. Техническая кибернетика. –1987. –№4. –С. 190–199.

69. *Куаффе Ф.* Взаимодействие робота с внешней средой. –М.: Мир, 1985. –285 с.

70. *Кулаков Ф. М.* Супервизорное управление манипуляционными роботами. –М.: Наука, 1980. –448 с.

71. *Куропаткин П. В.* Оптимальные и адаптивные системы. –М.: Высшая школа, 1980. –287 с.

72. *Лебедев А. В.* Синтез адаптивной системы управления пространственным положением подводного робота. Диссертационная работа на соискание ученой степени кандидата технических наук. –Владивосток: Издательство ДВГТУ, 1997. –133 с.

73. *Лебедев А. В.* Синтез алгоритма и устройства формирования траектории движения динамического объекта с учетом ограничений на управляющие сигналы // Матер. IX Междунар. Четаевской конф. "Аналитическая механика, устойчивость и управление движением". Иркутск. –2007. –Т. 4. –С. 137–145.

74. *Лебедев А. В.*, *Филаретов В. Ф.* Анализ системы второго порядка с переменной структурой и неидеальностью переключающего устройства // Автометрия. –2006. –Т. 42. –№2. –С. 21–28.

75. *Лебедев А. В.*, *Филаретов В. Ф.* Децентрализованное адаптивное управление скоростью движения подводного робота // Мехатроника. –2000. –№6. –С. 35–39.

76. *Лебедев А. В.*, *Филаретов В. Ф.* Исследование зависимости параметра скольжения от текущего состояния адаптивной системы с переменной структурой // Дальневосточный математический журнал. –2000. –№1. –С. 74–85.

77. *Лебедев А. В.*, *Филаретов В. Ф.* Синтез многоканальной системы с переменной структурой для управления пространственным движением подводного аппарата // Мехатроника, автоматизация, управление. –2005. –№3. –С. 170–176.

78. *Лебедев А. В.*, *Филаретов В. Ф.*, *Стаценко О. М.* Многоканальная самонастраивающаяся система централизованного управления движением подводного робота // Мехатроника. –2001. –№9. –С. 41–45.

79. *Лебедев А. В.* Формирование желаемой траектории пространственного движения динамического объекта // Сб. тр. ДВО РИА. Вып. 9. –Владивосток: Издво ДВГТУ, 2004. –С. 68–71.

80. *Лебедев А. В.*, *Филаретов В. Ф.*, *Юхимец Д. А.* Разработка методов синтеза адаптивных систем управления пространственным движением подводных аппаратов //

Сб. научных статей к тридцатилетию ИАПУ ДВО РАН. –Владивосток: ИАПУ ДВО РАН, 2001. –С. 82–95.

81. *Лобанов В. А.* Справочник по технике освоения шельфа. – Л.: Судостроение, 1983. –288 с.

82. *Лукошков А. В.* Техника исследования морского дна. –Л.: Судостроение, 1984. –264 с.

83. *Малышев В. А., Тимофеев А. В.* Динамика манипулятора и адаптивное управление // Автоматика и телемеханика. –1981. –№8. –С. 90–98.

84. *Мартынов А. К.* Экспериментальная аэродинамика. – М.: Государственное издательство оборонной промышленности, 1958. –348 с.

85. *Медведев В. С., Лесков А. Г., Ющенко А. С.* Системы управления манипуляционных роботов. –М.: Наука, 1978. –416 с.

86. Методы робастного, нейро-нечеткого и адаптивного управления / Под ред. Н. Д. Егупова. –М.: Изд-во МГТУ им. Баумана, 2002. –744 с.

87. Механика промышленных роботов. Кн. 2: Расчет и проектирование механизмов / Под. ред. К. В. Фролова, Е. И. Воробьева. –М.: Высшая Школа, 1988. –367 с.

88. *Милн П.* Подводные инженерные исследования. Пер. с англ. – Л.: Судостроение, 1984. –340 с.

89. *Монин А. С., Ястребов В. С., Боровиков П. А.* Использование технических средств обеспечения подводных работ для научных исследований и решения народнохозяйственных задач // Итоги науки и техники. 《Водный транспорт》. –1980. –Т. 8. Освоение ресурсов океана. –С. 6–16.

90. *Мышляев Ю. И.* Алгоритмы управления линейными объектами в условиях параметрической неопределенности на основе настраиваемого скользящего режима // Мехатроника, автоматизация, управление. –2009. –№2. –С. 11–16.

91. *Нарусбаев А. А.* Катастрофы в морских глубинах. –Л.: Судостроение, 1982. –104 с.

92. Необитаемые подводные аппараты военного назначения / Под ред. акад. М. Д. Агеева. –Владивосток: Дальнаука, 2005. –164 с.

93. *Нестеров Н. А., Холомеева М.* Гидролокатор бокового обзора 《GLORIA》 и обследование экономических зон // Судостроение за рубежом. –1989. –№2. –С. 59–63.

94. *Носов Р. Р., Пушкин М. М.* Адаптивное управление в линейно-квадратичной задаче в условиях априорной неопределенности // Изв. АН СССР. Техническая кибернетика. –1987. –№4. –С. 153–158.

95. Океанологическая энциклопедия / Перевод с английского, – Л.: Гидрометеоиздат, 1974. –631 с.

96. *Павловский В. Е., Забегаев А. Н., Калиниченко А. В., Павловский В. В.* Объединенная система навигации мобильного робота по маякам и видеоориентирам // Мехатроника, автоматизация и управление. –2011. –№10. –С. 66–71.

97. *Палис Ф. , Филаретов В. Ф. , Цепковский Ю. , Юхимец Д. А.* Особенности синтеза прогнозирущих систем с нейрофаззи сетями для управления нелинейными динамическими объектами с переменными параметрами // Мехатроника, автоматизация, управление. –2007. –№4. –С. 11–18.

98. *Палис Ф. , Филаретов В. Ф. , Цепковский Ю. А. , Юхимец Д. А.* Применение нейрофаззи сетей для управления движителями подводных аппаратов // Мехатроника, управление и автоматизация. –2006. –№3. –С. 25–33.

99. *Пантов Е. Н. , Махин Е. Е. , Шереметов Б. Б.* Основы теории движения подводных аппаратов. –Л. :Судостроение, 1973. –209 с.

100. Патент РФ №1571548. Релейная адаптивная система / А. А. Дыда. БИ №22. 1990.

101. Патент РФ №2147985. Устройство для управления движителем подводного робота / В. Ф. Филаретов, А. В. Лебедев, Д. А. Юхимец. БИ №12. 2000.

102. Патент РФ №2209718. Устройство для управления движителем подводного робота / В. Ф. Филаретов, А. В. Лебедев, Д. А. Юхимец. БИ №22. 2003.

103. Патент РФ №2215318. Адаптивная система с переменной структурой для управления скоростью движения подводного робота / В. Ф. Филаретов, Д. А. Юхимец. БИ №30. 2003.

104. Патент РФ №2445670. Способ управления движением динамического объекта по пространственной траектории / В. Ф. Филаретов, Д. А. Юхимец. БИ №8. 2012.

105. Патент РФ №2451970. Способ управления движением динамического объекта по пространственной траектории / В. Ф. Филаретов, Д. А. Юхимец. БИ №15. 2012.

106. Патент РФ №2453891. Устройство формирования программных сигналов управления / В. Ф. Филаретов, Д. А. Юхимец. БИ №24. 2012.

107. Патент РФ № 2462745. Система коррекции траектории движения манипулятора // В. Ф. Филаретов, А. Ю. Коноплин. Бюл. №27. 2012.

108. Патент РФ № 2475799. Способ управления подводным манипулятором в режиме зависания подводного аппарата // В. Ф. Филаретов, А. Ю. Коноплин патент. БИ №5. 2013.

109. Патент РФ № 2487008. Электропривод манипулятора // В. Ф. Филаретов, А. Ю. Коноплин патент. БИ № 19. 2013.

110. Патент РФ №2523187. Устройство для формирования программных сигналов управления пространственным движением динамических объектов / В. Ф. Филаретов, Д. А. Юхимец. БИ №20. 2014.

111. Патент РФ №2522856. Устройство для формирования программных сигналов управления пространственным движением динамических объектов / В. Ф. Филаретов, Д. А. Юхимец. БИ №20. 2014.

112. Патент РФ №2522855. Устройство для формирования программных сигналов

управления пространственным движением динамических объектов / В. Ф. Филаретов, Д. А. Юхимец, А. А. Кацурин. БИ №20. 2014.

113. Патент РФ №2523186. Устройство для формирования программных сигналов управления пространственным движением динамических объектов / В. Ф. Филаретов, Д. А. Юхимец. БИ №20. 2014.

114. *Пельпор Д. С.*, *Михалев И. А.*, *Бауман В. А.* Гироскопические приборы и системы: Учеб. для вузов по спец. 《Гироскоп. приборы и устройства》, 2-е изд., перераб. и доп. –М.: Высш. шк., 1988. –424 с.

115. *Письменный Г. В.* Полуавтоматическая система управления подводными манипуляторами // Тез. докл. Всесоюзного совещания по робототехническим системам. –М.: Наука, 1978. –С. 131.

116. *Петров Б. Н.*, *Соколов Н. И.*, *Липатов А. В.* Системы автоматического управления объектами с переменными параметрами. –М.: Машиностроение, 1986. –256 с.

117. *Петров Б. Н.*, *Рутковский В. Ю.*, *Крутова И. Н.* Принципы построения и проектирования самонастраивающихся систем управления. –М.: Машиностроение, 1972. –260 с.

118. *Поляк Б. Т.*, *Щербаков П. С.* Робастная устойчивость и управление. –М.: Наука, 2003. –303 с.

119. *Попов А. В.* О способах оценки сил и моментов при взаимодействии манипулятора с окружающей средой // Научно-Технические Ведомости СПбГТУ–2006. –№5. –Т. 1. –С. 169–172.

120. *Попов Е. П.*, *Верещагин А. Ф.*, *Зенкевич С. Л.* Манипуляционные роботы. Динамика и алгоритмы. –М.: Наука, 1978. –400 с.

121. *Попов Е. П.* Теория линейных систем автоматического регулирования и управления. –М.: Наука, 1978. –256 с.

122. *Попов Е. П.* Теория нелинейных систем автоматического регулирования и управления. –М.: Наука, 1979. –256 с.

123. *Ракитин И. Я.* Подводные робототехнические системы. –М.: НИП《МОРЕ》, 2002. –191 с.

124. *Рождественский В. В.* Перспективы развития и использования подводных технических средств для изучения и освоения мирового океана // Тез. докл. на V Всесоюзной конф. Технические средства изучения и освоения океана, Ленинград. –1985. –С. 5–6.

125. *Рутковская Д.*, *Пилиньский М.*, *Рутковский Л.* Нейронные сети, генетические алгоритмы и нечеткие системы. –М.: Горячая линия-Телеком, 2004. –452 с.

126. *Сагалевич А. М.* Глубина. –М. Научный мир, 2002. –320 с.

127. Свидетельство о государственной регистрации программного обеспечения для

ЭВМ №2014614570. Программа для расчета гладкой траектории движения для мехатронного объекта на основе сплайна Безье/ В. Ф. Филаретов, Д. А. Юхимец, Э. Ш. Мурсалимов, 2014.

128. Свидетельство о государственной регистрации программного обеспечения для ЭВМ №2014614566. Следящий режим движения мехатронного объекта по заданной траектории с заданной скоростью/ В. Ф. Филаретов, Д. А. Юхимец, Э. Ш. Мурсалимов, 2014.

129. Свидетельство о государственной регистрации программного обеспечения для ЭВМ №2014614569. Программа для расчета отклонения положения мехатронного объекта от заданной гладкой траектории/ В. Ф. Филаретов, Д. А. Юхимец, Э. Ш. Мурсалимов, 2014.

130. Свидетельство о государственной регистрации программного обеспечения для ЭВМ №2012617265. Модуль для комплексной обработки данных с датчиков с использованием нелинейного фильтра Калмана/ В. Ф. Филаретов, Д. А. Юхимец, Э. Ш. Мурсалимов, 2012.

131. Свидетельство о государственной регистрации программного обеспечения для ЭВМ №2012614469. Блок для синхронизации и обмена даннымиMatlab \ Simulink со сторонним программным обеспечением/ В. Ф. Филаретов, Д. А. Юхимец, Э. Ш. Мурсалимов, 2012.

132. Синхронизация нескольких экземпляров Matlab по UDP протоколу [Электронный ресурс]: вебсайт содержит решение задачи синхронизации нескольких моделей среды моделирования Matlab - Электр. дан. - 2014. Режим доступа - http:// matlab. exponenta. ru/simulink/book3/14. php свободный. -Загл. с экрана.

133. *Соколов Н. И.* , *Рутковский В. Ю.* , *Судзиловский Н. В.* Адаптивные системы автоматического управления летательными аппаратами. -М.: Машиностроение, 1988. - 208 с.

134. *Солодовников В. В.* , *Шрамко Л. С.* Расчет и проектирование аналитических самонастраивающихся систем с эталонными моделями. -М.: Машиностроение, 1972. - 270 с.

135. Терминологический словарь-справочник по гидроакустике / Под ред. А. Е. Колесникова. -Л.: Судостроение, 1989. -368 с.

136. *Тимофеев А. В.* Адаптивные робототехнические системы. - М.: Машиностроение, 1988. -332 с.

137. *Трупов А. Н.* Математическая модель подводного аппарата с учетом динамических свойств управляющих систем // Проектирование подводных аппаратов. Сборник научных трудов. -1990. -С. 35-40.

138. Угроза из глубины XXI век / Под ред. адм. К. С. Сиденко-Хаб.: КГУП кр. тип. , 2001. -304 с.

139. *Уткин В. И.* Скользящие режимы в задачах оптимизации и управления. –М.: Наука, 1982. –368 с.

140. *Уткин В. И.* Скользящие режимы и их применение с системах с переменной структурой. –М.: Наука, 1974. –272 с.

141. *Филаретов В. Ф.* Синтез самонастраивающихся систем управления электроприводами манипуляционных механизмов // Известия ВУЗов. Приборостроение. –1989. –№12. –С. 24–28.

142. *Филаретов В. Ф.* Самонастраивающиеся системы управления приводами манипуляторов. –Владивосток: ДВГТУ, 2000. –304 с.

143. *Филаретов В. Ф., Алексеев Ю. К., Лебедев А. В.* Системы управления подводными роботами. –М.: Круглый год, 2001. –288 с.

144. *Филаретов В. Ф., Бобков В. А., Юхимец Д. А., Мельман С. В., Борисов Ю. С.* Программный комплекс моделирования пространственного движения автономного подводного аппарата // Мехатроника, автоматизация, управление. –2007. –№1. –С. 8–13.

145. *Филаретов В. Ф., Бобков В. А., Юхимец Д. А., Мельман С. В., Борисов Ю. С.* Особенности виртуального моделирования движений подводного аппарата с учетом воздействий со стороны окружающей вязкой среды // Мехатроника, автоматизация, управление. –2008. –№4. –С. 41–46.

146. *Филаретов В. Ф., Губанков А. С.* Синтез адаптивных систем управления, настраивающихся по амплитудным частотным характеристикам объектов с переменными параметрами // Мехатроника, автоматизация, управление. –2010. –№1. –С. 15–21.

147. *Филаретов В. Ф., Жирабок А. Н., Юхимец Д. А.* Создание, управление и диагностирование подводных аппаратов с одним маршевым движителем // Вестник ДВО РАН. –2005. –№6. –С. 166–173.

148. *Филаретов В. Ф., Кацурин А. А., Пугачев Ю. А.* Метод полуавтоматического комбинированного управления манипулятором с помощью подвижной телекамеры // Мехатроника, автоматизация, управление. –2009. –№2. –С. 38–45.

149. *Филаретов В. Ф., Кацурин А. А.* Метод полуавтоматического позиционного управления манипулятором с помощью телекамеры, изменяющей пространственную ориентацию своей оптической оси // Мехатроника, автоматизация, управление. –2008. –№9. –С. 15–22.

150. *Филаретов В. Ф., Кавалло Э., Микелини Р., Юхимец Д. А.* Особенности создания систем управления подводным аппаратом с одним поворотным движителем // Труды междун. школы-семинара《Адаптивные роботы–2004》. Санкт-Петербург. –2004. –С. 33–36.

151. *Филаретов В. Ф., Кихней Г. П., Юрчик Ф. Д.* Об одном способе телеуправления манипулятором // Изв. ВУЗов. Электромеханика. –№3. –1992. –С. 94–98.

152. *Филаретов В. Ф., Кихней Г. П., Юрчик Ф. Д.* Способ полуавтоматического управления манипулятором // Изв. ВУЗов. Электромеханика. – №№1 – 2. – 1995. – С. 79–83.

153. *Филаретов В. Ф., Кихней Г. П., Юрчик Ф. Д.* Разработка способа полуавтоматического телеуправления манипуляционными роботами // Материалы межд. Научно-тех. конф. Санкт-Петербург. –1996. –С. 139–145.

154. *Филаретов В. Ф., Коноплин А. Ю.* Система автоматической коррекции программной траектории движения многозвенного манипулятора, установленного на подводном аппарате // Мехатроника, автоматизация, управление. –2013. –№1. –С. 40–45.

155. *Филаретов В. Ф., Коноплин А. Ю.* Система автоматической коррекции программной траектории движения многозвенного манипулятора, установленного на подводном аппарате // Материалы Всероссийской научно-технической конференции 《Экстремальная робототехника》. Санкт-Петербург. –2012. –С. 295–302.

156. *Филаретов В. Ф., Лебедев А. В., Юхимец Д. А.* Разработка двухуровневых систем управления движением необитаемых подводных аппаратов по сложным пространственным траекториям // Известия ВУЗов. Машиностроение. – 2011. – Специальный выпуск《Специальная робототехника и мехатроника》. –С. 17–25.

157. *Филаретов В. Ф., Лебедев А. В., Юхимец Д. А.* Синтез и исследование самонастраивающейся системы управления движителями подводного аппарата // Известия ВУЗов. Электромеханика. –2000. –№4. –С. 60–64.

158. *Филаретов В. Ф., Лебедев А. В., Юхимец Д. А.* Системы и устройства управления подводных роботов. –М.: Наука, 2005. –270 с.

159. *Филаретов В. Ф, Русских А. А.* Особенности формирования сил и моментов, действующих на звено манипулятора, совершающего произвольные движения в водной среде / Вестник ДВГТУ. –2009. –№2. –С. 91–97.

160. *Филаретов В. Ф., Юхимец Д. А.* Высокоскоростной автономный робот с одним маршевым движителем // Информационно-измерительные и управляющие системы. – 2006. –Т. 4. –№№1–3. –С. 67–72.

161. *Филаретов В. Ф., Юхимец Д. А., Коноплин А. Ю.* Метод синтеза системы автоматического управления режимом движения схвата манипулятора по сложным пространственным траекториям // Мехатроника, автоматизация, управление. –2012. – №6. –С. 47–53.

162. *Филаретов В. Ф., Юхимец Д. А., Коноплин А. Ю.* Синтез системы автоматического формирования программных сигналов движения многозвенного манипулятора // Труды научно-технической конференции《Мехатроника, автоматизация и управление 2010》. С. –Пб. –2010. –С. 404–407.

163. *Филаретов В. Ф., Юхимец Д. А., Лебедев А. В.* Разработка методов и алгоритмов управления движением необитаемых подводных аппаратов по сложным

пространственным траекториям при существенных изменениях их параметров // Материалы международной научно-технической конференции 《 Экстремальная робототехника-2011》. С-Пб. -2011. -С. 175-183.

164. *Филаретов В. Ф.* , *Юхимец Д. А.* , *Мурсалимов Э. Ш.* Верификатор для проверки миссий автономного подводного аппарата // Информационно-управляющие и измерительные системы. -2011. -Т. 9. -№11. -С. 44-51.

165. *Филаретов В. Ф.* , *Юхимец Д. А.* , *Мурсалимов Э. Ш.* Метод идентификации параметров математической модели подводного аппарата // Мехатроника, автоматизация и управление. -2012. -№10. -С. 64-70.

166. *Филаретов В. Ф.* , *Юхимец Д. А.* , *Мурсалимов Э. Ш.* Метод комплексирования данных с навигационных датчиков подводного аппарата с использованием нелинейного фильтра Калмана // Мехатроника, автоматизация, управление. -2012. -№8. -С. 64-70.

167. *Филаретов В. Ф.* , *Юхимец Д. А.* , *Мурсалимов Э. Ш.* Особенности использования программной среды 《 MATLAB 》 для визуального моделирования движений многозвенных манипуляторов // Мехатроника, автоматизация, управление. -2010. -№9. -С. 66-71.

168. *Филаретов В. Ф.* , *Юхимец Д. А.* , *Мурсалимов Э. Ш.* Программное обеспечение для проверки миссий автономного подводного аппарата // Материалы 4-ой Всероссийской мультиконференции по проблемам управления. Дивноморское. -2011. -Т. 2. -С. 421-423.

169. *Филаретов В. Ф.* , *Юхимец Д. А.* , *Мурсалимов Э. Ш.* , *Jen-Hwa Guo*, *Huang Shengwei.* Экспериментальное исследование системы адаптивного формирования программных сигналов движения подводных аппаратов // Материалы 6-ой Всероссийской мультиконференции МКПУ. Дивноморское-2013. -С. 215-219.

170. *Филаретов В. Ф.* , *Юхимец Д. А.* Об особенностях управления автономным подводным аппаратом с одним движителем в терминальном режиме // Материалы междун. научно-технич. конф. 《 Мехатроника автоматизация, управление 》. Дивноморское. -2007. -С. 312-316.

171. *Филаретов В. Ф.* , *Юхимец Д. А.* Особенности определения величины шага квантования входного сигнала адаптивной системы с переменной структурой // Сб. докладов IV Всероссийской конференции 《Математика, информатика, управление》. Иркутск. -2005. -С. 1-8.

172. *Филаретов В. Ф.* , *Юхимец Д. А.* Особенности формирования траектории автономного подводного аппарата с одним поворотным движителем // Материалы II междун. конф. 《Технические проблемы освоения Мирового океана》. Владивосток. -2007. -С. 111-116.

173. *Филаретов В. Ф.* , *Юхимец Д. А.* Предективное формирование траектории подводного аппарата с одним поворотным движителем // Сб. трудов 5-ой научно-

технической конф. 《Мехатроника, автоматизация, управление》. С. –Петербург. –2008. –С. 306–309.

174. *Филаретов В. Ф.* , *Юхимец Д. А.* Синтез адаптивной системы управления пространственным положением подводного робота // Мехатроника. – 2001. – №1. – С. 54–58.

175. *Филаретов В. Ф.* , *Юхимец Д. А.* Синтез нейронной сети для решения обратной задачи кинематики параллельного манипулятора // Труды 7 междун. научно-техн. конф. 《Кибернетика и высокие технологии XXI》. Воронеж. –2007. –Т. 1. –С. 52–63.

176. *Филаретов В. Ф.* , *Юхимец Д. А.* Синтез системы автоматического формирования программных сигналов управления движением подводного аппарата по сложным пространственным траекториям // Известия РАН. Теория и системы управления. –2010. –№1. –С. 99–107.

177. *Филаретов В. Ф.* , *Юхимец Д. А.* Синтез системы автоматического формирования скорости движения подводного робота // Материалы международной научно-технической конференции 《Экстремальная робототехника. Нано-, микро-и макророботы》. Дивноморское. –2009. –С. 59–62.

178. *Филаретов В. Ф.* , *Юхимец Д. А.* Способ формирования программного управления скоростным режимом движения подводных аппаратов по произвольным пространственным траекториям с заданной динамической точностью // Известия РАН. Теория и системы управления. –2011. –№4. –С. 167–176.

179. *Филаретов В. Ф.* , *Юхимец Д. А.* Сравнительный анализ различных систем управления движением подводного аппарата // Сб. трудов ДВО РИА. Вып. 8. – Владивосток: ДВГТУ. –2003. –С. 28–42.

180. *Филаретов В. Ф.* , *Юхимец Д. А.* Сравнительный анализ эффективности работы линейной и робастной систем управления при движении подводного аппарата по сложным пространственным траекториям // Материалы 5 междун. научно-практ. конф. “Проблемы транспорта Дальнего востока”. Владивосток. –2003. –С. 11–15.

181. *Филаретов В. Ф.* , *Юхимец Д. А.* , *Щербатюк А. Ф.* , *Мурсалимов Э. Ш.* , *Туфанов И. Е.* Синтез и исследование системы контурного управления движением подводного аппарата // Труды всероссийского совещания по проблемам управления. Москва. –2014. –С. 3338–3350.

182. *Филимонов Н. А.* О применимости схем нейронного управления на основе инверсно-прямой модели обучения // Мехатроника, автоматизация, управление. –2004. – №10. –С. 54–60.

183. *Фомин В. Н.* , *Фрадков А. Л.* , *Якубович В. А.* Адаптивное управление динамическими объектами. –М. : Наука, 1981. –447 с.

184. *Фридлендер Г. О.* , *Козлов М. С.* Авиационные гироскопические приборы. –М. : Оборонгиз, 1961. –390 с.

185. *Юрнев А. П.* , *Сахаров Б. Д.* , *Сытин А. В.* Аварии под водой. – Л. : Судостроение, 1986. –126 с.

186. *Юрнев А. П.* , *Сытин А. В. и др.* Необитаемые подводные аппараты. – М. : Воениздат, 1975. –159 с.

187. *Юрьев Б. Н.* Экспериментальная аэродинамика. Часть 1. Теоретические основы экспериментальной аэродинамики. –М. : Оборонгиз, 1939. –302 с.

188. *Юхимец Д. А.* Синтез нечеткой системы автоматического формирования желаемой скорости движения подводного робота // Материалы 2-й Всероссийской конференции молодых ученых и специалистов《Будущее машиностроения России》(CD-ROM). Москва. –2009. –С. 1–8.

189. *Юхимец Д. А.* Синтез систем автоматического формирования программных сигналов движения подводных аппаратов // Сборник докладов Всероссийской научной конференции《Фундаментальные и прикладные вопросы механики и процессов управления》. –Владивосток: ИАПУ ДВО РАН, 2011. –С. 540–545.

190. *Шахиппур М.* Курс робототехники. –М. : Мир, 1990. –527 с.

191. *Ястребов В. С.* , *Армишев С. В.* Алгоритмы адаптивного движения подводного робота. –М. :Наука, 1988. –85 с.

192. *Ястребов В. С.* , *Игнатьев М. Б.* , *Кулаков Ф. М. и др.* Подводные роботы. –Л. : Судостроение, 1977. –367 с.

193. *Ястребов В. С.* Подводные телеуправляемые аппараты // Итоги науки и техники. Серия《Водный транспорт》. – 1980. – Т. 8. Освоение ресурсов океана. – С. 76–88.

194. *Ястребов В. С.* Телеуправляемые подводные аппараты (с манипуляторами). – Л. : Судостроение, 1973. –199 с.

195. *Ястребов В. С. и др.* Системы и элементы глубоководной техники для подводных исследований. –Л. : Судостроение, 1981. –304 с.

196. *Ястребов В. С.* , *Филатов А. М.* Системы управления движением робота. –М. : Машиностроение, 1979. –176 с.

197. *Anjum M. L.* , *Park J.* , *Hwang H.* , *and other.* Sensor Data Fusion using Unscented Kalman Filter for Accurate Localization of Mobile Robots // Proc. of International Conference on Control, Automation and Systems 2010, Gyeonggi-do, Korea. –2010. –P. 947–952.

198. *Antonelly G.* Underwater Robots. Motion and Force Control of Vehicle-Manipulator Systems-Springer-Verlag, 2006.

199. *Bartels R.* , *Beatty J.* , *Barsky B.* An Introduction to Splines for Use in Computer Graphics and Geometric Modeling. –Morgan Kaufmann, 1987. –476 p.

200. *Baruch I.* , *Hernandez L. –A.* , *Valle J. –R.* , *Barrera-Cortes J.* Sliding Mode Control of Aerobic Bioprocess using Recurrent Neural Identifier // Proc. of 16-th IFAC Congress. –2005. – Paper Tu–A21–TO/4.

201. *Batlle J., Fuertes J. M., Marti J., Pacheco L., Melendez J.* Telemanipulated Arm for Underwater Applications // Proc. of the seventh Int. Conf. on Advanced Robotics. Catalonia. Spain. -1995. -Vol. 1. -P. 267-272.

202. *Bessa W. M., Dutra M. S., Kreuzer E.* Depth control of remotely operated underwater vehicles using an adaptive fuzzy sliding mode controller // Robot. Auton. Syst. -2008. -Vol. 56. -P. 670-677.

203. *Bian X., Yan Z., Chen T., Yu D., Zhao Y.* Mission management and control of BSA-AUV for ocean survey // Ocean Engineering. -2012. -Vol. 55. -P. 167-174.

204. *Boeing A., Bräunl T.* SubSim: An autonomous underwater vehicle simulation package // Proceedings of the 3rd International Symposium on Autonomous Minirobots for Research and Edutainment (AMiRE 2005). -2006. -P. 33-38.

205. *Brown J., Tuggle C., MacMahan J., Reniers A.* The use of autonomous vehicles for spatially measuring mean velocity profiles in rivers and estuaries // Intelligent Service Robotics. -2011. -№4. -P. 233-244.

206. *Bulter H., Honderd G., Amerongen J. V.* Reference Model Decomposition in Direct Adaptive Control // International Journal of Adaptive Control and Signal Processing. -1991. -Vol. 5-№3-P. 199-217.

207. *Caccia M., Indiveri G., Veruggio G.* Modelling and identification of open-frame variable configuration unmanned underwater vehicles // IEEE Journal of Oceanic Engineering. -2000. -Vol. 25-No. 2. -P. 227-240.

208. *Cao J., Su Y., Zhao J.* Design of an Adaptive Controller for Dive-plane Control of a Torpedo-shaped AUV // Journal of Marine Science and Applications. -2011 -Vol. 33. -P. 333-339.

209. *Cavallo E., Michelini R., Filaretov V. F.* Conceptual design of an AUV equipped with a three degrees of freedom vectored thruster // Int. Journal. Intelligent and Robotic Systems. -2004. -Vol. 39. -P. 365-391.

210. *Chatchanayuenyong T., Parnichkun M.* Neural network based-time optimal sliding mode control for an autonomous underwater robot // Mechatronics. -2006. -No. 16. -P. 471-478.

211. *Chen-Wei Chen, Jen-Shiang Kouh, and Jing-Fa Tsai.* Modeling and Simulation of an AUV Simulator With Guidance System // IEEE Journal Of Oceanic Engineering. -2013. -Vol. 38. -No. 2. -P. 211-226.

212. *Chyba M., Cazzaro D., Invernizzi L., Andonian M.* Trajectory Design for Autonomous Underwater Vehicles for Basin Exploration // Proc. of the 9th International Conference on Computer and IT Applications in the Maritime Industries. -2010. -P. 139-151.

213. *Clarke D.* Advances in Model-Based Predictive Control. -Oxford University Press, 1994. -535 p.

214. *Conrado de Souza E, Maruyama N.* μ-Synthesis for Unmanned Underwater Vehicles

Current Disturbance Rejection // Journal of the Brazil Society of Mech. Sci. & Eng. -2011. -Vol. XXXIII. -No. 3. -P. 357-365.

215. *Craven P.*, *Sutton R.*, *Burns R.* Control strategies for unmanned underwater vehicles // The Journal of Navigation. -1998. -Vol. 51. -No. 1. -P. 79-105.

216. *Curado F.*, *Novel T.* Approaches to Geophysical Navigation of Autonomous Underwater Vehicles // Proc. of the 4th International Conference Computer Aided Systems Theory (EUROCAST 2013). -2013. -Vol. II. -P. 349-356.

217. *Damus R.*, *Desset S.*, *Morash J.*, *Polidoro V.*, *Hover F.*, *Chryssostomidis C.* A new paradigm for ship hull inspection using a holonomic hover-capable AUV // Informatics in Control, Automation and Robotics. -Springer, 2006. -P. 195-200.

218. *de Boor C.* A practical guide to splines, Rev. 27. -Springer, 2001. -366 p.

219. *Digaňa T.* Kalman filtering in multi-sensor fusion // Master' s Thesis for the degree of Master of Science in Technology. -Helsinki University of Technology, 2004. -138 p.

220. *Dubovsky S.*, *Papadopoulos E.* The Kinematis, Dynamic and Control of Free-Flying and Free-Floating space systems // IEEE Tran. on Robotic and Automation. -1993. -Vol. 9. -No. 5. -P. 531-543.

221. *Dyda A. A.*, *Filaretov V. F.* Algorithm of Time-Sub-Optimal Control for Robots Manipulator Drives // Proc. of the 12th World IFAC Congress. Sydney, Australia. -1993. -P. 314-319.

222. *Dyda A. A.* Design of Adaptive VSS Algorithm for Robot Manipulator Control // Proc. of the 1st Asia Control Conf. Tokyo, Japan. -1994. -P. 215-221.

223. *Egeskov P.*, *Bjerrum A.*, *Pascoal A.*, *Silvestre C.*, *Aage C.*, *Wagner Smitt L.* Design, construction and hydrodynamic testing of the AUV MARIUS // Proceedings of the AUV Conference. Cambridge, Massachusetts. -1994. -P. 199-207.

224. *Ferri G.*, *Jakuba M. V.*, *Yoerger D. R.* A novel method for hydrothermal vents prospecting using an autonomous underwater robot // Proc. of the IEEE International Conference on Robotics and Automation. -2008. -P. 1055-1060.

225. *Filaretov V. F.*, *Dyda A. A.*, *Lebedev A. V.* The Sliding Mode Adaptive Control System for Autonomous Underwater Robot // Proc. of the 7th International Conf. on Advanced Robotics. Catalonian, Spain. -1995. -Vol. 8. -P. 263-266.

226. *Filaretov V. F.*, *Lebedev A. V.* The Variable Structure System Synthesis for Autonomous Underwater Robot // Proc. of the 4th ECPD Int. Conf. on Advanced Robotics, Intelligent Automation and Active Systems. Moscow, Russia. -1998. -P. 417-421.

227. *Filaretov V. F.*, *Lebedev A. V.*, *Dyda A. A.* The Underwater Robot Thruster Control System with Non-Linear Correction and Reference Model Self-Adjustment // CD-ROM Proc. of the European Control Conf. Karlsruhe, Germany. -1999. -F-0098. -P. 1-6.

228. *Filaretov V.*, *Yukhimets D.* Synthesis Method of Control System for Spatial Motion of Autonomous Underwater Vehicle // International Journal of Industrial Engineering and

Management (IJIEM). -2012. -Vol. 3. -No. 3. -P. 133-141.

229. *Filaretov V.*, *Yukhimets D.* Synthesis of Automatic System for Correction of Program Signal of the Underwater vehicle's Movement on Spatial Trajectory // CD-ROM Proc. of International Conference on Control, Automation and Systems ICCAS 2010. KINTEX, Korea. -2010. -P. 126-131.

230. *Filaretov V.*, *Yukhimets D.*, *Mursalimov E.* The method of identification of underwater vehicle mathematical model parameters // Proc. of the 7th IEEE International Conference on Intelligent Data Acquisition and Advanced Computing Systems, Berlin, Germany. -2013. -P. 885-890.

231. *Filaretov V. F.*, *Ukhimets D. A.* Some features of vectored thruster autonomous underwater vehicle control // Proc. of the 18th DAAAM Int. Symp. 《Intelligent Manufacturing & Automation》. Zadar, Croatia. -2007. -P. 821-822.

232. *Filaretov V. F.*, *Ukhimets D. A.* Synthesis of Underwater Robots Adaptive Velocity Control System // Proc. of the 8th IFAC Symp. on Computer Aided Control System Design. Selford, UK. -2000. -P. 216-219.

233. *Filaretov V. F.*, *Ukhimets D. A.* Adaptive Control System with Variable Structure for Underwater Robot // Proc. of the 12th DAAAM Symp. on Intelligent Automation and Manufacturing. Jena, Germany. -2001. -P. 141-142.

234. *Filaretov V. F.*, *Yukhimets D. A.* Applying Neural Network to Inverse Kinematics Task of Spherical Parallel Manipulator // Proc. of Int. Conf. on Mechatronics and Automation. Harbin, China. -2007. -P. 2865-2870.

235. *Filaretov V. F.*, *Yukhimets D. A.* Design of Adaptive Control System for Autonomous Underwater Vehicle Spatial Motion // Proc. of the 6-th Asian Control Conference. Bali, Indonesia. -2006. -P. 900-906.

236. *Filaretov V. F.*, *Yukhimets D. A.* Predictive Trajectory Planning of Vectored Thruster Underwater Vehicle with the Use of the Neural Network // Proc. of the IEEE/ASME Intern. Conf. on Advanced Intelligent Mechatronics. Xian, China. -2008. -P. 1242-1247.

237. *Filaretov V.*, *Yukhimets D.*, *Mursalimov E.* Matlab using in software for visual simulation of multilink manipulators dynamics // Proc. of First Russia and Pacific conf. on Computer Technology and Applications. Vladivostok, Russia. -2010. -P. 311-316.

238. *Filaretov V. F.*, *Yukhimets D. A.* Synthesis of the automatic correction system of the desired signal parameters // Proc. of the 19th of Intern. DAAAM Symp. Trnava, Slovakia. -2008. -P. 489-490.

239. *Filaretov V. F.*, *Yukhimets D. A.* Synthesis of the control system of vectored thruster underwater vehicle spatial motion // Proc. of the 8th Pacific/Asia Offshore Mechanics Symp. Bangkok, Thailand. -2008. -P. 8-13.

240. *Filaretov V.*, *Yukhimets D.* Synthesis of the system for automatic formation of underwater vehicle's program velocity // Proc. of the 8th International Conference on Informatics

in Control, Automation and Robotics (ICINCO 2011). Noordwijkerhout, Netherlands. -2011. -Vol. 2. -P. 439-444.

241. *Filaretov V.*, *Yukhimets D.* The synthesis of system for automatic formation of underwater vehicle's velocity // Proc. of the 20-th International DAAAM Symposium "Intelligent Manufacturing & Automation: Theory, Practice & Education". Vienna, Austria. -2010. -P. 1155-1156.

242. *Fjellstad O. E.*, *Fossen T. I.*, *Egeland O.* Adaptive Control of ROVs with Actuator Dynamics and Saturation // Proc. of the 2nd International Offshore and Polar Engineering Conference. San Francisco, USA. -1992. -P. 513-519.

243. *Fossen T. I.* Guidance and control of oceanic vehicles. -John Willei and Sons, 1994. -494 p.

244. *Fu K. S.*, *Gonzales R. C.*, *Lee C. S.* Robotics: Control, Sensing, Vision and Intelligence. -McGrow-Hill. Inc., 1987. -580 p.

245. *German C. R.*, *Yoerger D. R.*, *Jakuba M.*, *Shank T. M.*, *Langmuir C. H.*, *Nakamura K. I.* Hydrothermal exploration with the autonomous benthic explorer // Deep Sea Research Part I: Oceanographic Research Papers. -2008. -Vol. 55. -No. 2. -P. 203-219.

246. *Ghasemi-Nejhad M.*, *Sarkar N.*, *Sugihara K.* Design of a Semi-Autonomous Underwater Vehicles for Intervention Missions (SAUVIM) // Proceeding of 《Underwater Technology '98》. Tokyo, Japan. -1998. -P. 63-69.

247. *Giacomo Marani*, *Song K. Choi*, *Junku Yuh.* Underwater autonomous manipulation for intervention missions AUVs // Ocean Engineering. -2009. -Vol. 36. -No. 1-P. 15-23.

248. *Goheen K. R.* Modeling Methods for Underwater Robotic Vehicle Dynamics // Journal of Robotic Systems. -1991. -Vol . 8. -No. 3. -P. 295-317.

249. *Goheen K. R.*, *Jefferys E. R.* System Identification of ROV Dynamics // Proc. of the 8th Conf. on OMAE. Hague. -1989. -P. 87-98.

250. *Golding B.*, *Ross A.*, *Fossen T.* Identification of nonlinear viscous damping for marine vessels // 14th IFAC Symposium on System Identification. Newcastle, Australia. -2006. -P. 332-337.

251. *Goodwin G.*, *Graebe S.*, *Saldago M.* Control System Design. -Prience Hall, 2001. -908 p.

252. *Gosselin C.*, *Angeles J.* The Optimum Kinematic Design of a Spherical Three-Degree of Freedom Parallel Manipulator // ASME Mechanisms, Transmissions and Automation in Design. -1989. -Vol. 111. -P. 202-207.

253. *Gosselin C.*, *Hamel J-F.* The Agile Eye: a High Performance Three Degree of Freedom Camera Orienting Device // Proc. IEEE International Conference of Robotic and Automation. San Diego, USA. -1994. -P. 116-121.

254. *Guo J.*, *Chiu F. -C.*, *Huang C. -C.* Design of a sliding mode fuzzy controller for the guidance and control of an autonomous underwater vehicle // Ocean Engineering. -2003. -Vol.

30. –P. 2137–2155.

255. *Haddadin S.*, *Weis M.*, *Wolf S.*, *Albu-Schaeffer A.* Optimal Control for Maximizing Link Velocity of Robotic Variable Stiffness Joints // Proc. of 18-th IFAC Congress. Milan, Italy. –2011. –P. 6863–6871.

256. Hall Handbook of multisensor data fusion: theory and practice/ editors Liggins M., Hall D., Llinas J. -2nd ed. –CRC Press, 2009. –872 p.

257. *Haykin S.* Adaptive Filter Theory. –Prentice-Hall, Inc., 1996. –480 p.

258. *Haykin S.* Kalman filtering and neural networks. –John Wiley and Sons, 2001. –298 p.

259. *Healey A. J.*, *Rock S. M.*, *Cody S.*, *Miles D.*, *Brown J. P.* Toward an Improved Understanding of Thruster Dynamics for Underwater Vehicles // IEEE Journal of Oceanic Engineering. –1995. –Vol. 20. –P. 354–361.

260. *Hildebrandt M.*, *Christensen L.*, *Kerdels J.*, *Albiez J.* Realtime motion compensation for ROV-based tele-operated underwater manipulators // Proc. of Int. Conf. OCEANS 2009. Bremen, Germany. –2009. –P. 1–6.

261. *Hinüber E.* New approaches in high-performance navigation solutions for AUVs and ROVs [Электронный ресурс] –Электр. дан. –2010. Режим доступа – http://www. imar–navigation. de/downloads/papers/underwater_imar. pdf.

262. *Horgan J.*, *Toal D.* Computer vision applications in the navigation of unmanned underwater vehicles // Underwater Vehicles. –In–Tech, 2009. –582 p.

263. *Hsu L.*, *Costa R. R.*, *Lizarralde F. ets.* Underwater vehicle dynamic positioning based on a passive arm measurement system // Proc. of the Second International Advanced Robotics Programme Workshop on Mobile Robots for Subsea. Monterey, USA. –1994.

264. *Huang J.*, *Zi B.*, *Zhou J.* Sliding Mode Control with Parameter Adaptation for a Class of Cable Feed System // Proc. of ICMA 2007. Harbin, China. –2007. –P. 1202–1206.

265. *Humpfries D.* Dynamics and Hydrodynamics of Ocean Vehicles // Proc. of IEEE OCEANS'81. –1981. –Vol. 1. –P. 88–91.

266. *Ikonen E.*, *Najim K.* Advanced process identification and control. –Marsel Dekker Inc, 2002. –310 p.

267. *Irion J.*, *Ball D.*, *Horrell E.* The US Government's Role in Deepwater Archaeology: The Deep Gulf Wrecks Project // International Journal of Historical Archeology. –2008. –No. 12. –P. 75–81.

268. *Isaacs M. W.*, *Hoagg J. B.*, *Morozov A. V.*, *Bernstein D. S.* A numerical study on controlling a nonlinear multilink arm using a retrospective cost model reference adaptive controller // 50th IEEE Conference of Decision and Control and European Control Conference (CDC-ECC). –2011. –P. 8008–8013.

269. *Jin J.*, *Jung Ch.*, *Kim D.*, *Chung W.* Development of an autonomous outdoor patrol robot in private road environment // Proc. of Int. Conference on Control, Automation and Systems ICCAS 2010. Seoul, Korea. –2010. –P. 1918–1921.

270. *Julier S. J.* The scaled unscented transformation // Proc. of the 2002 American Control Conference. Jefferson City. MO, USA. -2002. -Vol. 6. -P. 4555-4559.

271. *Julier S. J.*, *Uhlmann J. K.* A new extension of the Kalman filter to nonlinear systems // Proc. of AeroSense: The 11th International Symposium on Aerospace: Defence Sensing, Simulation and Controls. -1997. -P. 182-193.

272. *Jun B. -H.*, *Lee P. -M.*, *Lee J.* Manipulability analysis of underwater robotic arms on ROV and application to task-oriented joint configuration // Proc. of Conf. Ocean'04-MTS/IEEE Techno-Ocean'04: Bridges across the Oceans. -Vol. 3. -P. 1548-1553.

273. *Kane T. R.*, *Likeus P. W.*, *Levinson D. A.* Spacecraft Dynamics. -McGraw-Hill Inc., 1983. -256 p.

274. *Kato N.*, *Inaba T.* Control Performance of Fish Robot with Pectoral Fins in Horizontal Plane // Proceeding of《Underwater Technology '98》. Tokyo, Japan. -1998. -P. 357-362.

275. *Kato N.*, *Ito Y.*, *Kojima J.*, *S. Takagi*, *Asakawa K.*, *Shirasaki Y.* Control Performance of AUV AE 1000 for Inspection Underwater Cables // Proc. of OCEANS'94. -1994. -P. 1135-1140.

276. *Khosla P.*, *Kanade T.* Parameter Identification of Robot Dynamics // Proc. of IEEE Conf. on decision and Control. Fort Lauderdale, USA. -1985. -P. 1754-1760.

277. *Kim J.* Thruster Modeling and Controller Design for Unmanned Underwater Vehicles (UUVs) // Underwater Vehicles. -Rijeka, Croatia, Springer Verlag, 2009. -P. 235-251.

278. *Kim J.*, *Han J.*, *Chung W. K.*, *Yuh J.* Accurate Thruster Modeling with Non-Parallel Ambient Flow for Underwater Vehicles // Proc. of IEEE/RSJ International Conference on Intelligent Robots and Systems. Edmonton, Canada. -2005. -P. 1737-1742.

279. *Kooa M. -S.*, *Choi H. -L.*, *Lima J. -T.* Universal control of nonlinear systems with unknown nonlinearity and growth rate by adaptive output feedback // Automatica. -2011. -Vol. 47. -P. 2211-2217.

280. *Koshkouei A.*, *Burnham K.* Sliding Mode Controllers for Active Suspensions // Proc. of 17th IFAC Congress. Seoul, Korea. -2008. -P. 1-6.

281. *Koval E. V.* Automatic stabilization system of underwater manipulation robot // Proc. of OCEANS'94. 'Oceans Engineering for Today's Technology and Tomorrow's Preservation.' -1994. -Vol. 1. -P. 807-812.

282. *Lakhekar G. V.* Tuning and Analysis of Sliding Mode Controller Based on Fuzzy Logic // International Journal of Control and Automation. -2012-Vol. 5. -No. 3. -P. 93-110.

283. *Landau I.*, *Lozano R.*, *M' Saad M.*, *Karimi A.* Adaptive Control: Algorithms, Analysis and Applications (Communications and Control Engineering). -Springer, 2011. -587 p.

284. *Lapierre L.*, *Fraisse P.*, *Dauchez P.* Position/Force Control of an Underwater Mobile Manipulator // Journal of Robotic Systems. -2003. -Vol. 20. -No. 12. -P. 707-722.

285. *Leabourne K. N.*, *Rock S. M.* Model Development Of An Underwater Manipulator For

Coordinated Arm-Vehicle Control // Proc. of Conference OCEANS' 98. –1998. –Vol. 2. –P. 941–946.

286. *Lebedev A. V.*, *Filaretov V. F.* The Analysis of Variable Structure System with the NonIdeal Switching Device // Proc. of the Second IASTED International Conf. Automation, Control and Information Technology (Automation, Control and Applications). Novosibirsk, Russia. –2005. –P. 420–424.

287. *Lee P. M.*, *Lee J. S.*, *Hong S. W.* Experimental Study of a Position Control System for ROV // Proc. of the 2nd International Offshore and Polar Engineering Conf. San Francisco, USA. –1992. –P. 533–539.

288. *Levesque B.*, *Richard M. J.* Dynamic analysis of a manipulator in a fluid environment // International Journal of RoboticsResearch. –1994. –Vol. 13. –No. 3. –P. 221–231.

289. *Lee Ching-Hung*, *Hsueh Hao-Yuan.* Velocity observer-based fuzzy adaptive control of multi-link robotic manipulators // Proc. of the International IEEE Conference Fuzzy Theory and it's Applications (iFUZZY). –2012. –P. 208–214.

290. *Li R.*, *Zhu Y. M.*, *Han C. Z.* Unified optimal linear estimation fusion // Proc. of International Conference on Information Fusion, MoC2. 10-MoC2. 17. Paris, France. –2000. –P. 486–492.

291. *Lin W. –S.*, *Yang P. –Ch.* Adaptive critic motion control design of autonomous wheeled mobile robot by dual heuristic programming // Automatica. –2008. –Vol. 44. –P. 2716–2723.

292. *Liu G. P.* Nonlinear identification and control: a neural network approach. –London, Springer, 2001. –210 p.

293. *Liu L.*, *Fu Z.*, *Song X.* Sliding Mode Control with Disturbance Observer for a Class of Nonlinear Systems // International Journal of Automation and Computing. –2012. –Vol. 9. –No. 5. –P. 487–491.

294. *Luo W. –L.*, *Zou Z. –J.* Robust Cascaded Control of Propeller Thrust for AUVs // Advances in Neural Networks. Lecture Notes in Computer Science. –2011. –Vol. 66. –P. 574–582.

295. *Mahesh H.*, *Yuh J.*, *Kakshmi R.* A Coordinated Control of an Underwater Vehicle and Robotic Manipulator // Journal of Robotic Systems. –1991. –Vol. 8. –No. 3. –P. 339–370.

296. *McLain T. W.*, *Rock S. M.*, *Lee M. J.* Experiments in the coordinated control of an underwater arm/vehicle system // Autonomous Robots. –1996. –Vol. 3. –No. 2–3. –P. 213–232.

297. *McMillan S.*, *Orin D. E.*, *McGhee R. B.* Efficient dynamic simulation of an unmanned underwater vehicle with a manipulator // Proceedings of the International Conference on Robotics and Automation. –1994. –P. 1133–1140.

298. *Meng J.*, *Zhengrong L.*, *Huaning C.*, *Qing Ch.* Adaptive Noise Cancellation Using Enhanced Dynamic Fuzzy Neural Networks // IEEE Trans. on Fuzzy Systems. –2005. –Vol. 13– No. 3. –P. 331–341.

299. MET Tech [Электронный ресурс]: вебсайт содержит информацию о компании MET Tech, занимающейся созданием различных видов инерциальных датчиков. –Электр. дан. –2011. Режим доступа–http://www. mettechnology. com/angular-sensors/ свободный. –Загл. с экрана.

300. *Michelini R.*, *Cavallo E.*, *Filaretov V.*, *Ukhimets D.* Path Guidance and Attitude Control of a vectored Thruster AUV // Proc. of 7-th Int. Biennial ASME Conf. on Engineering Systems Design and Analysis (ESDA). Manchester, UK. –2004. –P. 1–8.

301. *Michelini R.*, *Cavallo E.*, *Filaretov V.*, *Ukhimets D.* Features of vectored-thruster underwater vehicle control // Proc. of 14 IFAC Congress, Praha. –2005. –P. 1–6.

302. *Miller P. A.*, *Farrell J. A.*, *Zhao Y.*, *Djapic V.* Autonomous underwater vehicle navigation // IEEE Journal of Ocean Engineering. –2010. –Vol. 35. –P. 663–678.

303. *Mišković, N.*; *Vukić, Z.* & *Barišić, M.* Identification of coupled mathematical models for underwater vehicles. // Proc. of the OCEANS'07 Conference. Aberdeen, Scotland. –2007. –P. 186–194.

304. *Misra P.* Augmentation of GPS/LAAS with GLONASS: Performance Assessment // Proc. of ION GPS-98. Nashwille, USA. –1998. –P. 1–7.

305. *Mochizuki M.*, *Oda T.* // Mitsui Zosen Techn., Rev. –1986. –№127. –P. 1–19.

306. *Narenda K.*, *Annaswamy A.* Stable adaptive systems. –Prenice-Hall, 1989. –495 p.

307. *Nasuno Y.*, *Shimizu E.*, *Ito M. and etc.* Design method for a new control system for an autonomous underwater vehicle using linear matrix inequalities // Artificial Life in Robotics. –2007. –No. 11. –P. 149–152.

308. *Park I. –W.*, *Kim J. –Y.*, *Cho B. –K.*, *Oh J. –H.* Control hardware integration of a biped humanoid robot with an android head // Robotics and Autonomous Systems. –2008. –Vol. 56. –P. 95–103.

309. *Paul R.* Robot Manipulators: mathematics, programming and Control. –Cambridge, USA. –1981. –300 p.

310. *Perrier M.*, *Canudas-de-Wit C.* Experimental Comparison of PID vs. PID Plus Nonlinear Controller for Subsea Robots // Autonomous Robots. –1996. –No. 3. –P. 195–212.

311. *Promtun E.*, *Seshagiri S.* Sliding Mode Control of Pitch-Rate of an F-16 Aircraft // Proc. of 17th IFAC Congress. Seoul, Korea. –2008. –P. 592–598.

312. *Ramadorai A. K.*, *Tarn T. J.* On Modeling and Adaptive Control of Underwater Robots // Journal of Robotics Systems. –1993. –Vol. 5. –No. 1. –P. 47–60.

313. *Ranjan T. N*, *Arun N.*, *Navelkar G.* Navigation of Autonomous Underwater Vehicle Using Extended Kalman Filter // Trends in Intelligent Robotics. Communications in Computer and Information Science. –2010. –Vol. 103. –P. 1–9.

314. *Raol J. R.* Multi-sensor data fusion with MATLAB. –CRC Press, 2010. –570 p.

315. *Repoulias F.*, *Papadopoulos E.* On spatial trajectory planning & open-loop control for underactuated AUVs // Proc of the 16th IFAC World Congress. Prague, Czech Rep. –2005. –P.

1-6.

316. *Roberts G.*, *Sutton R.* Advanced in unmanned marine vessels. -Institute of Engeneering and Technology, Cornwall, UK, 2006. -461 p.

317. Robologix-среда моделирования мобильных и промышленных роботов [Электронный ресурс]: вебсайт содержит информацию о среде Robologix/ Logic Design Inc. - Электр. дан. - 2013. - Режим доступа www. robologix. com свободный. - Загл. с экрана. -Язык англ.

318. Robotic Studio [Электронный ресурс]: вебсайт содержит информацию о среде разработки Microsoft Robotic Studio/ Microsoft Corporation. - Электр. дан. - 2011 - Режим доступа http://www. microsoft. com/robotics/ свободный-Загл. с экрана. -Яз. анг.

319. RobSim - программный комплекс для моделирования роботов и обучения операторов [Электронный ресурс]: вебсайт содержит информацию о моделирующем комплексе RobSim/ НИКИМТ ИТУЦР-Электр. дан. -2011. -Режим доступа http://www. robsim. dynsoft. ru/ свободный.

320. *Rossiter J. A.* Model Based predictive control: a practical approach. -CRC press LLC, 2003. -318 p.

321. ROV Review. -A SubNotes Publication, 1986. -97 p.

322. *Ryu J. -H.*, *Kwon D. -S.*, *Lee P. -M.* Control of Underwater Manipulators Mounted on an ROV Using Base Force Information // Proc. of the 2001 IEEE International Conference on Robotics & Automation. Seoul, Korea. -2001. -Vol. 4. -P. 3238-3243.

323. *Rutkovsky V. Yu.*, *Zemlyakov S. D.*, *Sukhanov V. M.*, *Glumov V. M.* Modeling and adaptive attitude control of observation spacecrafts in view of flexible structure // Proc. of 17th IFAC Congress. Seoul, Korea. -2008. -P. 3440-3445.

324. *Santhakumar M.* Investigation into the Dynamics and Control of an Underwater Vehicle-Manipulator System // Modelling and Simulation in Engineering. -2013. -Vol. 2013. -Article ID 839046.

325. *Santhakumar M.*, *Kim J.* Modelling, simulation and model reference adaptive control of autonomous underwater vehicle-manipulator systems // Proc. of 11th International Conference on Control, Automation and Systems. South Korea, KINTEX. -2011. -P. 643-648.

326. *Sarangapani J.* Neural network control of nonlinear discrete - time systems. - CRC Press, 2006. -622 p.

327. *Sarkar*, *N. Podder*, *T. K.* Coordinated motion planning and control of autonomous underwater vehiclemanipulator systems subject to drag optimization // IEEE Journal of Oceanic Engineering. -2002. -Vol. 26. -No. 2. -P. 228-239.

328. *Seedhouse E.* Deep-Sea Mining and Energy Exploitation // Ocean Outpost. -Springer Verlag, 2011. -P. 127-140.

329. *Shi Y.*, *Qian W.*, *Yan W.*, *Li J.* Adaptive Depth Control for Autonomous Underwater Vehicles Based on Feedforward Neural Networks // Intelligent Control and Automation. Lecture

Notes in Control and Information Sciences. –2006. –Vol. 344. –P. 207–218.

330. *Siciliano B.*, *Khanib O.* Handbook of Robotics. – New-York, Springer, 2008. –1628 p.

331. *Simon D.*, *Kapellos K.*, *Espiau B.* Formal Verification of Mission and Tasks Application to Underwater Robotics // Proc. of the seventh Int. Conf. on Advanced Robotics. –1995. –Vol. 1. –P. 165–170.

332. *Slawicski E.*, *Mut V.* Control using Prediction for Teleoperation of Mobile Robots // Proc. of ICMA 2007. Harbin, China. –2007. –P. 1782–1787.

333. *Slotine J. –J. E.*, *Coetsee J. A.* Adaptive Sliding Controller Synthesis for Nonlinear Systems // Int. J. Contr. –1986. –Vol. 42. –No. 6. –P. 37–51.

334. *Slotine J. –J.* Applied nonlinear control. –Prentice-Hall, 1991. –461 p.

335. *Slotine J. –J. E.*, *Li W.* On the Adaptive Control of Robot Manipulators // The Int. Journal of Robotics Research. –1987. –Vol. 6. –No. 3. –P. 49–59.

336. *Smith R. N.*, *Chyba M.*, *Wilkens G. R.*, *Catone C.* A Geometrical Approach to the Motion Planning Problem for a Submerged Rigid Body // Int. Journal of Control. –2009. –Vol. –82. –No. 9. –P. 1641–1656.

337. *Smith N. S.*, *Crane J. W.*, *Summey D. C.* SDV Simulator Hydrodynamic Coefficients // NCSC Report, №TM–231–78. –1978. –P. 82–96.

338. *Song F.*, *Smith S.* Combine Sliding Mode Control and Fuzzy Logic Control for Autonomous Underwater Vehicles // Advanced Fuzzy Logic Technologies in Industrial Applications, Springer Verlag. –2006. –P. 191–205.

339. *Soylu S.*, *Buckham B. J.*, *Podhorodeski R. P.* Dynamics and control of tethered underwater-manipulator systems // Proc. of OCEANS. –2010. –P. 1–8.

340. *Spooner J. et al.* Stable adaptive control and estimation for nonlinear systems: neural and fuzzy approximator techniques. –New York: Wiley-Interscience, 2002. –545 p.

341. *Subramanian S.*, *George T.*, *Thondiyath A.* Hardware-in-the-Loop Verification for 3D Obstacle Avoidance Algorithm of an Underactuated Flat-Fish Type AUV // Proc. of the IEEE International Conf. on Robotics and Biomimetics. Guangzhou, China. –2012. –P. 545–550.

342. *Sun Y. C.*, *Cheah C. C.* Adaptive control schemes for autonomous underwater vehicle // Robotica. –2008. –Vol. 27. –P. 119–129.

343. *Sutton R.*, *Burns R. S.*, *Craven P. J.* A Neural Auto-depth Controller for an Unmanned Underwater Vehicle // The Journal of Navigation. –1997. –Vol. 50. –No. 2. –P. 292–302.

344. *Suykens J.*, *Vandewalle J.*, *de Moor B.* Artificial Neural Networks for Modelling and Control of Non-Linear Systems. –Kluwer, 2010. –237 p.

345. *Suzuki H.*, *Yoshida K.* Trajectory Tracking Control of a ROV for Lifting Objects // Proc. of the 1st International Offshore and Polar Engineering Conf. –1990. –P. 545–552.

346. *Tang S.*, *Ura T.*, *Nakatani T.*, *Thornton B.*, *Jiang T.* Estimation of the hydrodynamic coefficients of the complex-shaped autonomous underwater vehicle TUNA-SAND //

Journal of Marine Science and Technology. -2009. -No. 14. -P. 373-386.

347. *Tao G.* Adaptive control design and analysis-John Wiley & Sons, Virginia, USA, 2003. -640 p.

348. *Tarn T. J.*, *Shoults G. A.*, *Yang S. P.* A dynamic model of an underwater vehicle with a robotic manipulator using Kane's method // Autonomous Robots. -1996. -Vol. 3. -No. 2-3. -P. 269-283.

349. Underwater vehicles/ Edited by A. Inzartsev. -In-Tech, Rijeka, Croatia, 2009. -582 p.

350. *van de Ven P.*, *Refsne J.*, *Johansen T.*, *Flanagan C.*, *Toal D.* Identification of minesniper's damping parameters using neural networks // Proc. of 14th IFAC Symposium on System Identification. Newcastle, Australia. -2006. -P. 321-325.

351. *Waldock M. I.*, *Roberts G. N.*, *Sutton R.* Terrain following control of an unmanned underwater vehicle using artificial neural networks // Proc. of IEEE Colloquium on Control and Guidance of Remotely Operated Vehicles. London, UK. -1995. -P. 4/1-4/8.

352. *Wang B.*, *Wan L.*, *Xu Y.*, *Qin Z.* Modeling and simulation of a mini AUV in spatial motion // Journal of Marine Science and Application. -2009. -Vol. 8. -P. 7-12.

353. *Wang Hong-jian*, *Shi Xiao-cheng*, *Zhao Jie*, *Li Juan*, *Fu Ming-yu.* A Semi-physical Virtual Simulation System for AUV // Proc. of Int. conference MTTS/IEEE TECHNO-OCEAN'04, 2004. Kobe, Japan. -2004. -Vol. 3. -P. 1560-1563.

354. Webots - программное обеспечение для моделирования мобильных роботов [Электронный ресурс]: вебсайт содержит информацию о моделирующем комплексе Webots/Cyberrobotics - Электр. дан. - 2013. - Режим доступа www. cyberbotics. com/ свободный. -Загл. с экрана.

355. *Wei W.*, *Xin-Qian B.*, *Zong-Hu C.* 3D Track-keeping Method for Autonomous Underwater Vehicle // Journal of Marine Science and Application. -2002. -Vol. 1. -No. 2. -P. 18-22.

356. *Weilin H.*, *Carder K.*, *Costello D.*, *Keping D.*, *Zhishen L.* Using Unmanned Underwater Vehicles as Research Platforms in Coastal Ocean Studies // Journal of Ocean University of Oingdao. -2003. -Vol. 2. -No. 2-P. 211-217.

357. *Whitcom L. L.*, *Yoerger D. R.* Preliminary Experiments in the Model-Based Dynamic Control of Marine Thrusters // Proc. of the IEEE International Conference on Robotics and Automation. -1996. -P. 467-472.

358. *White B. A.*, *Stacey B. A.*, *Patel Y.*, *Bingham C.* Robust control design of an ROV. Technical Report, Contract No. DRA-PD-102-94. -Cranfeld University, The Royal Military College of Science, 1994.

359. *Xilin Y.*, *Matthew G.* A Nonlinear Position Controller for Maritime Operations of Rotary-Wing UAVs // Proc. of 18-th IFAC Congress, Milan, Italy. -2011. -P. 1510-1515.

360. *Xinang X.*, *Lapierre L.*, *Jouvencel B.*, *Xu G.*, *Huang X.* Cooperative acoustic

navigation scheme for heterogenous autonomous underwater vehicles // Underwater Vehicles. -In-Tech, 2009. -P. 531-544.

361. *Xu L.* , *Dong C.* , *Chen Y.* An Adaptive Fuzzy Sliding Mode Control for Networked Control Systems // Proc. of IEEE International Conference on Mechatronics and Automation. Harbin, China. -2007. -P. 1190-1195.

362. *Yoerger D. R.* , *Slotine J. -J. E.* Robust Trajectory Control of Underwater Vehicles // IEEE Journal of Oceanic Engineering. -1985. -Vol. 10. -No. 4. -P. 462-480.

363. *Yoerger D. R.* , *Slotine J. - J. E.* Adaptive Sliding Control of an Experimental Underwater Vehicle // Proc. of the IEEE Conf. on Robotics and Automation. Sacramento, USA. -1991. -P. 2746-2751.

364. *Yoerger D. R.* , *Cooke J. G.* , *Slotine J. -J. E.* The Influence of Thruster Dynamics on Underwater Vehicle Behavior and Their Incorporation into Control System Design // IEEE Journal of Oceanic Engineering. -1990. -Vol. 15. -No. 3. -P. 167-178.

365. *Yu T.* , *Zhang A.* Simulation Environment and Guidance System for AUV Tracing Chemical Plume in 3-Dimensions // Proc. of 2nd International Asia Conference on Informatics in Control, Automation and Robotics (CAR). -2010. -P. 407-411.

366. *Yuh J.* Modeling and Control of Underwater Vehicles // IEEE Transaction on Systems, Man and Cybernetics. -1985. -Vol. 20. -No. 6. -P. 1475-1483.

367. *Yuh J.* , *Marani G.* , *Blidberg R.* Applications of marine robotic vehicles // Intellegent Service Robotics. -2011. -No. 2. -P. 221-231.

368. *Zhang M.* , *and Chu Z.* Adaptive sliding mode control based on local recurrent neural networks for underwater robot // Ocean Engineering. -2012. -Vol. 45. -P. 56-62.

369. *Zhao X.* , *Han J.* Yaw Control of RUAVs: an Adaptive Robust H∞ Control Method // Proc. of 17th IFAC Congress. Seoul, Korea. -2008. -P. 785-790.

370. *Zhou H. -Y.* , *Liu K. -Z.* , *Feng X. -Sh.* State Feedback Sliding Mode Control without Chattering by Constructing Hurwitz Matrix for AUV Movement // International Journal of Automation and Computing. -2011. -Vol. 8. -No. 2. -P. 262-268.